더미를 위한

NLP

제3판

더미를 위한

N L P

제3판

로밀라 레디, 케이트 버튼 지음
이지애 옮김

더미를 위한
NLP

발행일 2018년 5월 10일 1쇄 발행

지은이 로밀라 레디, 케이트 버튼

옮긴이 이지애

발행인 강학경

발행처 시그마북스

마케팅 정제용, 한이슬

에디터 권경자, 김경림, 장민정, 신미순, 최윤정, 강지은

디자인 최희민, 김문배, 이연진

등록번호 제10 – 965호

주소 서울특별시 영등포구 양평로 22길 21 선유도코오롱디지털타워 A404호

전자우편 sigma@spress.co.kr

홈페이지 http://www.sigmabooks.co.kr

전화 (02) 2062 – 5288~9

팩시밀리 (02) 323 – 4197

ISBN 978 – 89 – 8445 – 984 – 7 (04180)
　　　978 – 89 – 8445 – 962 – 5 (세트)

Neuro-Linguistic Programming For Dummies®, 3rd Edition

Original English language edition Copyright ⓒ 2018 by John Wiley & Sons, Inc.
All rights reserved including the right of reproduction in whole or in part in any form.
This translation published by arrangement with John Wiley & Sons, Inc.

이 도서의 국립중앙도서관 출판예정도서목록(CIP)은 서지정보유통지원시스템 홈페이지(http://seoji.nl.go.kr)와
국가자료공동목록시스템(http://www.nl.go.kr/kolisnet)에서 이용하실 수 있습니다.
(CIP제어번호: CIP2018011540)

* 시그마북스는 ㈜시그마프레스의 자매회사로 일반 단행본 전문 출판사입니다.

지도는 영토가 아니다.

- 알프레드 코지브스키

들어가는 글

여러분이 성공하고 행복해지는 데 도움을 줄 수 있는 아이디어와 정보로 가득한 『더미를 위한 NLP, 제3판』을 읽게 된 것을 환영한다. 여러분이 이 책을 읽는 이유는 아마도 회사, 대학교나 카페 등 일상에서 신경언어학 프로그래밍(이하 NLP)에 대해 들어봤기 때문일 것이다. 우리는 NLP 경험을 삶에 적용한 일이 계기가 되어 이 책의 초판을 썼다. 이제 다른 이들도 NLP의 가능성에 대해 궁금증의 불꽃을 피워 올리길 바란다. 드디어 NLP가 학술적이고 업무적인 용어에서 쉬운 실생활 용어로 옮겨가고 있다. 이를 통해 역량을 강화하기를 원하는 사람이라면 NLP 기술을 사용할 때가 온 것이다.

최근 우리는 NLP가 더욱 인기를 얻으며 성장하는 것을 지켜보았다. 이러한 인기의 요인 중 하나는 NLP가 '아하!' 하는 깨달음의 순간을 제공하기 때문이다. 간단히 말해 이치에 맞는 것이다. 아직 용어 자체가 어색하고, NLP 비전문가는 연관된 용어를 이해하기 어렵다는 장애물이 있을 것이다. 그런 이유로 약간의 설명을 덧붙이자면,

- ✔ **신경**은 마음에서 일어나는 일들과 관련이 있고
- ✔ **언어학**은 의사소통 시 사용하는 말뿐 아니라 신체 언어와 그 사용법까지 의미하며
- ✔ **프로그래밍**이란 효율적 혹은 비효율적으로 배우고 반복하는 행동이 고착화된 것이다.

어떤 이들은 NLP를 '주관적 경험의 구조에 대한 연구'라고 설명하고 또 어떤 이들은 '의사소통의 예술이자 과학'이라고 하기도 한다. 우리는 NLP란 사람을 움직이게 하

는 것이 무엇인지 알려주고 각자가 사고하고 느끼는 방식에 대한 이해를 도우며 일상생활에 대한 이해를 가능하게 하는 것이라고 정의하고자 한다. 이러한 이해를 바탕으로 일과 여가를 포함한 여러분의 삶 전체가 새로워질 수 있다.

이 책의 초판이 출간된 지 10년이 지났다는 것이 믿기지 않는다. 이 기간 동안 이 책은 특히 자신들의 삶, 문제 및 성공을 우리와 공유해온 내담자들에게 놀라운 기회를 제공했다. 우리는 다른 청중들을 위해 그 생각을 워크숍과 코칭 프로그램 분야로 심화하는 기회를 얻었다. 제3판에는 코칭, 자신감, 진로 변경 등에 대해 쓴 다른 더미 시리즈의 교훈뿐 아니라 좀 더 최근 작업의 내용도 더했다. 특히 이번 판에서 언급하고 싶은 가장 큰 발전은 신경과학 분야로, 신경과학은 뇌 영상 등의 기술에서 꾸준한 지식을 쌓으며 그 가능성을 높이고 있다. 사회 매체와 디지털 세상 덕분에 사람들이 연결되고 의사소통하는 방식은 지난 10년간 극적으로 변했고, 이러한 변화는 라포 형성에 대한 이해와 관계 유지하기를 더욱 중요하게 만들었다. 진화하는 지구촌 세계에서 살아가며, 우리는 여러분이 이 책에서 스트레스로 생긴 부정적 영향을 완화하는 새로운 생각을 찾고 NLP 도구모음을 적용하는 재미있는 실험을 하기를 바란다.

이 책에 대하여

이 책의 목표는 사람들에게 깊은 관심이 있는 모든 이들을 위해 진입로가 되는 것이다. NLP는 경험적 접근을 통해 사람들이 스스로 삶을 결정해서 행동하도록 격려한다. NLP는 '한 번 해보자'라는 자발성을 이끌어내며 사람들의 마음이 새로운 가능성을 향해 열리도록 한다.

우리는 NLP가 친숙하고 실용적이며 접근 가능하고 유용하도록 노력한다. 우리는 여러분이 책의 어떤 장이라도 한눈에 살펴보며 문제 해결이나 변화를 위해 NLP 사용법에 대한 실용적인 생각을 신속히 찾을 수 있으리라 기대한다.

책의 차례는 선별해서 골랐다. 초심자라면 솔깃해질 만한 메뉴가 될 것이고, 지식이 있는 분들에게는 이 책이 일부 새로운 생각과 활용뿐 아니라 이미 알고 있는 것들을 더욱 쉽게 이해하는 데 도움이 되도록 했다. 우리는 목표 달성을 위해 다음 정보들을 쉽게 찾을 수 있도록 만들었다.

- ✔ 무엇이 중요한지를 찾아 그 목표를 힘 있고 확신 있게 추구하는 법
- ✔ NLP의 주요 가정과 중요한 이유
- ✔ 다른 이들의 양식을 이해하며 자기 자신의 메시지를 들도록 돕는 최고의 방법
- ✔ 라포를 만들 때와 깰 때
- ✔ 강력한 팀을 만들기 위해 무의식과 의식이 함께 일하게 하는 법

이에 더하여 NLP를 발견하는 최고의 방법은 경험하는 것으로, 우리가 제공하는 모든 실험에 충분히 참여하길 바란다. 이 책에 실린 일부 생각과 연습은 여러분의 평상시 행동 양식과 매우 다를 수 있지만, 포기하지 않기를 바란다. 여러분은 불신을 제쳐놓고 일단 NLP에 접근해봄으로써 자신의 잠재력을 깨달을 수 있다.

이 책의 규칙에 대해

독자들의 편의를 위해 몇 가지 규칙이 만들어졌다.

- ✔ 고딕체는 새 단어나 용어를 강조하기 위해 사용되었다.
- ✔ 볼드체는 순서가 있는 과정의 작용을 표시하기 위해 쓰였다.

건너뛰어도 괜찮은 부분

이 책은 NLP를 통해 찾고자 하는 것들에 대해 쉽게 이해할 수 있도록 쓰였다. 우리는 여러분이 앞표지와 뒤표지까지 이 책의 모든 부분을 정독하고자 한다고 믿고 싶지만, 일단 '건너뛸 만한' 부분은 쉽게 찾을 수 있도록 구성해보았다. 이 부분들은 흥미롭고 준비된 주제와도 관련 있지만, 필수적으로 알아야 할 것들은 아니다.

✔ **글상자** : 책의 각 부분에 있는 음영 처리된 글상자이다. 이 글들은 개인적 일화와 논평 부분으로 필독 자료는 아니다.

✔ **판권 페이지** : 생각할 필요도 없다. 법적 용어나 증쇄에 관해 불가사의한 애착이 있는 경우가 아니라면 굳이 찾아볼 이유는 없을 것이다.

독자에게 드리는 말씀

이 책에서 우리는 여러분에 대해 몇 가지를 가정해보고자 한다. 여러분은 행복하기를 원하는 보통의 사람으로, 아마도 학습과 새로운 생각에 관심이 있을 것이다. NLP에 대해 들어본 적이 있을 텐데 이미 그 개념을 공부했거나 이제 막 시작해서 흥미를 느끼던 차일 수 있다. NLP에 대한 선행 지식은 필요 없으나 아래의 예시들에 짐작 가는 바가 있다면 이 책은 바로 여러분을 위한 책이 될 것이다.

✔ 지금 하고 있는 방식에 싫증이 났다.

✔ 일상의 경험을 새로운 수준의 성취, 행복, 모험 및 성공으로 만들고 싶다.

✔ 윤리적이면서 쉽게 다른 이들의 마음을 움직이는 법이 궁금하다.

✔ 꿈을 실현할 준비가 되어 있다.

아이콘 설명

이 책의 아이콘은 여러분에게 유용한 특정 정보들을 찾는 데 도움이 될 것이다.

NLP 용어 체크

이 아이콘은 비록 외국어 같이 들리지만 NLP 현장에서 귀중한 의미가 있는 NLP 용어들을 강조한다.

제대로 써먹기

이 아이콘은 NLP 기법을 연습하고 숙고해볼 수 있는 생각과 활동을 제안한다.

더미를 위한 팁

이 아이콘은 NLP의 적용을 위한 실제적인 조언을 포함한다.

체크포인트

이 아이콘은 유념할 중요 요점에 대한 친절한 알림 표시이다.

에피소드

이 아이콘은 NLP를 사용하는 실생활의 경험을 의미한다. 일부는 실명이고, 일부는 가명이며 그 외는 창작된 캐릭터다.

경고메시지

이 아이콘은 NLP 기술의 부주의한 시현은 자제하도록 요청하는 경우를 나타낸다.

책 이외의 자료

지금 읽고 있는 종이책이나 e북에 더하여 웹에서 제공되는 읽을거리들도 유용하다. 이것들은 어디서나 액세스가 가능하며 www.dummies.com/cheatsheet/NLP의 무료 커닝 페이퍼는 이 책에 담긴 핵심 요점들을 간단히 요약하여 소개하고 있다. 이 매우 유용한 요약 문서는 인쇄해서 하루 내내 지니고 다닐 수 있어 필요하면 언제라도 NLP에 대해 알아볼 수 있다.

이 책 외에 NLP에 대한 참신한 기사들도 www.dummies.com/extras/NLP에서 접할 수 있다.

나아갈 방향

앞표지부터 뒤표지까지 빠지지 않고 읽을 필요는 없지만, 각자에게 맞는 속도와 순서로 내용을 전부 섭렵한다면 굉장한 이익을 얻을 것이다. 차례를 이용해서 무엇이 흥미를 끄는지 찾아보자. 예를 들어 다른 누군가를 잘 이해하고 싶다면 우선 제6장을 읽어보고, 나를 움직이게 하는 것에 대해 알고 싶으면 제5장을 펴서 감각의 힘을 찾아보면 좋다. 아니면 자유롭게 살펴보고 시작해도 좋다.

이 책을 읽고 더 알아보고 싶으면, 워크숍과 코칭을 통해 NLP를 좀 더 충분히 경험해 보기를 추천한다. 우리는 독자 여러분의 발견과 성공에 대해 매우 알아보고 싶다. 이러한 것들을 우리에게 알려서 서로 공유하거나 NLP로 풍성해지는 인생의 여행법에 대해 더 배울 수도 있을 것이다. 자세한 연락처는 부록 A를 참조하면 된다.

차례

들어가는 글_6

PART **1**

NLP 시작하기 :
신경언어학 프로그래밍 시작하기

제1부 미리보기

- NLP의 개관 및 정의

- 무의식의 힘을 발견하고 믿음이 어떻게 현실에 영향을 미치는지에 대한 이해

- 자신이 원하는 미래를 만드는 방법

NLP 시작하기

제1장 미리보기

- NLP 여행의 시작
- NLP 주요 주제에 대한 탐색
- NLP 최대로 활용하기

한 남자와 호랑이에 대한 수피교도의 재미있는 일화가 있다. 어떤 남자가 배고 픈 호랑이에게 쫓기고 있었다. 자포자기 상태가 된 그는 마침내 호랑이를 돌 아보며 외쳤다. '그만 좀 쫓아오라고!' 그러자 호랑이는 '그만 좀 군침 흘리게 하라 고!'라고 대답했다.

사람 사이, 혹은 위와 같이 사람과 동물 사이의 경우라도 의사소통 시에는 언제나 한 가지 이상의 관점이 존재한다. 우리들은 때때로 이 사실을 놓치는데, 왜냐하면 소통을 통해 원하는 것을 얻기 위해서는 행동의 변화가 필요하다는 점을 모르기 때 문이다.

신경언어 프로그래밍(neuro-linguistic programming, NLP)은 효과적인 의사소통을 위해 현재 사용 가능한 방법론들 중 가장 정교하고 효과적인 방법이다. NLP는 의사소통과 변화를 중심으로 한다. 최근 많은 사람들이 각자의 융통성을 개선하기 위한 기술을 필요로 하고 있으며 이것은 속임수와 술책으로는 불가능하다. 사람들이 원하는 것은 실질적인 효과다.

이 여행을 시작하게 된 것을 환영한다! 제1장에서는 NLP 주요 주제에 대한 간단한 검사자 역할을 해보게 될 것이다.

NLP에 대한 소개

모든 신체 건강한 사람들은 동일한 기초 신경계를 지니고 태어난다.

신경계(neurological system)는 우리가 환경에서 얻은 정보를 감각을 통해 뇌로 전달한다. 여기서 환경은 우리 외부에 있는 모든 것을 말하며 눈, 귀, 피부, 위나 폐 같은 내부 기관들도 포함된다. 뇌는 정보를 가공하고 내부 기관으로 다시 메시지를 전달한다. 이에 대한 반응은 눈을 예로 들면 깜박이는 것이다. 정보는 또 감정을 불러일으킬 수 있어서 울거나 웃게 하기도 한다. 요약하면, 사고 과정은 우리를 특정한 방식으로 행동하게 만든다.

수영, 요리, 독서 등 살면서 하는 모든 행동의 역량은 신경계에 가해지는 자극에 우리가 어떻게 반응하는지에 달려 있다. 그러므로 NLP는 우리가 내적으로, 혹은 다른 사람들과 더욱 효과적으로 생각하고 대화할 수 있는 방법에 대해 중점적으로 다룬다.

신경언어 프로그래밍(NLP)이라는 용어를 세부적으로 살펴보면 다음과 같다.

- ✔ **신경**은 신경계와 관련된다. NLP는 우리가 의식적 · 무의식적으로 감각을 통해 세상을 경험하며 감각 정보는 사고 과정을 거쳐 변환된다는 개념을 기반으로 한다. 사고 과정은 신경계를 활성화하여 우리의 생리, 감정 및 행동에 영향을 미친다.
- ✔ **언어학**이란 우리가 세상을 이해하고 경험한 것을 표현하고 개념화하며, 그 경험을 다른 이들에게 전달하기 위해 사용하는 언어 방식을 의미한다. NLP에서 언어학은 말과 몸짓 언어가 어떻게 경험에 영향을 끼치는지에 대

한 연구다.

✔ **프로그래밍**은 주로 학습 이론에서 기인하며 우리가 경험을 암호화하거나 정신적으로 표현하는 방법에 대해 다룬다. 우리의 개별 프로그래밍은 내적인 과정과 전략(사고 패턴)으로 구성되어 있고, 이것은 의사결정, 문제 해결, 학습, 평가 및 결과 내기를 위해 사용된다. NLP는 원하는 결과를 얻기 위해 어떻게 경험을 해석하고 내적 프로그래밍을 구성해야 하는지를 알려준다.

이 과정이 어떻게 적용되는지 알아보기 위해 우리의 사고방식에 집중해보자. 뜨거운 여름 날, 냉장고에서 꺼낸 레몬을 들고 주방에 서 있는 자신을 상상해보라. 레몬은 겉모양은 노랗고, 밀랍 같은 껍질에, 양끝은 뾰족하다. 손바닥이 얼마나 시원한지 느껴보라. 코 가까이 가져와 향을 맡아본다. 부드럽게 쥐어본 후 손 안에 있는 레몬의 무게에 집중해본다. 이제 칼을 들어 반으로 자른다. 즙이 흐르는 소리를 들으며 향이 점점 진해지는 것을 알아차린다. 한 조각을 덥석 베어 물어 레몬 즙이 입안에서 퍼지도록 해본다.

말에는 침샘의 자극을 유발하는 힘이 있다. '레몬'이란 단어를 들으면 우리의 뇌가 활동하기 시작한다. 그 단어가 뇌에게는 손 안에 레몬이 있다는 것처럼 들린다. 말은 우리에게 단지 의미를 설명할 뿐이라고 생각할 수 있겠지만, 사실은 현실을 창조하는 힘이 있다. 말이 현실을 만들어낸다는 개념은 이 책 전체에 걸쳐 탐색하게 될 것이다.

개념 정의

NLP는 다양하게 설명될 수 있으나 공식적인 정의는 '인간의 개인적 경험의 구조에 관한 연구'다. 'NLP는 무엇인가'라는 질문을 탐색하는 데 좀 더 도움이 될 수 있는 몇 가지 대답을 소개한다.

✔ 의사소통의 예술과 과학
✔ 학습의 핵심
✔ 나와 주위 사람들을 화나게 하는 원인을 이해하는 방법

- ✔ 인생의 모든 분야에서 원하는 성과를 얻는 길
- ✔ 진실하게 다른 이들에게 영향을 주는 방법
- ✔ 뇌를 위한 지침서
- ✔ 성공한 사람들의 비법
- ✔ 창조적인 미래를 만들기 위한 방법
- ✔ 실제를 이해하기 위해 사람들을 도울 수 있는 방법
- ✔ 개인적이고 조직적인 변화를 위한 도구모음

NLP의 출발점과 나아갈 방향에 대해

NLP는 1970년대 초 캘리포니아에 있는 산타크루스대학에서 시작되었다. 리처드 밴들러는 정보과학과 수학 전공의 석사생이었고 존 그린더 박사는 언어학 교수였다. 그들은 탁월한 의사 전달자가 될 가능성이 있는 사람들을 연구하며 내담자들의 변화를 이끌어내는 데 큰 역할을 했다. 그들은 다른 사람들이 포기한 환자들을 설득하는 데 성공한 몇몇 사례에 깊은 관심을 보였다. 이 환자들은 까다롭거나 몹시 아파서 다른 이들은 설득에 실패하고 치료를 포기했으나 몇몇 사람은 모두의 예상을 깨고 환자들을 이해시키는 데 성공했던 것이다.

밴들러와 그린더가 연구한 세계적으로 저명한 세 명의 심리치료사 덕분에 NLP는 치료적 세팅에 뿌리를 두게 되었다. 세 사람은 버지니아 사티어(공동가족치료의 개발자), 프리츠 펄스(게슈탈트심리학의 창시자), 그리고 밀턴 H. 에릭슨(임상최면치료의 발전에 크게 기여)이다. 밴들러와 그린더는 이들의 연구에 더하여 언어학자인 알프레드 코지브스키와 노암 촘스키, 사회인류학자인 그레고리 베이트슨과 심리치료사 파울 바츨라비크의 기술을 인용했다.

NLP는 초창기부터 세계 여러 나라의 다양한 훈련 기술을 포괄하는 것을 목표로 발전해왔다. 현재 NLP 현장에 종사하고 있는 훌륭한 학자와 종사자들을 모두 명기하기는 어렵지만 여러분은 온라인에서 쉽게 관련 정보를 얻을 수 있을 것이다.

1980년대에 그린더는 현재 클래식 코드로 지칭되는 밴들러와 공동 연구한 초기 코

딩 작업 중 일부에 불만을 갖게 되었다. 그는 주디스 들로지어와 함께 새 코드(그의 저서 *Whispering in the Wind*에 기록됨)라고 알려진 새 모형에 착수했고 이 작업은 현재 카르멘 보스틱 세인트 클레어와 함께 계속되고 있다.

그렇다면, 이제 NLP의 다음 단계는 무엇인가? 1970년대 산타크루스에서 시작한 이 훈련은 긴 여정을 마쳤지만 이 책의 초판을 쓴 이래로 지금까지도 NLP에 대한 우리들의 관심은 줄어들 기미가 안 보인다. 많은 개척자들이 이야기를 소개하고 앞으로 나아가며 NLP를 실용화하여 실제 사람들의 삶을 바꾸는 데 도움을 주고 있다. 새로운 신경과학 지식은 NLP 종사자들이 직관적으로 전개했던 많은 생각들에 과학적인 설명을 뒷받침해준다. 특히 코칭 분야는 NLP의 지대한 영향을 받았다. 현재 NLP는 의사, 간호사, 택시 운전사, 판매원, 코치, 회계사, 교사, 동물 조련사, 부모, 노동자, 은퇴자와 십대 청소년 등에 의해 활용되고 있다. 제21장에 이러한 실용적 활용의 일부 목록을 소개하고 있다.

각 세대는 현재 통용되는 생각을 택하여 가공한 후, 각자의 경험을 통해 얻은 지식을 더해 나름의 방식으로 소통을 한다. NLP에 관한 정보는 이제 링크드인, 유튜브, 트위터, 페이스북 등 10년 전에는 없었던 의사소통 매체를 통해 전파된다.

오늘날 NLP의 발달은 핵심 모형보다는 그것의 활용에 집중해서 이루어졌는데, 한 분야의 전문가들이 NLP 도구를 결합하여 그들의 분야로 끌어들이는 방식이다. NLP적 사고가 새로운 사고방식과 선택을 지지하고 모든 활동에 잠재한 긍정적 의도를 인정한다면 미래는 밝은 가능성으로 가득하다고 말할 수 있을 것이다. 나머지는 여러분에게 달려 있다.

진실성에 관한 메모

NLP와 연관된 진실성 여부와 부정직함에 대해 들어봤을 텐데, 여기서 단도직입적으로 밝힌다. 여러분은 항상 다른 이들에게 영향을 끼치게 되는데, 원하는 것을 얻기 위해 의식적으로 양향을 끼치려 할 경우 진실성의 문제가 발생하게 된다. 여러분은 원하는 것을 얻기 위해 다른 이들에게 손해를 입히며 그들을 조종하는가?

진실하게 행동하는지 확인하기 위해 스스로에게 간단한 질문을 해보자. 다른 사람과 상호작용을 할 때 어떤 긍정적인 의도를 가지고 행동하는가? 상대의 수익을 올리는 것이 의도라면(가령, 판매 현장에서) 여러분은 모두가 승자가 될 수 있는 진실성을 갖췄다. 반대로 자신만 이익을 보겠다는 의도라면 여러분은 상대를 조종하는 것이다. 다른 이들 및 조직과의 거래에서 모두가 승자가 되는 성과를 목표로 한다면 여러분은 성공가도에 오른 것이다. 주는 대로 받는다는 것을 항상 명심하자!

NLP 기둥과의 만남 : 간단 명료하게

신경언어학 프로그래밍은 네 개의 기둥으로 이루어져 있다(그림 1-1 참조). 이 네 개의 기초는 다음과 같이 설명할 수 있다.

- ✔ **라포** : 다른 이들과의 관계 형성 방법은 아마도 NLP가 주는 가장 중요한 선물일 것이다. 대부분 사람들의 삶과 생활의 속도를 감안했을 때, 라포의 가장 큰 성과는 시간을 좀 내달라는 모든 요청에 '아니요'라고 말하면서도 우정과 직업적 관계를 유지하는 법이다. 라포 형성과 거절에 대한 더 많은 내용은 제6장을 참조하길 바란다.
- ✔ **감각적 인식** : 다른 이의 집에 방문했을 때 색깔이나 소리, 냄새가 미묘하게 자신의 집과 다른 점을 눈치챈 적이 있는가? 혹은, 동료가 고민이 있어 보이던 때는? 여러분은 밤하늘의 색깔이나 봄에 들어서면서 바뀌는 싱그러운 초록빛을 알아챌 것이다. 유명한 소설 속 탐정인 셜록 홈스처럼, 여러분의 모든 감각을 기울이면 주위 세상이 훨씬 풍요로워진다는 것을 알게될 것이다. 제5장에서는 감각적 지각의 힘과 선천적 시각, 청각, 촉각, 느낌, 미각 및 후각을 여러분에게 이롭게 사용하는 법을 설명한다.
- ✔ **성과적 사고** : 이 책 전반에서 '성과'라는 단어가 많이 나올 것이다. 이 용어는 부정적인 사고 모형이 아니라 여러분이 원하는 사고 모형을 갖추는 것과 관련이 있다. 성과 접근의 원칙을 따른다면 주말에 뭘 할지 결정하는 일이든, 직장에서 중요한 기획을 진행하는 일이든, 혹은 삶의 진정한 목적을 찾는 일이든 최고의 결정과 선택을 할 수 있을 것이다.

✔ **행동적 유연성** : 이 말은 현재의 방식이 효과가 없을 때 다른 방식을 찾는 것을 의미한다. 이러한 유연성 기르기는 NLP 실습의 핵심으로 이와 관련된 도구와 발상은 모든 장에서 찾을 수 있다. 우리는 여러분이 새로운 관점을 발견하고 이것들을 여러분의 목록에 포함할 수 있도록 돕는다. 유연성을 최대화하는 방법에 관한 정보, 연습, 예시는 이 책 전반에 걸쳐 소개하고 있다.

여기 이 네 개의 기둥이 일상에서 어떤 의미를 갖는지에 대한 예시가 있다. 여러분이 이름, 주소, 전화번호를 저장하는 소프트웨어 패키지를 주문했다고 치자. 컴퓨터에 저장한 후 몇 번 사용했는데 갑자기 작동이 안 된다. 시스템에 버그가 생긴 것이다. 여러분은 이미 설치 및 정보 입력에 긴 시간을 들인 상황이다. 판매자에게 전화하지만 고객센터 상담원은 화가 날 정도로 도움이 안 된다.

이런 상황에서 여러분은 클레임 전화를 걸기 전에 온갖 라포 형성 기술을 고객센터

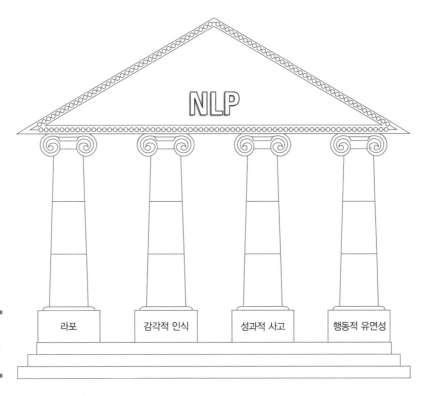

그림 1-1
NLP의 네 개 기둥

라포　　감각적 인식　　성과적 사고　　행동적 유연성

직원에게 사용할 필요가 있다. 먼저 감각을 사용하는데, 특히 판매자의 말을 경청하는 데 청각을 집중해야 한다. 그리고 감정 조절을 하면서 대답을 잘하도록 주의를 기울이자. 바라는 결과를 명확하게 전달해야 한다. 컴플레인 제기 후 어떻게 되었으면 좋겠는가? 예를 들면 환불을 원하는가? 교환을 원하는가? 마지막으로 유연하게 행동해야 하며 만약 처음 시도로 원하는 바를 얻지 못했다면 다른 선택도 고려해야 한다.

모형과 모방학습 찾기

'NLP의 출발점과 나아갈 방향에 대해'에서 설명했듯이, NLP는 의사소통 방법의 모형으로 시작해서 훌륭한 소통가에 대한 연구로 성장했다. 따라서 모형과 모방학습 개념은 NLP의 진수라 할 수 있다.

NLP의 전제는 다음과 같이 시작한다 – 어떤 사람이 무엇을 잘하는 것을 본다면 그 사람을 본보기로 삼아서 배워라. 최고경영자, 스포츠 선수, 좋아하는 식당의 여종업원 혹은 대단히 활력적인 피트니스 트레이너 등 여러분이 존경하는 누구라도 본보기로 삼을 수 있다. 모방학습에 관해서는 제19장에서 자세하게 알아볼 수 있을 것이다.

NLP 의사소통 모형 사용하기

NLP 모형은 외부에서 여러분에게 전달되는 정보를 가공하는 방식에 대해 설명한다. NLP에 따르면, 여러분은 주위 세상에 반응함으로써 삶을 헤쳐 나가는 것이 아니라, 각자의 모형이나 감각적 반응으로 형성된 세상에 대한 지도에 대한 반응에 따라 살고 있다. 이와 관련된 내용은 제8장에서 예시와 함께 설명한다.

NLP의 근본 가정은 '지도는 영토가 아니다'('지도는 영토가 아니다'라는 말은 폴란드 출신 수학자인 알프레드 코지브스키가 한 말이다. 그는 지도나 식당의 메뉴가 길을 찾거나 무엇을 먹을지를 선택하는 데 도움을 줄 수 있다고 강조했다. 그렇지만 지도나 메뉴는 실제의 길, 혹은 식탁에 오르는 음식 그 자체가 될 수는 없다고 설명했다-역주)와 각 개인은 세상의 작동방식에 대해 다른 지도를 갖고 있다는 것이다. 이 통찰은 여러분과 다른 사람들이 같은 사건에 대해 서로 매우 다르게 경험할 수 있다는 것을 의미한다.

여러분 모두가 파티에 갔다고 상상해보자. 여러분은 재미있게 즐기며 많은 친한 사람들을 만나고 좋은 음식과 음료를 마시며 춤도 열심히 출 것이다. 그러나 여러분 각 개인에게 파티에 관해 말해달라고 한다면 모두 다른 이야기를 할 것이다. 그 이유는 외부 사건에 대한 여러분의 내적 표상은 사건 자체와는 다르기 때문이다. 즉 '지도는 영토가 아닌 것'이다.

그 대신, 갑자기 세상 저 편의 완전히 다른 문화에서 그림이 운반된다. 여러분의 이웃이 그들의 삶의 경험에서 나온 생각과 가정으로 그림을 해석하는 방법은 여러분의 것과 매우 다를 것이다.

NLP를 시행한다고 세상이 바뀌는 것은 아니다. 다만 세상을 보고 지각하는 방식을 바꿀 수 있을 뿐이다. NLP는 여러분이 좀 더 효율적으로 행동할 수 있게 새롭거나 더 상세한 지도를 작성하도록 한다. 또한 NLP는 행동 양식에 대한 이해를 도와 방해가 되는 행동을 의식적으로 멈추고 목표와 원하는 바를 성취하는 데 도움이 되는 행동은 강화하도록 한다.

건축가인 존은 시내 중심가에 값비싼 사무실을 빌렸다. 그는 사무실이 원하는 수준만큼 깨끗하지 않다고 자주 불평했는데, 직원은 게으르고 사무실 매니저는 문제의식을 느끼지 못한다는 것이었다. 우리가 존을 만났을 때, 그의 사무실은 난장판이었다. 바닥이란 바닥은 모두 종이로 덮여 있었는데, 아마도 한 번도 치우지 않은 듯 보였다. 하지만 일이 이렇게 된 것은 그가 종종 늦게까지 일하면서 방해받으면 성질을 냈기 때문이었다. 그 결과 청소원이 와도 아무것도 건드리지 않은 채 가버렸던 것이다.

코칭을 통해 존은 자신이 다른 이의 관점에서 고려해보지 않았다는 것을 깨달았다. 그의 주위에서 청소하는 청소원이 직면한 고민에 대해서는 전혀 눈치채지 못했던 것이다. 그의 현실 지도는 사무실 매니저와 청소원의 것과는 완전히 달랐다. 이후 그는 사무실 동료들이 원하는 삶과 통합된 새로운 지도를 작성했으며 그들을 훨씬 배려하게 되었다. 지도 한 장을 바꿈으로써 삶의 다른 측면 역시 개선되었고, 자신의 어수선함이 다른 이들에게 미치는 영향에 대해서도 차츰 인식하게 되었다. 예를 들어 여자친구를 초대할 때는 자신의 아파트를 깨끗하게 치우는 편이 낫다는 것을 깨달았다고 한다.

모방학습의 탁월함

모방학습의 탁월성은 이 책에서 많이 논의되는 주제다. NLP의 대부분이 미래 지향적이고 개선을 위한 변화 작용에 대한 것이기 때문이다. 여기서 개선은 더 우수한 개인, 삶 혹은 다음 세대를 위한 세계 등 관련된 모든 것이 대상이다.

NLP 접근은 배우고자 하는 사람이라면 어떤 분야에 속해 있든 가장 뛰어난 인재를 찾아 모방하는 것이 최고의 학습법이다. 다른 이를 모방함으로써 구성요소를 파악하고 그를 뛰어넘는 성과를 이룰 수 있다. 이러한 관점을 역량강화라고 한다. 이는 대규모의 압도적인 기획을 여러 개의 작은 갈래로 전환하여 도전하도록 격려하는 것으로, 이미 뛰어난 단계에 도달한 사람들을 모방하여 그들이 찾아낸 길을 따르는 식이다.

더 큰 효과를 위한 NLP 사용

이 책 전반에서 발견하겠지만, NLP는 여러분이 경험이나 '이것이 내 방식이고 그렇게 해야만 한다'라는 말로써 제한하는 대신, 선택지를 늘리는 법에 대한 것이다. 표현으로 방식을 제한하지 않는다. 그 대신 선택할 수 있는 선택지를 늘리는 법을 알려준다. NLP에서 유익함을 얻으려면 여러분의 표준을 변경하고 질문에 개방적일 필요가 있다. 따라서 NLP를 통해 이익을 얻으려면 개방적으로 질문하고 대답에 따라 여러분의 기준을 변경하는 열린 자세를 갖춰야 한다. 여기서는 이러한 마음가짐을 갖추는 법에 대한 몇 가지 정보를 소개한다.

태도가 우선이라는 것을 이해하기

본질적으로, NLP는 문제에 사로잡히지 않고 삶에 대해 긍정적인 태도를 가지고 가능성을 열어두는 것이 목적이다. NLP는 삶에서 여러분이 현재 되고자 하는 모습을 반영하지 않는 모든 것을 바꾸기 위해 필요한 도구와 지원을 제공한다. 성공하려는 마음가짐과 태도를 갖추면 훨씬 많은 것이 가능해지고 타고난 훌륭한 지략을 활용할 수 있다. 만약 여러분의 태도가 풍요롭고 보상받는 삶을 사는 데 방해가 된다면 태도를 바꾸는 것을 고려해봐야 한다. 마음과 태도의 변화는 참으로 삶을 바꾼다.

대부분의 사람들이 일하기 싫다, 금연하고 싶다, 날씬하고 싶다 등 그들 인생의 부정적인 면을 보는 것에 많은 시간을 보낸다. 자신이 되고 싶은 것에 좀 더 중점을 두고 조건화함으로써, 즉각적으로 긍정적인 결과를 얻을 수 있다.

궁금해하며 혼란을 겪는 것은 좋은 일이다

여러분에게 전해줄 두 가지 유익한 속성이 있다. 답을 모른다는 것을 인정하게 하는 호기심과 혼란에 대한 개방성이다. 위대한 최면가 밀턴 에릭슨이 말했듯이, '혼란은 언제나 계몽에 앞서'기 때문이다.

이 책에 나오는 생각들이 혼란스럽다면, 무의식에 감사하는 것이 좋을 것이다. 혼란은 이해를 향한 첫걸음이니 말이다. 혼란스러움을 앞으로 나아가는 법을 찾게 하는 정보의 표시로 이해하자. 그러면 의식적으로 깨닫는 것보다 더 많이 직관적으로 알게 된다.

변화는 자신에게 달려 있다

따분하고 비효율적인 행동과 대응의 반복에 갇혀 있던 날들은 사라졌다. 이제 NLP를 통해 과거로의 길고 고통스러운 여행에서 벗어나 삶의 질을 높이는 측정 가능한 결과를 만들어낼 것이다.

책의 각 장들을 읽으면서, 여러분은 NLP의 실험적인 성향을 발견할 것이다. 즉 NLP는 실제로 한 번 해보는 것에 관한 것이다. 글로만 읽지 말고 직접 시험해보자.

변화에 대한 책임은 여러분에게 달려 있고 이 책은 촉진자 역할을 한다. 변화하려 하지 않으면 책에서 얻는 것은 거의 없을 것이다. 그러므로 우리는 여러분이 연습해보고, 새로운 과정을 메모해서 다른 이들과 공유하도록 권한다. 무언가를 어떤 사람에게 설명하는 것은 복습이 되고 완전히 소화할 수 있게 만든다. 이 책을 끝낼 즈음에는 자신이 얼마나 변했는지 아마 깜짝 놀랄 것이다.

 뇌를 구성하는 신경망은 놀라운 변화능력을 가지고 새로운 연결점을 구축한다(뇌의 구성에 관한 설명은 제3장을 보라). 이 신경가소성 덕분에 여러분은 어떤 나이에도 변화할 수 있다. 정말 힘이 나지 않는가!

즐겁게 여행하길!

TV에서 마이클 파킨슨이 클린트 이스트우드를 인터뷰할 당시, 이스트우드가 유익한 조언을 한 적이 있다. "일은 진지하게 하지만, 자신에게는 그러지 맙시다." NLP는 매우 재미있고 즐겁다. 완벽을 지향한다면, 자신에게 어마어마하고 비현실적인 압박을 가하는 것이다. 그러므로 여행에서 명랑함도 같이 챙기면서 변하는 세상을 이해하도록 하자. 배움은 심상치 않은 일이면서 심상치 않게 재미있기도 한 법이다.

chapter
02

NLP 기본 가정에 대한 확인

벨린다에게는 애지중지하는 외동딸 메리가 있다. 메리는 조금 버릇이 없는 편인데, 벨린다와 그녀의 남편이 아이에 대한 희망을 버린 후에야 겨우 태어난 아이였기 때문이다. 불행히도, 아이는 자주 짜증을 내고 바닥에 발을 굴렀고, 비명을 지르면서 손발을 마구 휘젓곤 했다.

벨린다는 메리의 짜증에 별다른 대처를 할 수 없었는데, 어느 날 그녀는 메리의 짜증에 동참하기로 결심했다. 벨린다는 찬장에서 냄비 두 개를 꺼내 바닥에 마구 던지며 발로 차고 메리보다 더 크게 소리를 질렀다. 과연 어떻게 되었을까? 메리는 놀라서 어안이 벙벙한 채 누워서 꼼짝도 못하고 엄마를 응시했다. 그녀는 곧 엄마가 더 '짜증쟁이' 선수라는 것을 알았고 짜증 대회가 열릴 때마다 매번 엄마에게 졌다. 그녀는 짜증내기를 계속하는 것은 쓸데없는 짓임을 깨닫고 적당한 때 짜증을 멈췄다. 벨린다는 더 큰 행동상의 유연성을 발휘함으로써 메리와의 상호작용을 통제할 수 있었다.

이 재미있는 일화가 보여주는 것은 '체계 안에서 가장 유연한 사람이 체계를 움직일 수 있다'는 것이다. 이 말은 실험실에서 실시한 어떤 실험의 결과가 아닌 바로 NLP 가정(혹은 추정)을 여러분이 실생활에서 사용한다면, 삶의 여행은 더 쉬워질 것이라는 의미다. 벨린다의 이야기는 여러 가정들 중 한 가지를 묘사한 것으로, 편리한 믿음이라고도 불리며 NLP의 근본을 이룬다.

이 가정은 다양성의 법칙으로 알려져 있으며 체계 이론에서 유래했다. 이 법칙은 영국의 정신과 의사이자 인공두뇌학의 선구자이기도 한 로스 애쉬비에 의해 공식화되었다. 간단히 말해, 다양성의 법칙이란 한 체계 내에서의 성공 능력은 그가 선택하는 행동의 유연성 수준과 직접적으로 비례한다는 것이다.

의사소통 맥락에서, 어떤 이가 여러분의 말을 이해하지 못한다면, 상대가 이해할 때까지 유연성과 창의성을 내보이며 말하는 내용과 방식을 변경하도록 한다. 같은 말을 계속 목소리만 높이는 전략은 그다지 추천하지 않는다.

NLP 가정에 대한 소개

NLP 가정은 그것이 실제인 것처럼 행동하면 진짜로 이루어질 수도 있다는 일반적인 관념 이상의 것은 아니다. 다음 절에서 NLP 창시자가 가장 중요하다고 생각하는 몇 가지 가정에 대해 설명한다.

지도는 영토가 아니다

최초의 가정 중 하나는 '지도는 영토가 아니다'라는 것이다. 이 말은 1933년 폴란드 출생의 수학자 코지브스키의 『과학과 건전한 정신(Science and Sanity)』에서 공개되었다. 코지브스키는 인간은 감각(시각, 청각, 촉각, 후각, 미각), 즉 영토를 통해 세상을 경험한다는 사실을 언급했다. 그다음, 외적 현상은 가치, 믿음, 삶의 경험과 같은 심적 여과기(제3장에서 설명)를 통해 전달되고 뇌, 즉 지도 안에서 내적 표상(internal representation, IR)을 만든다.

여러분이 외적 세상에 대해 만드는 이 내적 지도는 경험에 의해 결정되며 여러분과 동일한 환경을 지각하는 다른 누군가가 만든 지도의 복제품이 아니다. 다른 말로 하면, 바깥에 있는 것은 여러분 혹은 다른 사람의 뇌 안에 있는 것과 전혀 같지 않다는 것이다.

다음의 비유를 예로 들어보자. 식물학자에게 벨라도나가 무엇인지 물어본다면 식물의 라틴명을 알려주고 머릿속에서는 식물의 이미지를 떠올리며 꽃과 향기에 대해 묘사할 것이다. 한편, 동종요법 의사는 특정한 증상에 치료하는 사용법을 설명하며 진료하는 환자의 이미지를 생각할 것이다. 또, 추리소설 작가에게 물어본다면, 아마 독이라고 답할 것이다.

음식이 정말 맛있었고 특히 한 요리가 제일 좋았던 어떤 휴일을 생각해보자. 돌아오는 길에 여러분은 좋아하는 그 요리가 나오는 식당에 가서 다시 한 번 맛을 즐겨보리라 결심한다. 메뉴를 읽는 동안 기대감에 부풀고 메뉴는 휴일의 풍경, 소리, 냄새와 느낌을 불러일으킨다. 제일 좋아하는 음식을 주문하고 웨이터가 가까이 오는 것을 보며 여러분은 군침을 흘린다. 접시가 앞에 놓이고 나서… 보니 전혀 그 요리가 '아니다'. 여러분이 기억하는 모습이나 냄새가 아닌 것이다. 여러분이 보는 음식은 머릿속의 '지도'와 전혀 일치하지 않았다!

이 예시의 요점은 맥락과 배경에 따라 각기 사람들은 동일한 것에 대해 서로 다른 IR을 만든다는 것이다.

개인적 여과기를 통한 지각

감각은 매 초마다 수백만 개의 각양각색의 정보를 퍼붓는 데 반해 의식은 그때마다 단지 몇 개의 정보만을 처리할 수 있다. 그 결과 무수히 많은 정보들이 빠져나가고 이 여과 과정은 가치와 믿음, 기억, 결단, 경험 및 문화적·사회적 배경에 의해 영향을 받는다. 다시 말해, 여과기에 맞는 것만 수용할 수 있는 것이다.

다른 사람들과 같이 있을 때, 주위에 있는 물건을 골라서 각자 관찰한 것, 예를 들어

창가에서 보는 풍경 등을 설명해보게 하자. 그들의 설명이 각자 인생의 경험에 맞춰져 있는 것을 알아차리게 될 것이다.

일부 유럽인과 북미인은 인도나 멕시코 등을 방문할 때 큰 문화적 충격을 경험한다. 그들은 자신의 문화적 배경으로 인하여 일부 지역의 심각한 빈곤 수준에 크게 동요하지만, 실제로 그 지역에 사는 사람들은 빈곤을 삶의 일부로 받아들인다. 사람들은 그들 지역의 일상적 현실을 수용하는 것이다.

다른 사람의 지도로 여행하기 : 낯선 영토

이러한 개인적 여과기의 결과 모든 사람이 세상에 대한 다양한 자신만의 지도를 갖는다. 소통을 더 쉽게 만드는 데 유용한 방법은 소통 상대의 IR 혹은 개인 지도를 이해하려 해보는 것이다.

로밀라는 저녁에 먹을 피쉬 앤 칩스를 샀는데 음식의 품질과 서비스, 가격 대비 가치에 대한 설문을 요청받게 되었다. 카운터 뒤에서 서빙하는 여자들은 조금 전에 한 남성이 매우 무례하게 설문 작성을 거절해서 화가 나 있었다. 로밀라는 그 여자들에게 그 남자가 문맹이어서 당황했기 때문에 무례하게 행동했을 수도 있다는 점을 생각해봤는지 물어보았다. 이 두 여자의 관점의 변화는 가히 놀랄 만했다. '저는 그 생각은 전혀 못 했어요' 라고 한 여성이 말했다. 그들의 태도는 즉각적으로 분노와 불만에서 연민으로 바뀌었다. 또한 기분도 훨씬 나아져서 2시간 동안 품고 있던 부정적인 감정들도 해소할 수 있었다.

아래의 간단한 연습은 상대의 반응이나 행동이 놀랍거나 기분 나쁠 때, 혹은 이해가 안 될 때 인내하거나 혹은 최소한 납득하는 데 도움이 된다.

1. 삶에서 받은 축복들을 생각하기.
2. 행운에 초점을 맞추면서, 관대해지기.
3. 당연한 듯 저런 행동을 하는 저 사람의 세계에 무슨 일이 있는 것인지 자문하기.

이 과정이 숙달되면, 다른 이들보다 행복하다는 것을 깨달을 뿐 아니라 사람들과 그들의 특이점에 대해서도 훨씬 쉽게 수용하게 된다.

사람들은 그들의 세상 지도에 따라 반응한다

모든 인간이 그러하듯이, 여러분도 머릿속의 세상 지도에 따라 반응한다. 이 지도는 자신의 태도, 기억 및 문화적 배경뿐 아니라 정체성에 대한 믿음과 가치, 신념에 근거한다.

때때로, 어떤 사람의 세상 지도는 여러분이 이해할 수 없지만, 약간의 이해와 인내는 삶을 훨씬 풍요롭게 한다.

디완 박사는 수련의 시절 정신과를 자주 방문했다. 환자 중 한 명은 말을 유창하게 하는 고등교육을 받은 영어학 교수였다. 교수의 기벽들 중 하나는 우산을 쓴 채 밤에 돌아다니는 것이었는데, 그는 달빛이 '달의 광기'를 일으킬 것이라 믿었다. 그러면서도 교수는 영어에 대한 열정을 직원들과 공유하는 것을 큰 기쁨으로 여겼고 직원들의 삶 역시 교수와의 일상적인 상호작용으로 풍요로워졌다.

직원들이 '미친 교수'를 참지 못하고 무시하거나 개의치 않았다면, 은연중에 그들의 삶은 교수의 문학 이야기나 유머의 풍부함을 누리지 못하고 궁색해졌을 것이다.

이것은 특히 코칭에 적용할 때 강력한 가정이다. 코치로서 여러분은 그 결과가 여러분의 가치나 믿음, 혹은 능력에 맞게끔 상담의 방향에 영향을 주지 않도록 자신의 행동을 항상 주의 깊게 모니터해야 한다. 미국 심리학자 에이브러햄 매슬로는 유일한 도구가 망치밖에 없다면 모든 것이 못으로 보인다고 말했다. 코칭할 때 선호하는 모형이 있을 수 있는데, 예를 들면 내담자에게 항상 특정한 발달 단계를 거치게 하는 것이다. 만일 어느 날, 누군가가 이 양식의 사고나 작용에 적합하지 않으면, 여러분은 내담자가 바라는 변화를 만드는 데 있어 효과적이지 못할 것이다.

잭은 매니저로 승진하며 부과된 모든 업무를 처리하는 데 어려움을 깨닫고 코칭을 받기로 결정했다. 코치로 추천된 수는 잭이 해야 할 과정들이 적힌 목록을 한가득 안고 찾아왔다. 수가 제안한 것들을 해내려고 애쓰던 잭은 또 다른 '업무들' 중에 있는 자신을 발견했고 이것은 더 큰 스트레스가 되었다. 잭은 좀 더 사람 중심적인 접근을 사용하는 크리스티나를 찾아갔다. 그는 장애가 되는 감정적 응어리를 찾으면서 진정한 전진을 하게 되었다. 또한 개성에 좀 더 적합한 새로운 직업역할을 위한 자기 스스로의 과정을 사용할 수 있게 되었다.

실패란 없다, 오직 피드백이 있을 뿐

이것은 삶을 사는 데 있어 매우 강력한 가정이다. 모두가 실수를 저지르고 좌절을 경험한다. 여러분은 원치 않은 결과로 인해 멈춰 서 있거나, 혹은 교훈이 알려주는 것들을 충분히 이해한 후 훌훌 털고 다시 장애물을 뛰어넘을 수도 있다.

로밀라는 하와이의 신비주의에 대한 멋진 강의를 하는 서지 카힐리 킹의 강좌에 참석했다. 그는 자신이 그 동안에 결코 실수를 하지 않았다고 말했다. 이 말에 몇몇은 낄낄거렸는데 그의 말을 믿는 사람은 아무도 없는 데다 반짝이는 그의 눈과 무표정한 얼굴 표정이 어울리지 않았기 때문이다. 이어서 그는 덧붙이길, 항상 원하는 결과를 얻은 것은 아니지만, 결코 실수는 하지 않았다고 했다.

여러분은 앞서 소개한 에피소드에 나온 수를 코치로서 실패했다고 생각할 것이다. 잭이 원하는 결과를 성취하는 데 도움이 안 되었다는 것을 스스로 인식했다면, 그녀는 잭과의 작업에서 더 많은 피드백을 얻을 수 있었을 것이다. 그렇다면 그녀는 선택할 수 있는데, 능력을 확장하거나 내담자가 그녀의 코칭 모형에 적합한지 확인해보기 위해 인터뷰 과정을 채택할 수 있었다.

우리가 국제 여성의 날 행사에서 경청에 소홀했던 기업가이자 최고 마케팅 담당자인 리즈 잭슨의 메시지는 '실패를 두려워하지 말라'였다. 리즈는 시력을 잃는 어려움을 겪으면서 TV 쇼 〈시크릿 밀리어네어〉에 출연했으며 동기 유발 강사일 뿐 아니라 현재까지 성공적으로 회사를 운영하고 있다. 그녀는 실패는 학습의 가장 강력한 도구라고 말한다. 주위 사람들에게 그녀는 잠시 겁먹게 되더라도 야망이 무엇인지 말함으로써 장애를 성공으로 뛰어넘고 안전지대로 나아가도록 격려한다. 그녀는 '실패야말로 유일한 가르침'이라고 말한다.

【 아이의 세상 지도 】

아이의 세상 지도는 어른에게 다시 생각하게끔 만든다. 이것은 아래의 즐거운 일화에서 잘 나타난다.

　한 경찰관이 경찰견과 함께 경찰차 안에 있었는데 한 소년이 그들을 계속 쳐다보았다. 소년은 차 안에 있는 것이 개인지 물었고 경찰관은 맞다고 대답했다. 그러자 어린 소년은 깜짝 놀라며 '개가 무슨 잘못을 해서 체포되었나요?'라고 물었다.

일상언어에서 피드백이라는 말은 정보를 얻거나 다른 사람의 반응을 얻는 것을 의미하지만 NLP 가정의 맥락에서 피드백의 의미는 확장되어 특정한 상황에서 얻는 결과나 성과를 나타낸다.

토머스 에디슨에게서 피드백에 관한 많은 것을 알 수 있다. 전구 발명가로 가장 유명하지만 그는 그 외에도 많은 것을 발명했다. 그의 천재성은 생각한 것을 실제로 시도해보며, 예상 밖의 결과에서 배우고 다른 발명에서는 효과가 없었던 실험의 개념을 재활용하는 점에 있다. 다른 이들이 에디슨이 전구 발명 시 했던 수천 번의 시도를 실패라고 간주할 때, 에디슨은 각 시도를 단지 전구가 발명되지 않는 또 다른 법이라고 생각했다.

소위 실패라 불리는 것에 대한 걱정은 과거 경험에 대한 부정적 측면만을 부각한다. 대신, 피드백에 집중하고 의도하지 않았는데도 성취한 결과를 검토하길 바란다. 새로운 가능성을 발견하고 앞으로 나갈 수 있게 될 것이다.

'실패'와 직면하게 될 경우, 스스로에게 질문을 함으로써 성장의 기회를 찾게 하는 이 NLP 가정을 사용할 수 있다.

'실패'한 것에 대해 생각해보고 스스로에게 질문해보기

- ✔ 무엇을 성취하려 했는가?
- ✔ 현재까지 무엇을 성취했는가?
- ✔ 무슨 피드백을 받았는가?
- ✔ 무슨 교훈을 배웠는가?
- ✔ 어떻게 교훈을 긍정적으로 사용할 수 있는가?
- ✔ 성공을 어떻게 측정할 것인가?

이제 몸을 일으켜 세우고 다시 시도해보자!

주의해야 할 점은, 사람들은 진화하고 변해서 전에 하고 싶었던 일이 현재의 자신과는 맞지 않을 수 있다는 것이다. 자신이 좋아해서 많은 시간을 보냈던 일, 예를 들어 프로그래밍이나 시험 과정보다는 경영이나 관리 기획에 좀 더 힘을 발휘하지만, 원하는 만큼 빨리 결과가 나오지는 않을 수 있다. 가치를 재검토하고 목표를 재평가하며(현실적인 목표 설정은 제4장 참조) 장단점을 저울질한 후 중점 분야나 방향을 바꾸고자 하는 것은 실패가 아니다. 자신이 받은 피드백에 의식적으로 반응하는 것이라고 할 수 있다.

의사소통이란 그것이 이끌어내는 반응이다

소통의 의도가 아무리 훌륭했다 해도, 상호작용의 성공은 그 의도보다는 듣는 이가 그 메시지를 어떻게 받아들이는지에 달려 있다. 다른 말로 하면, 여러분의 말이 이끌어내는 반응이 소통인 것이다.

의사소통에 관한 또 다른 강력한 가정은 소통가로서 메시지를 안전하게 전달하는 것은 전적으로 자신의 책임이라는 것이다. 이 가정을 상정하면, 어떤 오해에 대해서도 더 이상 상대를 탓할 수 없다. 예상한 반응을 얻지 못한다면, NLP 학습자로서 여러분은 상대가 요점을 놓치고 있다는 것을 알아차리기 위해 감각을 도구로 사용할 수 있을 것이다. 또, 행동과 말을 통해 다르게 일을 처리할 수 있는 유연성도 지니고 있다.

메시지를 이해시키는 것이 자신의 책임인 것처럼, 만일 이해가 안 된다면 확실하게 하기 위해 질문을 할 필요가 있다. 사람들은 자주 어리석어 보이고 자질이 부족하다는 평가를 받을까 봐 명확함을 위해 질문하는 것을 종종 꺼린다. 불행히도, 말을 오해하고 그 오해에 따라 행동하면 궁극적으로 더 큰 대가를 치른다. 주제와 자신에게 확신이 있는 사람들은 예리한 질문에 가장 자신 있어 하는 사람들이다.

결과물을 염두에 두며 의사소통을 통해 얻고자 하는 성과를 생각해보자. 건축업자가 계획 없이 벽돌부터 깨뜨리기 시작하면 어떻게 될까? 대성당은 없을 것이다! 기초가 튼튼한 건물을 세우려 한다면, 결과물에 대한 건축가의 비전에서부터 시작해야 한다. 이 가정은 어려운 상황에 놓이게 될 때 장애가 되는 감정을 다른 쪽으로 치워놓도록 하는 데도 유용하다.

제8장에서 유연성 있게 행동하는 법에 대해 더 알아보고 힘들어지는 상황에서 감정 처리하는 법에 대해서도 더 설명하겠다. 감각적 인식에 대한 자세한 내용은 제5장을 살펴보라.

지금의 방식이 효과가 없다면 다른 방식을 찾는다

이 가정은 매우 간단하지만, 보통 우리는 원하는 대로 일이 풀리지 않는다고 자신의 행동을 쉽게 바꾸지 않는다. 무엇인가 바뀌길 바라면서 같은 행동을 반복할 뿐이다. 자신의 행동을 바꾸는 것은 다른 이들이 변하리라는 기대를 계속하는 것보다 어렵다. 그러나 자신에 대한 것을 바꾸는 것은 큰 통제력과 만족감을 준다. 다른 이를 바꾸려 하는 것은 보통 실망스러운 경험으로 끝난다!

모두가 여러분이 가지고 있는 자원을 가지고 있는 것은 아니다. 이 책을 읽는다는 바로 그 사실은 여러분이 삶의 변화를 만드는 데 추진력이 있다는 뜻이다. 자신이 변하는 것은 다른 이를 여러분의 이상에 순응시키는 것보다 훨씬 적은 에너지가 소비된다.

NLP 가정을 수용한다면, 머리를 끊임없이 돌벽에 부딪치거나 시간과 에너지를 다른 누군가에 대한 불평으로 소비하며 통제 안 되는 누군가에 대해 기분 상해하는 것보다는 변화의 전술이 낫다는 것을 깨닫는다. 그러나 여전히, 자신의 전술을 실제로 바꾸거나 다르게 행동하기 전에, 현재 자신의 상태에 대해 좀 더 이해할 필요가 있다.

지금 방식이 효과가 없는 이유는 무엇인가? 원하는 것을 정확하게 전달했는가? 아마도 상대는 여러분이 바라는 성과를 얻기 위해 필요한 지원을 발견하지 못했을 수 있다. 바라는 결과를 얻기 위해 무엇을 다르게 할 수 있는가?

여러분이 중점을 둔 것과 경험에 의미 부여를 한 방식은 기분에 작용하고 삶에서 원하는 결과를 만드는 능력에 영향을 미친다. 의사소통 방식을 변경하기로 선택할 수 있는 것처럼, 무엇에 중점을 둘지, 그리고 자신에게 영향을 미치게 허락할지 여부를

【 주요 표상 체계 】

우리는 세상을 시각(눈), 청각(귀), 근감각(느낌과 촉각), 후각(코) 및 미각(맛)의 오감을 통해 경험한다. 가끔씩, 특히 스트레스를 받았을 때, 세상에 대한 정보를 수집하는 데 있어 다른 감각들보다 한 감각을 선호할 수 있다. 이 체계를 **주요 표상 체계**라고 하는데 이것은 학습 방식과 머리로 외부 세계를 나타내는 방식에 영향을 미친다. 오감의 사용에 대해서는 제5장에서 더 이야기하겠다.

선택할 수 있다. 예를 들어 배우자에게 거절당했다는 느낌이 든다면, 두 가지 선택권이 있다. 부정적인 혼잣말과 삐치는 것으로 자신을 약 올리거나, 적당한 때에 맞춰 자신이 어떻게 느끼는지 설명하고 배우자에게 서로 간에 장벽이 생긴 이유와 어떻게 도울 수 있는지 물어볼 수도 있다.

긍정적인 피드백은 효과가 뛰어나다. 배우자가 열린 마음이 되면 경청하고 적절하게 반응하면서 상대의 삶에 동참하고 있다는 공감을 표현하도록 한다.

패트리샤는 느낌과 촉각을 통해 가장 잘 배우는 학생이었다. 이러한 경향은 그녀가 일반적인 강의나 토론 수업, 즉 칠판을 보고 교사의 이야기를 듣는 것을 선호하는 사람들에게 맞춰진 수업에는 어려움이 있음을 의미한다. 그 결과, 패트리샤는 학교 공부에서는 상위권에 들 수 없었으며 능력 발휘가 어려웠다.

자질이 부족한 교사는 패트리샤를 탓하고 바보라고 낙인찍거나 학습에 나쁜 태도를 보일 수도 있었다. 운 좋게도 패트리샤의 교사는 그녀에게 공부 방법과 함께 좀 더 실용적으로 수업에 적용하는 법을 알려줄 필요가 있음을 깨달았다. 다행히도 교사는 문제의 원인을 이해하고 패트리샤가 잘할 수 있는 방법으로 교습법을 조정하였다. 패트리샤의 교사는 좋은 교사로 사고가 유연하고 교습의 효율성에 대한 책임감이 있었다. 학습의 무능에 대해 패트리샤를 탓하는 대신, 그 교사는 패트리샤에게 다가갈 수 있는 또 다른 길을 발견했다.

의사소통을 안 할 수는 없다

이 가정은 매우 중요한데, 여러분과 다른 이들이 무심코 전달하는 미묘한 메시지를 알아챌 수 있게 하기 때문이다. 화기애애한 말들이 오고가지만 은연중에 긴장이나 저항이 분명히 존재하는 회의에 참석해본 적 있는가? 여러분은 분명히 방 안 사람들의 몸짓 언어와 목소리 톤에서 느꼈을 것이다. 그것은 좋은 의도로, 소통을 안 하는 것은 불가능하기 때문이다. 침묵도 메시지를 전달하는데, 암묵적인 허락, 흥미의 부족, 불인정 등이다. 이것은 앨버트 머레이비언 교수의 흥미로운 연구에서도 나타나는 데, 교수의 연구에서 느낌과 태도-특히 몸짓 언어와 말 사이에 불일치가 나타나는 태도-에 대해 말할 때, 목소리 톤과 자세 유지에 비해 말하는 것은 매우 작은 영향을 미친다는 것이 증명되었다(머레이비언의 작업에 대해서는 제6장 참조).

포커 게임은 이 가정에 관한 멋진 유사점을 제공한다. 상대 선수가 내보이는 미묘한 신체적·심리적 신호를 읽을 수 있으면, 약한 패에도 이길 수 있다. 숨을 참거나 안면 경련을 일으키는 것은 신체적 '말하기'다. 이 신호는 불안감 혹은 기대감과 연관되어 있어 상대 선수의 반응을 지켜보고 짐작해보는 것으로 확신할 수 있다. 배팅 패턴의 변화는 다른 선수에게 상대 선수의 마음 상태를 알 수 있는 단서가 되고 선수가 쥐고 있는 패의 수를 알려준다.

독심술(mind read)은 자신의 경험이나 행동 양식에 근거하여 소통되는 내용을 짐작해서 알아내는 것을 의미한다. 여러분이 말할 때 찡그리는 어떤 사람을 본다면, 아마도 그녀는 집중해서 듣고 있는 것이다. 찡그리는 것을 과거 부모나 교사와의 경험 때문에 짜증이라고 간주하고, 청중에 대해서도 짜증으로 추측한다면 비생산적인 결과를 얻을 것이다. 왜 짜증이 나는지 그녀에게 묻는 것은 그녀의 사고 사슬을 깨고 혼란을 불러일으킬 것이다. 그녀의 짜증을 추측하는 것이 과거의 비행 시 느꼈던 감정을 상기시킨다면 역시 부정적 마음틀이 생성될 수 있다.

말 혹은 몸짓 언어로 의사소통할 때 오해해서 여러분이 생각한 것이 맞는 것처럼 독심술을 잘못 사용하지 않도록 하라.

각자는 원하는 결과에 도달하기 위해 필요한 모든 자원을 갖고 있다

우리는 이 가정이 매우 긍정적이어서 마음에 든다! 이 문구는 모두가 발전하고 성장할 수 있는 잠재력을 지녔음을 의미한다. 여기서 중요한 포인트는 현재는 필요한 모든 자원을 갖고 있지는 않지만, 새로운 내적·외적 자원을 획득할 수 있는 잠재력을 가진 것은 분명하다는 것이다.

내적 자원(internal resource)이란 목표 달성에 방해가 되는 행동을 극복하기 위한 방법 배우기와 관련이 있다. 예를 들어 실수를 했거나 자기 확신의 부족으로 무능한 느낌이 강화될 때 하는 '나는 바보야' 같은 부정적 혼잣말이 있다. **외적 자원**(external resource)은 새로운 기술을 배우기 위해 과정에 등록한다거나 이미 있는 기술의 연마, 혹은 멘토나 코치에게 요청함으로써 일에서 더 좋은 수행을 할 수 있는 것을 말한다.

더 확신에 찰 수 있는 법을 배우는 것은 다른 이와의 상호작용뿐 아니라 마음가짐의 대처에 관해서도 알려주기 때문에 더 많은 내적, 외적 자원이 제공된다.

8살짜리 남자아이인 톰은 학교에서 괴롭힘을 당했다. 그는 아빠에게 괴롭힘에 대해 도움을 요청할 정도로 대처를 잘했다. 아빠는 더 적극적으로 행동하고 자신감을 가지라고 말했지만 톰은 그 방법을 알 수 없었다.

그러나 톰의 영웅인 아널드 슈워제네거와 톰의 아버지는 그에게 **탁월성의 원**(circle of excellence) 연습(제9장에서 설명한다)을 가르쳤다. 톰에게 원 안으로 들어갈 때 그가 아널드라고 상상하라고 말했고, 톰의 새로 생긴 자신감은 그의 행동, 몸짓 언어 및 태도에 작용했다. 그 결과 톰을 괴롭히던 아이들은 점점 사라졌으며 그의 평판은 급상승해서 다른 어린 피해 학생들이 그의 기술을 알아내기 위해 안달이 날 정도였다.

탁월성의 원은 마음을 가다듬기 위해 강력한 자원 상태를 형성하는 놀라운 NLP 닻 내리기 기술이다. 이는 발표하기 전이나 네트워크 회의에 가야 하는데 붐비는 방 밖에서 주저하고 있을 때 사용할 수 있다.

모든 행동에는 긍정적인 의도가 있다

불행히도 이 가정은 반대로도 적용할 수 있는데, 즉 나쁘거나 비생산적인 행동도 그럴 수 있다. 좋은 의도가 숨겨진 나쁜 행동은 이차적 이득이라고 불리며 불확실하다.

이차적 이득은 보통 힘을 빼앗거나 나쁜 것으로 간주되는 특정 행동으로 어떤 사람에게서 무의식적으로 이득을 취하는 것을 말한다. 예를 들어 얌전히 행동하기를 원하는 선생님이나 부모의 반대에도 불구하고 아이는 급우들에게 지지를 받기 위해 학교에서 우스꽝스러운 행동을 할 수 있다. 슬프게도, 그 행동을 표출한 사람이 경험한 이득은 그 행동을 관리해야 하는 사람들에게는 해가 된다.

다섯 아이 중 막내인 자넷은, 기억하는 한 어려서부터 허리 통증 때문에 고생했는데, 의사는 통증의 원인을 찾을 수 없었다. 자넷의 어머니는 변덕이 심한 이기적인 여성으로 가족보다는 파티에 더 관심이 있었다. 어렸을 때, 자넷의 형제들은 책을 들어주고 착실하게 보살피는 것으로 자넷을 도왔다.

자넷이 딸을 출산한 이후 허리 통증은 더욱 심해져서 그녀의 남편이 모든 쇼핑과 아기 돌보기를 담당했다. 어린 소녀는 자라서 '엄마의 작은 도우미'가 되었고 엄마가 필요로 할 때마다 항상 달려갔다. 치료사를 찾아가기로 했을 때, 자넷은 통증의 원인이 심리적인 것임을 결국 인정했다. 그녀는 허리 통증이 어머니에게 그토록 갈구했으나 받지 못한 사랑과 관심을 받기 위한 그녀의 방식이라는 것을 깨닫게 되었다.

자넷의 행동은 이 가정에 대한 생생한 설명으로, 이차적 이득은 그녀의 가족으로 하여금 그녀를 보살피게 하고 그녀가 갈구했던 사랑과 관심을 채워주었다. 자넷이 자신의 욕구를 알아챘을 때, 그녀는 남편과 딸에게 이미 커다란 사랑과 관심을 받고 있음을 역시 깨달을 수 있었다. 이 치료로 자넷은 어머니의 행동이 어머니와 외할머니 관계의 결과로 인한 것이었음을 깨달았다. 그녀는 어머니와의 관계에서 힘들었던 시간에도 불구하고, 어머니로부터 감정적 충족을 얻으려는 욕구에서 벗어나 자신과 남편, 딸의 웰빙에 초점을 맞출 수 있게 되었다.

어떤 사람을 비생산적이며 서툰 방식으로 행동하게 만드는 감춰진 긍정적 의도를 식별할 때, 유연성을 발휘해서 그 사람과 효율적으로 의사소통할 수 있다. 그런 다음 여러분의 가치에 부합할 경우, 행동의 의도를 좀 더 긍정적인 방식으로 만족시킴으로써 바람직하지 못한 행동의 변화를 도울 수 있다. 적어도 상대가 왜 그런 행동을 하는지 인식시킨 후 선택할 수 있게 한다. 즉 계속 하던 대로 하다가 그 결과에 직면하거나 혹은 다르게 행동하는 것이다.

우리들 중 한 명이 다국적 회사에서 일할 때, 판매부장인 패트릭은 빌딩에 올 때 빌딩의 한 구석에 있는 무료 책상을 차지했다. 좋게 말해서 불쾌하고 배려가 없는 사람인 그는 의자에 큰 대자로 앉았고 의자가 책상에서 멀리 밀려나 구석의 다른 사람들은 간신히 지나갈 수 있었다. 그는 시끄럽고 주위 사람들에게 요구하는 게 많았으며 특히 비서에게는 매우 불쾌하게 대했다.

소문에 의하면 패트릭의 행동은 지배적인 어머니와 그보다 더한 그의 부인 때문이라는 것이었다. 불행히도, 그의 존경에 대한 욕구는 그가 갈망하는 것들과는 정반대로 행동하게 만들었다. 패트릭의 배경에 대해 알게 됨으로써 얻은 이득은 동료들이 조금은 그를 좋게 생각하게 되었으며 그의 존재에 혈압이 솟구치는 일은 없게 된 것이다. 어느 정도 수용을 보임으로써 그의 욕구를 다소 만족시키고 그 행동에도 화가 누그러지게 되었다.

사람들은 그들의 행동보다 더 큰 존재다

로밀라는 권위 있는 역사적 인물이 담화하는 TV 프로그램을 보고 있었다. 그녀는 인종차별주의자를 상대하는 법을 묻는 저널리스트의 질문에 대한 마틴 루서 킹의 답변에 감명받았다. 킹은 사람들은 그들의 행동보다 더 큰 존재라는 가정을 인용했다. '나는 악행은 미워하지만 그 악행을 행한 자는 사랑할 수 있는 그런 종류의 사랑을 말하고 있습니다.'

요점은 나쁜 행동을 하는 것이 그 사람을 나쁘게 만들지는 않는다는 것이다. 행동을 사람에게서 분리하는 것은 매우 중요하다. 절망해서, 혹은 자원이 없거나 그 상황에서 다르게 행동할 수 있는 능력의 부재로 무력감을 느낄 때 사람들은 나쁜 행동을 할 수 있다. 아마도 그들은 최선을 다할 수 없게 하는 환경에 있다고 느낄 것이다. 역량과 기술이 발달하거나 좀 더 건설적인 환경으로 옮길 수 있도록 도움으로써, 그들의 행동을 극적으로 바꾸고 새로운 단계로 나아가게 할 수 있다.

벤은 매우 다정하고 친절한 젊은이로 읽기, 쓰기에 큰 어려움이 있었다. 그렇지만 그는 동물들을 사랑하고 상처 입거나 다친 동물들을 매우 잘 보살펴 주었다. 불행히도, 환경의 영향으로, 벤은 말썽꾼으로 낙인 찍혔고 약물 관계로 경찰과 문제가 있었다. 이웃들은 그를 '나쁜' 사람으로 인식했다. 그러나 간질로 판명받고 역량에 대한 믿음의 변화를 위한 도움을 받게 되자, 그는 자선동물보호단체에서 일함으로써 사회의 가치 있는 공헌자로 변모할 수 있었다.

사람들은 삶의 다양한 장소에서 매우 다양하게 행동한다. 제11장에서 자세하게 다루겠지만, 몇 개의 논리 수준에 따른 기능은 다음과 같다.

- ✔ 목적
- ✔ 정체성
- ✔ 가치와 믿음
- ✔ 역량과 기술
- ✔ 행동
- ✔ 환경

벤의 역량이 증가하면서, 자신에 대한 믿음도 변했다. 이 변화로 가치 있다고 생각하는 환경으로 옮길 수 있었고 그 결과 '나는 실패자다'에서 '나도 공헌할 수 있다'로 정체성의 전환을 경험했다. 벤의 정체성에 대한 변화는 행동에 작용했고, 동물들과 동료들로부터의 피드백은 벤을 인정받는다고 느끼게 하며 새롭게 발견한 정체성을 더욱 강화하였다. 벤의 행동은 나빴지만, 그것이 그를 나쁜 사람으로 만들지는 않았다. 그는 나쁜 행동보다 더 큰 존재로, 실제로 다정하고 친절했다. 벤은 매일 자신과 동료 및 동물들에 대한 그의 공헌에 대해 기분 좋게 느끼며 행복했고 삶의 목적을 찾았다고 생각했다.

몸과 마음은 연결되어 있으며 서로 영향을 미친다

전체의학은 마음은 몸에 영향을 주고 몸은 마음에 영향을 준다는 전제하에 작용한다. 인간의 건강 유지를 위해, 의사는 병의 증상을 억제하는 것 이상을 할 필요가 있다. 의사는 몸과 마음을 검사하고 둘 다 치료해야 한다.

신체의 세포 단계에서 감정에 관한 최근 연구는, 몸과 마음의 연결이 얼마나 통합되어 있는지 보여준다. 신경전달물질은 신경을 따라 자극을 전달하는 화학물질로 뇌가 신체의 다른 부분들과 의사소통하는 수단이다. 각 생각은 신경전달물질을 거쳐 몸 안의 가장 멀리 떨어져 있고 미세한 세포에 도달한다.

게다가 뇌에서 발견된 것과 같은 신경전달물질이 내부 기관에서도 생산된다는 것이 후속 연구에서 밝혀졌다. 즉 메시지가 일직선으로 뉴런을 따라 시작되고 전달된다는 생각은 더 이상 사실이 아니다. 이 메시지는 내부 장기에 의해서도 시작되고 전달될 수 있다. 국제정신건강협회의 캔디스 퍼트 박사는 몸과 마음이 통합된 전체로 작용하는 '몸마음'을 언급했는데 신경전달물질 단계에서 몸과 마음은 분리될 수 없기 때문이다.

이 연결과 작용에 대해 좀 더 자세히 알기 위해 아래 순서대로 따라해보자.

1. **왼쪽 엄지와 손가락으로 원을 만든다.**
2. **오른쪽 엄지와 손가락으로 왼쪽 원을 통과하여 연결한다.**
   원들은 서로 연결되고 한쪽이나 다른 쪽을 스스로 잡아당겨야만 떼어진다.
3. **진심으로 좋아하는 사람을 생각하며 원이 떼어지게끔 세게 잡아당긴다.**
   꽤 어려울 것이다.

4. 진심으로 싫어하는 사람을 생각하며 원이 떼어지게끔 세게 잡아당긴다.

비교적 쉽지 않은가?

많은 사람들이 그다지 좋아하지 않는 사람을 생각할 때 원을 분리하는 것이 덜 힘들었다고 말한다. 이것은 얼마나 생각이 쉽게 몸에 영향을 미치는지 입증한다.

스트레스는 긴장의 결과다. 긴장은 스스로 혹은 다른 이가 부과한 기대가 충족되지 않을 때 일어난다. 또, 잘하지 못하거나 시간에 쫓길 때, 혹은 자신의 가치에 맞지 않는 일을 해야 하는 압박감을 느낄 때 경험한다.

상태(state)는 몸과 마음의 상태를 말한다. 이것은 몸과 마음의 신경학적 과정이 어떻게 상호작용하고 서로에게 영향을 미치는지를 조합한 것이다. 예를 들어 신체적으로 피곤하면 '까다로운' 사람을 상대할 때 전처럼 유연하지 못하고, 혈당이 떨어지면 짜증이 난다.

상황과 사람에 대한 반응을 인식하고 있는 것은 유용하다. 긴장하고 있다고 느낀다면, 상태를 바꿔라. 예를 들어 숨을 참고 어깨를 움츠리며, 일이나 사람 만나는 것을 미루고 분노를 느끼거나 어떤 사람들에게 '나쁘게' 굴 수도 있다. 여러분은 초콜릿 한 조각을 먹거나 몇 분 동안 호흡에 집중하는 것으로 간단히 상태를 바꿀 수 있다(긴장에서 완화로). 어떤 경우에는, 잠시 멈춰서 무엇이 내적으로 긴장을 일으키는지 질문해볼 필요가 있다. 보통 가치를 재점검함으로써 매우 신속하게 단서를 찾을 수 있다.

웰빙의 느낌을 유지하는 데 적절한 상태를 만든다.

선택지가 있는 것이 없는 것보다 낫다

NLP는 건강한 삶의 방식으로써 개인별 선택을 권장한다. 직장을 바꾸고, 이민을 가거나 불행한 관계에서 벗어날 수 있는 선택지가 없다고 느껴질 때가 있다. 우리는 자주 '선택할 것이 없어' 혹은 '이것은 꼭 해야 돼'라고 말하곤 한다.

변화에 대한 두려움, 능력에 대한 자신감 부족 혹은 역량에 대한 인식 부족으로 꼭 필요한 변화의 창출을 주저할 수 있다. 이 문제와 씨름하기 위해, NLP는 '만약 상황이 달라진다면?'이라는 질문을 던지고 이미 가지고 있거나 고려하지 못한 잠재성을 포함하여 획득 가능한 모든 자원을 인식하게 함으로써 지평을 넓히는 것을 목표로 한다.

선택이 항상 축복인 것은 아니다. 선택할 길들이 지나치게 많아서 여러분을 마비 상태에 빠지게 하는 경우도 있다. 좋은 해법은 모든 장단점을 적은 목록을 만들고, 하룻밤 자고 일어난 뒤 결정하는 것이다.

NLP는 단지 다소의 불만으로 인한 트집이 이유일지라도, 변화를 바라는 그 이유를 탐색하도록 돕는다. 변화는 급류타기처럼 거칠 수 있지만, 우리가 아는 변화를 이루어낸 사람들-자신들의 선택을 결정한 사람들-은 훨씬 만족해하며 삶의 주인으로 살고 있다. 제20장에서 변화를 쉽게 이루는 법에 대해 자세히 설명한다. 삶에서 무엇을 원하는지에 대해 결정하기와 실행에 옮기는 법에 대해서는 제4장을 살펴보라.

다국적기업은 많은 직원들을 해고하고 있다. 직원들은 자신이 대상이 아니길 바라며 기다리고 있지만 IT 산업은 침체에 빠져 있고 일은 그 수가 많지 않다. 일반적으로 사람들은 회사가 아무리 강요해도 그저 현재 일에 버티는 수밖에 없다고 생각한다. 그들은 선택의 여지가 없다고 믿는 것이다.

이런 스트레스로부터 탈출하여 해방된 직원들은 일에서 무엇을 원하는지 알고 있고, 대안적 직업으로의 이동을 위한 규정을 만들었거나 아무리 억지스럽다 해도 가능한 모든 선택을 자발적으로 찾은 사람들이다.

성공적인 수행을 모방하는 것이 뛰어남으로 이끈다

어떤 분야의 최고가 되고자 한다면, NLP는 어떤 사람의 모범을 보고, 그 사람이 잘한 것을 택하며 똑같이 할 수 있도록 도구를 제공한다. 큰 꿈 대신, 예를 들어 항상 제시간에 맞춰 작업을 완성하는 동료의 기술이나 언제나 적시에 바른 말을 할 줄 아는 친구를 모방하는 매우 작은 바람부터 시작할 수 있다. 사람들의 성공을 모방하는 것은 성공에 대한 시기라는 부정적 감정을 자신의 이익을 위해 그들의 성공을 경험하는 건설적인 과정으로 전환하는 좋은 방법이다. 모방학습에 관한 실용적 도구에 관해서는 제19장에서 알아볼 수 있다.

가정에 관한 마지막 말 : 길고 짧은 것은 대봐야 안다

일반화가 사실인지 직접 행동함으로써 이번 장에서 소개된 가정을 시험해보라. 제2의 천성이 될 때까지 특히 유용하다고 생각되는 것들을 연습한다. NLP 가정을 실습하는 동안, 목록을 만들고 매일 실천할 것을 고른다. 매일 새로운 것을 고르도록. 곧 가정에 따라 살고 있으며 '삶이 쉬워졌음'을 알 게 될 것이다.

NLP를 잘 이해하는 한 가지 좋은 방법은 삶에 대한 자신의 기본적 가정이나 추정을 탐색하는 것이다. 다양한 사람들과 문제에 대해 최근 드는 생각, 의사소통 방법 및 중요한 점 등을 탐색하며 새로운 접근법을 채택하는 것은 새로운 활동이나 행동을 촉발하는 데 도움이 될 수 있다.

이 가정들에 대한 정확한 반응은 없다. 순차적으로 각 가정에 대한 느낌을 주의 깊게 고려해보라. 그것들에 모두 찬성할 필요는 없다. 맞는지 알아보기 위해 한 번 해보는 것으로 일어나는 일들을 보고, 듣고, 느껴보라!

chapter **03**

삶을 이끄는 것은
누구인지에 대한 발견

숨 쉬기는 무의식적으로 행해진다. 자신의 숨을 의식하도록 요청하기 전까지는 그 모든 숨, 코로 들어가는 공기, 쉬고 내뱉는 동안 가슴과 횡격막의 움직임 등을 알아채지 못할 것이다. 호흡에 주의를 기울임으로써 여러분은 호흡을 인식하게 된다. 이 글을 읽으면서, 여러분은 다시 호흡을 알아채지 못한다. 그것은 몸에 작용하는 다른 과정들을 따라 인식에서부터 슬그머니 빠져나간다.

갈증을 느낄 때가 언제가 될지, 혹은 목이 마를 때 물 한잔을 의식적으로 집어 드는 법을 의식하는가? 여러분 팔의 각 고립된 근육들을 의식적으로 활성화시켜서, 순서대로 물 한잔을 집어 들고 입으로 가져가보자. 어려운가? 의식적으로 팔을 들기 위해 해부학, 생리학 학위가 필요한가? 이 예는 몸의 작용에 가해지는, 의식 저 너머의 무의식의 거대한 영향력을 입증한다.

몸에 대한 무의식의 힘을 아직도 의심하고 있다면, 연구가 폴 토슨이 한 실험을 검토해보자. 그는 최면에 빠진 한 남자에게 특정 펜이 뜨거운 꼬치라고 말했다. 토슨이 피실험자의 팔에 펜을 대자… 그 부분에 물집이 생겼다.

이 장에서 여러분은 무의식을 만나고 쉽고 빨리 목표를 성취하기 위해 집중해서 뇌를 사용하는 법을 알게 된다. 외상 후 스트레스 장애(PTSD)의 심리학과 공포증, 또 어떻게 그것들을 극복하는지에 대한 설명과 함께 무엇보다도 여러분의 동기를 유발하는 충동인 믿음과 가치에 대해서도 알게 될 것이다. 믿음에 구조가 있다는 것과 그 구조를 바꿀 수 있다는 것을 알게 되면, 감정 조절 및 기억, 무겁게 짓누르는 과거의 부담 없이 삶의 사건과 사람들에게 반응하는 방식의 선택에 있어 능숙해지게 된다.

공포가 어떻게 잘못된 방향으로 이끄는지 파악하기

무의식은 몸의 작용을 조절하는 것뿐 아니라 삶에서 얻는 결과에 매우 큰 영향을 미친다. 의식적으로 뭔가 해보려 했으나 전혀 다른 결과로 끝난 적이 있는가? 원치 않는 결과에 대한 공포가 여러분을 자주 약화시키는 결과를 불러올 수 있다.

의식적으로 목표의 성취를 원함을 결정할 수 있지만, 무의식적으로 납득되지 않으면 무의식의 임무, 즉 의식적으로 하고자 하는 것에 반대되는 일을 하게 될 수 있다. 무의식과 일치하여 목표에 빠르게 도달하게 하는 방향을 향한다면 무엇을 얻을 수 있을지 상상해보자.

로저는 개인 사업을 시작했다. 목표를 설정하고 전문 분야의 뛰어난 능력을 가지고 있는데도 불구하고 사업은 순조롭지 않았고, 저축마저 바닥을 보이자 그는 패닉 상태가 되었다. NLP 코치는 그가 '힘들고 배고파야 예술이다'라는 매우 깊이 자리 잡은 믿음을 의식적으로 인지할 수 있도록 도왔다. 이 노래를 만든 사람은 오직 가난 속에서만 블루스를 부를 수 있으며 부와 성공은 음악 스타일에 방해가 된다고 믿었는데, 로저도 비슷하게 성공이 삶의 경험을 막고 창조성을 소진시킬까 봐 걱정했다. 백만

장자나 부랑자도 삶의 경험을 선택할 수 있다는 것을 깨닫자 그의 행동의 바뀌었고 사업은 극적으로 개선되었다.

무의식과 의식적 욕구 및 목표를 같이 정렬하는 핵심은 그것들 각 부분의 힘과 작용법에 대한 이해이다. 다음 단락에서 알아야 할 것들을 소개한다.

의식과 무의식의 구별

NLP 용어에서 의식은 일정한 시간 내에 외적, 내적으로 일어나는 일들을 인식하는 영역을 말한다. 1956년에 수행된 조지 밀러의 연구에 따르면 이것은 단지 일곱 개(아홉이나 다섯일 수도 있다)의 정보 조각에 불과하다. 의식이 빙산의 일각이라면 무의식은 수면 아래에 가라앉아 있는 9/10에 해당한다.

NLP 용어에서, 의식은 다른 영역에서 뛰어나다(표 3-1). 그 차이를 고려하기 위한 한 가지 쉬운 방법은 의식은 일처리를 위해 실용적이고 논리적인 활동 과정에 집중하는 반면 무의식은 좀 더 창조적이고 직관적이며 감정적인 단계에 관여한다고 보는 것이다.

변덕스러운 무의식에 대한 이해

친구들의 특이한 성격처럼, 무의식도 친숙해지면 잘 지낼 수 있는 흥미로운 특이점들이 있다. 이상적인 상황은 의식과 무의식을 같은 방향으로 이끌어 하나로 작용하도록 하는 것이다.

표 3-1 의식과 무의식 비교

의식이 능숙한 기능	무의식이 능숙한 기능
연속적 작업	전체적 작업
순차적 처리	직관
논리	창조성
구어	몸의 작용
수학	감정 처리
분석	기억 저장

무의식이 방해가 아니라 도움이 되는 쪽으로 작용하게 함으로써, 훨씬 적은 노력으로 목표를 설정하고 달성할 수 있다.

무의식은 부정적인 것을 처리할 수 없다

'영화 보기에 대해 생각하지 말 것'이라고 말한다면 이 지시에 따르기 위해 다른 생각을 떠올리기도 전에 TV 앞에 있거나 극장에 가고 싶어질 것이다. 이 실험은 무언가에 대한 생각을 중지하기 전에, 자동적으로 여러분의 머릿속에 떠오르는 사고에 대처해야 함을 보여준다.

무의식은 부정적인 것을 처리할 수 없기 때문에 생각하는 모든 것을 긍정적인 것으로 본다. 그러므로 '가난해지기 싫다'고 생각한다면, 무의식은 부정적인 것은 납득하지 않기 때문에 초점은 싫다를 제외한 '가난' 및 가난과 관련된 모든 것이 된다. 가난해지는 것이 무의식의 목표가 되고 어린아이가 원하는 것을 달라고 떼쓰는 것처럼 무의식은 가난해지는 쪽으로 행동하게끔 열심히 돕는다. 여러분이 원하는 결과가 아니고 말이다!

그렇기 때문에 목표를 긍정문으로 서술하는 것이 중요하다. 위의 예로 돌아가서, '가난해지기 싫다'가 아니라 '부자가 되고 싶다'라고 생각해야 한다. 그렇게 함으로써 마음에 부자가 되는 것이 무엇인지에 대한 표상이 만들어지고 원하는 것에 집중할 수 있게 된다. 제4장에서 목표를 긍정문으로 서술하기의 중요성에 대해 자세히 설명하고 있다.

무의식은 방향이 필요하다

요가 수행자들은 무의식을 항상 나무에서 나무로 뛰어다니며 못된 짓을 하는 원숭이에 비유했다. 원숭이를 얌전하게 하고 못된 짓을 멈추게 하는 방법은 바닥에 장대를 세워 놓고 원숭이로 하여금 오르락내리락하게 만드는 것이다. 의식이 무의식에 방향을 제공하지 못한다면, 무의식은 어떤 방향이든 찾으려 한다. 인생의 방향을 잃은 청소년을 예로 들면, 삶의 구조를 제공하는 길거리 패거리에 합류함으로써 길을 찾고 그 두목에게서 나아갈 방향을 얻게 될 것이다. 무의식도 같은 일을 한다. 방향과 초점 없이는 여러분 안에서 파괴적 행동을 할 수 있다.

무의식을 이끌기 위해서는 의식과 무의식 사이에 의사소통의 통로를 열어둘 필요가 있다. 이 라포는 명상이나 휴식을 위한 조용한 시간을 마련하여 무의식이 보여주는 기억들을 검토함으로써 발달된다.

무의식 - 기억의 수호자

1957년 펜필드 연구에서 우리가 경험하는 모든 것은 빠짐없이 기억에 기록된다는 것이 밝혀졌다. 깨어 있는 한 여성의 뇌에 전극으로 자극을 가했을 때, 펜필드는 그녀가 어린 시절 파티의 세세한 내용까지 기억할 수 있음을 발견했다. 이 기억의 저장과 조직은 무의식이 담당한다.

무의식의 기능 중 일부는 해소되지 않은 부정적 감정과 연관된 기억을 억압하는 것이다.

다이앤은 톰과 결별 후 심한 복통이 시작되었는데 의사는 신체적 원인을 찾을 수 없었다. 다이앤은 그녀의 어머니가 다른 남자 때문에 가족을 떠났던 날을 생각해냈다. 그녀는 어머니가 차를 몰고 떠날 때 그녀가 '돌아와요, 엄마, 배가 아파요!'라고 외쳤던 모습을 떠올렸다. 다이앤은 어렸을 때 복통이 어머니를 돌아오게 하기 위해 사용했던 술책으로, 톰을 되돌아오게 하기 위해 그녀의 무의식이 복통을 재현하고 있음을 깨달았다. 그 기억은 수년간 휴면 상태였다.

무의식의 또 다른 기능은 갇힌 감정의 해소를 검토하기 위해 억압된 기억을 드러내는 것이다. 불행히도, 공공장소에서 부모를 당황시키는 어린아이들처럼, 무의식은 꼭 가장 적절한 시간에 검토가 필요한 기억을 나타내지는 않는다. 그러므로 여러분이 가족 모임에서 사랑과 만족감으로 흐뭇해 있을 때, 무의식이 별안간 '생일에 아빠한테 흠씬 얻어맞았던 일을 기억해봐…지금!'이라고 말하면 갑자기 별것 아닌 일에 울먹이기 시작하고 친척들은 매우 당황한다.

무의식은 기를 쓰고 배우는 학습 기계다

새로운 경험을 즐기는 무의식은 새로운 가능성으로 가득 차고 지루해지지 않아야 하며, 그렇지 않을 경우 여러분을 곤란하게 할 것이다.

마음을 집중하는 건설적인 방법으로 독서나 퍼즐, 취미 갖기 등이 있다. 이런 활동들은 뇌 세포가 신체적 수상돌기(뇌세포의 가지)를 더 많이 자라게 하고 정신적으로 더 건강하게 한다. 또, 마음의 요구와 관련하여, 스트레스의 상승을 저지하며 창조성을 상승시키는 데 마음챙김과 명상실습보다 효과가 좋은 것은 없다.

무의식은 덕망 있는 존재처럼 행동한다

무의식의 도덕은, 무슨 도덕이든 간에, 사회가 틀리다고 판단하더라도, 여러분에게 그 도덕을 강요하고 그 정도(正道)를 따르게 한다.

테러리스트의 도덕률은 그가 자유 투쟁가라고 가르치지 때문에 양심의 거리낌 없이 죽이고 파괴할 수 있다. 그러므로 그는 자신이 도덕적인 사람이며 범죄 사회에 대항해서 싸운다고 믿는다. 갱 단원은 갱의 명예를 지키기 위해 아무 죄의식 없이 살인할 수 있는데, 갱의 명예가 기독교 계명인 '살인하지 말라'나 살인을 불법으로 간주하는 그 나라의 법보다 더 중요하기 때문이다.

그러나 무의식이 벌 받아 마땅하다고 판단한다면, 법은 악으로 규정하지 않았음에도 불구하고 죄의식으로 괴로워하며 자신을 벌하는 행동을 보일 수 있다.

다른 기질에서, 무의식은 삶의 긍정적 결과를 만드는 행동을 지지하는데 그것은 다른 사람의 삶에 파장을 일으킨다. 간디나 넬슨 만델라 같은 사람들은 자유와 정의에 관한 자신들의 도덕을 강력하게 수호한 결과 역사를 바꿀 수 있었다. 반면에, 히틀러의 경우처럼 통합과 번영을 위한 위대한 생각이라도 무섭게 왜곡될 수 있다.

제인은 불만족스러운 관계를 몇 번 경험한 바 있고 로밀라를 찾아왔을 때도 그러한 관계 중에 있었다. 돌파구를 찾는 일련의 상담 회기 중에, 제인은 그녀가 남자를 조종하고 헌신적인 관계를 모색한다고 느껴지면 그들을 버렸음을 인정했다. 그녀가 5살 때 아버지가 자신에게 심한 말을 하면 사과하도록 아버지를 '조종'했던 일이 탐색 중 밝혀졌다. 로밀라는 제인의 아버지가 표현할 수 없지만 진심으로 그녀를 사랑했고, 사과로써 그 사랑을 표현하는 힘을 발견한 듯했다고 피력했다.

제인은 심한 충격을 받았다. 전 생애 동안 느껴 왔던 죄의식의 부정적 감정을 식별함으로써 제인은 앞으로 나아가며 충족되지 않는 관계에서 벗어나 먼저 그녀를 보상 없는 관계로 이끄는 행동은 수정할 수 있게 되었다.

뇌 내부 파헤치기

뇌에 대한 우리의 지식은 점점 더 정교해지고 신경과학 관련 주제는 NLP, 코칭 및 지역사회의 개인 발달에 대한 관심을 더욱 자아내고 있다. 사실 신경과학은 인간의 잠재력에 매료된 모두에게 뜨거운 관심사일 것이다. 뇌가 어떻게 주관적 경험에 영향을 미치는지에 관심 있는 사람이라면 배울 것과 이해할 것이 여전히 많이 남아 있는 흥미 있는 시간이 될 것이다.

세 개의 핵심 부분 들여다보기

인간의 뇌는 우주의 가장 복잡한 구조 중 하나로, 약 80조 개의 각 세포가 1만 개의 연결을 만들 수 있다. 그것은 끊임없이 다양한 경험에 따라 전환하며 거대한 처리 능력의 도움을 받는다.

뇌는 인간의 진화 과정 동안 세 단계로 발달했다.

✔ **파충류의 뇌** : 아기로 세상에 왔을 때 존재하는 뇌의 핵심 부분으로 뇌에 손상이 갔을 때 생존을 유지하게 한다. 호흡과 생존에 필요한 모든 기본 신체 반응을 이루는 부분으로 생각하면 된다.

✔ **포유류 혹은 변연계 뇌** : 망상체 활성계의 본부이자(55페이지 '정보 추적 : 망상체 활성계' 참조) 공포, 스트레스와 사랑을 포함한 감정적 반응 및 위험한 행동에서 스릴을 얻는 보수 체계인 편도체이다. 본능적이고 감정적 요소 부분으로 생각하면 된다.

✔ **인지 뇌** : 의사결정, 계획, 사회적 관계 및 위험 부담을 담당하는 전전두엽피질의 본부이다. 이 부분은 뇌의 지적인 부분으로 다른 부분들을 일관성 있는 전체로 통합한다.

발달의 기초로 신경가소성 인지하기

NLP 종사자는 항상 뇌가 고정적이고 변하기 어렵다는 개념에 의문을 제시한다. 그들은 사람들의 사고방식은 변화 가능하고 변화한다고 믿는다. 이 개념은 이제 과학적 연구에 의해 증명되고 있다. fMRI(기능적 자기공명 영상) 스캐너와 같은 새로운 기술

【 수리 중인 뇌 】

코미디언 해리 엔필드는 아주 제멋대로인 십대 케빈에 대한 악명 높은 묘사에서, 그의 기분 변화와 서툰 의사소통에 관해 조롱한다. 청소년의 행동은 수 세기 동안 웃음거리가 되어 왔다. 그러나 그 조롱받는 연령 집단을 이제 새로운 관점에서 바라보게 되었다. 런던대학교의 인지신경과학 기관에서 시행한 연구는 십대 및 이십대 전반 동안 뇌는 고양된 신경가소성의 상태에 있음을 보여주었다. 사회 인지 연구에서 십대들은 자신들의 감각상 엄청난 전환을 겪으며, 이러한 이유로 성인들에게 파괴적이고 이기적이며 무례하게 보이는 행동들을 보이게 된다는 것

이 밝혀졌다. 그들 또래와 다르게 행동하는 십대들은 위험을 감수하기 쉽고, 부끄러움을 당하는 것에 매우 민감하다. 그들은 뉴스에 나오는 세상을 뒤흔드는 사건보다 자신들의 옷차림과 인생의 세부적인 부분에 관심이 있다. 십대가 되는 것은 특히 사이버불링(cyber bullying)에 취약해지는 것을 포함한 힘든 일들과의 싸움을 의미한다. 그러므로 십대들을 골칫거리에 다루기 힘든 존재로 치부하는 것보다, 그들을 충동하는 생물학에 대해 이해할 필요가 있다. 교육자들은 십대들의 자기개념을 개선하고 성취를 독려하는 데 이 지식을 적용해야 할 것이다.

이 뇌를 자세히 들여다보는 동안 다양한 실험에 참가한 피험자는 뇌의 기능에 대한 이해를 극적으로 증가시키고 인간의 생애를 통해 어떻게 뇌가 발달하고 변화했는지 알려준다.

10년 혹은 12년 전까지만 해도, 뇌의 구조는 3세가 되면 완전히 형성되고 이후부터는 정체된다는 통설이 만연했다. 이와 관련하여, 뇌의 극히 일부만이 사용되고 시간이 지나면 기능이 떨어지고 손상은 회복이 불가능하며 노령의 개는 새로운 재주를 못 배운다고 믿었다.

보다 최근 연구는 그런 믿음들을 버리고 뇌의 변화와 발달에 관련된 능력인 선천적 신경가소성(neuroplasticity)에 역점을 둔다. 뇌를 형성하는 대부분은 어떤 연령에도 일어날 수 있는 경험의 결과이다. NLP와 관련하여, 습관 및 완고한 행동을 바꾸고 좀 더 효율적으로 배우며 달라진 결과를 얻도록 뇌의 힘을 이용하는 능력 면에서 매우 좋은 소식이다. 뇌의 신경가소성은 또한 뇌손상으로 고통 받거나 정신건강 문제로 고심하는 사람들에게 희망을 준다.

정보 추적 : 망상체 활성계

매 초마다 오감을 통해 들어오는 수 조의 정보 속에서 여러분은 정신을 온전하게 유지하는 방법을 찾을 필요가 있는데, 이것은 마치 통제 불능의 트위터 댓글을 관리하는 것과 비슷하다. 그렇기 때문에 여러분은 이 정보의 홍수를 뉴런망과 뇌간에 있는 변연계 안의 신경세포를 통하여 여과해서 매우 작은 비율만이 뇌의 그 밖의 부분에 도착할 수 있게 한다. 이 여과망은 망상체 활성계 혹은 줄여서 RAS라고 부르는데, 자극을 알아채고 뇌가 주목하도록 알리는 안테나와 같은 일을 한다. RAS는 다음 기준에서 최소 하나를 충족하는 정보만을 허가한다.

- ✔ **생존에 중요한 정보.** 예를 들어 깊은 잠에 들었으나 집 안의 수상한 소리를 들으면 깨는 경우나 백일몽에 빠져 무단 횡단할 때 차가 들이닥치는 것을 알아채는 때이다.
- ✔ **새로운 가치를 갖는 정보.** 최근 방을 새로 꾸민 적이 있는가? 최초에는 방을 지나면서 새로운 시각으로 벽지를 볼 때마다 정말 기쁜 느낌이 든다. 그리고 나서 몇 주 후에는 그림이 삐뚤거나 장식품이 정가운데에 있지 않은 것은 알아채지만 벽지의 모양이나 페인트 색은 별로 주목하지 않는다. 이 반응은 새로움이 없어졌기 때문이다.
- ✔ **강한 감정적 내용이 담긴 정보.** 생존적인 면은 다른 사람들에게도 적용된다. 자신의 아이의 호흡이 달라지면 즉각적으로 알아채지만, 배우자의 코골이에는 깨지 않고 잘 수 있다.

연인을 쇼핑센터에서 잃어버리고 이곳저곳을 찾아 헤맸던 때를 기억하는가? 찾으면 대가를 치르게 하겠다고 무시무시한 것들을 다짐하던 중, 사람들이 일순 흐릿해지면서 멀리에서 연인을 흘깃 발견하고 안도감만을 남긴 채 그에게 모든 초점을 맞춘다. 잃어버린 사람과 감정적인 연결이 없었다면, 그는 단지 군중의 한 명일 뿐이었을 것이다. 하지만 그는 연인이었기 때문에 등불같이 눈에 띌 수 있었다.

RAS는 관찰의 한계치 너머의 자극을 효율적으로 처리한다. 그것은 특이한 양식에 주목하고 반응하는 개인 레이더 탐지기로, 여러분의 관심에 적절한 정보들을 가져온다. 재미없는 매일의 일상은 이 한계치 아래로 빠져나가서 여러분의 최근 목표나 임무에 맞는 것들만 알아채도록 돕는다.

여러분은 '나는 한 번도 이겨 본 적이 없어', '운이 좋았던 적이 없지' 등의 말을 하는 만성적으로 불행한 사람들을 경험한 적이 있을 것이다. 이 사람들의 믿음 체계는 기회를 보는 것을 막는다. 기회가 찾아와 눈앞에 있다 해도 그들은 '사실일 리가 없어'라고 하며 기회를 외면한다. 대조적으로 항상 연착륙하는 운 좋은 사람들이 있는데, 그들은 가능성에 개방되어 있다. 그들의 사고방식은 실패에서 성공을 보게 하는데, 믿음 체계가 그들은 이길 자격이 있다고 지시하기 때문이다.

믿음은 RAS의 한계치 수준에 영향을 준다. 자신의 철자법이 나쁜 이유로 기자 구인 공고를 '놓칠 수' 있다고 믿은 사람이 있었다. 그러나 이것은 철자법 소프트웨어로 대처할 수 있는 약점이고 또, 그 일에 지원한 이런 약점이 없는 사람들보다 훨씬 더 이야기를 잘 조사하는 능력이 있을 수 있다.

사실로 간주하며 근본적인 가정이 되는 자신의 믿음을 인지함으로써, 이 믿음이 어떻게 자신의 목표 달성을 막는지 식별할 수 있다.

어떤 것을 간절히 원했지만, 무슨 이유에선지 목표 달성의 기회를 찾을 수 없었던 때를 생각한다. 이제 여러분의 믿음을 검토한다. 이 믿음이 목표 달성을 돕는 준비를 알아채지 못하게 했음을 알 수 있을 것이다. 이와 달리, 목표를 세운 다음 성취된 것들을 보고, 듣고, 느낄 수 있도록 모든 감각을 이해하도록 한다. 제4장에서 '체계화된 성과 점검표' 작성을 통한 역량강화 믿음 설정법에 대해 알려준다.

기억은 어떻게 형성되는가에 대한 검토

뇌의 작용 방식과 기억 형성 방식에 대한 이해는 행동의 선택에 관한 이해를 높이는 점에서 중요하다. 그러나 여전히 신경과학 앞에는 기억이 실제로 형성되는 방법과 관련해 충분한 과학적 그림을 찾으려는 연구가 많이 놓여 있다. 매우 많은 기억, 감정 및 발생한 행동들은 무의식적이며, 그것들에 접근하기 전까지는 어떤 기억이 현재 경험에 작용하는지 이해하는 것이 어려울 것이다.

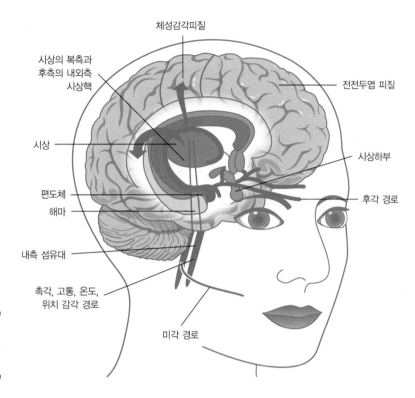

그림 3-1
뇌 주변 위치
파악하기

체성감각피질

시상의 복측과
후측의 내외측
시상핵

전전두엽 피질

시상

시상하부

편도체

후각 경로

해마

내측 섬유대

촉각, 고통, 온도,
위치 감각 경로

미각 경로

기억은 RAS에서 나온 정보가 해마로 전달되기 전에 감정적 가중치가 주어지는 편도체라고 불리는 곳으로 보내질 때 형성되는 것으로 보인다. 해마는 장기 기억에 저장되어 있는 것들과 관련한 정보를 평가하고 분석과 장기 기억으로의 재충전을 위해 피질에 나타낸다. 그림 3-1은 이 어려운 이름의 뇌 부분들이 위치한 곳을 보여준다.

나쁜 기억력 때문에 불평한 적이 있다면, 의식적이고 유념하는 방식으로 모든 감각을 이해하는 것이 경험을 알아채고 기록하는 능력을 높인다는 점을 고려해보라. 춤동작 같이 정보 파악의 경우 새로운 학습 전략이 필요하고 연습이나 스텝에 관한 설명을 통해 혹은 비디오를 보는 것으로 기억을 강화할 수 있다.

대조적으로, 동정심이 들 정도로 지나치게 많이 기억하는 사람들이 있다. 과잉기억증후군(hyperthymesia)은 통제 불가능할 정도로 기억을 떠올리는 사람의 상태를 말한다. 어떤 날짜를 말하면 그들은 그날 있었던 일을 거의 완벽하게 자세히 회상한다. 그 회상은 개인적인 삶의 경험이나 특별히 연관 있는 공적 행사에 집중되어 있고 강박적인 학습의 결과라기보다는 무의식적인 대처라고 여겨진다.

외상 후 스트레스 장애(PTSD)와의 만남

외상 후 스트레스 장애(PTSD)는 '디어 헌터'(1978), '지옥의 묵시록'(1979) 같은 베트남전쟁 참전 용사의 경험에 관한 영화를 통해 처음 대중적인 인정을 받았다. 오늘날 PTSD는 불행한 전쟁이나 학대, 범죄 희생자뿐 아니라 긴급 구조 업무에 종사하는 사람들에게 흔한 것으로 인식되고 있다.

PTSD는 매우 높은 감정적 가치의 정보를 받은 편도체가 공황 상태에 빠져 정보를 해마로 보낼 수 없을 때 발생한다. 이 때문에 외상적인 사건은 편도체 안에 갇히고 해마는 평가를 위해 신피질에 기억을 나타내는 일을 할 수 없다. 즉 뇌가 사건을 이해할 수 없다는 뜻이다. 편도체는 주로 생존과 관련된 기관이기 때문에, PTDS 피해자에게 있어 편도체는 계속되는 각성, 과거의 회상 및 높은 수준의 불안 상태를 유지하게 된다.

버지니아 울프는 1920년대 초기 소설인 『댈러웨이 부인(Mrs. Dalloway)』에 나오는 셉티머스 스미스를 제1차 세계대전의 공포 후 PTSD로 고통 받는 인물로 설정하고 그 모습을 생생히 묘사했다. 불행히도 그 시절의 전통 의학은 심리학적 문제를 다루는 데 경험이 부족했다. 셉티머스 스미스와 같은 환자는 회복을 위해 충분한 휴식을 취할 것과 함께 '기운 내세요!' 같은 쓸모없는 조언도 들어야 했다.

공포증과 PTSD는 불안장애군(群)의 일부로 기억이 편도체에 갇혀 있다는 점에서 비슷한 구조이다. 운 좋게도, 이런 종류의 불안치료는 '빠른 공포증 치료를 위한 NLP 사용'으로 도움을 얻을 수 있다. 자세한 내용은 이 장 뒷부분에 나와 있다.

공포증 다루기

공포증은 현실의 왜곡으로 감지된 위협에 대한 비합리적 반응이다. 공포증의 기원에 대해서는 전문가들 사이에 의견이 분분하다. 일부 심리학자들은 공포증이 어렸을 때 개구리를 등에 집어넣은 일의 경험과 같은 외상의 결과라고 하고 반면 다른 이들은 공포증은 2세 아이가 코브라와 마주쳤을 때 주위 어른들의 반응으로 인한 결과와 같은 학습된 반응이라고 여긴다. '빠른 공포증 치료를 위한 NLP 사용' 단락에서 공포증 극복에 관해 자세히 설명하고 있다.

로밀라는 뱀에 대해 매우 심한 공포증을 갖고 있었다. 공포증은 매우 심각해서, 그녀는 종종 뱀꿈을 꿨는데, 꿈을 꿀 때마다 사지에 쥐가 났고, 깬 후에는 의식적으로 각 부분을 이완시켜야 했다. 그녀는 크게 망신을 당한 일이 있는데, 친구의 집 거실에서 생판 낯선 사람들 앞에서 완전히 기겁을 하고 만 것이었다. 그녀답지 않은 행동을 하게 만든 것은 전시되어 있는 박제된 코브라였다.

로밀라는 케냐의 몸바사에 있는 한 작은 동물원에서 공포증을 극복할 수 있었다. 목에 비단뱀을 걸칠 수 있게 되었을 때에는, 그녀 주위에 청중들이 모여 매우 즐거워했고 그녀 역시 웃을 수 있었다(사실, 뱀은 끈적끈적하지 않다!).

그때 NLP를 알았더라면, 빠른 공포증 치료를 위해 NLP를 사용해서 공포증 극복 과정을 가급적 외상을 덜 입는 방향으로 진행할 수 있었을 것이다.

빠른 공포증 치료를 위한 NLP 사용

'NLP 빠른 공포증 치료'는 그 사건의 감정적 내용을 경험하지 않고 외상이나 공포증을 재경험하게 하거나 공포 반응을 일으키는 원인을 직면할 수 있게 한다. 유념해야 할 것은, 이 과정을 실행할 때 여러분이 완전히 안전하다고 느껴지는 장소에서 해야 하며, 공황 발작을 일으킬 경우 도움을 줄 수 있는 사람이 옆에 있어야 한다는 점이다.

이 과정은 기억에서 이중으로 해리되며 자신과(현재의) 외상 혹은 공포 반응의 감정의 해리를 만드는 동안의 경험을 검토하도록 한다. 아래의 단계에서, 이중 해리는 영

【 재미있는 공포증 】

✔ 머리털 공포증(Chaetophobia)

✔ 대머리 공포증(Pealadrophobia)

✔ 사랑에 빠지는 것에 대한 공포증(Philophobia)

✔ 공포증에 대한 공포증(Phobophobia)

✔ 레이저 공포증(Xyrophobia)

✔ 고양이 공포증(Galeophobia)

✔ 13 공포증(Triskadekaphobia)

✔ 8 공포증(Otophobia)

화 스크린의 자신을 지켜보는 동안(이중 해리), 극장에 있는 자신을 지켜보는 것(해리) 으로 완성하게 된다(제10장의 해리에 대한 자세한 설명 참조).

1. 극복하고 싶은 자극이나 외상적 혹은 불쾌한 기억에 대한 공포 반응이 일어나는 때를 식별한다.
2. 불쾌한 경험의 전이나 이후, 여러분은 안전했다는 것을 기억한다.
3. 극장에서 작은 흑백 스크린에 나오는 자신을 지켜보는 자신을 상상한다.
4. 극장 좌석에 앉아 있는 '자신'에게서 빠져나와 영사실로 들어가는 것을 상상한다.
5. 이제 영사실에서 자신을 볼 수 있는데, 좌석에 있는 자신과 영화 스크린에 있는 자신을 보라.
6. 필름을 매우 작은 스크린에서, 흑백으로, 극복하고 싶은 기억을 경험하기 이전을 시작으로 해서 안전하다고 느꼈던 경험이 끝날 때까지 돌린다.
7. 이제 필름을 멈추거나 스크린을 완전히 하얗게 바꾼다.
8. 영사실 및 좌석에서 빠져나와 필름의 맨 마지막으로 들어간다.
9. 필름을 거꾸로 매우 빠르게 초 단위로, 컬러로 마치 자신이 필름을 경험하는 것처럼 뒤에서부터 안전하다고 느꼈던 처음으로 돌려라.
10. 8번과 9번은 편안하다고 느껴질 때까지 반복할 수 있다.
11. 이제 미래로 가서 공포 반응을 경험할 상상의 시간을 시험해보라.

제9장에서 닻 내리기에 관한 모든 것을 알게 될 것이다. 빠른 공포증 치료 단계의 시작 전에 자신이나 내담자를 능숙한 감정적 상태로 만들기 위해 닻 내리기를 사용할 수 있다.

믿음과 가치가 차이를 만듦에 대한 수용

'요즘 십대들은 쓸모없어'라고 누군가 말하는 것을 들어봤을 것이다. 사실, 누구나 가치가 있지만 다만 다양한 사람들 및 다양한 집단의 사람들에 따라 다른 것이다. 가치와 믿음은 감각에 들어오는 정보 중 어떤 단편에는 관심을 기울이고 어떤 것은 무시할지 결정하는 무의식적 여과기이다. 아마 무슨 뜻인지 짐작할 수 있을 것이다. 뇌의 무의식의 9/10가 여러분이 전혀 알지 못하는 사이에 묵묵히 모든 종류의 믿음을 생성하며 여러분과 환경에 대한 모든 결정을 내리고 있는 것이다.

믿음의 힘 엿보기

믿음은 말 그대로 여러분의 생사를 좌지우지하는 힘이 있다. 믿음은 건강과 부, 행복의 성취를 돕거나 병들고 가난하며 비참하게 만들 수 있다.

여기서 말하는 믿음은 종교적인 것과는 차이가 있다. 이 믿음은 삶의 경험에 대해 주장하는 일반화다. 이 믿음은 현실의 기반을 지속해서 형성해 나간 다음 행동을 이끌게 된다. 다음 단계의 성취를 위한 또 다른 믿음의 계발을 돕기 위해서 역량강화된 믿음을 한 가지 사용해볼 수 있다. '나는 정말 철자법을 잘 안다'는 여러분이 글을 즐기는 명료한 사람이라는 믿음을 계발하는 데 도움이 된다. 이 믿음은 여러분이 이야기를 잘한다고 믿도록 이끌고 갑자기 잡지에 단편을 투고할 수 있는 용기를 내게 한다. 그리고 별안간 여러분은 작가가 되어 있다.

긍정성과 역량강화된 믿음을 갖는 것과 같이, 부정적이고 역량강화를 뺏는 믿음 역시 생길 수 있다. 여러분이 학교에서 괴롭힘을 당하는 불행을 겪는다면, 사람은 일반적으로 불쾌한 존재라는 믿음을 가질 것이다. 이 믿음은 여러분이 사람들을 처음 만났을 때 공격적으로 대하게 한다. 사람들이 유사한 공격적인 방식으로 반응한다면, 그 행동은 여러분의 '사람들은 불쾌한 존재'라는 믿음을 더욱 강화한다. 그리하여 누군가 다정하게 반응한다 해도 인식하지 못하는데, 여러분의 믿음 여과기는 친절한 사람들에게 맞춰 있지 않기 때문이다.

할 수 없다, 해야 한다, 하지 말아야 한다, 했어야 했다, 하지 말았어야 했다와 같은, 예를 들어 '나는 너의 일을 도저히 할 수 없어'와 같은 말을 사용하거나 듣는다면 제한적 믿음이 잠복할 수 있음을 알아라. 헨리 포드가 말했듯이 '할 수 있다고 생각하는 자는 할 수 있고, 할 수 없다고 생각하는 자는 할 수 없다. 이것은 불변의, 명백한 법이다'.

다른 이의 믿음에 영향 받기

정말 무서운 생각은 다른 사람들의 추정이 잘못된 제한을 설정할 수 있고, 특히 그들이 교사, 상사, 가족 구성원이나 친구라면 더욱 그러하다.

평균 지능을 소유한 한 집단의 아이들에 대한 매우 흥미로운 연구가 수행되었다. 이 일화는 교사의 믿음이 어떻게 아이들의 학습 능력을 증진시키거나 저해하는지 보여준다.

학생들은 임의의 두 집단으로 분리되었다. 한 집단의 교사에게는 학생들이 재능이 뛰어나다고 말했고 다른 집단 학생들의 교사에게는 그들이 학습부진아라고 말했다. 두 집단의 학생들은 1년 후 지능 검사를 다시 받게 되었다. 학생들이 뛰어나다고 교사가 생각한 집단의 점수는 작년보다 높아진 반면, 학습부진아로 소개된 집단은 작년보다 낮은 점수를 받았다.

슬프게도, 이런 제한은 과밀 학급의 문제만이 아니라 부모들이 구두주걱으로 아이들을 '순종적으로 만든' 가정에서도 존재한다. 다른 예로는, 안정적인 일을 그만두고 꿈을 좇고자 할 때 신중할 것을 요구하는 친구나, 승진에 나쁜 영향을 미치는, 소통 양식이 자신과 다른 상사의 경우다. 우리는 의사가 환자에게 회복 불가능이라고 단정할 때, 이 단정이 환자들의 수명에 얼마나 부정적으로 작용하는지에 관한 많은 사례들을 들었다. 일부 전문가들의 항상 그들은 여러분보다 많이 안다는 지각뿐 아니라, 여러분 스스로도 그들을 받들어 모시고 있는 것이다.

아이는 부모의 도움 없이는 교사의 약점을 극복하기가 어렵고 부모나 가족 환경이 제한적이라면 더욱 그렇다. 어른으로서 여러분이 받은 조언을 다른 이의 관점으로 판단함으로써 장점과 단점을 저울질할 수 있다.(이 경우는 제6장의 '지각 위치에 대한 탐색'에서 다루어진다). 다른 이의 관점에 대한 이유를 이해할 때 권유된 조언을 따르거나 따르지 않도록 선택할 수 있으며 또한 이 지식을 가지고 언제라도 상사의 의사소통 양식을 이용해서 메시지를 전달하고 선택한 경력을 진전시킬 수 있다.

믿음의 변화

일부 믿음은 여러분의 역량을 강화하지만 다른 것들은 사고방식을 제한하며 여러분을 제지한다. 좋은 소식은 믿음은 변화 가능하고 실제 그렇다는 것이다. 4분 안에 주파하는 1마일 경기를 예로 들어보자. 수년간 선수들은 1마일을 4분 안에 뛸 수 있는 사람이 있다고 믿지 않았다. 로저 배니스터가 1954년 5월 이 목표를 달성했는데, 얼마 지나지 않아 이 기록도 반복해서 여러 번 깨졌다.

'하지만 내가 왜 세상을 바꿔야 하나?'라고 생각하는가? 그렇다, 믿음은 여러분의 세상을 결합하고 있지만, 이것이 좋은 쪽인지 나쁜 쪽인지 자문해보라. 제지하는 것이 믿음이라면 믿음을 바꿔라. 이전의 믿음을 위한 안전장치가 필요하다면, 언제라도 되돌아갈 수 있다.

믿음에 관해 생각할 때, 여러분은 아마 그림이나 느낌, 어떤 것을 듣는 것, 혹은 이 세 가지 감각을 합친 경험을 생각할 것이다. 믿음의 이러한 속성−시각(그림), 청각(소리), 근감각(느낌)−을 감각양식(modalities)라고 하며 그림의 밝기, 크기 및 거리, 소리의 크기와 톤, 느낌의 압박, 열 및 위치 같은 속성을 말하는 하위 감각양식(submodalities)을 사용하여 미세하게 조정될 수 있다. 제5장에서 감각과 감각양식에 대해 자세히 알아볼 수 있다.

믿음을 바꾸는 한 가지 방법은 그 하위 감각양식을 조정하는 것이다. 이 과정은 유용한데 이것은 역량강화의 믿음을 더욱 계발하기 위해 여러분에게 부착된 제한적 믿음을 약화하고 긍정적 믿음의 영향을 강화하기 때문이다. 여러분이 지나치게 사람들에게 끌려 다니고 종속적인 것은 나쁘다고 오래전부터 들어왔다고 가정하자. 믿음을 '나는 사람과 잘 지낸다'로 바꾸는 것은 사람들을 대할 때 여러분의 자신감에 커다란 변화를 만들 수 있다. 비슷하게, 자신이 예술을 잘한다는 것을 알면, 이 믿음은 좀 더 예술 기반의 직업으로 확장하는 데 도움이 된다. 믿음을 바꾸는 법에 대해서는 제10장에서 자세히 다루고 있다.

인류의 한 일원으로, 어떤 믿음이 여러분의 '주의'(성차별주의, 연령차별주의, 인종차별주의)를 고착하고 어떤 '주의'에 스스로 갇혀 있는가? 무리 지어진 믿음은 믿음 체계라고 불린다. 믿음 혹은 믿음 체계는 특정한 가치를 지원할 수 있고 가치가 바로 여러분이 무엇인가를 하는 이유(why)다. 믿음은 행동을 이끌고 가치를 충족시키도록 도움으로써 무의식이 갈등을 일으키지 않도록 한다.

가치 있게 일하기

가치는 모든 행동을 충동하는 '뜨거운 쟁점'으로 무의식적 동기유발자이며 동기상실자다. 여러분은 가치 때문에 행동하고, 행동 후에는 그 임무가 좋았는지 나빴는지를

그림 3-2
가치 사다리

행복

사랑

우정

함께함

가족과 친구

판단하기 위해 그 가치를 사용한다. 정직을 가치 있게 여긴다면 거리에서 발견한 지갑을 안전하게 보관하기 위해 주운 후 경찰에 전달하는 것을 좋게 느낄 것이다.

여러분의 가치를 고려할 때, '나에게 중요한 것은 무엇인가?'를 자문해보라. 그 대답은 여러분의 가치를 반영한다,

가치는 친구와 배우자, 구매하는 물건의 유형, 추구하는 흥미와 여가시간을 보내는 법을 선택하는 데 작용한다. 삶은 여러 측면이 있고, 여러분은 아마 가족이 있고 직장의 팀에 속해 있을 것이며, 취미와 관련된 동호회가 있을 것이다. 삶의 이러한 각 영역들은 각자 가치 계층이 있고 가장 중요한 가치는 맨 위에 위치한다. 계층의 맨 위 가치는 맨 아래에 있는 것에 비해 보통 가장 추상적이며 삶에서 가장 영향력을 발휘한다. 예를 들어 그림 3-2에서 가족과 친구는 상당히 분명한 반면, 행복은 좀 더 모호하다.

수단-목표가치 구별하기

가치는 수단 혹은 **목표가치**가 될 수 있는데, 계층의 맨 아래에 있는 수단가치가 사다

그림 3-3
행복의 사다리

리의 가로대 역할을 하며 목표가치에 도달할 수 있게 한다. 자유는 목표가치고 그림 3-3에 있는 다른 모든 가치는 수단가치다. 수단가치는 최종, 목표가치에 도달하기 위해 충족되어야 할 것들이다. 자유는, 이를테면 돈보다는 수량화하기 어렵다. 예시에서, 자유 없이 돈을 가질 수 있지만, 자유를 얻기 위해서는 돈이 필요하다. 그러므로 목표가치인 자유는 수단 가치인 돈에 의존한다.

가치는 쾌락을 향해 충동하게 하거나 고통을 회피하게 한다.

'지향' 가치	'회피' 가치
사랑	죄의식
자유	슬픔
건강	외로움
행복	분노
부	가난

회피 경향의 가치는 부정적 감정, 부정적 결정, 혹은 삶에 영향을 미치는 감정적 외

상을 나타낸다. 이 경향은 시간선 치료(time-line therapy, 제13장에서 논의하는)와 같은 기법을 사용하여 해소될 수 있다. 이런 기법의 주요 목적은 무의식이 갇힌 감정을 내보낼 수 있게끔 부정적 사건의 가치가 될 수 있는 교훈을 배우고자 하는 것이다 .

핵심적으로, 연대기 치료는 기억이 시간순으로 배열되어 있다는 원칙에 따라 작용한다. 이 연대기에 따라 기억을 바꾸는 것으로 보유하던 기억을 내보낼 수 있고 그 결과 사건에 대한 반응을 더욱 통제할 수 있으며 삶의 더 많은 선택을 만들 수 있다.

가치 형성

가치는 삶에서 세 개의 시기를 거치며 핵심적으로 형성된다.

- ✔ 각인(imprint) 시기는 탄생에서부터 약 7세가 될 때까지 발생한다. 이 시간 동안 여러분은 대부분 무의식적으로 부모에게서 배운다.
- ✔ 모방학습(modelling) 시기는 8세에서 13세 동안 의식적, 무의식적으로 친구를 모방하면서 배울 때 발생한다. 가장 중요한 가치 – 핵심가치 – 의 일부는 약 10세 때 형성된다.
- ✔ 사회화(socialisation) 시기는 14세에서 21세 사이에 발생하며 이 시간 동안 여러분은 관계에 영향을 주는 가치를 얻는다.

가치 이끌어내기

개선할 수 있다고 생각되는 삶의 영역을 인지했다면, 긍정적 변화를 만들기 위해 단서를 찾은 후 가치를 점검할 수 있다. 다음 순서의 제안에 따라, 원하는 것을 얻지 못하도록 방해하는 것이 무엇인지 알아내보자.

1. **행복하지 않았거나 개선하고자 하는 삶의 영역(혹은 맥락)을 선택한다.**
   예를 들어 좋아하지 않는 곳에서 살거나 일한 적이 있고 좀 더 풍요롭게 만들고 싶은가?
2. **이 맥락에서 여러분에게 중요한 목록을 만든다.**
   최초의 몇몇 가치는 매우 빨리 미리에 떠오름을 주목한다. 그렇게 히다 보면 또 다른 일련의 가치들 역시 떠오를 것이다.
3. **가장 중요한 가치가 맨 위에 오도록 가치들을 중요도 순에 따라 적는다.**

목록을 재배열하기 어렵다면, 자문해보라. 'B 말고 A를 가져도 괜찮을까?' 답이 그렇다라면 A가 B보다 중요하고 아니라면 B는 A보다 상위에 있어야 한다. 예를 들어 여러분의 일과 관련 있는 아래의 가치 목록에서, 안전이 모험보다 훨씬 중요하다고 판단할 수 있다.

- 성공
- 힘
- 성취
- 모험
- 안전

중요도에 따라 가치의 순서를 정할 때, 나중에 부상한 가치가 더 큰 의미가 있는 것임을 알게 될 것이다.

4. **가치를 배열한 후, 현재는 없지만 있다면 유용할 삶의 가치 한 가지를 자문해보라. 목록 중 어디에 끼워 넣고 싶은가?**

예를 들어 일에 가치가 있지만 원하는 수준의 성취를 이루지 못했다면, 계층 목록에 '충족' 요소가 필요할 것이다. 위의 과정을 거치면서 새 목록은 이것과 비슷해질 것이다.

- 성공
- 충족
- 성취
- 모험
- 안전

여러 장의 종이에 가치를 적으면 목록을 이동할 수 있어 3단계가 더 쉬워질 수 있다.

충돌하는 가치

수단가치가 나란히 맞춰지면(앞 단락 참조), 목표가치의 성취는 훨씬 쉬워진다. 그러나 불행하게도 가치들은 충돌로 끝날 수 있다. 성과로 전진하고 싶지만 무의식은 그렇게 생각하지 않고 결과적으로 목적에서 멀리 떨어진 곳으로 움직일 수 있다.

매우 가난했던 어린 시절 때문에 강력하게 가난 가치에서 멀어지고 싶어 하고, 이것은 부자를 향한 가치와 직접적으로 대립한다. 즉 부자가 되고 싶다고 하지만 진심은

'가난해지지만 않으면 돼'라고 생각하는데 이것이 바로 삶에서 이루어지도록 무의식이 돕는 것이다.

또 다른 충돌은, 동시에 두 성과를 향해 이동하고자 하면서 둘 중 하나만 가질 수 있다고 생각할 때이다. 예를 들어 날씬해지고 싶지만 맛있는 것도 먹고 싶은 경우다.

삶의 우선시 되는 가치가 다른 영역에서의 만족을 방해하는가? 예를 들어 돈 있는 것을 제일 가치로 한다면 굉장한 부자가 되겠지만, 충족적인 관계를 갖는 것으로부터는 멀어지게 할 것이다.

수단가치를 충족하는 데 너무 많은 시간을 들여서 목표가치 달성을 놓치지 않도록 주의하라!

가치의 변화

가치에 대해 생각할 때, 그것들을 그림, 소리 혹은 느낌으로 경험할 것이다. 이 단락은 가치가 만드는 이미지의 특성을 바꿈으로써 가치의 서열을 바꾸도록 권장한다. 예를 들면 삶의 가치가 다음과 같은 순서대로 중요도를 갖는다고 치자.

1. **자유**
2. **성취**
3. **재정적 안전**
4. **재미**
5. **가족**
6. **건강**

그러나 건강이 안 좋아서 좌절하고 있다면 건강이 재미보다 중요하다고 생각할 것이고, 서열의 위치를 바꿀 것이다. 다음 기법을 사용해서 그렇게 할 수 있다.

1. **재미에 대해 생각할 때, 상상한 그림을 다음 면에서 주목한다.**
   - 크기
   - 컬러/흑백
   - 위치
   - 사진 혹은 영화

- 초점이 맞춰진 혹은 흐릿한

2. **건강을 생각할 때 상상한 그림을 주목한다.**

3. **이미지 속성을 서로 바꿔라.**

   믿음의 그림 속성을 교체함에 따라(제10장 참조) 건강에 대해 가진 그림의 속성이 재미에 대해 갖고 있던 것과 같은 것으로 바꾸고 건강을 위로 이동시키며 재미와 같은 급의 속성을 갖게 한다. 이제 재미의 그림을 바꿔 건강의 속성과 같게 하자. 이 과정은 재미를 기존의 건강이 위치한 아래 단계로 이동시킨다.

그림으로 작업해봤으니, 경험한 소리와 느낌을 교체함으로써 가치의 서열을 바꿔 해보자.

미래 현실에 대한 백일몽 꾸기

창밖을 바라볼 때 여러분의 학교 선생님이 말했던 것과 달리, 마음을 방황하게 하는 것은 목표 성취의 강력한 첫걸음이 될 수 있다. 이번 장의 앞 단락에서 설명되었던 기법을 사용함으로써, 마음이 원하는 것을 발견하고, 그 성취를 향한 첫걸음을 뗄 수 있다. 모든 것은 백일몽에서 시작한다.

자신이 꿈꾸고 장난칠 수 있게 해보자. 요정이 나타나서 한 가지 소원을 들어준다면 무엇을 이루고 싶은가? 소망을 충족시키기 위한 모든 영향력, 인맥, 자원을 다 갖췄다고 상상해보자.

1. **목표에 있어 중요한 목록을 작성한다. 그것을 원하는 이유를 중요도에 따라 모두 적는다.**

   자신의 가치에 대해 놀랐는가? 중요하다고 생각했던 것이 전혀 그렇지 않다는 것을 깨달았는가? 처음부터 놓쳤던 가치에 대해 생각해봤는가?

   연습 방법을 잘 모르겠다면, 앞부분의 '가치 이끌어내기'를 참조하라.

2. **여전히 백일몽을 꾸는 동안, 몸에서 빠져나와 목표를 달성했을 미래 시점으로 간다.**

3. **그림, 소리, 느낌을 주목하고 그것들을 조작한다.**

더 힘 있고, 활기차게, 더욱더 그렇게 할 수 있는가?

4. **미래의 장소에서 고개를 돌려 현재를 바라보며 목표 달성을 위해 무의식이 무엇을 알고 도와야 하는지 알아채게 한다.**

   첫 단계가 되는 것이 무엇인지에 주목하기를 잊지 마라!

5. **꿈을 모두 맛보았다면, 돌아와서 첫 단계를 한다!**

여러분 스스로에게 놀랄 것이다!

chapter

04

삶을 책임지기

제4장 미리보기

- 기분이 좋거나 상하는 것은 선택할 수 있다는 것 이해하기
- 세상이 자신을 취급하는 방식 변화시키기
- 삶의 운전석에 자신을 안정적으로 앉히기
- 목표 성취를 위해 마음과 작업하기
- 성공 공식 발견하기

기억은 멋진 선물이거나 끔찍한 재앙일 수 있다. 그것은 부드럽게 요람에서 여러분을 흔들거나 가시 돋친 철사로 꽁꽁 묶을 수 있다. 기억은 꿈을 향해 나아가게 하거나 과거에 갇히게 만든다. NLP의 도움과 마음을 프로그램하는 법에 대한 이해로, 여러분의 과거는 더 이상 미래에 부정적 영향을 끼치지 않을 것이다.

이 장은 여러분을 삶의 승객이 아닌 운전사로 만드는 법에 관한 것이다. 그러니 안전벨트를 매고 드라이브 준비를 하자!

기억 통제하기

기억은 그림, 소리, 느낌을 기록하듯이 기록되며, 보고 듣고 경험하는 방식의 속성을 조정하는 것으로 긍정적인 기억을 증진하고 부정적인 것의 쓰라림을 완화할 수 있다(제10장에서 기억 속성의 조정에 관해 좀 더 알아보라). '기억을 통제하는' 근육을 풀어주는 아래의 간단한 연습과 함께 바로 시작할 수 있다.

첫 번째 연습에서, 긍정적인 기억을 회상하고 조작하는 법을 통하여 자유자재로 그 순간 기분이 좋아지거나 더 나아지는 법을 알아본다.

1. **매우 행복했던 날을 떠올린다.**
2. **기억을 떠올릴 때, 보고 듣고 느꼈던 것에 주목한다.**
3. **기억이 그림이라면, 더 크고 밝고 가까이 앞으로 오도록 속성을 조정한다.** 자신을 관찰할 때, 그림 안으로 들어가서 기분이 나아지는지 여부를 알아본다.
   제10장에서 '그림 안으로 들어가기'에 대해 알아볼 수 있다. 그림의 속성을 조정하는 것은 긍정적 감정을 고조하는 데 도움이 된다.
4. **기억의 모든 소리를 메모한다. 소리를 크게 하거나, 머리 안팎에서 소리를 들을 수 있다고 상상하는 것이 긍정적 느낌을 증가시키는가?**
5. **느껴지는 모든 느낌을 검토한다.**
   몸의 어떤 부분에 느낌이 오는가? 색깔이나 질감, 무게가 있는가? 느낌의 위치를 바꾸거나 색깔, 질감 무게를 변경하는 것이 느낌에 변화를 주는가? 느낌을 증진하기 위해 이 매개변수들을 조정한다.

이 연습은 과거 경험의 속성을 조정할 수 있게 한다. 더 중요한 것은, 다시 경험하고 즐거운 것은 고조시키기 위해 기억의 구조를 바꿀 수 있다는 것으로, 부정적인 것의 영향은 축소시킬 수도 있음을 의미한다.

모든 기억이 다 좋은 것은 아니다. 두 번째 실험은 불쾌한 기억의 속성을 바꾸고 그것에서 자신을 멀어지게 하는 법을 보여준다. 부정적 기억의 특질을 변경함으로써, 여전히 붙들려 있는 부정적 감정을 내보낼 수 있다. 다음 순서를 따라해보자.

1. **약간만 불쾌한 기억을 회상한다.**

경고메시지

NLP 기법에 좀 더 능숙해지기 전까지는 이 연습을 할 때 너무 불쾌하지 않은 기억을 사용한다. 외상 같은 무거운 기억은 경험 있는 NLP 전문가나 치료사에게 맡기도록 한다.

2. **기억이 불러일으키는 모든 그림, 소리, 느낌에 주목한다.**

3. **그림 안에 있다면 그림 밖으로 나와 관찰자가 된다.**

제10장에서 그림 안으로 들어가고 나오기에 대해 논의한다. 지금은, 비디오카메라 뒤에서 기억을 연기하는 자신을 찍는다고 상상하자.

4. **모든 소리를 더 부드럽게 하거나 그림 속 사람들이 우스꽝스러운 목소리로 말하게 한다.**

사이렌이나 외치는 소리를 듣는다면, 볼륨이나 상스러운 것들을 줄인다. 사람들이 불쾌한 것을 말하는 것을 듣는다면, 괴로운 말을 완화하기 위해 그들이 만화 목소리로 말하게 한다.

5. **그림의 속성을 조정한다.**

그림을 작고 어둡게 흑백으로 만든다. 점이 되어서 시야에서 안 보일 때까지 그림을 멀리 떨어지게 한다. 그림을 태양 가까이 보내 그 표면으로 사라진다고 상상하면 좋을 것이다. 이런 식으로 과거 자신을 붙잡고 있던 기억을 없애는 경험을 한다.

체크포인트

기억을 바꾸는 것이 기억을 없었던 것으로 만들지는 않는다. 그러나 그것이 현재의 자신과 미래에 미칠 영향에 대해 선택할 수 있음을 증명한다.

믿기 때문에 보는 것이다

자신이 강도를 목격한 한 무리의 사람들 사이에 있다고 상상하자. 아마도 모두가 사건에 대해 다르게 경찰에 보고할 것이다.

이 상황은 사람들이 그들의 현실을 만드는 정보를 오감(시각-눈, 청각-귀, 근감각-만짐, 미각-맛, 후각-냄새)을 통해 받기 때문에 일어난다. 그러나 감각은 한 번에 너무나 많은 정보가 뇌에 쏟아져 들어오기 때문에, 정신을 바르게 유지하기 위해서는 들어오는 정보의 매우 작은 단편만을 처리하게 된다. 자신에 대한 정체성과 가치, 믿음, 기억의 결합인 여과기가 무엇이 뇌에 접근 가능한지를 지시한다. 이 여과기에 대해서는 제8장에서 알아볼 수 있다.

무엇을 감지할지 이끄는 것과 함께 여과기는 여러분이 세상에 투영하는 것에도 역시 영향을 미친다. 여러분은 분노하고 이기적이거나 시기하는 무리의 사람들에게 둘러싸여 있다고 생각할 수 있다. 그렇다면, 해소되지 않은 분노를 품으며 사랑과 부, 행복, 부족한 자원 등의 이유로 세상은 승-패의 시나리오에 따라 돌아가고, 또 어떤 사람이 잘 나가는 것은 자신이 그들의 성공을 시기하지 않았기 때문이라는 믿음은 아마도 여러분 자신의 투사일 것이다.

로밀라의 내담자 중 한 명인 메리는 직장에서 괴롭힘을 당해 매우 불행했다. 그녀의 팀장은 부서의 비서와 함께 한편이 되어 메리를 매우 불쾌하고 하찮게 느끼도록 만들었다.

로밀라는 메리가 팀장이 친구가 없고 인기가 전혀 없는 매우 외로운 여성임을 인지하도록 했다. 팀장을 볼 때마다 메리는 그녀가 '나는 가치 없고 싫은 사람입니다'라고 쓰인 현수막을 들고 있는 것으로 상상했다. 메리는 공포를 동정심으로 교체하기 시작했다. 그녀는 자신의 자존감에 버팀목이 필요함을 알게 되었고 똑바로 일어설 수 있었다. 그녀는 동료들이 괴롭힐 때마다 그에 맞서는 방법을 발견했다.

이 과정은 처음에는 어려웠지만, 메리는 자기가치감을 높일 뿐 아니라 팀장의 행동에 대해서도 덜 고민하게 되었다. 자신의 긍정적 속성에 대한 생각을 바꿈으로써 자신감이 상승했고, 그 결과 그녀 주위 사람들의 행동도 변하게 했다.

주위의 것들을 바꾸는 한 가지 방법은 자신을 바꾸는 것으로, 자신의 생각과 행동에 대해 책임지며 다른 이를 비난하는 것 같은 장애를 극복함으로써 이를 성취할 수 있다.

남 탓하는 것에 초점 맞추기

불행에 대해 다른 이들을 탓하는 것은 자신에게 바로 책임을 지우는 것보다 훨씬 쉽다. 누군가를 탓하는 것은 자신의 권한을 그 사람에게 넘기는 것임을 깨닫는 것은 어려운 일로, 여러분은 피해자 역을 택한 후 문제를 영속화하는 것이다.

메리는 상사가 급여 인상을 거절한 것에 대해 불만을 제기했다. 그러나 그녀는 직장에서 그녀의 성과에 대해 지나치게 겸손했고 상사는 좀 둔한 편이어서 메리가 일 잘하는 것을 그다지 인식하지 못했다. 로밀라는 메리가 다음 평가를 잘 준비하도록 했고 그녀는 개선이 필요한 영역들뿐 아니라 과거 그녀의 성과 목록을 자신 있게 발표했다. 그녀는 일의 목표를 이야기하며 이 목표의 달성을 위해 매니저들과 작업한 계획들을 제안했다.

NLP 용어로, 무엇인가에 초점을 맞출 때, 여러분은 그것에 '틀'을 씌우는 것이다. 문제에 초점을 맞춤으로써, 예를 들어 '돈이 없어서 지붕 수선을 할 수 없어'라고 한다면 여러분은 자신에게 문제 틀(problem frame)을 씌우는 것이다. 다른 예로, '그 나쁜 전남편이 신용카드 빛을 떠넘겨서 돈이 없어'라고 한다면 자신에게 비난 틀(blame frame)을 씌우는 것이다. 문제 틀과 비난 틀은 밀접하게 연결되어 있으며, 두 가지 모두 다른 누군가 혹은 상황을 탓하는 경향을 보이는 것으로 경험한 사건들에 이러한 틀을 씌우는 것은 제한된 박스 안에서 사고하도록 만든다. 그러나 경험한 것에 새로 틀을 씌움으로써, 다르게 생각하고 속박하는 사고 양식에서 벗어날 수 있다.

메리는 급여 인상의 실패를 상사 탓으로 돌리는 비난 틀에서 벗어나 스스로 행동하는 쪽으로 움직였다. 그녀의 힘을 인식할 수 없는 상사의 무능을 깨달았을 때, 메리는 상사에게 원하는 반응을 얻기 위해 행동을 바꿈으로써 숙달된 소통가의 유연성을 보여주었다. 그리고 결국 급여 인상과 진급을 이루어낼 수 있었다!

긍정적 변화를 불러오기 위해서는, 문제 틀에서 한 걸음 떨어져 원하는 것을 확보하기 위한 행동을 취해야 한다.

문제 틀에 갇히기

조직 안에서 일이 잘못되어 갈 때 문제의 검토를 위해 뒤돌아보는 것은 문제를 만든 실수를 찾아서 해결할 수 있는 한 유용하다. 예를 들어 과거를 고려하는 것은 처리 과정의 실수, 사람들 혹은 부서 간 의사소통의 부족이나 직원 교육의 필요성을 노출한다. 그러나 해결책 모색 없이 문제에 집중하는 것은 비난 게임에 갇히는 결과가 될 수 있다.

'이유' 분석을 반복하는 것으로 해서 바라는 대로 일이 해결되지 않을 때, 여러분은 다음의 도움 안 되는 내용에 초점을 맞춘다.

- ✔ 문제가 무엇인가
- ✔ 이 문제가 얼마나 오래되었나
- ✔ 이 문제는 누구 탓인가
- ✔ 왜 이 문제가 발생했나
- ✔ 이 문제에 대해 왜 아무것도 안 했는가

끊임없이 '이유'를 묻는 것은 부정적인 접근으로 더욱 깊이 문제에 빠지게 하며, 방어적이 되고, 그리하여 더더욱 긍정적인 해결책을 모색하는 데서 멀어지게 만든다.

이 문제 틀에서 벗어나기 위한 좀 더 건설적인 접근은 문제에 대처함으로써 '무엇'을 얻고자 하는지 질문하는 것이다. 이 마음가짐을 택하는 것은 아래의 긍정적 행동을 취할 수 있는 기회를 제공한다.

- ✔ 앞으로 나아가기
- ✔ 원하는 결과 생각하기
- ✔ 이전의 성공을 검토하고 미래 성공을 위한 모델로 삼기
- ✔ 다른 사람의 작업에서 배우고 그들의 전략 모방하기
- ✔ 문제 해결하기

문제 틀에 머무는 것은 원치 않는 결과, 즉 문제를 향한 힘을 공급하는 것이다. 원하는 것이 무엇인지에 집중하는 것은 힘을 원하는 쪽으로 '향하게' 함으로써 일관적이고 긍정적인 결과를 제공한다. 제7장은 원치 않는 것보다 원하는 것에 집중하도록 돕는 '지향/회피' 메타 프로그램에 대해 다룬다.

문제에 갇혀 아무 해결책이 보이지 않았던 때를 생각한다. 지금 그런 문제를 갖고 있을지도 모른다. 원하는 결과에 긍정적으로 집중하고 있는지 혹은 명확성을 얻기 위해 감정에 지나치게 부정적으로 묶여 있는지 자문한다. 답은 다음 단락에서 소개할 성과-틀 과정과 체계화된 성과 과정의 형식으로 가까이에 있다(뒤 단락의 'SMART보다 더 스마트해지기 : 체계화된 성과 만들기'에서 설명할 것이다).

성과 틀로 전환하기

성과-틀 접근은 문제와 사안의 다른 사고방식을 제안하는 스마트하고 구조적인 과정으로 문제를 식별한 후 긍정적으로 원하는 것에 마음을 집중하도록 돕는 과정이다. 능률적인 목표 설정 과정을 추가하고 방식에 따라 모든 단계를 모니터하면, 원하는 결과를 얻기 위한 계획에서 이탈했을 때 쉽고 빠르게 교정할 수 있다.

되풀이해서 같은 종류의 문제를 경험하는 때가 종종 있다면 우리의 경험상 이 순환은 여러분이 무엇인가 이해할 필요가 있음을 나타낸다.

자주 '이 문제가 반복되지 않게 하기 위해 어떤 교훈을 배워야 할까?'를 자문한다.

어느 날 이 질문을 한 뒤 잠시 후, 혹은 즉각적으로 답이 돌아온다. 불가사의하게도 깨달음의 '아하' 순간을 충분히 경험한 뒤에는 문제가 재발하는 일이 없다.

아마도 그 변화는 문제 안의 감정적 힘을 탐색하는 것을 그만뒀거나 또 다른 교훈들과 씨름하는 것으로 이동했기 때문일 것이다. 이유가 무엇이든 간에, 이 과정은 통했다!

뛰어남의 경로 따르기

뇌는 바쁘게 돌아가야 하는 학습 기계다. 그렇지 않다면, 뇌는 부정적인 것을 되씹으며 온갖 문제에 휘말리게 할 것이다. 인간으로서 여러분은 뇌가 목표 성취를 돕는 쪽으로 향하도록 모든 창의력을 발휘할 필요가 있다. 강렬하고 거부할 수 없는 미래를 만들 수 있다면, 뇌는 바라는 성과를 향해 빠르고 쉽게 움직이는 쪽으로 행동을 조절하도록 도울 것이다. 그 첫 단계는 원하는 것을 하는 것이다.

무엇을 원하는지 알기

『이상한 나라의 앨리스』에서, 앨리스는 체셔 고양이에게 '여기에서 어떤 길로 가야 하는지 말해주겠니?'라고 묻는다. 그녀는 어디로 가고 싶은지는 모른 채 그저 어디론가 가고 싶어 한다. 체셔 고양이는 앨리스가 멀리 걷다 보면 어딘가에 도착할 것이 분명하다고 답한다. 앨리스처럼, 나중에 기차역에 가서, '아무 역이나요'라고 말한다면 무슨 일이 일어날지 상상해보자.

앞으로 나아가고 목표를 성취하려 할 때, 자신이 진정으로 원하는 것이 무엇인지 분명해진다면 삶은 훨씬 쉬워진다. 살면서 우리는 너무나도 자주 원치 않은 것에 붙잡히고, 바라지 않는 결과를 피하기 위해 신체적으로나 감정적으로 너무나 많은 힘을 쏟는다.

무엇을 원하는지 파악하고 그 성취를 향해 힘을 쏟기 위해, 앉아서 자신의 부고를 써보자. 다음으로, 번영을 위해 남기고 싶은 유산과 유산의 성취를 위해 취해야 할 행동을 결정한다.

내담자인 테니스는 그녀의 두 번째 결혼으로부터 '도망'치려 했다. 그녀가 처음으로 한 말은 '저는 대인관계를 잘 못해요'였다. 그녀의 문제를 해결해 나가면서, 매우 사랑하는 할아버지가 아주 어렸을 때 돌아가셨다는 것을 알게 되었다. 이 사건의 외상은 그녀 마음에 매우 깊게 자리 잡았고, 상실의 공포는 고통을, 또 경험하기 전에 관계를 끝내려는 충동으로 몰고 갔다. 테니스가 잠재의식 단계에서 원치 않는 상실의 고통에 집중했기 때문에, 무의식은 그녀를 도와 고통을 피하는 행동을 계속하도록 했다. 불행하게도, 이 접근은 다른 문제를 야기했다. 그녀가 갈망하는 관계를 얻기 위해서는, 관계에서 얻고자 하는 것을 정확하게 생각하고 설계한 다음, 그것을 삶 속에 만들어내는 것에 집중해야 한다.

진정으로 원하는 것이 무엇인지 알 수 있는 한 가지 방법은 미래로 향하는 것이다. 여러분이 흰 머리의 조부모가 되었다고 상상해보자. 별 아래 흔들의자에 앉아, 앞에는 모닥불이 타오르고, 손자들은 여러분 인생의 또 다른 이야기를 조르며 발밑에 앉아 있다. 너무 겁이 났거나 어떤 사람의 '너는 못해' 때문에 이룰 기회를 놓친 꿈 이야기를 하고 싶은가? 아니면 모든 어려움에도 불구하고 자신의 가치를 지켜 뭔가 멋진 것을 해낸 일을 이야기하고 싶은가?

빠르게 앞으로 시간을 되돌려 현재의 삶을 되돌아보자. 돈이 많이 있다면 과감하게 목표로 도달해서 세상을 움직이게 하며 실패하지 않을 것이라 확신하는 꿈들의 목록을 작성한다.

한밑천이나 큰 집, 멋진 기술, 좋은 차 같은 물질적인 것들이나 자신만의 가정과 집을 바랄 수도 있다. 혹은, 정치권이나 비영리계에 영향력을 행사하고 싶을지도 모르겠다. 자신의 삶은 자신이 선택한다. 다음 단락의 작업과 함께 제3장의 가치에 대한 설명을 참조함으로써, 그 목표를 이루고자 하는 이유와 여러분을 충동하는 중대한 쟁점을 알게 될 것이다.

SMART보다 더 스마트해지기 : 체계화된 성과 만들기

SMART 목표는 수년 전 기업 세계에서 돌풍을 일으킨 바 있다. SMART 모형에 따르면, 목표는 구체적이며(Specific), 측정 가능하고(Measurable), 성취할 수 있으며(Achievable), 현실적이고(Realistic), 시간을 지켜야 한다(Timed). 이 접근은 어느 정도 내에서는 훌륭한 훈련이다. 그러나 NLP는 행동 수정을 돕는 감각 특정적인 정보를 앞세우거나 지침 및 멘토 같은 추가 자원 형식의 도움을 모색함으로써 보다 더 좋은 방식을 가능케 한다.

NLP는 체계화된 성과 과정 사용을 통해 무엇을 하고자 하는지를 파악하도록 도움으로써 SMART 목표를 더욱 스마트하게 만든다. NLP는 SMART 접근을 기반으로 목표 설계에 있어 모든 감각을 사용하고, 구체적이고 측정 가능하며 성취할 수 있고 현실적이며 시간을 지키도록 하는 것에 더하여 목표를 세밀하게 조정한다.

이 과정은 바라는 성과의 이유, 방향을 탐색하는 데 매우 도움이 되는 일련의 질문에 답을 요구한다. 이 과정을 따름으로써 목표에 대한 진정한 동기를 이해할 수 있고 실패와 성공의 장단점을 저울질할 수 있다! 체계화된 성과의 일반적인 예는 급여가 더 좋은 직장을 원하게 되는 것일 것이다.

바라는 성과가 다음 기준을 충족하면 NLP는 체계화된 조건(well-formed conditions)을 만족했다고 말한다. 성취하고자 하는 모든 결과에 대해 아래의 일곱 가지 질문을 해 보라.

1. 목표는 긍정적으로 명시되었는가?
2. 목표는 자기주도적이며, 지켜지고 통제되고 있는가?
3. 목표는 확인 절차를 설명하는가?

4. 목표의 맥락은 명확하게 정의되었는가?

5. 목표는 필요한 자원을 파악하는가?

6. 목표가 생태학적인지 평가했는가?

7. 목표가 시작해야 할 첫걸음을 파악했는가?

다음 단락에서 이 질문들을 상세하게 설명한다.

목표는 긍정적으로 명시되었는가?

원하는 것이 무엇인가? 다른 말로 하자면, 무엇을 갖고 싶은가?

이 질문은 바라는 성과를 명확히 하는 데 도움이 된다. 중점과 방향을 유지하기 위해서는 원하는 것을 매우 분명히 알아야 하기 때문이다. '날씬해지고 싶어', '돈이 더 많았으면' 같은 모호한 목표는 부적절한데, 그럴 경우 체중이 500그램 빠지거나 5파운드만 월급이 올라도 만족하기 때문이다.

좋은 목표는 '54킬로가 목표야', '1,000파운드 모으기' 혹은 '연봉을 5만 파운드로 올려야지' 같은 것이다. 또 '이 일은 계속하기 싫어'와 같은 부정적인 목표는 바라는 것에 반대로 작용할 수 있다(뒤페이지 글상자 '부정적인 것을 되씹는 것은 건강에 해가 된다' 참조). 그러므로 '나는 …는 하기 싫어'가 또 입에서 나오면 '내가 하고 싶은 건 뭐지?'라고 자문해보도록 하자.

긍정적으로 있는 것이 쉽지만은 않다. 생의 경험과 역할 모형은 성공과 행복을 누릴 자격이 있던 없던, 자기 가치에 대한 제한적이거나 부정적인 믿음을 만들 수 있다. 그러나 생에 대한 긍정적인 전망을 계발하기 위해 자신에게 많은 것을 할 수 있다. 해소되지 않은 무의식의 감정부터 시작해보자. 문제를 검토하고 대처하는 것을 도와주는 코치의 도움으로 보다 더 좋은 결과를 빠르게 얻을 수 있겠지만, 자신의 회복력 생성을 위해 마음챙김 같은 것도 스스로 해볼 수 있다.

마음챙김은 스트레스를 감소시키고 삶의 소박한 즐거움에 감사하고, 감정을 좀 더 효율적으로 관리하며 전에는 알아채지 못한 미지의 가능성을 보게 하는 사고방식을 갖게 한다. 피츠버그대학교의 연구원이 검사한 MRI 스캔에서 8주 동안의 마음챙김으로 뇌의 구조가 변할 수 있다는 것이 실제로 밝혀졌다. 마음챙김 훈련은 공포 및 위협을 감지하면 몸에서 '투쟁 혹은 도피'의 반응을 유발하고 아드레날린과 코르티솔 같은 스트레스 호르몬이 방출된다. 이 호르몬은 생물학적 반응에 작용함으로써 생존을 지원하는데, 경계 및 심장 박동수와 혈압이 올라가고 대근군으로 가는 혈류는 증가하며 면역계와 소화계 같은 중요치 않은 기능들은 정지된다. 보통 상황에서, 위협으로 감지되던 사건이 끝나면 호르몬 수준은 정상이 되지만, 장시간 스트레스를 감지하면 스트레스 호르몬은 안정이 안 되어 고혈압, 피로, 비만, 심장병 같은 만성적 건강 문제를 일으킨다.

좋은 소식은 긍정적인 태도를 유지하는 것은 장수에 도움이 된다는 것이다! 연구에 따르면, 낙관주의자들은 더 오래, 건강하게 산다고 한다. 더욱 좋은 소식은 NLP는 컵에 물이 반밖에 없는 것이 아니라 반이나 남았다고 보게 한다는 것이다.

스트레스와 연관 있는 편도체의 크기를 감소시키는 반면 집중 및 의사결정과 연관된 부분인 전전두엽 피질은 증가시킨다.

제10장에서 계속해서 제한적 믿음을 변화하고 역량강화의 믿음을 만드는 법에 대해 알아볼 수 있다.

최근에 로밀라는 무의식적으로 자신답지 않은 행동을 함으로써 직장에서 해고된 내담자를 코칭했다. 나중에 상황을 알아보니, 내담자는 일이 원하는 것이고 근무도 좋다고 생각하지만 행동은 다르게 했다는 것을 알았다고 말했다. 그녀는 좋아하지 않는 일에는 온 힘을 쏟으며 건강을 앗아가는 파괴적이고 빗나간 행동들을 했다고 한다. 그녀는 삶을 보다 긍정적인 관점에서 볼 수 없었기 때문에, 일상에서 실적 부진과 부족한 자기충족감, 짜증과 분노로 스트레스를 받으며 살고 있었다.

목표는 자기주도적이며, 지켜지고 통제되고 있는가?

우리는 '부인이 끊으라고 해서' 금연하고 싶다고 하는 사람들을 너무나도 많이 본다. 특정한 성과를 얻으려는 충동이 내적으로 기인하는 사람들은 성공할 확률이 훨씬 높은데, 예를 들면 '나를 위해서 장수하고 건강해지고 싶다'와 같은 것이다. 대조적으로, 목표가 '3월 중에 남편이 2주 동안 아무 걱정 없는 곳에 좀 데려가 줬으면' 이라면, 남편은 다른 할 일이 있을 수 있고 이 목표는 자신의 통제 밖에 있다는 것을 깨닫게 될 것이다.

다음 질문들을 자문해보라.

- ✔ 이것을 나 자신을 위해서 혹은 다른 사람을 위해서 하는가?
- ✔ 성과는 온전히 나에게만 달렸는가?

케이트가 마케팅 컨설턴트였을 때, 몇 가지 계획은 매우 스트레스를 주고 바쁘며 체계적이지 못한 사업가들과 긴밀하게 일해야 하는 것이었다. 엉망인 책상에서 서류를 찾거나 미리 준비하는 것을 잊어서 정보 수집을 위해 급하게 전화 통화하는 내담자들 때문에 회의 시간이 많이 낭비되었다. 그리하여 추후 내담자 배정을 위한 케이트의 체계화된 성과는 '조용하고 능률적이며 상업적인 방식으로 일하기'였다. 목표를 보면 처음에는 성과를 통제할 수 있어 보이지 않았는데, 그녀가 내담자의 역량에 의존하고 있었기 때문이다. 그러나 NLP의 체계화된 성과 원칙을 적용하여, 그녀는 비체계화된 내담자들에게 보다 분명한 기대를 설정했다. 그 전략은 방해받지 않는 조용한 사무실에서 회의를 마련하고 부지를 방문하기보다 비디오 회의를 여는 것이었다. 목표는 범위를 구체화하는 것에 대한 것이었는데 회의 시작과 끝나는 시간을 확실히 하고 안건은 미리 배포하는 것 등이었다. 또한 법조계에서 하는 것처럼 낭비된 시간과 비용을 모두 항목화하여 다른 것들도 훨씬 능률적이 되는 데 직접적인 영향력을 행사했다.

초기에 케이트의 목표는 온전히 자신의 역할에만 달린 것으로 보이지 않았고, 표면적으로는 만족시킬 수 없을 것처럼 보였다. 그러나 행동의 유연성을 보임으로써, 목표와 성취를 위한 책임을 맡으며 온전한 진실함으로 내담자들을 설득했다.

목표는 확인 절차를 설명하는가?

이 질문은 간단히 말하면 '나는 목표를 성취했다는 것을 언제 아는가?'이다. 여기에 지나치게 모호한 목표를 파악하거나 성과에 대해 불분명할 때 도움이 되는 매우 중요한 질문들이 있다.

- ✔ 바라는 성과를 얻은 것인지 어떻게 아는가?
- ✔ 성취하면 무엇을 할 것인가?
- ✔ 성취하면 무엇을 보고, 듣고, 느낄 것인가?

회계사인 데이비드는 개업을 하고 싶었다. 그의 유일한 바람은 3개월 내에 충분한 수입을 얻는 것이었다. 위의 질문에 답함으로써, 그는 자신을 위해 일함으로써 진심으로 원하는 것이 무엇인지 파악하지 않았다는 것을 깨달았다. 최초의 목표는 긍정적으로 명시되긴 했지만, 목표하는 바를 찾기에는 너무 모호했다. 사실 그것은 '다른 사람을 위해서 일하는 것은 싫어'(부정)만큼 나빴다. 체계화된 성과 과정을 따른 결과 그가 진정으로 원하는 것은 NLP 기반의 판매 기법 훈련을 통한 성공적인 사업을 다른 개업 회계사에게 가르치는 것임을 파악할 수 있었다.

목표의 맥락은 명확하게 정의되었는가?

'어디서, 언제, 어떻게, 누구와 목표를 성취하고자 하는가?'를 자문해보자. 이 질문에 답하는 것은 원치 않는 것들을 잘 조정하여 제거하는 데 도움이 된다. 예를 들어 달에서 휴가를 보내는 것은 정말 원치 않을 경우, '휴가 때 집에 있겠다'는 목표가 즉각적으로 달 식민지는 제외하게 한다. 또는, 화성인들을 별로 좋아하지 않는다면, 화성에 정착하는 것은 그다지 달갑지 않을 것이다.

원하는 시기를 규정함으로써 그것을 갖기 전에 필요한 과정이 무엇인지 식별하는 과정을 거칠 수 있다. 예를 들어 '다른 사람에게 인수인계를 맡길 수 있을 때 집에서 휴가를 보내고 싶다'는 연간 5만 파운드의 수입이 있어야 휴가를 쓸 수 있다는 것을 깨닫게 한다.

케이트가 기술 사업을 확장하고자 하는 중소기업 사장 사이먼을 코칭할 때, 그가 바라는 최우선 성과는 자택의 땅에 사업을 위한 별채를 짓는 것이었다. 맥락에 대한 질문의 결과, 집에서 떨어진 곳에서 사무실 부지를 찾는 것으로 변경되었다. 그는 사업이 얼마나 가족의 삶을 방해할지 깨달았고 결국 여섯 명의 사원이 대학 캠퍼스 근처의 고급스럽고 용도에 맞으며 임대료가 낮아서 사업을 확장할 수 있는 여지도 주는 사무실로 이사하는 해피엔딩으로 끝났다. 사이먼과 부인은 '가게 위에서 사는' 번거로움 없이 자택의 큰 방 두 개를 다시 찾아 더 많은 여가 시간을 누릴 수 있게 되었다.

목표는 필요한 자원을 파악하는가?

아래 질문은 만족스러운 성과를 위해 사람과 지식 면에서 무엇이 필요한지를 식별하고 현재 연습에 유용할 수 있는 미리 만들어진 자원을 사용했던 과거 경험을 이끌어내도록 한다. 도움이 되는 답을 생각해볼 수 있도록 피터(행글라이딩을 하고 싶어 하지만 높은 곳을 싫어함)의 질문에 대한 답을 소개한다.

✔ **현재 어떤 자원이 있는가?**
피터 : '배우려는 의욕과 저를 가르쳐줄 행글라이더 친구들이 있습니다. 저는 운동신경이 좋고 새로운 스포츠를 잘 시도합니다. 수상 스키와 크게 다르지 않겠죠!'

✔ **어떤 자원이 필요한가?**
피터 : '높은 곳에 대한 공포를 극복하는 데 도움을 줄 수 있는 치료사나 최면 전문가를 찾아가 보려고 합니다. 또 행글라이더와 강사를 고용할 수 있는 클럽을 찾아보고, 이 취미를 위해 일정도 조정해봐야 하고요.'

✔ **전에 이런 종류의 목표를 성취한 증거가 있는가?**
피터 : '스키 배우러 갔을 때 초보자 코스에서 요란한 소리를 내며 내려오는 남자애를 보고 무섭긴 했지만, 그래도 계속했어요. 이제는 전문가 코스에서 스키를 타는 것도 가능해요.'

✔ **자원이 있는 것처럼 간주한다면 어떻게 되겠는가?**
피터 : '하늘 높이 날아올라서 아래를 쳐다봐도 뱃속이 아무렇지 않을 거예요. 비행기를 타는 것 말고 하늘을 나는 것은 상상도 못해봤거든요. 빨리 날아보고 싶어요!'

지금 자원이 있는 것처럼 행동하는 것은 자신을 저지하는 모든 믿음을 발견하고 변경하는 데 도움이 된다. 그것은 또 성과를 가늠해보는 것도 가능케 하는데, 이 시점에서 마음이 변할 수도 있다. 이 접근법은 맞지 않는 취미라는 걸 나중에 깨닫고 창고에서 자리만 차지하게 될 장비들에 많은 돈을 쓰는 것을 미리 방지하는 데 유용하다.

목표가 생태학적인지 평가했는가?

생태학(ecology)의 사전적 정의는 '살아 있는 유기체의 습관, 생활양식 및 환경과의 관계를 다루는 생물학의 한 분과'다. 그러나 NLP에서 생태학 평가(ecology checks)에 관해 언급할 때는, 그 성과가 삶의 모든 측면에서 적합한지 질문하는 것이다. 생태학 평가는 성과를 설정할 때 인지하지 못한 모든 숨겨진 과제나 이차적 이득에 한 줄기 강력한 빛을 비춘다. 이차적 이득(secondary gain)이나 긍정적 파생물(positive by-product)은 원래 어느 정도는 긍정적 기능을 하지만 부정적 혹은 문제를 야기하는 것으로 보이는 행동을 말한다.

다음의 질문은 욕구의 핵심을 자동추적하는 레이저 유도 체계를 형성한다. 자신에게 질문해보면서, 무의식에서 일어나는 모든 그림, 소리, 특히 느낌을 인지한다. 자신의 반응에 동조하며 이에 맞춰 목표를 조정하자.

- ✔ 이것을 원하는 **진짜** 이유는 무엇인가?
- ✔ 이것을 얻는다면 무엇을 잃거나 얻게 되는가?
- ✔ 이것을 얻는다면 무슨 일이 일어나는가?
- ✔ 이것을 얻는다면 무슨 일이 일어나지 않는가?
- ✔ 이것을 얻지 않는다면 무슨 일이 일어나는가?
- ✔ 이것을 얻지 않는다면 무슨 일이 일어나지 않는가?

경력 코칭 상담 중 케이트는 진퇴양난에 빠진 한 내담자를 맞게 되었다. 라즈는 평균적인 학생으로 미술 공부를 위한 대학교 진학에 충분히 좋은 성적을 받았다. 그러나 그의 진정한 열정은 목공일에 있었다. 케이트는 체계화된 성과 과정을 이용하여 미래에 무엇을 할지 명확히 해보도록 그에게 권했다. 그는 자신이 창조적인 일을 하고 싶어 함을 발견했고 그런 맥락에서 미술 학위도 끌렸다. 전람회에서 작품에 대해 사람들과 대화를 나누는 모습을 상상한 그는 자신이 창조적이고 주위에서 자신의 주제를 파악하는 것도 꽤 능숙하며, 따라서 필요한 모든 자원을 갖고 있음을 알게 되었다. 그러나 대학교에 가는 것에 대한 생태학 검토에 이르자, 몇 년간을 이론 공부하는 데 보내고 싶지는 않다는 것을 깨달았다. 그가 진정으로 원하는 것은 가구 제작자 옆에서 일하며 매우 실용적으로 배우는 것임을 알게 되었다.

목표가 시작해야 할 첫걸음을 파악했는가?

도교 철학자인 노자는 '천릿길도 한 걸음부터'라고 말한 것으로 알려졌는데, 이것은 기억해둘 만하다. 변화는 극적인 타개 같은 것이 아닌 한 땀 한 땀에 걸쳐 서서히 원하는 것을 얻게 되는 과정이다. 행동 계획을 견고한 단계로 나눠 최종적인 목표로 이끌 필요가 있다.

오스카상을 받는 각본가가 되기로 결심했다면, 수업에 참가해 글쓰기를 시작해야 할 것이다. 그러나 책상에 앉을 때마다 매번 옆길로 샌다면, 목표는 꿈으로만 남게 될 것이다. 꿈을 탄탄한 현실로 만들려면 결정적인 최초의 걸음을 시작해야 하고 그렇지 않으면 다음, 그리고 그다음을 위한 충분한 추진력을 만들지 못할 것이다.

성공을 위한 4단계 공식 사용하기

4단계 공식은 체계화된 성과(앞선 'SMART보다 스마트해지기 : 체계화된 성과 만들기' 단락에서 설명한) 작성에 관한 정보를 강화한다. 이 공식은 장기, 생애 혹은 단기 목표의 적용에도 똑같이 효율적이다.

명확히 정의되고 시각적인 목표물은 훨씬 맞추기 쉽다. 로빈 후드가 과녁의 중앙을 노리지 않았다면 메이드 메리안은 결코 얻지 못했을 것이다!

목표를 맞추기 위해, 다음 단계를 따른다.

1. **성과가 무엇인지 안다.**
   원하는 것을 정확하게 구체화하는 것은 매우 중요하다. 성과 틀을 사용하여 바라는 성과(앞의 '성과 틀로 전환하기' 참조)를 미세 조정하고 앞 단락의 체계화된 성과 조건인 'SMART보다 스마트해지기 : 체계화된 성과 만들기'를 충족한다.

2. **행동을 취한다.**
   첫걸음, 그리고 다음 걸음을 시작하지 않으면, 아무리 명확히 정의한다 해도 성과를 향해 나아갈 수 있는 일은 아무것도 일어나지 않을 것이다.

3. **감각적 인식을 계발한다.**
   작용하지 않는 것을 보고 듣고 느낄 수 있는 인식이 있다면, 바라는 성과 쪽으로 이끌도록 행동을 수정할 수 있다. 제5장에서 감작적 인식 계발법을 알려준다.

4. **행동적 유연성을 유지한다.**
   이 단계는 NLP의 '사람들과의 상호작용 시 가장 유연한 태도를 보이는 사람이 상호작용을 지배한다'는 가정과 보기 좋게 일치한다. 또는, 좀 더 직접적인 가정은 '효과가 없다면 다른 것을 하라'가 있다. 제2장에 이 강력한 가정에 대한 자세한 설명이 있다.

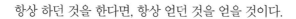

항상 하던 것을 한다면, 항상 얻던 것을 얻을 것이다.

삶의 바퀴 돌리기

이 단락은 삶에 대해 만족하고 있는지 및 개선을 위한 여지가 있다면, 삶을 궤도에 쉽고 효율적으로 되돌려 놓기 위해 어떤 영역에서 일해야 하는지 파악할 수 있도록 돕는다.

그림 4-1의 바퀴 도표를 보자. 쐐기에 삶의 가장 중요한 영역을 가리키는 말로 이름표를 붙일 수 있다면 어떤 영역을 고를 것인가? 영역들은 우리가 그림에 쓴 것들과 일치하는가? 보통 사람들은 일과 경력(재택근무 포함), 건강과 체력, 재정과 돈, 친구와 가족, 관계, 개인적 성장과 학습, 재미와 오락, 영성과 물리적 환경의 이름표를 고른다.

원의 중앙을 0으로 하고 바깥 끝을 10으로 해서, 삶의 영역의 만족도를 순위 매기고 각 숫자가 직선이나 곡선으로 연결되게 하여 새로운 바깥 선을 만든다. 이 새로운 원 둘레는 여러분의 개인적 삶의 바퀴를 나타낸다. 이상적인 상황은 모든 영역이 10에 도달해 그림 4-1처럼 멋진 둥근 바퀴가 되는 것일 것이다.

그러나 일상에서, 모든 영역에서 항상 완벽한 10점을 기대하는 것은 비현실적이다. 인생은 그렇지 않다. 열심히 직장에서 일한다면, 인생 과제에서 다른 측면은 빠지게 될 것이다. 집안일을 하는 데 많은 시간을 보내게 되면 친구와 어울릴 시간은 갖기 힘들 것이고, 시험공부를 해야 한다면, 운동 일과는 창밖으로 던져지게 될 것이다.

점수가 만족스럽지 않은 삶의 영역을 주목하는 것은, 그것들을 제기하는 체계화된 성과를 작성할 수 있는 기회가 된다. 예를 들어 카드 빚을 청산하고 재정을 좋은 상태로 만들고 싶은가? 혹은 새로운 사랑을 찾기 위해 온라인 사이트에 가입하고 싶은가? 무엇을 원하는지에 집중함에 따라, 삶에 단순히 반응하는 것이 아닌 삶의 주인 역할을 할 수 있다.

연말은 자신을 추스르고 전체 삶을 되돌아보며 다가오는 새해를 준비하기에 언제나

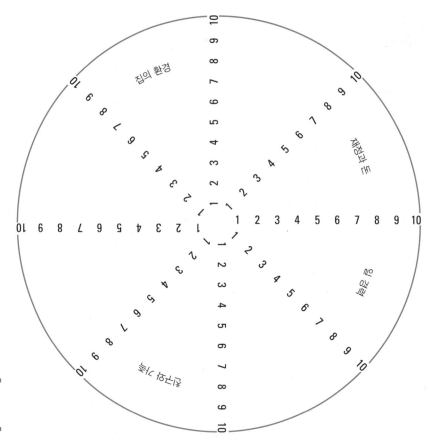

집의 환경

재정과 돈

일과 경력

친구와 가족

그림 4-1
삶의 바퀴 표본

좋은 시간이다. 다음 단락에서 설명하겠지만, 이 활동은 꿈 일기와 함께 수행하면 더욱 집중하는 데 도움이 된다.

목표에 대한 꿈 일기 쓰기

약속을 잡은 뒤 메모하는 것을 잊은 적 있는가? 어쨌든 약속은 지킬 수 있었는가? 지켰다면, 무의식의 각성에 감사하자. 약속을 잊었을 때, 교훈을 배워서 중요한 약속은 항상 적어두게 되었는가?

목표를 바라는 성과와의 중요한 약속으로 생각하고 적어둔다. 이 책에서 가져가야 할 가장 중요한 메시지는 다음과 같다. 즉 목표를 적는 것과, 그것을 얻기 위해 행동에 전념할 것, 매일 계획 실천하기를 명심하는 것이다.

제3장에서 망상체 활성계(RAS)에 대해 설명한 바 있다. RAS는 레이더 같이 작동하는 신경세포망으로, 여러분에게 중요한 것에 주의를 돌리게 한다. 예를 들어 마음이 산란하여 과속할 때, RAS는 생존을 위해 차의 속력에 주의를 돌리게 한다. RAS는 안테나 같이 작용하는데, 목표의 충족을 위해 필요한 기회, 사람과 자원으로 유도한다. RAS는 또한 목표와 연결된 기회에 깨어 있게 하고 결정적으로 목표를 적은 것은 RAS의 스위치를 켜지게 한다.

이러한 이유로, 로밀라의 목표 설정 워크숍에서는 참석자들에게 '꿈 일기'를 구매하거나 작성하도록 추천한다. 이 개념은 시각적, 촉각적으로 애착이 가는 일기를 갖는 것으로 참석자들은 그 일기를 매일 갖고 다니고 싶어진다. 그들은 더욱 꿈과 야망을 기록하고 싶어지고 그리하여 더 좋은 자리를 얻게 된다.

마음에 드는 일기장을 한 권 사는 것으로 간단히 꿈 일기를 만들자. 검은색의 가죽 장정으로 된 것이나 자물쇠가 있는 것도 좋을 듯하다.

창조적인 것에 끌린다면, 평범한 링 바인더에 마음에 드는 재료를 커버로 씌우는 것은 어떨까. 앞 커버와 바인더 사이를 가볍게 덧대서 실제 시각적으로 경륜 있어 보이게 할 수도 있다.

삶에서 목표로 하고 싶은 영역을 선택한다. 이 과정은 살고 싶은 미래를 설계하는 데 다소 열중해야 할 것이다. 그러니 천천히 각 단계를 음미하도록 한다. 시작은 꿈 일기를 만들어서 자신의 꿈과 목표로 채우는 것이다. 다음 순서에 따른다.

1. **꿈 일기를 사거나 만든다. 화려한 색상의 칸막이와 펜도 구해서 매일 즐겁게 작성하도록 한다.**
2. **삶의 바퀴를 그리고 색칠한다(그림 4-1처럼).**
3. **삶에서 제기하고 싶은 영역을 고른 후 해당 영역에 맞게 칸막이에 이름표를 붙인다.**
   처음에는 한 개나 두 개 영역으로 할 수 있다.

4. **각 영역의 목표를 생각한다.**

장기(생애, 5년, 1년 이상) 및 단기(6개월에서 1년) 목표 모두를 고려한다.

5. **목표에 체계화된 성과 과정을 적용한다.**

앞선 단락의 'SMART보다 더 스마트해지기 : 체계화된 성과 만들기'를 참조한다.

6. **목표와 성취하고 싶은 날짜를 적는다.**

7. **목표를 월별, 주별 및 일별 목표로 나누고, 각 날짜에 따라 일기에 적는다.**

8. **매일 밤 자기 전(몇 분밖에 안 걸린다) 자신의 꿈을 살펴보고 목표를 이루기 위해 내일 할 일의 목록을 작성한다.**

삶에서 만들고자 하는 것을 나타내는 비전 칠판도 생각해볼 수 있다. 코르크 칠판이나 마그네틱 칠판을 사용해서 사진 콜라주, 잡지에서 오려내기 혹은 직접 그림을 그릴 수 있다. 마른 꽃, 장신구 부품이나 다른 예쁜 물건들을 사용해도 좋다.

기술적인 것을 좋아하는 경우, 비전 칠판을 전자적인 요소로 꾸밀 수 있는데 예를 들어 목표, 활동 및 알림의 기록을 위한 소프트웨어를 사용한 영화가 있을 것이다.

완료한 목표를 체크하며 성취감을 맛본다. 또한 그 기회 및 목표의 성취로 가는 길에서 만난 사람들에게도 감사함을 느끼도록 한다.

일단 한 번 해보기

'출판의 열정' 글쓰기 워크숍에서 케이트는 재니스를 포함한 그들 작업의 다양한 단계에 있는 많은 새내기 작가들을 코칭했다.

재니스는 모든 여가 시간과 열정을 여행 가이드의 연구와 작성에 쏟아 넣었다. 그러나 갑자기 그녀는 동기를 잃고 '누가 그 책을 사겠니?' 같은 말로 그녀의 노력을 과소평가하는 친척에 대해 말하기 시작했다.

재니스는 상처 받았고 왜 글쓰기의 장애를 헤쳐 나갈 수 없는지 의아해했다. 그녀는 이후 부정적인 친척이 원하는 대로 하고 있으며 그리하여 실패했음을 깨달았고 여행

모험에 대한 친척의 깊은 시기에도 불구하고 재니스는 자신의 열정을 뒤쫓았다.

불행히도, 여러분은 자신들에게 선택지가 없다고 믿으며 그들의 공포와 자신감 부족을 다른 이들에게 투사하는 위치에서 작용하는 세계에 있는 사람들과 만나게 될 것이다. 그들은 다른 이들이 이런 제한에서 자유롭다는 사실을 미워한다. 그러므로 NLP 가정 '실패는 없다, 피드백만 있을 뿐'을 기억하고 재니스와 같이 꿈을 현실로 만드는 용기를 갖도록 하자.

친구를 사귀고 사람들의 마음을 움직이기

첫째 위치

둘째 위치

셋째 위치

넷째 위치

제2부 미리보기

- 주위 세상에 대해 더 알아차리고 세상과 더 잘 관계 맺는 법

- 의사소통 시 사람들이 자신에 대해 노출하는 미묘한 단서 눈치 채는 법

- 사람들이 다른 방식으로 단어를 어떻게 사용하는지 듣는 것의 가치 발견하기

- 위대한 소통가의 기술 숙달하기

더 좋은 의사소통을 위한
방법을 보고, 듣고, 느끼기

제1장에서 우리는 네 개의 NLP 기둥을 소개했다. NLP의 정직한 요소들 중 하나는 사람들이 어떻게 감각을 통해 세상의 의미를 알고 그들의 현실을 만드는지를 이해하는 능력이다. NLP는 여기에 감각적 인식(sensory awareness)이라고 이름 붙였다.

잠시 고도로 발달된 개인 안테나가 있는 특별한 생물체를 상상해보자. 사실 이는 여러분 자신이다. 여러분은 주변에 대한 모든 것을 발견할 준비가 된 신생아로 이 세상에 성큼 뛰어들어 왔다. 어떤 장애를 갖고 태어나지 않은 이상 모든 사람은 시각과 청각, 후각, 미각과 촉각이 있으며 여기에 가장 뛰어난 인간적 속성인 다른 이들과 연결된 감정을 경험하는 능력을 갖추고 있다. 여러분은 이러한 능력이 탑재된 미니

학습기인 셈이다.

자라면서 세상에 대한 마음의 지도를 형성하고 아동기 동안 사고와 행동 습관을 쌓기 시작한다. 보고 만지고 맛보며 냄새 맡고, 또 말을 들으며 자신에게 가장 좋은 특정한 방식으로 세상에 대해 배우는 법을 발견한다.

NLP는 여러분에게 어떻게 자신의 마음의 지도가 형성되었는지 그 과정을 들여다보라고 권유한다. 경험을 나타내는 감각들의 사용법을 이해하면 각자의 지각이 어떻게 형성되었고, 그리하여 다른 사람들과의 의사소통능력에 어떤 영향을 미쳤는지 주목하게 된다. NLP가 감각적 인식에 초점을 맞추는 것은 최근 급증하고 있는 **마음챙김**의 개념에서 관심을 갖는 바와도 완벽하게 일치한다. 즉 알아차린 것들을 전혀 판단하지 않고 현재 순간에 집중하도록 하는 것이다.

'이용하지 않으면 잃게 된다'라는 말을 들어봤는가? 각자의 생애 경험은 학습에 다소 게을러지는 특정한 방식으로 조건화한다. 어떤 일에서 한 가지 방식에 능숙하다고 판단되면, 그 수단을 계속해서 사용하게 되는 것이다. 어려서 그림 그리고, 노래하거나 춤추기를 좋아해서 선생님에게 긍정적인 강화를 받았다고 치자. 분명히 여러분은 다른 분야에 지장을 주면서까지 전도유망해 보이는 그 성공적인 영역에 더욱 주의를 집중할 것이다.

감각적 인식에도 같은 일이 발생한다. 여러분은 한 가지 수단으로 사고하고 대처하는 것에 매우 능숙해진다. 그 결과 다른 것들에 해를 끼치면서까지 한 감각에만 의식적으로 집중하여 특정한 맥락으로 정보를 공유하게 된다. 물론 다른 감각들도 사용하지만, 의식적으로 알지 못한다. 예를 들면 생생한 3D로 제작된 영화를 볼 때, 사운드트랙은 눈앞의 시각적 영상만큼 인식하지 못할 수 있다.

레오나르도 다빈치는 평균적인 인간이 '보지 않고 보고, 듣지 않고 들으며, 느낌 없이 만지고, 맛을 모르고 먹으며, 신체적 인식 없이 움직이고, 냄새나 향기를 모르고 들이마시며, 생각 없이 말한다'며 놀라워했다.

이 장에서는 세상과 연결되는 새로운 방법을 시도하고, 놀라운 감각을 미세 조정함으로써 삶이 얼마나 변화할 수 있는지 알게 될 것이다. 재미뿐만 아니라 새로운 자아발견을 할 수 있을 테니 기대해도 좋다.

감각 엿보기

NLP 모형은 여러분이 외부 세상, 즉 세상을 시각, 청각, 촉각, 후각, 미각의 오감으로 경험하는 방식을 설명한다.

예를 들어 우리가 '좋아하는 맛있는 음식에 대해 생각해보라'고 쓴다면 여러분의 머리와 몸 안에 무슨 일이 일어날까? 아마 여러 색의 접시들이 식탁 위에 차려져 있는 그림을 떠올리며, 칼과 포크 소리, 웨이터가 오늘의 스페셜 메뉴에 대해 말하거나 주방에서 친구가 떠드는 소리가 들릴 것이다. 또한 음식 냄새가 퍼지며 마음속에서 따뜻하고 유쾌한 기대가 생긴다. 포도주의 코르크 마개를 따는 소리를 듣거나 손 안의 차가운 물 컵을 느끼며, 맛있는 다감각 경험을 처음으로 한 입 가득 맛볼 수도 있다. 모두 단지 생각만 했을 뿐인데 말이다!

지금까지 여러분은 어떻게(how) 생각하는지(과정)보다 무엇(what)을 생각하는지(내용)에 대해서만 생각해 왔을 것이다. 그러나 사고적 속성이 경험적 속성을 결정하므로 어떻게도 무엇만큼이나 중요하다.

[마음 다스리기]

코미디언 루비 왁스는 자신의 『분별 있는 신세계(Sane New World)』에서 우울증을 겪었던 일에 대해 솔직히 털어놓으며 기분과 감정을 자기조절하는 법을 배우기까지의 여정을 들려준다. 그녀는 우울증을 근감각적 용어인 '시체가 되어, 피부 감각이나 손발, 손가락이나 다리가 없는, 나는 텅 비어 있다, 모든 것이 무(無)같다' 등을 사용해서 표현한다.

루비는 우울증을 극복하기 위해 옥스퍼드대학교처럼 치료를 선두하는 기관에서 마음챙김, 신경과학 및 심리치료를 공부했다. 그녀는 우리가 이 땅에서 정해진 시간 안에 진정으로 해야 할 일이 무엇인가 같은 대답하기 어렵고 큰 철학적인 문제를 피하기 위해 바쁘게 지내는 것에 집착하고 있다고 피력한다. 우리는 바쁠 때 지위를 얻고 중요한 사람이라는 느낌을 받지만, 정작 우리를 행복하게 하는 것과는 떨어지게 된다. 루비 역시 TV 경력이 쌓이면서 명성과 빠른 성취, 더 가지려 하는 것에 중독되었다. 그러다 인기가 떨어지자 그녀는 심한 수치심을 느끼고 상처를 받았다.

루비는 창조적이고 생산적이던 정점에서 과도한 활동의 결과로 소진되기까지 과정을 겪으면서 자신의 상태를 인지하는 법을 배웠다. 마음챙김을 배우면서, 그녀는 호르몬 코르티솔의 해로운 영향을 없애주는 해독제를 발견했다. 모든 감각을 사용하여 자신의 상태를 알아차리는 연습은 그녀를 고요한 기준점으로 되돌리고 과로의 초기 경고 신호를 알아차리게 했으며 또한 초점을 선명하게 하고 건강한 정신 상태를 유지하도록 했다.

이 단락은 여러분이 전에는 한 번도 고려해보지 않았을 사고 과정의 영역에 대해 소개한다. 사고방식과 세상을 이해하는 법에 대해 인식을 활짝 열면 재미있는 일들이 생긴다. 여러분은 사람이나 상황에 대한 사고방식을 스스로 조절할 수 있음을 알게 될 것이다. 또한 자신에게는 너무도 명확하고 분명한 가장 재미없고 일상적인 일이라고 해서 다른 사람들이 똑같이 생각하는 것은 아니라는 사실을 알게 될 것이다. 다른 감각들에 주의를 기울여 다르게 생각하기 시작할 때, 삶은 더욱 보람 있음을 판단하게 될 것이다.

현실 여과하기

여러분은 현실을 경험하면서 환경에서 얻는 정보를 크게 세 가지 방식을 통해 선택적으로 여과한다. 이는, NLP에서 시각(visual), 청각(auditory), 근감각(kinaestheic) 혹은 줄여서 VAK(후각과 미각 포함 시 VAKOG)라고 알려진 방식이다.

✔ **시각 차원** : 일부 사람들은 눈앞의 깨끗한 그림을 본다.
✔ **청각 차원** : 다른 사람들은 소리를 듣기 위해 귀를 기울인다.
✔ **근감각 차원** : 세 번째 집단은 감정적 측면 혹은 감촉을 파악한다. 그들은 신체 지각을 경험한다.[우리는 의도에 맞게 여기에 냄새(후각), 맛(미각)을 추가했다.]

이 책을 이용하여 경험의 순간에 대해 생각해보자. 책을 집어든 사람들은 모두 다양한 방식으로 책을 보고, 듣고, 느낀다. 세 명의 독자를 생각해보자. 한 사람은 친근한 레이아웃과 재밌는 만화 그림이 좋아서 이 책을 골랐다. 다른 한 사람은 책의 소리와 논의되는 내용에 흥미를 느꼈다. 마지막 사람은 종이의 감촉이나 냄새가 좋고, 또 왠지 재미있을 것 같다는 직감이 들어서 골랐다. 여러분은 이 세 가지 감각을 모두 혼합해서 이 책을 경험했을 것이다.

한 번 직접 시도해보자. 이 책을 읽으면서 어떻게 정보를 받아들이는 것을 선호하는지부터 시작해서 어떤 페이지에 집중하게 되는지 알아보자. 어떤 것이 자신에게 가장 좋았는가? 글, 그림, 혹은 페이지의 느낌에 깊은 인상을 받았는가?

일상생활에서 우리는 자연스럽게 모든 VAK 감각에 접근하지만, 특정한 맥락에서는 특히 스트레스를 느낄 때는 한 감각을 지배적으로 느끼게 된다. 일과 여가생활을 하면서 시각, 청각, 근감각의 세 광범위한 차원에 좀 더 예민해지면, 이 연습의 혜택을 볼 수 있을 것이다.

예를 들어 여러분 집의 방을 바꾸고 싶다고 상상해보자. 어떤 색상의 페인트를 고를지, 원단은 어떤 무늬를 할지 등 순전히 시각적인 차원에서 이 작업을 생각하게 될 것이다. 청각 차원에 착수하게 되면, 방의 물건 소리, 즉 삐걱거리는 마룻바닥이나 음악 혹은 대화 소리에 대해 생각할 것이다. 또 바깥의 자동차 소음을 차단하는 방법이나 새 소리가 들리게 하는 방법들도 검토해볼 것이다. 혹은 근감각 차원인 질감에 대해 생각한다면 어떻게 될까? 필시 플러시와 벨벳 원단의 카펫이나 골풀 매트를 선택할 것이다. 벽 같은 경우, 어떤 느낌에 더 끌리느냐에 따라 벽돌로 쌓거나 부드러운 회반죽 마감을 선호할 수도 있다.

학습 맥락에서 VAK를 배울 때 다양한 방식으로 정보를 습득할 수 있다. 과거에 차 안에서 CD를 들으며 외국어 공부를 했다고 해보자. 지금은 영화나 연극을 보거나, 그 언어를 사용하는 원어민과 함께 스포츠, 식사 혹은 춤 동작을 배우며 진도를 빠르게 뺄 것이다. 이렇듯 그림, 글, 느낌에 접근하는 능력을 계발하면 전에는 몰랐던 자신의 능력을 자주 발견하게 된다.

커스티가 친구 파올라에게 이탈리아어를 배울 때, 처음에는 대화를 이해하려면 모든 것이 적힌 문서를 보고 단어를 외워야 한다고 생각했다. 파올라는 수업 후 매번 그녀에게 편안한 의자에 앉아 전에 연습한 것들을 듣고 자연스럽게 이해하도록 권장했다. 커스티는 이 방법을 통해 기억해야 할 것 때문에 초조해하지 않고 재미있게 공부할 수 있었다.

NLP를 공부한 교사로서, 파올라는 두 가지 중요한 점을 깨달았다. 즉 학생들은 지략적 상태일 때 제일 학습이 잘 되며 각자 타고난 학습 유형이 있다는 것이다.

지략적 상태(resourceful state)는 개방할 수 있고, 배움에 호기심이 있으며, 다루고 있는 모든 문제의 해결을 위해 필요한 모든 자원에 접근할 수 있는 능력을 갖춘 상태이다. 접근하는 자원은 배움의 욕구 같은 내적인 것이거나 다른 사람, 기술적 장치 같은 외부적인 것일 수 있다. 지략적 상태에서는 삶에 가해지는 것들로 무력해지는 '결과'에 도달하지 않고, 자신이 선택한 '목적'에 맞춰 행동한다는 느낌을 받는다.

'NLP가 말하는' 사람이 표시하는 다양한 통로나 내적으로 감각을 사용하는 부호 정보를 표상 체계(representational systems) 또는 **감각양식**이라고 한다.(NLP에서 시각 감각 양식과 시각 표상 체계는 동등한 의미로 사용된다.) 또한 NLP 사용자들은 줄여서 표상계, VAK 선호 혹은 선호하는 사고 양식으로 말하기도 한다. 시각, 청각 및 근감각은 주요 표상 체계를 구성한다. 하위 감각양식은 각 표상 체계의 특성들로 색상, 밝기(시각), 높이와 음색(청각), 압력과 온도(근감각)와 같은 것들이다.

우리가 사용하는 '그림', '글', '느낌', '냄새', '맛' 같은 감각에 특성화된 말은 – 명사, 동사, 형용사든 간에 – **술어**(predicates)라고 한다. 이 술어들의 더 많은 예는 표 5-1에 나와 있다.

사람들이 어떻게 생각하는지 듣기

사람들은 VAK 차원의 풍부하고 자극적인 결합을 자연스럽게 조합하지만 그럼에도 다른 양식들을 제쳐 놓고 한 가지 감각양식을 선호하는 경향이 있다.

여러분과 다른 사람들에게 시각, 청각, 근감각 차원의 선호가 있는지 여부를 어떻게 판단할까? 각자의 주요 감각양식을 알아보기 위해, 아래의 재밌는 퀴즈를 친구나 동료들과 함께 풀어보자. 그다지 과학적이지는 않지만 2분 정도면 끝낼 수 있다.

1. **각 문장에 대해 가장 적당하다고 생각하는 문항에 동그라미로 표시하라.**
   1) **나는 중요한 결정을 다음에 근거해서 내린다.**
      a) 직감에 의해
      b) 좋아 보이는 조건에 따라
      c) 내가 옳다고 생각해서
   2) **회의나 발표에 참석할 때, 사람들이 다음을 할 때 성공이라고 생각한다.**
      a) 핵심을 명확히 표현할 때
      b) 좋은 의견을 낼 때
      c) 본론을 파악할 때
   3) **사람들은 내가 기분 좋은지 나쁜지를 다음을 통해 안다.**
      a) 옷차림과 표정
      b) 표현하는 생각과 느낌
      c) 목소리의 음색

4) 의견이 불일치할 때, 나는 다음에 의해 가장 설득된다.

    a) 사람들의 목소리

    b) 사람들이 나를 보는 방식

    c) 사람들과의 감정 교류

5) 나는 다음을 매우 잘 의식한다.

    a) 주위의 소리와 소음

    b) 다양한 나의 옷들의 감촉

    c) 주위의 색상과 모양

2. 선택한 문장의 글자를 다음 조합과 같이 써 본다.

1a K	4a A
1b A	4b V
1c V	4c K
2a V	5a A
2b A	5b K
2c K	5c V
3a V	
3b K	
3c A	

3. V, A, K 결과를 합산한다.

4. 어떤 결과가 나왔는가!

주로 V나 A, 혹은 K가 많았나, 아니면 골고루 섞여 있었나? 여러분의 선호를 아래에서 찾아보고 우리의 설명에 납득이 가는지 검토해보자.

✔ **V-시각** : 시각 선호는 자신의 방식을 명확히 볼 수 있고 사물에 주목하며 장기적인 관점을 택함을 의미한다. 이 선호를 보이는 사람은 시각적 영상이나 디자인, 스포츠 감상을 즐기며 물리, 수학 혹은 화학 공부를 좋아한다. 이들은 멋지게 디자인된 환경에서 살거나 일할 필요가 있다.

✔ **A-청각** : 청각 선호는 새로운 생각에 귀 기울이고 조화로운 관계를 유지하며 사람들에게 의견을 들려주고 그들의 의견을 들을 줄 안다는 것을 의미한다. 이 선호를 보이는 사람은 음악, 드라마, 글쓰기, 말하기 및 문학을 즐

기며 환경의 소리에 민감하게 귀 기울일 것이다.

✔ **K-근감각** : 근감각 선호는 새로운 경향을 파악할 수 있고, 균형을 유지하며 현실에 잘 적응하고 있음을 의미한다. 이 선호를 보이는 사람은 접촉 스포츠, 육상, 등반 및 물건과 작업하는 것을 즐기고 전자, 제조, 미용 혹은 건축업에 종사할 수 있다. 또 질감과 주위 환경에 예민한 경향을 보인다.

연구자들은 영국과 미국의 인구 중 약 60%가 시각이 지배적인 것으로 추산하는데, 일상에서 쏟아지는 시각적 감각을 생각하면 전혀 놀라운 결과가 아니다.

사람들을 모두 일반화하여 시각, 청각, 근감각에 따라 이름붙이지 않도록 조심해야 한다. 사람들을 구별하기보다 특정 맥락에서 선호나 습관적 행동을 하는 것으로 생각하자. 어떤 체계도 다른 것보다 좋거나 나쁘지 않음을 유념한다.(무의식적이라 해도 다양한 상태로 작동하는 것은 어쩔 수 없다.) 주위의 세계를 경험하면서 체계가 정보를 받아들이고 처리하며 내보내는 방식에 있어 차이가 있는 것일 뿐이다. 우리 모두는 고유한 존재이기 때문이다.

말의 세상에 귀 기울이기

감각적 인식은 새로운 개념이 아니다. 그 기원은 책『영혼에 관하여』에서 감각에 대해 말한 그리스 철학자 아리스토텔레스의 시대까지 거슬러 올라간다. 19세기 심리학자 윌리엄 제임스는 NLP에서 시각, 청각, 근감각의 표상 체계라고 언급한 감각양식의 우수함에 대해 최초로 논의한 바 있다(앞 단락의 '감각 엿보기' 참조).

NLP 초기 시절, 리처드 밴들러와 존 그린더는 사람들이 다양하게 언어를 사용하는 방식에 심취했다. 모든 NLP의 감각양식 개념은 VAK 감각과 연결된 말하기 양식을 파악하는 세미나와 연구 모임에서 파생되었다. 사람들은 감각을 통해 경험을 나타내는데 NLP는 감각을 표상 체계(감각양식)라고 지칭한다.

표상 체계는 눈, 귀, 손의 정보 통로를 통하는 것 그 이상이다. 이 용어는 입력, 처리, 보관, 재생 및 출력을 포함한 활동의 전체적이고 복합적인 체계를 말한다.

예를 들어 좋아하는 사람의 얼굴 이미지 같은 정보를 눈을 통해 입력하고 머릿속으로 정보를 처리한다. 그러고 나서 다소 기분이 가라앉을 때 '신경 쓰지 말자, 내일은 다 좋아질 거야'라고 혼잣말하며 회상할 미래의 어느 날을 위해 보관한다. 이 모든 것은 의식의 지각 밖에서 이루어진다.

여러분이 사용하는 일상의 언어는 일생에 걸쳐 발달하는 선호 표상 체계에 대한 단서를 제공한다. 자신의 의사소통 기술을 증진시키기 위해 사람들이 사용하는 말을 듣고, 그 말들이 시각적, 청각적, 근감각적 혹은 중립(감각 특정적이지 않은)인지 자문해 본다. 그것으로 사람들 머릿속에 무슨 일이 일어나는지 온갖 종류의 영리한 단서를 찾을 수 있고, 그들이 그림, 글, 혹은 소리에 더 반응하는지 여부를 알 수 있다. 그런 다음 어떤 종류의 언어가 특정한 사람에게서 최적의 반응을 유도하는지 검토하는 단계로 넘어간다.

공감각 세계 엿보기

공감각은 한 감각이 다른 감각의 자극을 유발할 때 발생한다. 닐 하비슨은 TED 강연에서 '색을 듣는 것'이 어떻게 그의 인생을 바꿨는지 말하면서 공감각을 멋지게 설명한다. 닐은 색맹으로 태어났고 그것은 '흑, 백과 회색 조의 세상'에서 살아야 한다는 것을 의미했다. 그는 색상 감지기가 있는 전기 눈을 계발하는 데 참여했는데, 머리 뒤에 있는 칩에 색상 진동을 보내 다양한 진동을 들을 수 있게 하는 작업이다. 그는 '색을 들으면서 제 삶은 극적으로 변했어요. 색은 어디에나 있었기 때문이죠'라고 말했다. 그에게 미술 전시회에 가는 것은 콘서트홀에 가는 것 같았다. 이제 그가 좋아하는 소리의 색에 맞춰 옷을 입고 좋아하는 노래를 먹으며 식탁에 음식을 차린다. 인위적인 시작일지라도, 풍성한 삶을 위해, 닐은 색과 소리의 공감각을 만들어냈다.

이제 여러분은 생각할 것이다. '흥미롭긴 하지만 나한테 무슨 쓸모가 있지?' 여기서 로밀라가 내담자를 돕는 데 이 기법을 사용한 사례를 짧게 소개하겠다. 제인은 직장에서 그녀의 업무에 지장이 있어 스트레스를 받고 있었고 일을 잃을까 봐 걱정했다. 제인은 어렸을 때 문제가 있었는데 이로 인해 주위 사람들의 감정과 표정에 매우 예민해졌다. 그녀는 새 상사가 오기 전까지 자신에게 적합하고 안전하다고 느끼는 부서에서 일하고 있었다. 하지만 새 상사는 세심하지 못한 편이어서 부하 직원들은 그와 함께 일하는 것을 괴로워했다.

코칭 상담을 받으면서 제인은 자신이 문을 지나 탁 트인 사무실에 들어서는 순간부터 스트레스를 받기 시작한다는 것을 깨달았다. 동료 얼굴의 긴장을 보고 즉각적으로 스트레스를 느끼는 것으로, 부정적인 시각적/근감각적 공감각이었다.

로밀라 : '제인, 스트레스를 받으면 어떻게 되나요?'

제인 : '숨 쉬기가 힘들고 누군가가 내 가슴을 짓누르는 것 같아요. 똑바로 생각할 수가 없어요.' [제인은 명치 부위까지 주먹을 올려 느낌을 표현했다.]

로밀라 : '이비사 섬의 해변을 따라 걸을 때 얼마나 기분이 좋았는지 자주 말씀하셨죠. 이제 해변을 걷는 자신을 상상하고, 상상 속에 있는 자신을 보도록 합시다. 어떤 기분이 드나요?'

제인 : [깊게 숨을 내쉬고 표정과 몸이 눈에 띄게 편안해진다.] '숨을 다시 쉴 수 있고 마음이 깨끗해졌어요. 아! 발가락 사이의 모래가 느껴지네요. 파도소리가 너무 시끄러워요.'

로밀라는 제인이 해변에서 자신을 보고 편안함을 느끼도록 해서 긍정적인 시각적/근감각적 공감각을 만들도록 도왔다. 그러자 제인의 마음은 청각과 근감각의 감각 양식에 연결되었다.

말을 통한 라포 형성

우리는 훈련 상담을 받을 때 표상 체계를 자주 시험해보는데, 같은 선호를 가진 집단들이 매우 쉽고 빠르게 라포를 형성하는 것을 목격한다. 이 사람들은 '그들의 말을 하는' 사람들과 의사소통하는 것이 당연히 더 쉽다는 것을 안다.

그렇다면 자신이 '다른 말'을 하는 것 같고 대화가 어려워질 때는 어떻게 해야 할까? 더 주의 깊게 경청하고 상대방의 선호를 파악하면 자신의 언어 양식을 조정하는 데 있어 좋은 위치를 선정할 수 있다. 그리하여 대상의 언어에 맞출 수 있고 비슷해진 언어 양식을 통해 라포 형성이 이루어진다.

표 5-1은 사람들이 말하는 감각 특정적인 말과 관용구—VAK 술어는 앞의 '현실 여

과하기' 단락에서 언급되었다 – 에 관련된 목록이다. 자신만의 목록을 만들어보고 어떤 말을 자주 사용하고 쓰는지 주목한다. 어떤 사람들을 납득시키기 어려울 경우, 자신이 판에 박힌 언어에 갇혀 있는 것은 아닌지 검토해보자.

여러분의 말에 후각 및 미각적인 말을 섞을 수 있다. 가령 향기로운, 신선한, 즙의, 냄새, 코를 찌르는, 짠, 연기가 나는, 신, 매운, 단, 역한 등이 있다.

여러분이 사용하는 많은 말들은 감각과 아무런 연관이 없다. 이 말들은 비감각적으로 '중립적'이기 때문에, 다른 이의 감각양식에 연결하거나 분리할 수 없다. 중립적인 말로는 분석, 대답, 묻다, 선택, 의사소통, 복잡한, 교육, 경험, 좋아하는, 상상, 학습, 질문, 기억, 변형, 생각, 이해, 사용, 의아한 등이 있다.

표 5-1 VAK 말과 관용어

시각	청각	근감각
밝은, 비어 있는, 깨끗한, 색, 침침한, 초점, 생생한, 말하는, 비추는, 통찰, 시야	다투다, 묻다, 귀먹은, 토론하다, 시끄러운, 조화, 멜로디, 거침없이 말하는, 질문, 울리는, 말하다, 소리치다, 새된, 노래하다, 음색, 소리내다, 음성의, 외치는	추운, 튀어 오르는, 흥분된, 느낌, 굳은, 흐르는, 잡는, 움직임, 미는, 단단한, 부러지는, 감촉, 짓밟는, 무게
…처럼 보이는	…처럼 들리는	…처럼 느껴지는
현실을 엿보는	당신이 말하는 것은	일을 다시 가다듬었다
관심사를 돌아보다	그에게 직접 들었다	헤쳐 나가기
세상을 보는 새로운 방식	조율하다	가슴에 와 닿다
여기를 보라	종소리같이 맑은	느낌이 오다
명확한 답이다	질문은 중요하다	감 잡다
보기만 해도 즐겁다	글자 그대로 전하다	목의 가시
의미가 보인다	주파수가 같다	바위처럼 단단한
좁은 시야	귀 기울이다	한 번에 한 걸음씩
…처럼 보이는 듯한	내 귀에는 옥구슬 소리같은	조직을 몰고 가는
밝게 빛나는 하루	심금을 울리다	압력이 가해지다

【 부자 혹은 디지털? 】

모든 사회 계층에서, 사람들은 동료나 친구, 가족과 그들만의 줄임말을 만든다. 의사, 십대 혹은 건축가들의 말을 들어보면 말을 빠르고 효율적으로 전달하는 그들만의 방식이 있다.

개인적 경험을 말하자면, 많은 사업가들, 특히 IT 기업 종사자들은 디지털적인 언어 사용에 특성화되어 있다. 그들은 논리적 기술들에 둘러싸여 감각 특정적인 언어로 의사소통을 하는 법을 잊어버렸다(물론 NLP를 알기 전까지 말이다!).

집단에 속한 사람들이 거기서 벗어나게 되면 언제라도 의사소통의 문제가 발생할 수 있다. 기업 용어들은 너무나 자주 사람들을 졸리게 만든다. 기업 내 발표와 전 세계적으로 기업 내에서 마틴 루서 킹 목사의 '나는 꿈이 있습니다' 연설과 함께 소개되는 *Death by PowerPoint*의 일반적인 내용들과 비교해보라. 왜 많은 중역들이 한낮에 그들 노트북 앞에서 낮잠을 자는지 알 수 있을 것이다.

그 해답은 열정에 있다. 열정에 따라 살며 그 열정을 세상과 공유하고 싶어 할 때, 사람들은 자연스럽게 모든 감각을 사용하게 되고 이것은 말하는 언어에 반영된다. 버락 오바마나 윈스턴 처칠의 연설, 혹은 저명한 자연주의자 데이비드 애튼버러의 TV 시리즈 설명을 분석하면 그 풍부함에 바탕한 감각 특정적인 단어를 사용한다는 사실을 알 수 있다.

사고와 말이 매우 논리적, 개념적이고 감각적 언어가 전혀 없는 경우, NLP는 이를 디지털 처리(digital processing) 형식이라고 부른다. 보험회사의 문서 형식은 디지털 언어의 전형으로 다음의 예가 해당된다. '이 정보의 제공 의무는 다음 계약이 끝나는 시점까지 계속된다. 의무의 불이행은 보험사에게 책임이 있으며, 시작일로부터 보험계약의 취소를 희망하며 불이행할 경우 법적 책임을 거부할 수 있다.'.

번역가에게 데려가기

서로 다른 형식의 언어를 구사하기 때문에 비슷한 관점을 가진 두 사람이 의사소통에 애를 먹을 수도 있다. 예를 들어 한쪽은 청각 형식, 다른 쪽은 시각 혹은 근감각 형식으로 말하는 경우다. 이 경우 효과적인 의사소통을 위해서 두 가지 일을 할 필요가 있는데, 우선 자신의 선호 형식이나 감각양식을 아는 것과 다른 것들을 사용하는 법을 연습하는 것이다.

사무실에서 관리자와 팀원이 아래와 같은 논쟁을 벌이는 것을 들어본 적이 있는가?

상이한 언어 형식을 시연하기 위해 술어(감각 특정적 말과 표현)는 고딕체로 표시했다.

관리자 : (베티) '당신이 한 평가(시각)의 관점에서는 핵심이 안 보여요.'(시각)

직원 : (빌) '자세하게 이야기해볼 수 있을까요?'(청각)

베티 : '이미 흑백이 분명한데요.'(시각)

빌 : '토론해보면, 좀 더 조화롭게 볼 수 있을 거예요.'(청각)

베티 : '자세히 한 번 보세요. 관점이 더 나아질 테니까.'(시각)

빌 : '당신은 전혀 듣지 않네요. 더 이상 대화하지 않겠어요.'(청각)

관리자인 베티는 시각 형식을, 직원인 빌은 청각 상태를 고수하고 있어 서로 분리되어 있으며 앞으로 나아가지 못한다.

여기 아마도 인사부나 다른 부서에서 온 듯한 제3의 인물 톰이 어떻게 논쟁을 해결하는지 지켜보자.

   1. **톰은 베티에게는 시각 상태로, 빌에게는 청각 상태로 상황을 정리한다. 대화는 다음과 같다.**
   '그럼, 베티, 당신은 이 상황에 대한 분명한 그림이 있는 것 같군요(시각). 빌, 당신은 설명하고 싶은 중요한 문제가 아직 있고요(청각).'(모두 동의하며 끄덕인다.)

   2. **톰은 두 당사자에게 있어 중립적 지대인 세 번째 체계(근감각)로 전환한다.**
   '여러분 모두 이 일을 떨쳐버리고 벗어나고 싶은 거죠? 제 사무실에서 한 시간 정도 훌훌 털어버리고 문제를 다시 정리하면 어떨까요? 그리고 깨끗이 끝내기로 합시다.'

동료 중 한 명인 헬렌은 NLP에 처음 호기심을 가졌을 때, 언어의 차이에 대해 다소 회의적으로 생각했다. 그러나 자신의 표상 체계를 처음 발견하고 사업적인 곳에서 사용하기 전에 집에서 시험해보고는 눈앞이 환해지는 듯한 경험을 했다. 그녀는 먼저 남편 피터와 집에서 중요한 결정에 대해 이야기하고 싶을 때, 그가 얼마나 무신경하고 무심하게 반응하는지에 주목했다. 그때만 해도 헬렌은 사용하는 말을 바꾸는 것만으로 과연 얼마나 효과가 있을지 의심스러워했다.

헬렌은 말했다. '딸들이 어떤 학교에 가야 할지, 주방 리모델링에 수천 파운드를 써야 할지 같은 중요한 문제에 대해 이야기해봤지만 돌아오는 것은 '그래 알겠어.' 아니면 '지금은 안 돼.'라는 대답밖에 없었어요. 저는 근감각 선호가 강해서 '피터, XYZ에 대해 어떻게 느껴요?' 같은 말을 자주 했죠. 그는 시각적 언어를 많이 사용했어요. 그래서 저도 한 번 시도해보자 생각해서 '피터, XYZ에 대해 어떻게 보고 있어요?'라고 물어봤어요. 대화에 시각적 단어를 더 많이 사용하자 정말 이전하고 차이가 많이 났어요. 변화는 참 쉽더군요. 그리고 짠~! 드디어 그가 저에게 신경 쓰기 시작하더군요. 정말 마법 같았어요!'

NLP는 그저 몸을 움직이거나 휴대전화를 끄고 주위에 무슨 일이 일어나는지 살펴보는 것만으로 모든 사람들이 감각의 표상 체계를 계발할 수 있다고 제안한다.

어떤 체계라도 한 부분이 변화하면 이내 모든 곳에 영향을 미친다. 그리고 그 변화는 여러분 주위의 일에 주목하는 것에서 시작된다.

눈의 중요성 인식하기

몸짓 언어는 사람들의 선호 표상 체계에 대한 멋진 단서를 제공한다. 숨쉬기, 일어서서 움직이기나 목소리의 말투와 속도는 시각, 청각, 근감각 형식에 따라 모두 다른 경향이 있다. NLP 초창기 시절, 밴들러와 그린더는 어떤 감각양식에 접근하는지에 따라 사람들이 눈을 체계적인 방향으로 움직이는 것을 관찰했다. 이 움직임은 눈 접근 단서(eye-accessing cues)라고 한다.

따라서 사람들이 질문에 대한 반응으로 눈을 움직일 때, 여러분은 그들이 그림이나 소리의 느낌에 접근하는지 여부를 파악할 수 있다. 왜 이런 움직임을 알아채는 것이 중요한지 의문스러운가? 이는 움직임을 관찰함으로써 상대의 대답을 듣기 전에 어떤 체계를 사용하는지 알아채고 긍정적인 방식으로 반응하도록 이야기하는 법을 발견할 수 있기 때문이다. 표 5-2에서 어떤 눈 움직임이 어떤 감각양식과 연관되는지 소개하고 있다.

그림 5-1은 대부분의 사람들이 특정한 방향으로 눈을 움직일 때 하는 일련의 과정

양식	대상으로의 눈 움직임	내적으로 일어나는 일	언어 표본
시각(구조화된)	오른쪽 위	새롭거나 다른 이미지를 봄	핑크색 얼음으로 덮여 있는 코끼리를 생각해봐
시각(기억된)	왼쪽 위	전에 본 이미지를 봄	배우자의 얼굴을 생각해봐
시각	정면을 빤히 주시	새롭거나 오래된 이미지를 봄	뭐가 중요한지 봐
청각(구조화된)	오른쪽 가운데	새롭거나 다른 소리를 들음	뒤에서 들리는 자신의 이름을 듣는다
청각(기억된)	왼쪽 가운데	전에 들은 소리를 기억함	집의 초인종 소리를 듣는다
청각(내적 대화)	왼쪽 아래	혼잣말함	무엇을 원하는지 자문한다
근감각	오른쪽 아래	느낌, 감정, 촉각	자신의 발의 온도를 알아차린다

표 5-2   접근 단서

을 보여준다. 왼손잡이의 약 절반을 포함한 인구의 적은 수는 정반대로 나타나서 그들의 눈 움직임은 오른손잡이와 반대의 결과를 보인다.

그림 5-1은 여러분이 다른 사람의 얼굴을 쳐다볼 때 그의 눈 움직임을 어떻게 따라가는지 나타낸다. 예를 들어 상대의 눈이 위, 여러분의 오른쪽으로 움직이면 시각적 기억 위치가 되고, 여러분의 눈은 거울을 쳐다보듯이 위, 왼쪽으로 움직일 것이다.

이와 같이 세세함을 알아채는 감각적 인식을 계발함으로써 사람들이 각 경우에 어떻게 생각하는지 파악하고 적절히 대응할 수 있게 된다. 이 정보를 알게 되면 어떤 말을 할지 선택해서 사람들이 여러분의 말에 귀 기울이게 할 수 있을 것이다.

이 연습의 목표는 사람들이 눈을 어떻게 움직이는지 주목하여 가늠해본 후, 그들이 그림, 소리 혹은 느낌을 생각하는지 여부를 판단하는 것이다. 연습을 도와줄 친구를 찾아 그림 5-2에 있는 눈 움직임 게임 시트의 지침과 질문, 도표를 이용한다. 게임 시트의 각 문장은 과거나 미래의 감각과 연계된 구절들이다. 다음 순서에 따라 수행한다.

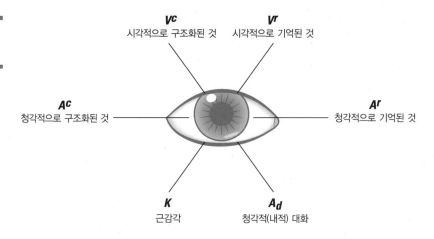

그림 5-1
눈 움직임 단서

Vc
시각적으로 구조화된 것

Vr
시각적으로 기억된 것

Ac
청각적으로 구조화된 것

Ar
청각적으로 기억된 것

K
근감각

Ad
청각적(내적) 대화

1. 친구에게 중립적인 것을 생각하게 해서 친구의 중립적인 표정이 무엇인지 체크 해본다.

   설거지나 양말 개기가 안전하고 재미없는 주제가 될 수 있다.

2. 눈 움직임 게임 시트에서 한 번에 한 지침 혹은 한 질문을 말한다. 말할 때 친구

【 거짓말쟁이의 숨길 수 없는 신호 눈치채기 】

스스로 거짓말을 잘 눈치챘다고 생각하는가? 여러분은 자신이 다른 이의 거짓말을 직감적으로 알아차릴 수 있다고 믿고 있겠지만, 지난 30년간 이루어진 수많은 신경과학 연구에 따르면 이는 사실이 아니다. 연구에서는 대부분의 사람들이 다른 이의 사소한 선의의 거짓말만 짐작할 수 있다는 사실이 밝혀졌다. 실제로 사람들은 가장 노골적인 거짓에도 속아 넘어간다.

감정에 관한 연구자로 세계적으로 명성을 떨치는 폴 에크만은 거짓의 비밀은 우리들의 미세한 표정에 숨겨져 있음을 발견했다. 사람의 얼굴에서는 약 42개의 다른 근육들이 움직이며 다양한 미세한 표정을 만든다. 이 표정들은 아주 미묘한 방식으로 항상 변한다. 만약 여러분이 이 초고속 동작을 잡아낼 수만 있다면 거짓말을 알아챌 수 있는 모든 정보를 갖춘 셈이다.

문제는 이렇듯 수많은 표정을 지을 수 있기 때문에 가짜 감정, 즉 거짓을 가장할 수도 있다는 것이다. 최첨단의 기계도 이런 표정들을 항상 정확히 읽지는 못한다. 그렇다면 누가 얄미운 사기꾼을 가려낼 수 있을까? 에크만은 연구에서 거짓을 알아차리는 데 최고 선수들로 미국 비밀 정보국 직원, 감옥 죄수, 티베트 승려 순으로 등수를 매겼다.

비밀 정보국 직원은 위험한 용의자를 가려내기 위해 고도의 훈련을 받았을 것이다. 또한 죄수들은 범죄와 기만을 경험한 사람들로 가득한 환경에서 살고 있으므로 생존을 위해 누구를 신뢰해야 할지 분간할 필요가 있을 것이다. 반면 불교 승려는 이러한 경험과는 무관하지만 불교는 수천 년간 명상법을 발달시켜온 종교이므로 수련의 결과로 잠깐의 표정에서 사람들의 감정을 읽어내는 예민함을 갖게 된 것으로 보인다.

그림 5-2
눈 움직임 게임
시트

눈 움직임 게임

1. 영국 여왕을 TV에서 보면 어떻게 생겼는가?

2. 아침에 일어나면 무엇을 보는가?

3. 분홍 코끼리를 상상하라.

4. 원이 삼각형을 채울 때, 몇 개나 모양이 생기는가?

5. 자동차 경적 소리를 기억하라.

6. 오늘 처음 한 말은 무엇인가?

7. 도널드 덕이 당신의 이름과 주소를 말하는 것을 상상하라.

8. 바보같은 실수를 했을 때 자신에게 뭐라고 말하는가?

9. 샤워할 때 물은 얼마나 뜨거운 것이 좋은가?

10. 침대에 음식물 부스러기가 있을 때 느낌이 어떤가?

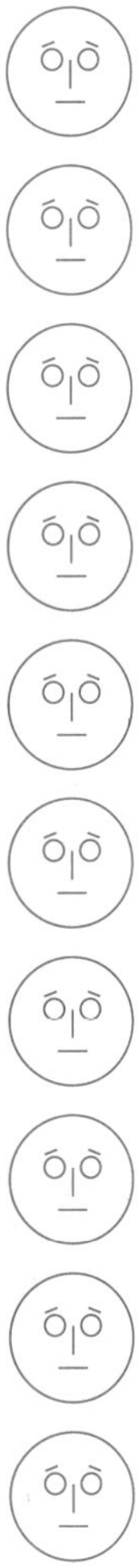

의 눈에 모든 주의를 기울인다.

3. 친구의 눈 움직임 방향을 기록하기 위해 그림 5-2에 연필로 화살표를 그린다.

화살표는 눈 접근 단서의 위치와 일치해야 하고(앞의 그림 5-1에 있는 '눈의 중요성 인식하기' 단락 참조), 위, 가운데 혹은 아래, 왼쪽, 오른쪽으로 움직여야 한다. 친구의 눈 움직임을 기록할 때 여러분이 예상하는 대로 표 5-2에 있는 눈 접근 단서 양식에 맞춰 움직이는지 관찰한다.

VAK 체계를 효력 있게 하기

VAK 차원을 인지하게 되면('현실 여과하기' 단락에서 설명함) 삶은 더욱 재미있어진다. 이 기법을 여러분에게 도움이 되도록 사용하는 몇 가지 방법을 소개한다.

✔ **회의, 훈련 상담 혹은 발표 시 설득하기.** 사람들이 많은 곳에서 말할 때는 그들이 각자 정보 입력에 관해 다른 선호를 가지고 있으며 여러분은 그것이 무엇인지 모른다는 점을 기억하자. 안타깝지만 사람들의 머리에 이름표가 붙어 있어서 그들이 알고자 하는 것과 어떻게 알고 싶은지를 파악할 수 있는 것은 아니다. 즉 주제에 관해 그림으로 알려 달라, 말로 이야기해 달라, 느낌을 공유해 달라는 식으로 정보를 주는 것이 아니라는 뜻이다. 그러므로 다양한 매체를 이용하여 자신의 생각을 발표함으로써 방 안의 모든 사람을 각각 이해시킬 필요가 있다. 발표 유형과 보조 장치를 다양하게 하여 시각의 경우 그림과 함께 정보를 보고, 청각은 크고 분명하게 들으며, 근감각은 느낌으로 경험할 수 있도록 하자.

✔ **모두에게 재미있는 가정 작업 만들기.** 각 가족 구성원은 주요 작업에 대해 다양한 사고방식을 갖고 있다는 점을 인지해야 한다. 집을 확장하고, 새로 방을 장식하거나 정원을 새로 디자인한다고 해보자. 모두가 말로 밤늦게까지 설명하고 토론하는 데 몇 시간씩 보내고 싶어 하는 것은 아니다. 여러분의 배우자는 도면을 면밀히 살펴보거나 핀터레스트 게시판에서 아이디어를 찾고 아이들은 본격적으로 페인트나 흙을 만지는 작업을 할 기회를 주는 것이 동기부여가 될 수도 있다.

✔ **목표를 계발하여 자신에게 더욱 실제적인 것으로 만들기.** 개인적 혹은 직업적 삶에 목표를 설정할 때 모든 감각을 효율적으로 사용하면 흥미를 느끼게 된다. 목표를 달성했을 때와 그 길을 따르는 모든 과정이 어떻게 보이고 들리며 느껴지는지 생각한다. NLP 사용자들은 모든 미래 경험에 대한 정교한 세부사항들을 상상하는 데 능숙하다. 흔히 사람들이 자신의 꿈을 한 편의 영화처럼 설명하는 것을 들어봤을 것이다. 자신이나 다른 사람이 요령 피우는 것을 그만두도록 동기부여하고 싶다면, 임무가 완료되었을 때와 힘든 일을 다 마쳤을 때 어떻게 될까 같은 미래 경험을 상상해보

이 장을 읽으면서, 자신 및 주위 사람들이 어떻게 삶을 생각하고 경험하는지 궁금해졌을 것이다. 이때 기술을 더욱 심화하기 위해 감각을 다양한 방식으로 탐색할 수 있는데, 예를 들어 매일 특정한 감각에 유념하는 것이다.

오늘은 후각의 날로 만들어서 모든 향기와 냄새, 아로마에 주목한다. 시각의 날에는 음악을 끄고 시야, 모양 혹은 영상에 집중하며 주위의 것들을 진정으로 바라볼 수 있다. 촉각의 날에는 주위의 질감이나 하루의 일정한 시점에 느껴지는 감촉을 음미해보자. 분명 재미있을 것이다.

만약 여러분이 습관의 동물로서 매일 아침 개를 산책시키거나 매일 같은 길을 운전한다면, 그때 한 감각에만 집중해보고 무슨 변화가 있는지 주목한다.

는 것이 좋다.

✔ **아이들이 더 잘 배울 수 있도록 돕기.** 고맙게도 우리가 학교 다니는 동안 교육이 극적으로 바뀌었고, 교사들도 이제 학생들이 다양한 방식으로 학습한다는 사실을 인지하고 있다. 학부모나 교사로서 여러분이 배웠거나 선호했던 학습과 다른 방식이 있음을 인정하고 아이들이 최고의 방식으로 배울 수 있도록 지원하자. 시각적 학습자는 그림, 전시, 도표의 수혜자다. 청각적 학습자는 토론, 강의, 음악을 통해 배울 필요가 있다. 근감각 학습자는 실습적인 수업과 역할극에서 최고의 효과를 얻을 수 있다. 그들은 직접 만져보는 접근을 선호한다. 다(多)감각적인 접근을 제공하는 교사는 모든 유형에 맞춘다. '느리다'는 꼬리표가 붙은 아이들은 사실 지배적인 교습법이 그들의 학습 선호 방식에 적합하지 않은 것뿐이다. 이 원칙들은 성인 학습자에게도 적용된다.

✔ **문서의 영향력 높이기.** 펜으로 글을 쓰는 일을 한다면 직무 설명부터 고객 제안서, 자선 편지, 상품 홍보나 지역 신문 기사까지 모든 표상 체계를 다루기 위해 사용하는 어휘를 넓힐 필요가 있다. 모든 독자에게 다가가기 위해, 3차원을 모두 포함하는 단어들을 고르도록 하자.

✔ **내담자와 동료를 연결하기.** 요즘은 더 많은 사업들이 대면보다는 기술을 통해 이루어진다. 아마 여러분도 일부 내담자나 동료와는 전혀 볼 일이 없

이 전화, 이메일 혹은 메신저로 의사소통할 것이다. 여러분이 마주치는 종류의 언어들에 대해 메모하도록 하자. 시각, 청각 혹은 근감각 언어들을 알아볼 수 있는가? 이러한 양식을 점점 인지할수록 그들의 선호에 맞춰서 반응할 수 있다.

라포 형성하기

제6장 미리보기

- 어려운 상황에서 사람들이 여러분의 말에 귀 기울이게 하기
- 까다로운 사람 다루기
- '안돼요'라고 할 수 있는 능력 향상하기
- 반응하는 방식의 선택지 늘리기
- 다른 사람들의 경험에서 통찰력 얻기

라 포는 가장 중요한 기둥 혹은 핵심적인 요소로서 NLP의 중심부에 자리 하고 있다. 이는 두 사람이나 집단 사이에서 성공적인 의사소통을 이끌어내어 모든 성공적인 관계의 초석이 된다. 라포는 다른 사람들과 교류하고 사업을 하는 데 있어 항상 상호 존중을 유지하는 길이다. 라포 형성을 위해 사람들을 좋아할 필요는 없다. 라포는 자유자재로 만들고 없애는 기법이 아니고, 사람 사이에서 지속적으로 유지되어야 하는 무언가이기 때문이다.

라포는 돈과 비슷한 점이 있다. 부족할 때만 문제가 있다는 것을 알게 된다는 점이 바로 그것이다. 의사소통의 첫째 규칙은 상대가 여러분에게 귀 기울이기를 기대하기

전에 라포를 형성해야 한다는 것이다. 이 규칙은 모든 장소에서 교사, 학생, 배우자, 친구, 여종업원, 택시 기사, 코치, 의사, 치료사 혹은 중역이든 관계없이 모두에게 적용된다.

자신이 특정한 회의, 대화 혹은 문제 해결 회의를 하면서 바로 라포를 만들어낼 수 있을 거라고 생각하지 말자. 이는 자신을 기만하는 것이다. 진정한 라포는 진정성과 믿음을 가지고 직감을 발휘해야 만들 수 있다. 이 장에서는 여러분이 다른 사람과 라포를 만들 수 있는(또는 만들지 못하는) 상황을 파악하도록 도울 것이다. NLP 도구와 생각을 이용하면 라포를 형성할 수 있으며, 특히 NLP에서는 소중한 사람들과 만나는 곳에서 모두의 이익을 존중하는 방식으로 라포를 형성하도록 권장한다.

라포가 왜 중요한지 알기
- -

라포란 말은 '돌아가다, 돌려주다'란 뜻의 프랑스어 동사 rapporter로부터 파생되었다. 영어의 사전적 의미는 '공감적인 관계나 이해'로 쌍방 연결법에 관한 것이다. 여러분도 다른 사람과의 관계에서 진정한 신뢰와 존중을 경험할 때, 서로 어떤 차이가 있든 상관없이 편하게 경청하고 경청될 때 이러한 연결이 만들어진다는 것을 알 것이다.

가급적 자신과 같은 사람들과 시간을 보내고 싶겠지만, 이 세상에서 만나게 되는 사람들은 다양한 전문 기술과 의견, 배경을 가지고 있다. 라포는 개인적 · 직업적 삶에서 성공하고 설득하기 위한 핵심으로 차이를 인정하고 이를 받아들이고 함께 살아가는 것이다. 라포는 일을 훨씬 쉽게 만들고 좋은 고객 서비스를 제공하게 하며, 또 좋은 서비스를 되돌려 받게 한다.

신경과학자들은 '생존' 상태에서 나아가 활발한 번영 상태에 이르려면 반드시 대인관계와 연관된 능력을 갖춰야 한다고 말한다. 라포는 개방적이고 창조적으로 생각하도록 뇌의 힘을 풀어주어 여러분이 스트레스에서 해방되고 시간과 힘을 보전할 수 있게 해주는 삶의 방식이다.

【 거기 누구 없나요? 】

새로운 사람을 만난 후 바로 이름을 까먹은 적이 있는가? 우리는 집중하려 애쓰지만 그럼에도 간혹 초점을 잃게 된다. 또, 동료에게 아침 인사를 하면서도 그들의 얼굴을 볼 시간은 없는 경우도 있다.

로버트 딜츠는 서아프리카의 한 부족이 서로 인사하는 방식을 소개한다.

A가 '당신[이름]이 보이네요'라고 하면

B는 '나는 여기 있습니다. 저도 당신[이름]이 보입니다'라고 대답한다.

A는 '나는 여기 있어요'라고 답한다.

해보고 싶어 하는 친구와 같이 실행해보도록 하자. '안녕' 혹은 '좋은 아침' 하고 인사하는 것보다 몇 초 더 걸릴 뿐이지만 다른 사람에게 집중하고 진정한 연결을 만드는 데 효과가 있다. 이런 식으로 인사하는 것은 현존하는 가장 핵심적인 라포 형성 행동인 존경을 나타내는 것이다.

라포 설정 시기 알아차리기

즉각적으로 라포를 획득하는 마법의 약은 없다. 라포는 직감적으로 계발해 나가는 것이다. 개별적인 라포 형성법과 다양한 대인관계에서 중요한 것은 무엇인지 이해하고 싶다면 다음 순서를 따라해보자.

1. **라포가 있었던 사람과의 순간을 생각한다.** 어떤 신호를 상대에게 보냈으며 어떤 신호를 통해 서로 비슷한 성향이라는 것을 알았는가? 어떻게 라포를 생성하고 유지했는가?
2. **라포가 없었지만 만들고 싶었던 사람과의 순간을 생각한다.** 어떤 신호를 상대에게 보냈으며 어떤 신호를 통해 서로 주파수가 같지 않다는 것을 알았는가? 그 사람과 라포를 만들고 유지하는 데 어떤 장애가 있었는가?
3. **첫 번째 사람과의 경험을 생각한다.** 두 번째 사람과 좀 더 강력한 대인관계를 형성하기 위해 어떤 행동을 할 수 있는가?

그저 라포가 있었던 첫 번째 사람은 편하게 지낼 수 있는 사람이고 라포가 없었던 두 번째 사람은 까다로운 사람이라고 생각할 수 있다. 그러나 행동과 생각 면에서 두 번째 사람에게 좀 더 유연성을 보인다면 간단한 행동만으로 라포를 만들 수 있음을 알게 될 것이다.

사람들이 자신이나 자신의 유형에 맞추길 기대하는 대신, 상대를 알고 그들에게 중요한 것이 무엇인지 파악할 필요가 있다. 이 장 전체에 걸쳐 이 방법에 대한 정보를 제공할 것이다.

라포 형성을 원하는 사람들을 식별하기

지금쯤이면 아마 같이 일하는 동료나 가족, 친목을 도모하는 주위 사람들에 대해 알고 싶어졌을 것이다. 팀의 관리자나 새로운 연인의 가족 등 중요한 사람들의 경우 더 잘 알고 싶어졌을지도 모른다. 은행 관리자나 중요한 취업 면접관을 설득하고자 할 수도 있다.

아래에 여러분이 더 좋은 라포를 형성하고자 하는 사람들에 대해 생각하는 것을 돕는 견본이 있다. 나중에 다시 검토할 수 있도록 잠시 각자의 생각을 써 보도록 하자. 좋은 대인관계를 쌓으려면 관계를 만들고 무르익도록 시간을 들여 신중하게 투자해야 한다. 다음 질문들은 자신과 다른 이들의 욕구에 대해 생각해보게 한다. 라포는 양방 통행의 길임을 기억하자.

이름 : _____

회사/집단 : _____

이 사람과는 어떤 관계인가? _____

구체적으로, 이 사람과의 대인관계를 어떻게 바꾸고 싶은가? _____
_____
_____

이 변화가 자신에게 미칠 영향은 무엇인가? _____
_____
_____

이 변화가 다른 사람에게 미칠 영향은 무엇인가? _____

_____

_____

이 변화는 시간과 힘을 투자할 가치가 있는 것인가? _____

_____

_____

이 사람이 직면한 스트레스는 무엇인가? _____

_____

_____

이 사람에게 지금 가장 중요한 것은 무엇인가? _____

_____

_____

이 사람과 성공적으로 라포를 형성한 사람 중에서 이야기를 해볼 수 있는 사람이 있는가? _____

_____

라포 형성을 위한 어떤 도움을 받을 수 있는가? _____

_____

_____

이 관계를 진전시키기 위한 아이디어가 있는가? _____

_____

첫 단계는 무엇인가? _____

_____

_____

목표로 하는 사람에 대해 제한된 정보만을 갖고 있는 경우 상황을 잘 파악해서 조사해보도록 하자. 그 사람을 움직이게 하는 것이 무엇인지, 필요한 정보를 찾는 데 누

빠르게 움직이는 사업은 스트레스가 넘치는 작업환경을 만든다. 무시무시한 광고업계를 생각해보자. 매우 경쟁적인 분위기, 신입팀들, 예술적인 기질, 대규모 예산과 믿기지 않는 납기일들이 떠오를 것이다. 사람들이 자주 밤을 새서 일하는 기업에서는 실수가 일어날 수밖에 없다.

런던에서 시드니까지 모든 광고 대행사에서는 언제라도 고객과 문제가 발생할 수 있다. 중역의 책상에 전 세계의 지면 기사, 디지털 기사 내용이 놓여 있는데 고객의 지난 주 안건이 이번 주새 소식 자리에 나온 것을 알게 되면 과연 어떻게 될까? 이렇듯 틀린 광고가 기재되고 파일들이 잘못되며 중요한 디자인이 저장되어 있는 컴퓨터가 불가사의하게 다운되면, 너무나도 빈번하게 다급한 요청들이 전파를 타고 오가게 된다.

광고업계에서 일하는 우리의 지인 중 한 명은 기업 고객의 잡지를 만들면서 컬러로 인쇄되어야 할 주요 사진을 흑백으로 나오게 하는 실수를 저질렀다. 서두르는 바람에 주의 깊게 검토하지 못한 탓이었다. 인쇄물이 나오자, 그는 고객에게 전화해서 실수를 털어놓고 사과하며 실수에 대한 모든 책임을 지겠다고 말했다. 대행사의 소유자로서 재인쇄 비용을 지불한다면 수천 파운드의 손해가 발생하리라는 것을 알고 있으면서 말이다.

이 전화를 받은 고객사의 첫 반응은 전체 작업이 재인쇄되어야 한다는 것이었다. 젊은 마케팅 중역은 자신의 상사와 상의한 후 그와 다시 통화했다.

한 시간 내에, 중역은 전화해서 상사의 반응은 이것이 그저 진짜 실수라고 말했다고 전했다. 대행사와 그 회사 간에 좋은 관계가 형성되어 있었기 때문에 상사는 잡지를 재발행하게 했다. 상사는 우리의 지인이 주말과 밤늦게까지 전화를 받으며 근무 이외 시간까지 일해서 제 시간에 작업이 이루어질 수 있도록 노력했다는 것을 기억했다. 상사는 또 그가 회사의 사업을 이해하는 데 들인 시간과 예산을 현명하게 쓰는 것에 대해 공유한 그의 조언과 경험도 중요하게 생각했다.

이 이야기의 교훈은 무엇일까? 올바른 대인관계를 만들기 위한 시간의 투자는 일이 완성되는 것만큼 중요하다는 것이다.

가 도움을 줄 수 있는지 알아본다. 페이스북이나 링크드인 같은 SNS의 도움으로 알아볼 수 있는 공통의 친구나 동료가 있을 것이다.

라포 형성을 위한 기본 기술 소개

모든 대인관계에서 라포를 기초로 삼는 것은, 어려운 일이 생겼을 때 더욱 쉽게 논의하고 해결책을 찾으며 전진할 수 있다는 것을 의미한다. 라포를 발달시키는 방법을 구체적으로 알아보자.

라포는 여러 단계에서 발생하고 다음을 통해 지속적으로 형성할 수 있다.

- ✔ 함께 시간을 보내는 사람들과 장소
- ✔ 보고, 듣고, 행동하는 방식
- ✔ 계발하는 기술
- ✔ 살아가는 가치
- ✔ 믿음
- ✔ 삶의 목적
- ✔ 본연의 정체성에 진실함

여덟 가지 간단한 힌트에 따라 라포 다듬기

초보자로서 라포 형성을 시작하기 위해 다음의 즉각적인 방법을 시도해본다.

- ✔ 다른 이들에게 중요한 것에 대해 진정한 관심을 갖는다. 자신을 이해하기 바라는 대신 그들을 이해하기 시작한다.
- ✔ 상대가 즐겨 사용하는 주요 말들이나 어구, 말하는 방식을 골라서 자신의 대화에 살며시 포함시킨다.
- ✔ 상대가 어떻게 정보를 취급하는 것을 선호하는지 주의한다. 세부사항을 많이 제시하는가? 혹은 큰 그림을 제시하는가? 대화할 때 상대가 듣기 좋아하는 방식으로 정보를 피드백한다.
- ✔ 상대가 어떻게 표상 체계를 시각, 청각, 근감각을 통해 사용하는지 살펴서 (제5장에서 자세하게 알아볼 수 있다) 자신의 대화에 유사한 말들을 사용한다.
- ✔ 상대의 호흡과 자신의 호흡을 일치시킨다. 상대가 들이쉬고 내쉴 때 목과 가슴을 지켜봄으로써 은밀하게 자신의 호흡을 상대의 것과 같게 한다.
- ✔ 정확하게 행해진 것들이나 말과 대비되는 다른 이의 전체적인 의도, 즉 잠재적인 목표를 내다본다. 사람들이 항상 올바로 알아차리지는 못할 수 있지만 그 심중은 바르게 짐작한다.
- ✔ 몸짓 언어, 말투, 말의 빠르기를 상대와 유사하게 한다.
- ✔ 사람들의 시간, 에너지, 친구, 좋아하는 모임과 소비 방식을 존중하라. 이 항목들은 여러분에게 중요한 자원이다.

다음의 네 단락은 더욱 심화된 라포 형성 기법을 소개한다.

의사소통의 바퀴를 보며 라포 심화하기

로스앤젤레스 캘리포니아대학(UCLA)의 머레이비언 교수는 언어 및 비언어 의사소통의 상대적 중요성에 관한 연구로 유명해졌다. 그는 대면 의사소통은 세 개의 핵심 요소와 연관되어 있다고 결론 내렸는데 그것은 바로 말투, 표정같은 비언어 행동과 말 자체다. 그는 또 상호작용이 불일치할 때 비언어 요소가 강조된다는 것을 발견했다. 어떤 사람이 분명히 안 좋아 보이는데 '다 괜찮아'라고 말하면, 여러분은 그 사람이 실제로 말하는 것보다는 태도와 말하는 방식에 더 주의할 것이다.

수년 동안, 머레이비언의 '7-38-55퍼센트' 규칙은 일반적 의사소통의 영향에 대한 기초로 잘못 인용되어 왔다. 그는 영향의 7퍼센트는 실제 말에서 나오고, 38퍼센트는 말투에서 나오며, 나머지는 표정과 몸짓이라고 제시했다. 머레이비언은 실험이 특히 모호한 느낌과 태도의 의사소통과 관련 있음을 지적함으로써 이 일반화를 바로잡았다(일반화에 대해서는 제8장 참조). 즉 7-38-55퍼센트 규칙은 상황이 모호할 때, 보통 감정과 느낌에 대해 사용되는 단어가 말투나 몸짓 언어와 일치하지 않을 때 작용한다(그림 6-1 참조).

명백히, 첫인상은 중요하다. 모임이나 회의에서 화가 나고 지친 모습이었는가, 매우 침착했는가? 말할 때 바닥을 보며 낮은 목소리로 웅얼댔는가, 아니면 관중 앞에서 똑바로 자신 있는 시선으로 크고 분명하게 말했는가?

라포 형성과 관련해 여러분이 사용하는 모든 것이 메시지가 된다. 사용하는 말, 이미지, 화법이 조화를 이루어야 한다. 스스로의 메시지를 믿는 것처럼 보이지 않는다면, 사람들은 여러분의 말을 듣지 않을 것이다.

라포는 사람들의 눈을 직접 마주 보며 그들의 성향을 파악하고 자신의 것과 연결하는 능력이다. 이때 여러분의 진심을 전달하는 것은 말 자체가 아니다. 그보다는 말하는 방식과 다른 이들의 생각과 감정을 이해하고 있다는 사실을 전달하는 것이 중요하다.

다른 사람과 라포를 형성할 때, 서로 존중해도 의견이 불일치할 수 있다. 중요한 점은 상대가 있는 그대로의 고유한 개인이라는 점을 인정하는 것이다. 예를 들어 동료나 고객과 정치적 혹은 종교적으로 다른 관점을 가질 수 있지만, 그것 때문에 사이가

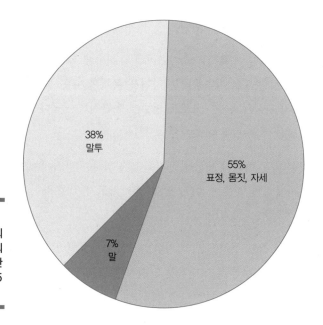

그림 6-1
머레이비언의 불일치하는 의사소통과 관련된 7-8-55 퍼센트 법칙

멀어질 필요는 없다. 사람들이 저녁 만찬에서 온갖 다양한 종류의 음식을 먹고 싶어하는 것은 자연스러운 일이다.

단지 어떤 사람은 다른 사람과 의견이 다르다는 사실에 집중하며 이 차이가 그 사람을 어떠한 틀로 특징짓는 것은 아니라는 점을 유의하자. 제11장에서 논리 수준의 개념과 함께 NLP에서 신념과 가치의 단계와 정체성의 상위 단계를 구별하는 법을 설명한다. 사람들은 그들의 말과 행동이나 신념 이상의 존재다.

매칭과 미러링

술집이나 식당, 직장, 혹은 식사할 수 있는 카페테리아 같은 곳에 갈 때, 라포가 있는 두 사람은 어떻게 보이는지 주목한 적 있는가? 대화 내용을 듣지 않아도, 상호작용이 춤과도 같다는 것을 알 수 있다. 그 사람들은 서로의 스텝에 따라 자연스럽게 움직인다. 조화로운 느낌이 그들의 몸짓 언어와 우아하게 일치해서 움직이고 말하는 방식을 알려준다. NLP에서는 이 상황을 매칭과 미러링이라고 한다.

매칭과 미러링(matching and mirroring)은 라포 형성을 위해 다른 이의 행동 양식과 기술,

가치 혹은 믿음을 취하는 것을 말한다.

대조적으로, 커플이나 부모 자식들이 길거리나 슈퍼마켓 등 사람들 앞에서 당황스럽게 거의 주먹다짐 수준으로 말다툼하는 장면을 목격할 때를 생각해보자. 소리를 낮춘다 해도, 그들의 자세와 몸짓만으로도 서로에게 완전히 어긋나 있음을 알 수 있다. NLP는 이런 상황을 불일치(mismatching)라고 한다.

매칭과 미러링은 다른 이들이 세상을 생각하고 경험하는 방식에 매우 잘 맞출 수 있는, 몸 전체를 사용하여 들을 수 있는 방법이다. 라포가 있을 때는 자연스럽게 단순한 미러링이 발생한다.

NLP는 다른 이와의 라포 형성을 위해 자연스러워질 때까지 일부러 매칭과 미러링을 해볼 것을 제안한다. 이것을 위해 다음을 일치시킬 필요가 있다.

- ✔ 몸의 자세와 몸짓
- ✔ 호흡 수
- ✔ 움직임의 리듬과 활력 수준
- ✔ 목소리 조성(음조)과 말하는 속도

다른 이의 리듬에 맞춰 움직이고 흉내 내기에 적절한 순간을 인지하라. 사람들은 여러분이 그들을 놀리고 가식적인 때를 직감적으로 안다. 자신의 미러링을 점검해보고 싶다면, 안전한 상황에서 단계적으로 혹은 두 번 볼 일 없는 모르는 사람에게 하도록

【 뇌의 미러링 】

1990년대 이탈리아 신경과학자들의 초기 연구들은 다른 이들의 세상에 대한 생각과 느낌, 경험을 그들의 행동을 지켜봄으로써 이해하게 하는 거울뉴런(mirror neurons)이라 불리는 뇌세포를 발견했다. 짧은꼬리원숭이의 뇌 반응에 대한 연구에서 음식에 손을 뻗는 다른 원숭이의 행동을 지켜볼 때와, 지켜보는 원숭이가 그 행동을 실제로 할 때의 뇌 패턴이 같다는 것이 입증되었다. 원숭이가 연구자의 동작을 지켜볼 때와 따라서 비슷한

손동작을 할 때 뉴런이 동일하게 전운동피질을 움직인 것이다. 더 최근에는 기능적 자기공명영상(fMRI)이 인간 뇌의 광범위한 미러링 속성에 대한 새로운 증거를 제시한다.

아직 거울 체계의 기능은 매우 조심스럽고 심화된 연구가 필요하지만, 과학자들은 자폐와 조현병 같은 증상에 새로운 접근법을 제시하고 뇌졸중 환자에 대한 새로운 치료법을 발견할 수 있다는 기대감으로 한껏 고조되어 있다.

여러분은 보통 상사와 고객, 가족을 돕고 기쁘게 하기 위해 모든 것에 '예'라고 대답하는 편을 선호할 것이다. 위원회 회의에서 먼저 가장 먼저 손을 들며 학교 자선 바자회나 자선 파티를 주최하고, 아이들을 항상 여기저기 데려다주며 집안일도 모두 하는 장본인일 것이다. 하지만 과부하로 인한 스트레스로 병을 얻고 싶지 않다면 '안돼요'라고 말하는 법을 배워야 한다. 이는 현대 생활에서 가장 훌륭한 기술 중 하나다.

직장에서 관리자는 자발적인 직원에게 좀 더 일을 맡기고 싶어 한다. 제임스의 이야기를 들어보자. 일을 사랑하는 수학 교사로서, 제임스는 '그 일은 하고 싶지 않아요'라고 말하는 것이 매우 어려웠다. 그는 '안돼요'라고 말하는 것이 사람들을 실망시키는 것이라고 느꼈고 결국 과중한 업무로 심하게 앓게 되었다. 제임스는 라포를 형성하는 법을 배우고 교장의 몸짓 언어를 따라했다. 그것만으로도 그는 편하게 웃으며 '맡고 싶지만 이미 다른 일들로 꽉 차서요. 추가로 일을 맡기시고 싶으면 다른 일들은 빼 주셔야 할 것 같습니다'라고 정중하게 말할 수 있게 되었다. 이런 식으로 그는 처리할 수 있는 것보다 많은 일을 떠맡는 것을 거절할 수 있었다.

한다. 이것이 성공해서 모르는 사람과 친구가 되도 놀라지 않도록!

다른 이들을 성공으로 이끌기 위해 속도 맞추기

훌륭한 대인관계를 쌓으려면 다른 이들과 속도를 맞출 필요가 있다. NLP는 사람들과 속도 맞추기를 열차와 나란히 뛰는 것에 비유한다. 움직이는 열차에 바로 뛰어오르려 한다면, 나가떨어지게 된다. 움직이는 열차에 올라타기 위해서는 같은 속도로 움직일 수 있을 때까지 열차에 맞춰 경주해야 한다.

자신의 관점으로 설득하고 사람들을 이끌기 위해서는 먼저 그들과 속도를 맞춰야 함을 기억하자. 이 접근은 진심으로 경청하고 온전히 인정하며 그들의 배경을 진정으로 이해하고 인내함을 의미한다.

라포 형성을 위해, NLP는 선도하기 전에 속도를 거듭해서 맞추기를 강조한다. 속도 맞추기는 NLP에서 어떻게 여러분이 유연하게 다른 이의 행동과 언어를 선택하고 자신의 행동과 일치시키며 적극적으로 경청하는지에 관한 설명이다. 선도하기는 사람들을 은근히 새로운 방향으로 데려감으로써 변화시키기 위한 여러분의 시도다.

사업에서 새롭고 중요한 프로그램을 신중하게 진행하여 도입하는 데 성공한 회사들은 직원들에게 변화를 단계적으로 받아들이게 한다. 사람들은 먼저 자신들의 말을 들어 주고 인정받기 전까지, 즉 그들의 속도에 맞춰지기 전까지는 자발적으로 새 작업 방식에 유도되려 하지 않는다. 가장 효율적인 리더는 먼저 직원들의 경험의 실제에 속도를 맞춘 사람들이다.

효율적인 판매자의 일을 지켜보면 그들이 어떻게 고객에게 맞추는 기술을 숙달하여 진정한 관심을 내보이는지 알게 된다(효율적인 판매자란 교활하게 속이지 않고 진실한 상품을 충실하게 파는 사람이다). 그들은 판매 전에 고객의 욕구, 즉 진정으로 원하는 바를 파악하기 위해 듣고 또 듣는다. 사람들은 강매는 싫어하지만, 누군가가 자신의 이야기를 경청하고 자신들에게 중요한 것에 대해 이야기하는 것은 좋아한다. 한 골동품 판매자는 그의 집에서 나온 물품에 진정한 관심을 가지고 온화하게 고객을 이끌고 전문성을 공유함으로써 여러 해에 걸쳐 판매 기술을 숙달했다.

케이트가 몇 년 전에 차를 샀을 때, 영업사원들이 그녀의 생활양식에 적합한지 여부에는 전혀 관심 없이 판매에만 열을 올리며 차량의 장점을 선전하는 여섯 개의 전시장을 둘러본 적이 있다. 당시 그녀는 어린아이들을 차에 태우고 장거리 여행을 했었다.

한 영업사원은 월등한 대인관계 기술을 발휘해서 실용적인 가족용 차를 소개했다. 그는 케이트의 이야기를 주의 깊게 경청하며 정중한 태도로 그녀에게 잘 맞췄고, (남편에게 결정권이 있다고 생각하는 다른 이들과 달리) 그녀가 직접 시운전할 수 있게 하는 신뢰를 보였다. 운전하면서, 그는 그녀의 구매 기준에 맞는 차량 모형을 탐색하기 위한 정보를 얻었고, 그녀에게 강압적이고 직접적인 판매는 통하지 않는다는 것을 알았다. 30분 내에 그녀는 그 차를 샀고 해당 브랜드와 판매처의 강력한 지지자가 되었으며 그 차에 대해 전에 경험하지 못한 애정을 느끼게 되었다.

가상 의사소통에서 라포 만들기

30년 전, 인터넷과 이메일 도구들은 아직 연구실과 컴퓨터 괴짜들에게 한정되어 있었다. 사업적 거래는 수표와 편지, 팩스에 관련된 것들로 대부분 인쇄되어 보관되었다. 공급자와 동료를 만나러 급하게 차를 모는 것 모두 하루 일과의 일부였지만 오늘날의 삶은 다르다. 물론 아직 글을 쓰고 전화를 사용하지만—종이 없는 사무실은 찾아보기 힘들다(우리의 지저분한 책상에 대한 이야기다)—전자 거래량은 천정부지로 치솟고 있다. 사람들은 트위터와 블로그를 하며 온라인 생활을 관리한다. 만일 컴퓨터 연결이 끊기거나 소셜미디어, 이메일 접근이 불가하다면, 여러분은 즉각적으로 어찌할 바를 모르고 무기력하게 느낄 것이다.

가상 회의를 여는 가팀만이 작업장에 등장한 것이 아니다. 여러분도 십중팔구 정보 공유를 위해 전화 회의에 참석하고 사회 집단과 대화할 것이다. 사람들은 전화 회의, 이메일, 영상회의 등의 첨단 기술 덕분에 전 세계적 네트워크에 걸쳐 원격으로 일하는 다문화적 기획팀의 가상 관리에 익숙해졌다. 지역 은행 직원이나 우체국 직원을 보는 대신에, 우리의 재정은 온라인이나 국제적인 지원 시스템을 통해 관리하게 된다.

대면 접촉이 줄어드는 이런 환경에서, 여러분은 옆자리에서 일하는 동료의 은근한 표정과 몸짓 언어의 뉘앙스를 놓치게 된다. 가상팀의 가장 좋은 점은 자유와 작업 관례의 유연성이고, 나쁜 점은 외롭고 고립되며 비효율적인 것이다.

이제 가상 작업을 통한 라포 형성은 과거 어느 때보다도 어렵게 되었다. 사람들이 기술적 유능함보다 설득하고 협상하는 능력인 소프트 기술을 기준으로 채용되는 것도 놀라운 일이 아니다.

전화 회의에서 통화하며 리포를 발달하는 열 가지 방법이 있다.

- ✔ 모든 장소가 연결되었는지, 모두가 서로 전화를 들을 수 있는지 확인한다. 인원 점검을 하며 소개와 환영을 한다.
- ✔ 명확한 임무를 세운다. 소집의 성과를 설정하고 모든 참석자들의 동의를 얻는다.
- ✔ 다양한 사람에게 정보를 받도록 점검한다. 필요하다면 조용한 사람에게는 직접 참가하도록 권유한다. 예를 들면 다음과 같다. '마이크, 이것에 대해 어떻게 생각합니까?'
- ✔ 잡담이나 개별 대화는 피하도록 한다. 한 토론, 한 회의, 한 임무에 전념한다.
- ✔ 대면 회의 시에는 보다 천천히, 분명하게 말한다. 몸짓 언어의 단서를 얻을 수 없음을 기억하자.
- ✔ 언어 양식에 귀를 기울인다. 사람들이 시각, 청각이나 근감각을 선호하는지 여부를 점검하고 자신의 언어 양식을 그들의 것에 일치시킨다.

✔ 요지를 설명하기 전에 모두가 자신에게 집중하게 한다(그렇지 않으면 메시지의 첫 부분을 놓치게 된다). 어구는 '여기에서 말씀드리고 싶은 것이 있습니다. 그것은 …에 대한 것입니다'에 맞춰 시작한다.

✔ 대면 회의보다 강도 높게 사람들의 이름을 사용한다. 질문할 때 이름을 부르고 대답에 대한 감사에도 이름을 붙인다.

✔ 대화를 들으면서 수화기 너머에 있는 사람을 시각화한다(자신 앞에 회의 참가자들의 사진을 놓는 것도 좋을 것이다).

✔ 요약하고 요점에 대한 이해를 점검한 뒤 이어서 의사결정을 한다.

인터넷은 우리가 실시간으로 보거나 들을 수 있는 사람보다 더 많은 사람들에게 도달할 수 있는 능력을 제공한다. 이것은 라포를 형성하고 유지하게끔 청중들의 반응을 헤아려 자신의 반응을 채택하는 데 있어 문제를 발생시킨다. 아래는 몇 가지 제안이다.

✔ 생생한 그림을 사용하여 시각적 영향을 제시하고 비디오 블로그(vlog)를 자신의 이메일과 웹사이트에 끼워 넣는다. 이렇게 함으로써, 청중들이 여러분과 관계를 형성하기 원하는지 결정할 때 그들에게 보는 것뿐 아니라 들을 수도 있는 기회를 제공한다.(사람들을 잃는 것에 대해 걱정이 된다면, 반대자들에게 호소하느라 힘을 써버리기보다 여러분의 메시지를 이해한 사람들과 좋은 시간을 갖도록 하자.)

✔ 청중들과 대화하는 동안 그들이 여러분 앞에 앉아 있다고 상상해보자. 그렇게 하는 것이 긴장이 풀리고 자신감 있어 보이며 제대로 전달하게 될 것이다.

✔ 청중이 흥미를 계속 유지하도록 목소리 톤과 고저, 리듬, 크기와 음색을 다양하게 하라. '대화'의 속도를 다양하게 함으로써 핵심이 강조된다. 이것은 수사학적인 질문을 할 때 특히 중요한데, 사람들이 여러분의 말을 이해하는 데 시간이 걸리기 때문이다.

✔ 사람들은 감정에 따라 구매한다는 것을 기억하자. 여러분은 원하는 감정을 불러일으키기 위해 영상, 음악, 향기, 맛과 말을 사용할 수 있다. 팔 물건이 없어서 자신은 판매자가 아니라고 생각한다면, 생각과 개념을 상품으로 간주한다. 친구에게 밤에 재미있게 나가 놀 만한 곳에 대한 생각을

팔 수 있고 자녀에게는 야채를 먹는 것이 최고라고 설득할 수 있다. '판매'
는 '구매자'가 여러분의 상품이나 생각을 사도록 설득하는 것과 관련 있다.

대중들에게 음악이나 영상을 사용할 때는 저작권 문제를 점검하자.

라포 거절법과 왜 거절하고 싶은지 인식하기

가끔 일부러 라포를 깨기 위해 잠시 동안 사람들과 불일치하는 경우가 있다. 불일치
하기는 매칭과 미러링의 반대이다(앞에서 '매칭과 미러링'에 대해 다루었다). 어떤 사람과 불
일치하기 위해서는 매우 다르게 옷 입기, 다른 말투나 속도로 말하기, 다른 자세 취
하기 또는 매우 다르게 행동하기와 같이 상대와 다르게 하는 것을 목표로 한다.

우리는 한 의사의 만성적 습관으로 과중한 업무를 경험한 의사 집단과 작업한 적이
있다. 초기 평가에서, 대부분의 약속이 1시간 내에 끝나는 데 비해, 이 의사와는 거의
2배가 걸렸다. 해당 여의사는 환자들에게 유난히 친절하고 도움을 많이 주는 것으로
평판을 얻고 있었는데, 그녀는 환자 설문조사에서 최고의 인기를 얻었다. 실제로 그
녀는 훌륭한 경청가였고 환자들은 그녀의 접근법을 좋아했다. 그러나 평상시 수술시
간 동안 주어진 케이스를 완료하기 위해서는, 좀 더 훈련된 방식으로 각 환자에게 시
간을 제한하는 법을 배워야 했다. 그녀는 섬세하게 불일치하는 법을 찾았고 마침내
환자들을 모두 진료할 수 있었다.

세심하게 라포 거절하는 법에 대한 이해

세 가지 특별한 행동 변화로 단기간에 라포를 단절할 수 있다.

✔ **어떻게 보이고 움직이는가** : 어떤 사람의 시야에서 벗어나려 하거나 시선
맞춤을 하지 않거나 메시지 전달을 위해 표정을 사용할 수 있다. 자주 눈
썹을 올려라. 등을 보이는 것은 더 강력할 수 있다. 이러한 무심한 행동들
을 인지하라 !

✔ **어떻게 들리는가** : 말의 억양이나 고저를 바꿀 수 있다. 더 크게, 조용하게,
더 높게 혹은 낮게 말하고 침묵도 강력한 효과가 있다.

✔ **하는 말** : 유용한 짤막한 어구를 기억하자. '고맙지만 됐어요.' 이 말이 가장 하기 힘든 말이 될 수 있으므로 필요한 때를 생각해서 연습해둔다. 다문화적 환경의 경우, 공용어를 사용하던 곳에서 모국어로 전환하는 것도 '이제 좀 혼자 있고 싶어요'를 표현하는 또 다른 분명한 방식이 될 수 있다.

'수고하셨습니다, 오늘은 여기까지입니다'를 매우 많이 말하고 싶을 것이다. 어떤 상황이 대처하기 쉽고 어떤 상황들은 연습이 필요한지 유념하자.

✔ **계약을 성사할 때** : 판매자는 계약에 서명할 시점이 되면 일시적으로 라포를 단절한다. 고객이 눈앞에서 최종 서명을 할 때까지 라포를 유지하지 않고 돌아서서 나가며 고객이 혼자 계약서를 검토하게 한다. 이 접근은 구매자의 사후 후회가 시작될 때 장기적인 라포 유지를 할 수 있도록 돕는다.

✔ **정보가 충분할 때** : 정보가 가득 차고 감각적으로 과부화될 것 같다면 정보를 숙고하고 소화하며 이후 다음의 정보 입력 때 복귀할 시간이 필요할 것이다.

✔ **대화하고 싶은 어떤 사람을 발견했을 때** : 술자리에서 지루함의 종결자에게 붙잡혀 있다면 건넛방의 다른 누군가에게 훨씬 끌릴 것이다.

✔ **지쳤을 때** : 모든 좋은 것도 끝이 있는 법. 파티를 끝내고 집에 갈 시간을 알 필요가 있다.

✔ **바쁠 때** : 힘에 부치는 많은 임무를 경험하는 순간이 있다. 다른 이를 만족시키기보다 자신이 생각하는 성과에 집중하고 전념하도록 하자.

✔ **까다로운 주제가 언급될 때** : 성, 정치, 종교는 사업 협상 시 꼭 피해야 할 주제들이다. 또, 토론이 뜨거워져 이제 그만 타임아웃을 외치고 견해 차이를 인정하고자 하는 저녁 파티 자리에서 괜한 논쟁거리를 유발하기도 한다.

라포의 단절과 대화의 종료는 특히 친한 친구나 어머니가 이야기하고 싶어 할 경우 실제적인 기술이다. 조심스럽게 사용하도록 하자. 시간과 장소가 적당하다면 얼마든지 이야기하고 싶다는 분명한 피드백을 전달하라. 어머니를 인간적으로 신경 쓰며 모두에게 적합한 시간에 대화할 수 있도록 시간을 마련한다.

'하지만'의 힘 파악하기

라포를 유지하고 단절하는 능력에 있어 사소한 말이 큰 차이를 만드는 때가 있다. NLP는 대화 양식의 이런 세부사항에 유의한다. 의사소통에 영향을 주고 싶다면 관찰해볼 만한 유용한 단서가 있다. 로버트 딜츠의 '말재주가 좋은 사람들의 양식'에 대한 작업은 사람의 경험을 틀 짓는 말의 힘을 입증한다. NLP는 이를 언어적 재구성 (verbal reframing)이라고 한다. '그리고', '그러나' 같은 단순한 연결사도 듣는 이에게 다른 방식으로 주의를 집중할 수 있게 한다. '그러나'를 사용할 때, 사람들은 그러나 이후의 말들을 기억하는 경향이 있다. '그리고'의 경우 그리고의 전, 후를 기억한다. '하겠다고 했지만'이라고 말한다면, 그 효과는 뒷문장에 있을 것이다. 즉 '일기 예보는 맑겠다고 했지만 오늘은 눈이 오겠습니다'와 같은 경우다. 문장의 순서를 바꿈으로써 사람들의 경험을 바꿀 수 있다.

어떤 사람에게 무엇을 언급할 때, 상대가 일부만 기억할 수 있는 점을 기억하라. 다음 예를 살펴보자. '회사는 이번 회계연도에 500만 파운드의 이윤을 창출했지만, 샌프란시스코의 공장은 폐쇄할 예정이다.' 뉴스를 이런 식으로 구성한다면, 사람들

【 그만둘 때를 알자 】

랄프는 매우 유능한 엔지니어이자 멋진 이야기꾼이다. 그는 광범위하게 여행하며 회사에서 출세가도를 달리며 흥미로운 일을 하는 많은 중역들을 만난다. 팀 내 신입들은 모두 커피 자판기 앞에서 그의 일화를 듣고 싶어 한다. 잠시 동안은 말이다.

불행히도, 랄프는 사람들이 충분하다고 느끼고 보내는 사인을 눈치채지 못했다. 동료들이 점잖게 책상 가장자리로 물러나거나 필사적으로 밤에 회사를 빠져나가려 할 때, 랄프는 그들을 한쪽에 몰아세우고 이야기를 계속했다. 지루해하는 표시나 대화를 끝내고자 하는 시도는 눈치채지 못한 채 말이다. 피하려고 하면 할수록 랄프는 다음 이야기에 빠져들었다. '이건 꼭 들어야 돼.' 그는 상대가 그 자리를 벗어나 내년 이맘때쯤 돌아와도 마저 이야기를 계속할 기세였다.

마침내, 팀원들은 그를 피하며 뒤에서 그를 조롱했다. 랄프가 선을 넘었음을 알리는 신호들을 계속 무시했기 때문이다. 그들은 회의 절차를 좌우지할까 봐 더 이상 그를 회의에 부르지 않게 되었고 그의 출세 길은 막혔다. 동료들은 시간 낭비를 막기 위해 일부러 라포를 단절하고 대부분의 연락을 중단했다.

랄프가 팀 내에서 점점 장애물이 되자, 주위에 사람을 모으기 위해 이야기에 더욱 필사적이 되었다.

은 '했지만' 다음의 말만 기억할 것이다. 다음 뉴스를 보자. '회사는 이번 회계연도에 500만 파운드의 이윤을 창출했고 샌프란시스코의 공장은 폐쇄할 예정이다.' 이런 식의 어법은 사람들로 하여금 '그리고'의 전, 후를 잘 기억할 수 있게 한다.

일상의 의사소통에서 사소한 말이 얼마나 큰 변화를 만드는지 알아보기 위해 서너 명 정도의 사람들과 함께 '네, 하지만…' 게임을 해보자. 순서는 다음과 같다.

1. 친구들을 둥글게 모은다.
2. 1라운드는 A가 '좋은 생각'을 제시하는 것으로 시작한다. 예 : '날도 좋은데 점심 때 잠시 해변에 가는 건 어때요?'
3. B가 '네, 하지만…'으로 응답하며 또 다른 '좋은 생각'을 회답한다. 예 : '네, 하지만 끝내야 할 일이 있어요.'
4. C와 다른 사람들은 그들의 생각을 들려주는데 항상 '네, 하지만…'으로 시작한다. 예 : '네, 하지만 점심식사를 못할 거예요.'
5. 2라운드는 A가 좋은 생각을 제시하는 것으로 시작하는데 1라운드 때와 같거나 다를 수 있다. 예 : '날도 좋은데 점심 때 잠시 강가를 산책하는 건 어때요?'
6. B가 '네, 그리고…'로 응답하며 또 다른 '좋은 생각'을 내놓는다. 예 : '네, 그리고 가면서 피크닉도 하면 좋을 것 같네요.'
7. C와 다른 사람들은 그들의 생각을 들려주는데 항상 '네, 그리고…'로 시작한다. 예 : '네, 그리고 강을 가로지르는 길을 지도에서 찾아볼게요.'

차이를 알겠는가? 좋은 생각을 제시하라는 지침에도 불구하고 '하지만'은 자연스럽게 부정적인 것으로 대화를 이끌고, 처음의 좋은 생각에서 이탈하게 한다. 대조적으로, '그리고'는 계속해서 좋은 생각을 창출해낸다.

다른 관점에 대한 이해

성공하는 사람들은 다양한 방식으로 세상을 보게 하는 유연성을 즐긴다. 그들은 다수의 관점을 취하고, 스스로에게 새로운 사고의 탐색을 허락한다. NLP는 매우 어려운 관계, 특히 감정적 갈등이 있는 곳에서의 라포 형성을 돕는 다양한 기법을 제시한

다. 이 기법들은 다소의 문제나 오해가 있는 관계에서도 라포 형성의 새로운 탐색을 위해 사용될 수 있다.

지각 위치에 대한 탐색

다른 이와의 라포 형성을 돕는 NLP의 방법 중 하나는 최소 세 개의 다른 관점을 구별하도록 하는 것이다. NLP는 이것을 지각 위치(perceptual positions)라고 일컫는다. 이 접근은 마치 건물을 모든 각도, 즉 현관의 입구에서 들여다보거나 뒷문으로 돌아가서 본 다음 머리 위의 헬기에서 새의 눈으로 내려다보는 것과 같다.

- ✔ **일차적 위치**는 주위 환경과 관계없이 어떻게 생각하고 느끼는지 스스로 온전히 자각하는 자신의 타고난 관점이다. 자신이 원하는 것과 신념, 가치가 매우 분명하다면 이 입장은 장점이 될 수 있다. 그러나 다른 이의 욕구를 의식적으로 인지할 수 없다면 믿기 힘들 정도로 이기적이 될 수도 있다.
- ✔ **이차적 위치**는 다른 이의 신발을 신어보는 것으로 상대의 입장은 어떠한지 상상해보는 것이다. 여러분은 이미 다른 이의 욕구에 대해 정말 잘 배려할 수 있을 것이다. 가령 어머니들은 아이들을 돌보며 빠르게 이 기술이 발달한다. 다른 이의 관점을 먼저 생각하는 것이다.
- ✔ **삼차적 위치**는 대인관계에서 일어나는 일들을 알아차리는 분리된 관찰자와 같이 행동하는 독립적인 관점과 관련 있다. 이 입장은 최상의 상태일 경우 양쪽의 상황을 이해하는 성숙한 것이 될 수 있다. 그러나 그저 중립적인 태도를 취할 뿐 상황에 전적으로 전념하기 꺼리는 것을 의미할 수도 있다.

이 세 관점을 모두 숙달하는 것은 삶을 좀 더 온전히 즐기게 하는 현명한 곳으로 여러분을 데려다줄 것이다.

대화할 때 의식적으로 사고를 이차적, 삼차적 위치로 전환하는 습관을 갖도록 하자.

NLP 메타거울 들여다보기

메타거울은 본래 로버트 딜츠가 계발한 것으로 다수의 다양한 관점이나 지각 위치를 종합하는 훌륭한 코칭 연습이다. 메타거울의 기본은 자신이 직면한 문제나 갈등은 자신 및 자신과 관계하는 법, 그리고 다른 사람에 대한 반영이라는 것이다. 메타 거울식 접근은 한 걸음 물러서서 직면한 문제를 새로운 빛, 즉 거울의 개념으로 바라보게 한다.

메타거울은 다수의 가능한 시나리오를 준비하거나 검토하게 한다.

- ✔ 십대나 가족과의 힘든 대화
- ✔ 직장에서의 발표
- ✔ 은행 관리자와의 약속
- ✔ 계약 협상
- ✔ 배우자 혹은 친구와의 민감한 토론
- ✔ 상사나 동료와의 좀 더 개선된 대인관계를 시도할 때
- ✔ 힘든 고객을 상대할 때

윌리엄은 집을 증축했지만 건축업자가 동시에 다수의 작업을 진행 중이어서 일정에 맞추지 못하고 있었다. 이 불성실한 서비스 때문에 그는 화가 많이 났고 케이트는 갈등이 심화됨에 따라 윌리엄이 건축업자와의 약속에서 불가피해 보이는 대결을 일으키기보다 다른 계획은 세울 수 있도록 세 개의 지각 위치를 코칭했다.

윌리엄은 건축업자가 심각한 자금 유통 문제가 있고 가족과도 어려운 시간을 보내고 있음을 알게 되었다. '이 연습은 저를 진정시키고 그가 일부러 골탕 먹이려 하는 게 아니라는 것을 깨닫게 했어요. 저는 그를 술 한잔 하자며 불러내서 제가 얼마나 실망했는지 이야기했죠. 그리고 저희는 일이 끝나가면서 제가 소액을 지불하는 동안 현 단계에서 일정을 조금 빠르게 조정하기로 했어요. 이런 마무리로 저희가 소송까지 가지는 않게 되었죠.'

다음 연습은 네 개의 지각 위치를 취한다. 과정에 집중해서 자신의 문제를 해결할 수 있도록 코치나 친구의 도움을 받아 해보면 좋을 듯하다.

시작으로 탐색하고자 하는 관계를 선택한다. 힘든 대화나 직면을 통해 과거나 미래의 통찰을 얻을 수 있다. 바닥에 네 개 입장을 나타내는 네 개의 공간을 배치한다(그림 6-2 참조). 종이나 접착성 노트면 적당하다. 물리적으로 각 공간 사이를 움직임으로써 각 입장이 '단절된 상태'여야 함을 주의하라. 몸을 약간 움직이거나 창밖을 쳐다보며 오늘 저녁에 무엇을 먹을지 생각해본다! 이제 다음 순서에 따라 수행한다.

1. 자신의 관점인 일차적 위치에 서서 이차적 위치에 있는 다른 사람을 바라보고 있다고 상상한다. '나는 이 사람을 바라보며 무엇을 경험하고 생각하고 느끼는 가?' 하고 자문한다.

2. 이제 흔들어 떨쳐 버리고 이차적 위치로 간다. 자신이 그 사람으로 일차적 위치에 있는 자신을 돌아보고 있다고 상상하며 자문한다. '나는 이 사람을 바라보며 무엇을 경험하고 생각하고 느끼는가?'

3. 이제 흔들어 떨쳐 버리고 이 관계의 양쪽 모두를 공정하게 바라보는 독립적 관찰자인 삼차적 위치로 간다. 일차적 위치의 자신을 바라보며 저기에 있는 '자신'에게 어떻게 반응하는가?

4. 이제 흔들어 떨쳐 버리고 심화된 외부 공간인 사차적 위치로 간다. 삼차적 위치였을 때의 사고와 일차적 위치였을 때의 반응을 비교해서 생각해보고 그것들을 서로 바꾼다. 예를 들어 일차적 위치였을 때는 혼란스럽게 느꼈지만, 삼차적 위치에서는 슬픔을 느꼈을 수 있다. 어떤 반응이던 간에 마음의 눈으로 서로 반대되는 입장으로 바꾼다.

5. 이차적 위치를 재방문하며 자문한다. '지금은 어떤 차이가 있는가? 무엇이 변했는가?'

6. 일차적 위치로 돌아와 종료하며 자문한다. '지금은 어떤 차이가 있는가? 무엇이 변했는가?'

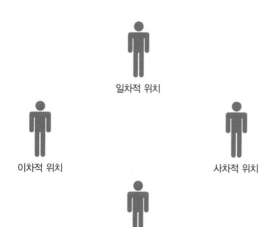

일차적 위치

이차적 위치

사차적 위치

삼차적 위치

그림 6-2
NLP 메타거울
연습

처음에는 이 연습이 많이 이상할 수 있지만, 계속 진행한다. 물리적(physically)으로 다른 공간으로 이동할 때 다른 관점이 중요하다는 것을 고려하게 된다. 몸을 방의 다른 곳으로 이동함으로써 전의 입장에서 취했던 사고를 해제하게 된다. 의자들을 사용해서 연습해도 좋다.

NLP 원에서 저항은 종종 라포의 부족으로 인용된다. 예를 들어 어떤 사람이 쌀쌀하게 여러분을 대화에서 제외하며 그들을 더 잘 알고자 하는 여러분의 시도에 저항할 수 있다. 혹은 여러분과 달라 보이는 어떤 사람을 이해하려는 노력에 스스로가 저항을 보일 수 있다. 유용할 수 있는 사람과 항상 라포를 갖는 것은 아닌 자신의 상황을 깨닫는다면, 다음을 시도해보는 것이 좋을 수 있다.

✔ 자신이 저항하는 상대나 상황, 혹은 상대가 자신에게 저항하는 상황을 인지한다.
✔ 무의식이 자연스럽게 자신을 방어한다는 것을 기억하며 이에 대한 가능한 이유를 고려한다(제3장 참조).
✔ 자발적으로 여러분을 이해하게 될 때까지 일부러 상대와 매칭, 미러링, 속도 맞춤을 함으로써 라포 형성 기술을 개선한다.

다른 사람과의 라포 발달을 위해 자신의 저항을 극복하는 것은 시간이 걸리는데, 자신의 방어적 행동을 이해하기 위해서는 과거의 탐색이 필요하기 때문이다. 이 이해를 얻기 위해 코칭이나 친구의 도움이 필요할 수 있다. 가령 어떤 사람에게 너무 가까이 가는 것에 대해 거부감을 가질 때 타당한 이유가 있을 수 있다. 자신의 저항에 대한 이유를 발견할 수 있다면 모색하는 라포의 발달을 위해 스스로를 수용할 수 있게 된다.

이해시키기에 대한 이해 : 메타 프로그램

제7장 미리보기

● 메타 프로그램의 발견—무의식적인 심적 여과기
● 다른 사람의 메타 프로그램 이끌어내기
● 존경하는 사람들의 성격 특성 모방하기

1956년 조지 밀러는 매 초마다 수백만 개의 정보 조각이 감각에 쏟아져 내리는 것에 관한 연구를 수행했다. 그는 의식이 한 번에 5~9조각의 정보만을 처리할 수 있다는 것을 발견했다. 이것은 너무나도 많은 수의 정보가 여과하기를 통해 빠져나가고 있음을 의미했다.

메타 프로그램은 무엇에 주의를 기울일지와 받은 정보를 처리하는 법, 처리된 정보와 의사소통하는 법을 이끄는 무의식의 여과기이다. 여러분은 상대의 언어 사용 방식에서 메타 프로그램을 감지할 수 있다.

어떤 사람과 빨리 라포를 만들고 싶어서 단단히 다짐하며 옷 입고 행동하고 말하는

제7장 이해시키기에 대한 이해 : 메타 프로그램   **137**

방식을 흉내 낼 수 있다. 어떤 사람과 비슷하게 말한다는 것은 억양을 흉내 낸다기보다 상대의 용어를 사용한다는 뜻이다. 다른 사람의 메타 프로그램을 듣기 시작하면, 상호작용하는 사람의 언어 양식에 매칭하고 미러링함으로써 더 빨리 라포를 형성할 수 있다. 대부분 무의식적으로 메타 프로그램을 사용하기 때문에, 상대의 프로그램에 일치시킬 때, 여러분이 말하는 것은 상대의 무의식과 의식에 동시에 첨부된 의사소통 영역에 전달된다.

이 장에서는 더욱 효율적이고 신속한 의사소통을 돕는 일곱 개의 메타 프로그램을 소개한다. 더 좋은 의사소통을 경험하며 다른 메타 프로그램의 발견에 대해서도 동기부여가 되기를 희망한다.

메타 프로그램의 기본 엿보기

아이였을 때는 부모, 교사, 자라난 문화에 따라 메타 프로그램을 선택하게 된다. 삶의 경험은 나이를 먹어감에 따라 학습된 프로그램을 바꾸도록 한다. 지나치게 주관적이라고 꾸중을 들으며 성장했다면, 객관성을 연습하며 자신의 감정을 억누르기 시작했을 것이다. 그 후 이 속성들이 진로의 선택에 작용하게 된다. 즉 간호 같은 돌보는 직업에 진입하는 대신 지적인 면을 더욱 사용하기로 결정하는 것이다. 학습 양식 역시 영향을 받을 수 있어서, 좀 더 사실과 숫자에 집중하는 방향으로 기울게 된다. 훈련 강습을 한다면 학생들을 자유롭게 경험하게 두기보다 무미건조한 강의식 수업을 선호할 것이다.

우리는 많은 인정된 메타 프로그램 중에서 시작하기에 가장 유용하다고 생각하는 일곱 개를 골랐다. 거시적/세부적(global and detail) 메타 프로그램의 경우 갈등과 관련해서 잠재력이 매우 높다. 또 거시적이면서 한편으로는 세부적으로 작용하는 다른 이들의 능력을 인지함으로써 가능한 문제들을 피할 수 있게 한다. 다른 여섯 개의 메타 프로그램을 이해한다면 설득하는 도구를 제공하는 대상들의 미묘한 사고방식을 더 깊게 통찰하여 심화할 수 있고 자신뿐 아니라 다른 사람 역시 동기부여함으로써 변화를 촉진하게 된다.

제8장에서는 내향적·외향적 메타 프로그램에 관해 논의하고 있다. 이 장에서 논의되는 메타 프로그램은 다음과 같다.

- ✔ 주도적인/반응적인
- ✔ 선택/절차
- ✔ 지향/회피
- ✔ 내적/외적
- ✔ 거시적/세부적
- ✔ 동일함/차이
- ✔ 시간적 관점

메타 프로그램을 생각하면서, 다음 사항을 유념하자.

- ✔ 메타 프로그램은 양자택일의 선택이 아니다. 여러분은 항상 메타 프로그램을 작동할 수 있지만, 맥락에 따라 특정 프로그램의 한 측면을 그 외의 것들보다 선호할 수 있다.
- ✔ 메타 프로그램은 사람들을 분류하는 도구가 아니다. 의사소통의 개선을 위해 사람들이 생각하는 여러 다양한 방식에 대한 여러분의 이해를 확장하는 데 도움이 된다.
- ✔ 메타 프로그램은 맞고 틀리고에 대한 것이 아니다. 의사소통 및 각자 환경의 맥락에 따라 메타 프로그램의 다양한 조합을 작동시키는 것일 뿐이다.

메타 프로그램과 언어 양식 들여다보기

언어를 알아차릴 수 있다면, 행동으로 분명히 나타나기 훨씬 전에 사람들의 행동 양식을 발견할 수 있다. 레슬리 카메론-밴들러는 다른 사람들과 함께 리처드 밴들러가 계발한 메타 프로그램의 심화 연구를 수행했다. 레슬리와 그녀의 제자 로저 베일리는 비슷한 언어 양식을 사용하는 사람들은 유사한 행동 양식을 보인다고 설정했다. 기업가적 재능이 있는 사람들의 경우 매우 다른 분야에서 일하고 있더라도 외향적이고 설득에 능하며 자신에게 강한 신념이 있는 등 비슷한 양식을 갖는다는 것이다.

UN 사무관들이 통역관 없이 모여 있는 것을 상상해보자. 매우 적은 의사소통이 이루어질 것이다. 소통하려 하는 대상이 사용하는 메타 프로그램을 모른다면 소통 과정에서도 비슷한 실패가 일어날 수 있다. 메타 프로그램을 배움으로써 경험과 관련된 길을 찾기 위해 사람들이 사용하는 마음의 지도를 능숙하게 해석할 수 있다.

NLP 개척자인 밴들러와 그린더는 비슷한 언어 양식을 사용하는 사람들이 다른 양식을 사용하는 사람들보다 빨리 깊은 라포를 발달시킨다는 것을 깨달았다. 프랑스어를 못하는 사람이 프랑스인은 친절하지 않다고 불평한다면 그다지 놀랄 일은 아니다. 프랑스어를 하는 사람들은 이것에 반박하지만 말이다. 메타 프로그램은 사람들이 말하는 양식을 듣고 이해하기 쉬운 언어로 반응함으로써 언어적인 라포를 설립하는 강력한 방법이다.

다양한 메타 프로그램의 특징인 언어 유형에 대한 이해를 돕기 위해, 우리는 다음 단락들에서 각 유형이 듣고 싶어 하는 구절들을 소개한다.

메타 프로그램과 행동 탐색하기

『체계적 신경 언어프로그램과 NLP의 새 부호화 백과사전(Encyclopedia of Systemic Neuro-Linguistic Programming and NLP New Coding)』에서 로버트 딜츠와 주디스 들로지어는 메타 프로그램에 대해 동일한 의사결정 전략을 갖고 있는 다른 두 사람이 같은 정보가 주어졌을 때 상이한 결과를 도출하는 것에 대해 설명했다. 예를 들어 두 사람 모두 머릿속에서 정보의 그림을 만들지만, 한 사람은 정보량에 완전히 압도되는 반면, 다른 사람은 그림이 산출하는 느낌을 기반으로 빠른 결정에 도달한다(사람들이 감각을 통해 받는 정보를 처리하는 법에 대해서는 제5장과 제10장 참조). 그 차이는 의사결정 전략에 작용하는 각자의 메타 프로그램에 달려 있다.

버진 그룹의 창시자인 리처드 브랜슨을 모방한다고 치자. 이것은 그가 사용했다고 짐작되는 절차를 이행하는 모방학습으로 가능하다. 개인적으로 그에게 접근할 수 없다고 가정하고, 관련된 책을 읽거나 뉴스, 인터넷에 나오는 소식을 보고 들으며, 그의 책을 읽는 것으로 브랜슨의 양식을 실행할 수 있다. 모방학습 절차의 일부는 대상의 메타 프로그램을 듣고 이해하며 사용하는 것이 요구된다.

이후 단락에서는 이 장에서 소개하는 다양한 메타 프로그램과 관련된 행동과 선호에 대해 설명한다. 주어진 상황에서 사람들이 작동하는 경향이 있는 메타 프로그램을 인지하고 일치시킴으로써 그들과 더욱 비슷해질 수 있다. 그 결과 메시지는 좀 더 인간은 성격 유형을 이해하기 위해 태곳적부터 노력해왔다. 히포크라테스는 기원전 400년에 인간의 체액에 기반을 두고 네 가지 **기질**(temperaments)을 정의했다. 그는 이 기질을 우울질, 다혈질, 담즙질, 점액질이라고 불렀다. 히포크라테스의 구별은 더 이상 채택되지 않고 있지만, 그 밖의 다른 분류들은 매우 많이 사용된다.

1921년 칼 융은 『심리학적 유형(Psychological Types)』을 출간했다. 이 책은 수백 명의 정신병적 환자에 대한 작업으로 그들의 성격으로부터 행동을 예측하기 위해 범주화한 것이다. 융은 세 쌍의 범주로 정의했고, 각 쌍은 서로에 대한 선호로 사용될 수 있다.

✔ **외향형**(extrovert)은 외부 세상과의 교류에 의해 활력을 얻는 반면 **내향형**(introvert)은 자신만의 시간을 가짐으로써 충전이 된다.

✔ **감각형**(sensor)은 오감을 통해 정보를 받는 데 비해 **직관형**(intuitor)은 본능과 직관으로 정보를 수집한다.

✔ **사고형**(thinker)은 논리와 객관적인 생각으로 결정하는 반면 **감정형**(feeler)은 주관적인 가치에 의해 결정을 내린다.

융의 성격 유형은 마이어스-브릭스 유형지표의 기반이 되었으며 현재 가장 많이 쓰이는 프로파일링 도구이다. 1940년대 초에 어머니(캐서린 브릭스)와 딸(이사벨 마이어스)은 4번째 범주를 추가했다. **판단형**(judger)은 주위 환경을 자신에게 맞추려 하고 **인식형**(perceiver)은 외부세상을 이해하려 하며 세상에 맞게 적응하려는 경향을 보인다.

쉽게 전달된다. 다른 이의 세상에 대한 모형을 시도해보는 것은 다양한 관점을 제공하며 삶의 다른 영역에서 사용 가능한 선택의 추가를 가능하게 한다.

주도적/반응적 되기

행동을 취하고 일을 시작하는 쪽이라면 주도적(proactive)인 편에 속한다. 그러나 검토하며 일이 일어나기를 기다리는 편이라면 반응적(reactive)에 해당할 것이다.

✔ **주도적** : 주도적인 경우 책임지고 일을 완료한다. 계속적으로 문제 해결이 요구되는 상황에서 해결책을 찾는 데 능숙하며 판매업이나 자영업에 끌릴 수 있다. 반응적인 사람들의 감정을 상하게 할 수 있는데, 그들에게 여러분은 불도저 같기 때문이다.

✔ **반응적** : 반응적인 경우 상당히 운명론적일 수 있다. 자신이 앞에 나서길 다른 사람들이 기다리거나 적합한 때라고 생각될 때만 행동을 취한다. 사

려 깊을 수 있는 것은 강점이지만 무기력한 상태에 빠질 정도로 자신을 분석하지 않도록 주의해야 할 것이다.

여러분은 작업하는 맥락 내에서 상황에 따라 주도적, 반응적 경향을 보인다. 로버트는 직장에서 매우 유능하지만 승진과 급여 인상을 요청하는 것에 대해서는 매우 반응적이었다. 그는 먼저 말을 꺼내기보다 상사가 제시할 때까지 기다렸고 작업에 들어가기 전에 지시가 있을 때까지 기다리는 편이었다. 그러나 휴일은 매우 좋아해서 여행 웹사이트 방문이나 트립어드바이저의 순위 읽기, 페이스북 친구 등에게 이야기하는 것은 매우 주도적이었으며 여행 계획에 관한 조사를 많이 했다.

몸짓 언어로 주도적, 반응적 인간의 차이를 알아챌 수 있다. 주도적인 사람은 빠르게 움직이길 좋아하며 인내심이 부족한 모습을 보인다. 이 사람들은 세상을 떠맡을 준비가 된 '어깨를 뒤로 젖히고 가슴을 펴는' 꼿꼿한 자세를 취한다. 반응적인 사람들은 느린 움직임과 아래를 내려다보며 어깨는 움츠릴 수 있다.

셀 로즈 샤르베의 『마음을 바꾸는 말(Words That Change Minds)』에 따르면, 주도적인 사람들을 채용하고자 한다면, 구인광고를 낼 때 지원자에게 이력서를 보내는 대신

【 반응적인 부서에 대한 주도적인 반응 】

영국 남동부에 위치한 대학의 IT 직원은 장학금 및 입학처에 서비스를 제공하면서 항상 장애 복구 활동 중에 있었다. 컴퓨터를 사용하는 두 부서는 소통이 없었고 IT 직원은 시스템을 사용하게 할 만큼 사용자들을 신뢰하지 않았다. 또한, 어떤 프로그램을 언제 써야 하는지에 대한 문서도 없었다. 이 상황은 수년간 계속 진행되어 왔으며 일상으로 받아들여졌다. 이 IT 직원은 어떤 선호를 입증하는 걸까? 반응적이라고 생각했다면 정답이다. 다행히도, 더 주도적 경향의 신입이 IT 부서에 들어와 다음의 간단한 세 가지 단계에 착수했다.

✔ 요청 시 작동 방법과 안내를 포함한 직무 목록을 만들고 유지한다.
✔ 장학금처와 입학처 간 정기적인 모임을 조직한다.
✔ 행정처 직원이 직접 보고서를 작성할 수 있도록 훈련한다.

이러한 변화로 세 부서 직원 모두가 특히 제일 바쁜 시간이면 경험하던 스트레스가 감소했고 컴퓨터를 사용하는 두 부서 간의 의사소통 통로도 열리게 되었다. 시스템을 직접 운영하게 되면서 행정처 직원의 자존감도 높아지게 되었다.

전화를 하도록 해야 한다고 한다. 일반적으로 반응적인 사람들은 전화하기를 꺼린다.

어떤 이가 주도적인지 반응적인지 알기 위해서는 '새로운 상황에서 행동을 취하는 것이 쉬운 편인가요, 그렇지 않으면 먼저 뭘 해야 할지 연구하고 이해해야 하나요?' 라고 물어본다.

✔ 주도적인 사람은 '그냥 해봐', '빨리 해', '서둘러', '계속해', '통제를 하는', '척척 잘 나가는' 같은 어구를 사용한다.
✔ 반응적인 사람은 '곰곰이 생각하고', '천천히', '정보를 연구', '장단점을 따지고', '뛰기 전에 잘 살펴라'와 같은 어구를 사용할 가능성이 크다.

지향하기/회피하기

사람들은 즐거운 것을 지향하고, 또는 피하고 싶은 것을 회피하기 위해 힘과 자원을 투자한다. 그들은 행동이 좋은지, 나쁜지와 결과가 즐거운지 혹은 고통스러운지 판단하는 데 자신들의 가치를 사용한다.

운동요법이나 새로운 다이어트를 최근 시작한 것이 언제인지 기억하는가? 만반의 준비를 하고 열심히 시작하며 곧 놀라운 효과가 나타난다. 몸무게가 줄고 운동의 결과로 훨씬 기분도 좋아진다. 하지만 갑자기 추진력이 없어지고 몸무게는 줄지 않거나 그대로이며 오히려 증가하게 된다. 체육관에 가는 횟수도 점점 줄어든다. 모든 상황은 다음에 또, 결심하기 전까지 나빠지기만 한다. 여러분은 동기부여와 집중력 상실이라는 롤러코스터에 갇히게 된 것이다.

'어떻게 된 거지?' 절망에 찬 외침이 터져 나온다. 여러분은 건강과 관련해서 회피 메타 프로그램을 가지고 있다. 즉 무엇으로부터의 회피를 위해 행동이 촉진된 것으로 이 경우는 체중이나 운동부족이다. 그림 7-1에서 건강과 관련된 동기가 주로 회피인 경우 시간이 지나면서 어떻게 요요 현상을 경험하는지 보여준다.

반면, 목표에 이끌리고 목표를 계속 주시할 수 있는 경우, 여러분은 지향적인 사람이라고 할 수 있다.

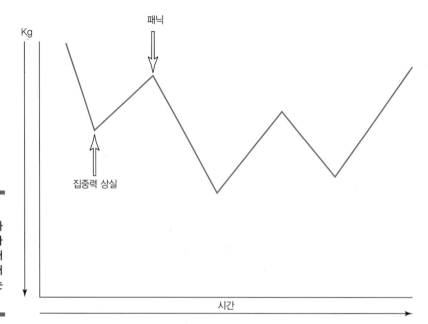

패닉

Kg

집중력 상실

시간

그림 7-1
건강과 관련하
여 회피 메타
프로그램일 때
체중 감량에 어
떤 작용을 하는
지의 예시

일반적으로 사람들은 사물을 회피하거나 사물에 이끌린다. 지그문트 프로이트에 의하면 본능을 나타내는 이드(id)는 자아로 하여금 쾌락은 원하고 고통은 회피하게 한다.

NLP는 전반적으로 긍정적인 목표와 성과에 관한 것이기 때문에 원하는 방향에 초점을 맞추는 경향은 더 높은 가치를 부여받는다. 여러분이 그렇게 생각한다면 공포는 매우 강력한 동기요인이다. 포식자에게 쫓길 경우 매우 빨리 움직일 것이다. 비슷하게, 소중하게 생각하는 무언가를 잃는 공포는 행동을 촉진할 수 있다. 대출금을 갚지 못하면 집을 잃을 수도 있다는 것을 깨달을 때 힘닿는 내에서 살아보겠다고 결심 할 것이다. 동기요인에서 멀어지는 것은 행동 방침을 시작하게 만드는 강력한 요소가 될 수 있다. 하지만 잃을까 봐 두렵게 되는 상태를 회피하는 것에 안주하는 것은 결국 몸과 마음에 큰 타격을 입혀 지속적인 스트레스 상태로 만들며 심신을 매우 약화시키게 된다. 상황이 안정되는 즉시 지향으로 전략을 전환하는 것이 필수적이다.

스트레스로 인해 합리적인 결정을 못 할 수 있다. 계획 시작 시 주의해야 할 점을 검토하고 무엇을 해야 할지 결정할 때는 체계화된 조건(제4장 참조)을 충족하는지 확인하자.

흥미롭게도, 다른 직업과 문화에서 전진/회피 메타 프로그램의 작동에 대한 편견이 보인다. 대체의학과 반대되는 전통의학의 예를 들어보자. 두 진영의 의사들은 어떤 선호를 입증할 것 같은가? 힌트 : 전통적 의사는 대체의학을 '예방적 의학'이라고 지칭한다. 로밀라의 평가 결과, 전통의학은 건강하게 만들고 건강을 유지하기보다는 병이 난 후의 치료에 강조함으로써 좀 더 회피 쪽의 경향을 보였다.

지향 양식의 사람들에게 회피 양식의 사람들은 상당히 부정적으로 보인다. 회피적 사람들은 잘못될 수 있는 것을 알아채는 경향이 있어서 품질과 안전 유지와 관련된 생산 공장과 비행기 산업 등의 직업에서 위기관리나 중요한 분석 수행에 매우 유용하다. 이 사람들은 당근보다는 채찍이 동기부여가 된다. 회피적 사람들은 실직의 위협과 재정적 목표의 실패라는 부정적 결과로 동기부여를 할 수 있다.

지향 메타 프로그램의 사람들은 회피적 사람들에게는 순진하게 보일 수 있다. 전자는 목표 성취의 잠재적인 문제에 대해 생각하거나 걱정하지 않기 때문이다. 지향적 사람들은 당근의 약속에 의해 동기부여된다. 그들에게 수익의 개선과 보너스 수령 같은 이득에 대해 말하면 눈이 반짝할 것이다. 이 반응은 탐욕에 의한 것이라기보다, 긍정적 이득에 대해 신난 것일 뿐이다.

지향 혹은 회피 선호인지는 일련의 질문으로 알 수 있다.

A : '일에서 중요한 것은 무엇이죠?'
B : '안정성입니다.'
A : '안정성은 왜 중요한가요?'
B : '청구서 지불할 걱정을 안 해도 되니까요.'
A : '청구서 지불은 왜 중요한가요?'
B : '빚이 없다는 뜻이니까요.'

최소 세 단계의 질문을 하는 것이 유용하다. 처음에 사람들이 회피 양식을 감추는 긍정적인 반응의 경향을 보일 수 있기 때문이다. 위의 예에서, 최초의 대답은 안정성 지향이었으나, 이어지는 대답들은 회피 성향을 드러냈다.

상품을 팔 때, 고객의 언어 양식을 연구하자. 그러면 고객이 선루프를 내리고 윙 소리를 들으며 머리를 스치는 바람을 즐길 수 있는 스포츠카를 사는 경우 같이 이득을 위해 구매하는지, 혹은 문제를 피하기 위해, 가령 위험에서 가족을 지키는 것에 중점을 두는 안전하고 튼튼한 차를 사는 경우인지 알아낼 수 있다. 시간을 절약하고 성과를 얻기 위해 자신의 말을 고객에 맞춰 수정한다.

여러분은 가치를 향해 나아가거나 회피한다. 가치로부터의 회피가 도움이 되지 않는다면, 변경해야 할 것이다. 학교 체육수업이 괴로운 경험이었고 따라서 체육수업이 있는 날이 곤욕스러웠다면 운동하는 일상을 유지하는 데 문제가 발생할 수 있다. 시간선 치료(제13장에서 자세하게 다룸)를 통해 부정적 기억으로 인해 쌓인 감정을 깨달을 수 있다. 아래의 언어 사용을 살펴보자.

- ✔ 지향 메타 프로그램을 가진 사람은 '성취', '얻다', '획득', '가지다', '이루다', '포함하다'와 같은 말을 사용한다.
- ✔ 회피 메타 프로그램을 사용하는 사람은 '피하다', '제거하다', '예방하다', '없애다', '해결' 등의 말을 사용한다.

케이트는 몇 년 전 가족의 사별로 괴로워하며 깊은 슬픔을 떨쳐버리지 못하는 엔지니어인 댄을 코칭했다. 그는 이러한 감정이 최상의 경력을 만드는 데 장애가 되고 있다고 느꼈다. 매우 부정적인 감정을 경험하는 것은 그의 본성이 아니었기 때문이다. 상담 동안 댄은 슬픔을 회피하는 것에서 기쁨에 집중하는 지향으로 주의를 돌렸다. 그는 자신을 기쁘게 하는 소소한 순간에 대해 일기를 쓰는 것으로 일상의 '보석'을 알아차리는 연습을 했다. 그것들은 거품 있는 우유를 얹은 커피나 점심시간에 운하 걷기, 잘 설계된 설계도 등이었다. 얼마 안 가, 댄의 주위 사람들은 새롭고 긍정적인 행동에 반응했고 그 결과 함께 어울리고 이야기를 들으며 중요한 논의에 그를 부르는 등 근무를 더욱 즐겁게 만들었다.

선택/절차 찾기

선택적(options) 사람이라면 일을 하는 데 있어 새로운 방식을 즐기는 편일 것이고 절차적(procedures) 사람이라면 정해진 방법론을 선호하는 모습을 보일 것이다.

선택적 사람들은 다양함을 매우 좋아한다. 비유하자면 미식가에게 스모가스보드(뷔

폐식 식사-역주)나 딤섬을 제공하며 수많은 요리를 맛보게 하는 것과 같다. 선택 메타 프로그램의 선호자일 경우 항상 결과를 얻지는 못하더라도 계획을 시작하는 것에는 능숙할 것이다. 절차를 따르는 게 본인이 아닌 이상 절차 설정을 잘할 수도 있다! 새로운 방식을 시험하는 것에 대한 애호 때문에, 가장 엄격히 시도되고 시험된 방법을 개선하거나 회사 규칙에 어긋나는 방법을 찾아야만 직성이 풀리는 유형이다.

경치를 구경하고 싶은 게 아니라면 선택적 사람들에게 운전을 맡기지 않는 것이 현명하다. 그들은 매번 다른 길을 택할 것이다. 로밀라는 항상 낯선 곳에 가게 될 때는 시간을 넉넉하게 잡았는데 길을 자주 잃었기 때문이다. 한 번에 목적지에 도달하면 속은 듯한 느낌이 들 정도라고 한다.

선택적 사람에게 제안할 때는 필히 하늘의 도움이 있어야 할 것이다! 선택적 사람들이 여러분을 몹시 사랑한다 해도, 그들의 헌신을 얻기는 힘들 수 있다. 갇히고 경험을 놓치게 될까 봐 걱정하기 때문이다. 선택적 사람들로부터 '예'를 듣기 위해선, 그들의 찬성하에 가능한 모든 기회를 보여줘야 할 필요가 있다.

절차 선호가 있다면 자신을 위해 만들어지는 것을 선호한다 해도 직접 그것들을 만들기보다 정해진 규칙과 절차를 따르고 싶어 할 것이다. 작업의 절차가 있을 경우, 변경 없이 되풀이해서 지키며 각 순서를 끝까지 완료하고자 할 것이고, 완료할 수 없는 상황 시 절차에 배신당했다는 느낌이 들 것이다. 속도 제한을 준수하는 유형으로 다른 운전자가 휴대전화를 사용하며 운전하거나 한 손으로 운전하는 것을 보면 개인적인 모욕으로 받아들일 수 있다.

로밀라는 하와이에서 치유 기법인 후나(Huna)를 배우면서 두 선호 간의 차이를 실감하게 되었다. 세 명으로 이루어진 한 팀에서 두 명은 큰 연못의 나무 아래에서 바다를 내려다보며 연습하고 실험해보기 원했다. 세 번째 사람인 리처드는 극도로 불편해하며 갑자기 자리를 박차고 나가 다른 팀을 찾기 시작했다. 그는 시연된 곳과 똑같은 환경에서 본 방법 그대로 해야 연습했기 때문이다.

어떤 사람이 주어진 맥락에서 두 선호 중 어떤 것을 입증하는지 다음과 같은 질문을 함으로써 알 수 있다. '왜 이 직업을 택했나요?', '어떻게 해서 이 파티에 오게 되었나요?', '왜 그 차를 골랐죠?' 선택적 사람들은 일을 선택하고 파티에 참석하며 차를 구매할 때 자신들의 가치를 만족시킨 가치 목록을 제공할 것이다. 여러분은 그 선택을 한 이유와 선택이 그들에게 개방한 가능성들을 들을 수 있을 것이다. 이와는 대조적으로 절차적 삶의 사람들은 이야기를 시작하거나 일을 갖게 되고 파티에 오게 된 방법, 차를 고르게 된 순서를 나열할 것이다. 즉 다음과 같다.

> 제 포드 퓨마가 7년이 되었고 바꿀 때가 되었어요. 몇 달 전에 차량 잡지를 사서 제조사들의 장단점을 따져봤지만 결국 16,000킬로미터를 달릴 수 있는 정도면 저한테 맞겠더라고요. 그 이유로 선택하게 되었습니다.

선택적 사람들과 절차적 사람들이 어떻게 자신을 표현하는지 알아보자.

- ✔ 선택 메타 프로그램이 주요한 사람들은 '그때 봐서', '규칙을 변칙 적용하다', '가능성', '이런 식으로 해보자', '다른 방법으로 해보자'와 같은 어구를 사용한다.
- ✔ 절차 메타 프로그램이 주요한 사람들은 '순서를 따라', '규칙을 따라', '순차적으로' 같은 어구와 '첫째', '둘째', '마지막으로'와 같은 말을 사용한다.

내적/외적으로 파헤치기

의사결정 시 자신의 판단을 신뢰하거나 자신이 일을 잘했다는 것을 알고 있다면 메타 프로그램에서 내적(internal)인 쪽에 해당한다. 자신이 얼마나 잘했는지에 대해 다른 사람의 피드백이 필요하다면 좀 더 외적(external)인 선호를 가진 편이라고 할 수 있다. 이 메타 프로그램의 핵심은 자신을 동기부여하고 행동을 판단하며 의사결정하는 곳이 자신 내부에 있는지 또는 다른 사람에게 달렸는지 여부다.

대부분의 아이들은 외적 틀을 참조하고 부모나 교사의 의식적·무의식적 가르침을 흡수하면서 발달한다. 그러나 성숙함은, 자신에 대한 이해가 커지고 스스로의 판단과 결정을 신뢰하게 되면서 이 참고를 좀 더 내적으로 전환하게 한다. 새로운 것을 학습할 때도 비슷한 이행이 일어난다. 처음에는 다른 사람의 평가를 필요로 하며 좀 더 외적인 참조를 갖지만 경험과 지식이 쌓이며 참조는 내적으로 전환된다.

여러 번 같은 부정적 피드백을 받는다면, 이 피드백에 대해 내적인 원인을 찾는 경향이 있다. 반면 자신이 잘했다는 것을 이미 알고 있다면 어떠한 피드백의 필요성도 느끼지 못할 것이다.

내적으로 향하는 경향의 사람들은 기업가로서 성공할 수 있다. 무엇을 할지, 잘하고 있는지 여부를 다른 이로부터 들을 필요가 없기 때문이다.

내적 틀을 갖는 상사라면, 외적 틀을 갖는 직원들에게 피드백을 주고, 칭찬해주며, 잘하는지 여부에 대해 말할 필요가 있다는 것을 기억하자.

외적인 성향의 경우, 자신이 어떻게 하는지와 동기부여를 유지하기 위해 다른 사람의 피드백을 받을 필요가 있다. 일에서 원하는 성과의 필요성을 설명하지 않는 이상 내적인 직원들은 관리하기 어려울 수 있다. 특히 여러분이 세세한 것까지 관리하는 유형이라면 더 그럴 것이다. 그들은 자신들의 방식으로 일하며, 각자의 기준으로 운영하기를 원한다. 반면에 외적인 사람들은 지시와 칭찬할 필요가 있다는 것만 이해하면 관리하기 쉬운 편이다.

어느 선상에 있는지 알기 위해 다음 질문을 해보자. '어떻게 일을 잘하는지, 차를 잘 샀는지, 결정을 잘했는지 아나요?' 내적인 사람은 '일이 잘 되면 제가 알아요'라고 하는 반면 외적인 사람은 '가족이 정말 그 차를 좋아해요'라고 할 것이다.

내적·외적 사람들이 사용하는 선호를 입증하는 말은 다음과 같다.

- ✔ 내적인 참조 틀을 작동하는 사람과 말을 할 때, '당신만이 판단할 수 있어요', '순전히 당신에게 달려 있습니다', '직접 확인해보세요', '사실을 조사해서 결정하세요'와 같은 어구가 크게 영향을 미칠 것이다.
- ✔ 외적인 참조 틀을 가지고 있는 사람과 이야기한다면, '통계/연구에서 말하길…', '찬성할 겁니다', '전문가의 의견은', '이것은 정말 잘 팔려요'와 같은 어구가 좋은 반응을 얻을 것이다.

거시적/세부적으로 하기

기획에 착수할 때나 목표 설정 시, 일부는 큰 그림을 보는 것이 쉽다고 생각한다. 다른 이들은 거시적 관점은 어렵지만 쉽게 목표 달성에 필요한 순서들을 그려보고 작은 세부사항으로 일하는 것은 좋아한다.

단위 크기(chunk size)는 직무와 관련해서 일하기 선호하는 규모를 의미한다. 거시적 (global)인 것을 선호하는 사람은 직무를 큰 단위로 나누고, 세부적(detail)인 사람은 단위의 일을 좀 더 작은 규모의, 처리 가능한 단계로 하는 것을 선호한다.

거시적이거나 개념적 단계에서 일하는 것을 선호하고 세부내용 다루는 것에 문제가 있다면, 새로운 것을 배울 때 그 배운 것의 큰 그림 개요를 선호할 것이다. 발표자가 주제에 대해 바로 세부사항으로 들어간다면 새 주제를 이해하는 데 어려움을 느낄 수 있다. 숲은 쉽게 보지만 대량의 나무는 혼란스러워하는 경우다. 거시적으로 일하는 것을 선호한다면, 큰 그림을 갖는다는 것으로 세부 지향적인 발표자가 전달하는 정보의 양에 신경을 끄거나 초조해할 것이다.

다른 사람을 훈련할 때, 시작하기도 전에 거시적 사람들을 잃는 것은 원하지 않는다면 구체적인 것들을 이야기하기 전에 과정의 개관을 제시하도록 하자.

반면에, 천릿길도 한 걸음부터 가고자 한다면, 세부사항을 처리하는 성향이다. 거시적으로 생각하는 사람의 비전을 공유하는 것은 어려울 수 있다. 세부적인 사람들의 경우 정보를 순차적인 단계로 처리하며 우선순위를 올바로 하는 것이 어려울 수 있다. 그들이 일하는 곳 내부의 다른 영역과의 좀 더 일반적인 접속이 불가능하기 때문이다. 이 사람들은 세부에 밀접한 주의가 필요한 일에 매우 능숙하다. 특히 시간이 많이 걸리는 조립 라인이나 연구실에서 시험을 수행하는 일 등에 능숙하다.

세부적인 사람들은 원하는 목표 단계에 대한 최종적 영향을 살피지 않고 작업으로 똑바로 돌진하는 경향이 있다. 그 결과, 실제의 목표를 얻지 못하거나 매우 많은 시간과 힘을 단계를 따르는 데 다 써버리고 잘못된 목표에 도달한 후에야 결과를 깨닫게 된다.

로밀라가 IT업계에서 일할 때, 흥미로운 다국적 회사의 회의를 경험한 적이 있다. 관리자는 거시적인 사람이었는데, 불행히도 진행 사항을 발표하는 개발자들 중 한 명이 세부형이었다. 팀의 다른 사람들은 관리자가 이해 불가와 지루함, 노골적인 짜증을 보이자 무표정하게 있기가 점점 힘들어졌다. 결국 관리자는 기획 리더들 중 한 명에게 저 사람이 무슨 소리를 하는지 설명해보라며 화를 냈고 다행히도 중간 크기의 단위 유형인 그 리더는 세부내용을 관리자에게 설명할 수 있었다. 불쌍한 개발자는 회의 전 땀을 한 바가지 흘렸고 스트레스 수치는 감당 못할 정도로 치솟았다.

개발자가 상사와의 의사불통 이유를 알았다면, 작업을 반대로 설계했을 것이다. 작성한 부호에 대해 이야기하는 대신, 생산된 작업 결과와 관리자가 책임지는 기획이 어떻게 작용했는지 간략하게 말로 전할 수 있었을 것이다.

특정한 일에 대해 미룬다면, 해야 할 일의 양에 압도당한 것일 수 있다. 다음 과정을 사용해서 직무를 처리 가능한 단위로 나누어본다.

1. **중지!**
   이미 무대책으로 마비된 것이 아니라면 지연을 멈춘다.
2. **종이와 펜을 가지고 온다.**
3. **앉아서 목록을 만든다.**
   생각하고 무엇이 정말 중요한지 적는다.
4. **중요도에 따라 목록을 재배열한다.**
   요점의 일부를 다른 행동 목록으로 옮기고 싶을 수 있다.
5. **시작한다!**

어떤 사람이 거시적, 세부적의 어디에 있는지 알기 위해, 최근 완성한 기획에 대해 질

【 투쟁, 도피, 얼어붙음 및 미루기 】

투쟁과 도피, 얼어붙음은 스트레스 기제들의 일부다. 치타에게 붙잡힌 임팔라는 과각성 상태에 빠지고 얼어붙은 듯 꼼짝 않는다. 이 기제 뒤에 숨겨진 생존 반응은 치타에게 임팔라가 죽었다고 믿게 만든다. 치타가 나중에 먹기 위해 한쪽으로 치울 때 임팔라는 도망갈 기회를 얻는다. 생존 반응에 대한 다른 이유는, 치타가 그 자리에서 잡아먹으려 할 때 임팔라가 몸이 찢기는 고통을 느끼지 못하게 하기 위한 것이다.

미루기는 사람에게 있어 얼어붙음 반응에 해당한다. 미루기 습관이 있는가? 여러분은 너무 많은 일에 착수해서 어디서 시작해야 할지 모르는 것일 수 있다.

문한다. 세부적 사람은 단계적인 설명을 할 것이다.

> 짐과 저는 지난 7월 둘째 주 화요일 점심 때 만났어요. 그가 사방을 돌아 다녀서 제가 질문을 많이 하고 각 단계에 집중하도록 했던 것이 기억나요. 처음에는 많이 긴장했지만 기획 계획에 많은 정보들을 파악하는 데 시간을 보낼 때는 훨씬 만족스러웠어요.

거시적 사람은 임의적으로 소개하고 성과를 요약한다.

> 톰과 저는 작년 언젠가 점심 때 만나서 야생동물 보호지역 건설 작업에 착수하기로 결정했어요. 생물 다양성에 초점을 맞추는 것은 정말 중요해요. 저는 정말 사람들이 환경 관리를 해야 된다고 생각해요. 그렇지 않나요?

다음은 거시적인 사람과 세부적인 사람이 사용하는 단어들이다.

- ✔ 거시적 관점을 가진 사람은 '개관', '큰 그림', '간단 명료하게', '일반적으로', '핵심적으로' 같은 말을 사용한다.
- ✔ 세부적 관점을 가진 사람은 사람들이 '계획', '정확하게', '일정', '첫째', '둘째', '셋째'(등등), '다음으로', '전에는'과 같은 말을 사용할 때 더 잘 경청한다.

틀린 결정을 하게 될까 봐 차일피일 미루고 있다면 체계화된 조건(제4장)을 사용해 옵션들을 검토해본다. 무의식적 공포를 인식하고 생각지 못한 가능성을 발견하며 앞으로 나아가는 데 도움이 될 것이다.

동일함, 동일함과 차이의 공존, 차이 알아차리기

새로운 것을 배우거나 경험할 때, 전에 알고 있는 정보와 일치시키려 한다면 **동일함**(sameness) 선호를 갖는 것이다. 처음에는 상황의 동일함을 알아차리고 서서히 차이를 알아가는 경우는 **동일함과 차이의 공존**(sameness with difference) 선호다. 그러나 이미 알고 있는 것과의 차이점을 살펴본다면, **차이**(difference) 선호로 분류된다.

동일형 사람은 라포와 관련해서 유리한데(제6장에서 다룸), 라포는 무엇보다도 다른 사람의 생리와 사고에 일치하는 것이기 때문으로 이 선호 사람들은 자동적으로 일치하기를 할 것이다. 이 선호는 기존 상황과의 유사점을 발견할 수 없으면 들어오는 많은 정보를 삭제하는 경향이 있다. 낯익다고 느끼지 않는 이상 새로운 것을 배우기는 힘든데, 예를 들어 이미 알고 있는 언어와 비슷하다고 생각하면 새 언어를 배우는 게 더 쉬워진다. 영어 사용자는 이를테면 한국어보다는 네덜란드어가 배우기 쉬울 것이다. 여러분은 변화를 좋아하지 않고, 위협까지 느낄 수 있으며, 직장과 집에서 변화에 적응하기를 어려워한다. 일반적으로, 큰 변화를 시작하는 것을 싫어하며 상황이 정말 힘들어질 때 삶의 방식을 바꾸는 것을 미룬다. 이것은 이사나 이직이 매우 드물다는 것을 의미한다.

동일함과 차이의 공존적 사람은, 상황에서 동일성을 먼저 본 다음에 차이를 발견하는 경향이 있다. 여러분은 변화에 있어 진화적인 접근을 좋아하며, 큰 변화는 뜸하게 일어나기를 선호하고 갑작스러운 변화에는 저항할 수 있다. 이 사람들과 더 많은 라포를 형성하기 위해서는 비슷한 점을 강조한 뒤 차이를 말하도록 하자. 예를 들어 이렇게 말한다. '이 일은 전에 하던 것과 매우 비슷하네요. 하지만 새로운 해법의 수행이 있어야 할 겁니다.'

차이 메타 프로그램 선호형은 변화를 즐긴다. 혁명적 삶을 사랑하고 잦은 변화에 잘 적응하며 그저 약간의 변화로 개혁을 만든다. 동일형의 사람 같이, 혁명형도 방대한 양의 정보를 삭제하는 경향이 있는데, 다만 다른 점을 찾을 수 없을 정보라는 점이 다르다. 일부는 항상 동전의 다른 면을 보는 경향 때문에 혁명형을 까다롭다고 여길 수 있다. 혁명형은 새로운 것을 배우기 좋아하지만, 정말 깊게 들어갈 필요가 없는 한 상당히 피상적으로 학습한다. 차이에 쉽게 중점을 두는 사람과는 쉽게 라포를 만들지만 좀 더 동일형 또는 동일함과 차이의 공존적 사람과 대화할 때는 공통의 것들을 발견하도록 의식적으로 노력해야 할 것이다.

양극성 반응자(polarity responder)는 동일함과 차이의 척도상 극단적으로 차이 쪽에 있는 사람이다. 일부러 여러분에게 반대하고, 여러분과 주위 사람들의 생각과 제안에 저항하며, 항상 모든 말에 반대 입장을 택하는 그런 사람이 있을 것이다. 그런 사람은 여러분이 '정말 화창한 날이야, 살아 있는 게 행복해!'라고 할 때 '자외선 조심해. 피부에 아주 안 좋아'라고 대답한다.

양극성 반응자를 다루는 것에 희망을 버리지 말자. 삽입된 명령을 추가하는 동안(이에 대해서는 제16장 '내장 명령어' 참조) 상대를 무장 해제하는 우아한 방법을 사용할 수 있다. 가장 간단한 방법은 '찬성하지는 않겠지만…'이라는 말을 쓰는 것이다. '반대' 대신 '찬성 안 하다'를 사용하는 것으로 찬성이라는 삽입된 명령어를 슬쩍 끼워 넣을 수 있고, '…겠지만'이라는 말은 이후의 말을 강조하는 동시에 전의 말을 무효화하거나 삭제한다.

모든 부정적인 것에는 긍정적인 것이 있고, 자신이 어떻게 반응하는지에 유념하는 태도는 유용하다. 양극성 반응자는 전에는 고려해보지 못한 다른 관점을 제시할 수 있다. 요점을 들어보지 않고 상대를 거부하는 성향일 경우 중요한 요지를 놓칠 수도 있다.

로밀라의 가까운 가족 중 한 사람은 차이형 사람이다. NLP를 알기 전까지, 로밀라와 그 가족 간의 의사소통은 좋게 말해서 힘들었다. 이제 로밀라는 진정으로 그의 지식의 가치를 안다. 그녀는 새로운 기획에 착수할 때, 친구와 모든 가족들과 브레인스토밍을 한다. 꽤 확실한 생각을 내놓았을 때, 그녀는 브레인스토밍하면서 간과한 누락 사항과 문제점이 있는지 파악할 수 있는 차이 선호적인 가족에게 접근했다. 이 과정으로 많은 시행착오로 낭비했을 수 있는 시간을 절약할 수 있었다.

맥락에서 대상의 선호하는 메타 프로그램을 알아내기 위해, 전 직장과 현 직장의 관계에 대해 질문해보자. 동일형으로 분류된 사람은 '별 차이 없어요, 계속 프로그램을 만들고 있죠'라고 하는 반면, 동일형과 차이의 공존 메타 프로그램 사람은 '회계 프로그램을 여전히 만들고 있지만, 세 명의 후배 개발자 관리도 하고 있어요'라고 할 것이다. 차이형 사람은 '후배 개발자 관리 일로 승진해서 이제 완전히 다른 일을 합니다'라고 답할 것이다.

어떤 사람에게 그림 7-2에 있는 직사각형 간의 관계를 설명해보게 한다. 각 사각형은 정확히 같은 크기지만 이것은 밝히지 않는다. 동일형 메타 프로그램 사용자는 '다 직사각형'이라고 말할 것이고 차이가 있는 동일함과 차이 메타 프로그램 사용자는 '다 직사각형이지만 하나는 수직으로 놓임'이라고 할 것이며 차이 메타 프로그램 사용자는 '배치가 다르게 놓임'이라고 답할 것이다.

세 개의 1파운드짜리 동전을 가지고 같은 시험을 해볼 수 있다. 두 개는 앞면을 위로, 한 개는 뒷면을 위로 오게 한 다음 관계를 묻게 한다.

그림 7-2
동일함/차이가
있는 동일함/
차이 게임

그림 7-2 동일함/차이가 있는 동일함/차이 게임

어떤 사람의 선호를 알고 싶다면 다음 말과 어구를 살펴보라.

✔ 동일형 선호의 사람은 '같은', '비슷한', '공통의', '평상시와 같이', '변경 없이', '마찬가지로', '동일하게' 등을 사용한다.

✔ 동일형과 차이의 공존적 기반의 사람은 '같은 기대', '더 좋은', '개선', '점진적인', '증가', '진화적으로', '다소', '그래도', '비슷하지만 차이는…'과 같은 말이나 어구이다.

✔ 스펙트럼 척도에서 차이 쪽에 위치한 사람들은 '아주 딴판인', '비교가 안 되는', '다른', '변경된', '변화된', '혁명적인', '완전히 새로운' 등의 말과 어구를 사용한다. 이들을 이해하기 위해서는, 위의 말들을 사용하고 '찬성할지 어쩔지 모르겠지만…'과 같은 말을 사용한다.

시간적 관점과 씨름하기

제13장에서 기억력에는 구조와 연속적인 형태가 있다는 점을 제시했다. 즉 시간선이 과거, 현재, 미래를 연결한다는 것이다. 이 단락에서는 시간을 생각하는 방식의 또 다른 차원, 말하자면 과거나 현재, 미래에 좀 더 중점을 두는 성향이 있음을 알게 된

표 7-1 과거, 현재, 미래의 강점과 약점		
중점	강점	약점
과거	과거를 긍정적으로 생각하는 사람은 역사와 전통에 감사한다. 그들은 강력한 긍정적인 정체성 및 행동, 가치, 믿음에 있어 강력한 양식을 갖는다.	부정적인 과거 기억에 중점을 두는 사람들은 많은 후회와 분노를 안고 있으며 예상하는 결과에 대해 그다지 낙관적이지 않다. 그러므로 살면서 가능한 손해의 결과 때문에 결정하는 것을 두려워한다.
현재	현재에 중점을 두는 사람은 목전의 일에 집중하며 현재 일에 능숙하다.	현재 지향적 사람은 일을 완료하려는 성급함 때문에 과거의 실수에서 배우지 못하고 계속 나아가며, 행복한 미래를 계획할 시간은 없을 수 있다.
미래	미래에 적당히 중점을 두는 사람은, 계획 가능하고 합리적으로 희망하므로 낙관적이다.	미래를 항상 생각하고 삶을 성급히 끝내는 경향이 있고, 다음 경험에 대비하나 멈춰서 생각하며 주위를 둘러보며 음미하는 보물을 놓친다.

다. 『타임 패러독스(The Time Paradox)』에서 필립 짐바르도는 시간에 대한 자신의 초점이라는 가장 무의식적인 것이 어떻게 삶에 거대한 영향을 미치는지 설명한다. 그것은 인식하지 못하는 사이에 의사결정 방식과 이용 가능한 선택에 작용한다.

사용하는 동사 시제를 통해 다른 이의 시간 선호를 알아낼 수 있다. 과거 중점적인 사람은 '기억하다', '내가 어렸을 때', '그때가 더 좋았다', '…했더라면' 등을 사용한다. 미래에 중점을 두는 사람은 '…때', '…할거야', 현재 중점적인 사람은 현재 시제를 택하고 주변 일들에 대해 말할 때 '이것이 그렇게 된 방식이야', '무슨 일이 일어났냐면 …' 식으로 말한다. 사람들을 설득하려면 그들이 사용하기 좋아하는 시제에 일치시키는 것이 좋다.

어떤 사람이 과거의 부정적 경험에 갇혀 있을 경우 상대에게 동의하는 것이 도움이 된다(이야기의 드라마적 요소에 빠지지 말고). 상대를 좀 더 긍정적 상태로 이끌 수 있기 때문이다. 이와는 대조적으로, 라포에 들어가기도 전에 시작부터 반대한다면, 원하는 결과에서 이탈하는 갈등을 유발할 수 있다.

고소득 직종에 있지만, 존과 샌드라는 한 번도 필요에 맞춰 살지 못하고 하루하루 생활하는 것처럼 보였다. 그들은 휴일, 이사, 은퇴 같은 것에 대비해 예산을 세우거나 계획하지 않았다. 돈은 언제나 다툼거리로, 충동구매로 모두 빠져나갔다. 부부를 상담하는 동안, 존이 항상 그들이 휴일 등을 보내게 될 멋진 집을 꿈꾸는 반면, 샌드라는 과거에 중점을 두고 있다는 것을 알게 되었다. 존은 미래에 시선을 두고 있었다. 사고방식의 차이를 깨닫자, 그들은 단기 예산 전략을 세워서 마치 데이트하듯 서로를 대하기로 했다. 이러한 작은 목표를 세우는 것은 큰 계획 설정을 위한 연습이 되었다. 그들이 즐기는 것을 포기하지 않고 저금을 할 수 있다는 것을 깨닫자 재정 관리에도 자신이 생겼다.

존은 여전히 샌드라에게 이달의 계획 이상의 것을 생각하게 하느라 분투한다. 이후 상담 회기 동안, 샌드라는 그녀의 '그날만 사는' 이유가 아버지가 사업에 실패하고 어머니에게 울면서 '다 계획했다고 생각했는데 계획이 무슨 소용이야?'라고 말하는 것을 목격했기 때문임을 기억했다. 강했던 아버지가 우는 모습을 본 충격은 그녀를 망연자실하게 만들었다. 그의 말은 그녀의 무의식에 바로 전달되어 삶을 계획하는 것을 막았다. 그녀는 확실하지는 않지만, 무의식의 기억이 그녀와 존을 위한 편안한 미래를 만드는 것을 방해한다는 것을 알게 되었다. 미래를 신뢰한다는 것은 여전히 어렵지만, 그녀는 최소한 자신의 공포를 인지하고 존이 계획을 세울 때 장애물을 만들지는 않게 되었다.

오늘 만드는 긍정적인 기억은 내일 되돌아볼 수 있는 긍정적 기억이다.

삶의 대부분의 것과 마찬가지로, 성공의 열쇠는 균형을 이루는 일이다. 과거, 현재, 미래를 지나치게 곱씹는다고 생각되면, 제2의 천성이 될 때까지 의식적으로 중점을 전환하자.

과거 사건이나 미래에 대한 백일몽에 좀 더 집중하는 경향이 있는 편이어서 현재의 경험을 즐기고자 한다면, 잠시 멈춰서 주위 환경을 자세히 둘러보는 훈련을 한다(마음챙김 훈련은 현재 순간으로 초점을 전환하는 능력에 매우 유용하다). 주위 사람들, 방 배치나 창밖으로 보이는 것들을 유의하자. 외부에 있다면, 나뭇가지와 잎들 사이의 공간, 하늘 색, 구름 모양 등을 살펴보고, 어떤 기분이 드는지 생각해본다.

부정적인 과거 경험에서 교훈을 배우는 것은 자신을 붙잡는 것들을 내보내는 데 도움이 된다. 제13장에서 부정적 감정과 제한적 결정을 어떻게 내려놓을 수 있는지 알려준다.

메타 프로그램 조합하기

안전지대 안에 있을 때 여러분은 택하고 싶은 메타 프로그램들을 조합한다. 이 선호가 자신의 상이한 상황들에 따라 달라졌던 것을 기억해보자. 가령 기획 관리자가 직장에서는 차이적, 주도적, 세부적, 지향적 선호로 조합하지만 집에서는 좀 더 동일적, 반응적, 거시적인 사람일 수 있다.

또 자신에게 유용한 다른 많은 메타 프로그램을 이해하게 되면서 메타 프로그램의 특정한 결합이 특정 직업에서 다른 것보다 낫다는 것을 깨닫는 것이 중요하다.

높은 선택적, 거시적, 차이적 성향의 메타 프로그램 강사가 여러분의 첫 스카이다이빙을 지도하길 원하는가? 절차가 지루하다며 한두 개의 안전 점검은 건너뛰는 사람의 손 안에 있게 된다면, 좀 떨릴 것이다! 협심증 약에 예쁜 푸른 액체를 두 방울 떨어뜨리면 어떻게 될지 알고 싶어 하는 약제사에게 자신의 약을 조제하게 하고 싶은가? 이 예시들은 사람들의 프로필이 그 역할에 맞을 때 제일 좋다는 것을 설명한다. 세부적, 회피적, 절차적 사람은 회사의 품질 평가 업무에 최적이라고 판단할 수 있다. 그 사람의 메타 프로그램은 해당 역할의 충족요건에 일치하기 때문이다.

메타 프로그램 기술 심화하기

로밀라의 워크숍에서 메타 프로그램은 대단한 흥미를 유발한다. 참가자들이 소위 '맞는' 언어, 즉 의사소통하는 사람들에게 가장 의미 있는 말이나 어구를 사용하는 효과를 깨닫기 때문이다. 적합한 언어의 사용은 라포 형성을 가능케 하고 메타 프로그램의 기술에 익숙지 않은 다른 이들보다 대상에게 자신의 메시지를 좀 더 잘 이해시킬 수 있게 한다.

이 생각을 유의하며, 우리는 다음 측면들을 고려함으로써 여러분의 능력을 계발하고자 한다.

✔ 삶의 다른 영역에서 작동한 메타 프로그램을 식별할 수 있는가? 이 연습은 인생에서 성공하지 못한 그 외 측면의 개선을 위해 성공적이었던 부분을 모방하고 싶을 때 유용하다.

경력을 진척시키는 것보다 휴일을 계획하는 것에 더 능숙하다고 생각되면, 이것은 휴일 계획 시 좀 더 주도적이고 지향적이며 절차에 집중하기 때문이다. 그러나 이런 선호는 경력 설정에 관련해서는 나타나지 않는다. 자신이 거대한 바퀴의 작은 톱니바퀴처럼 생각되고 경력과 관련해서는 주도적이 되는 것이 망설여지는가? 아마도 과거 부정적 감정의 영향으로(앞 부분의 '시간적 관점과 씨름하기' 참조) 상사가 자신의 미래를 지시하도록 용인하는 것일 수 있다. 코치나 치료사와 작업하는 것은 과거 교훈을 되새기게 하고 경력 진척을 위해 로드맵을 수립함으로써 미래에 중점을 두게 한다.

큰 경력 목표 결정 시 목표에 도달하기 위한 단계를 정의하고 획득하기 위해 좀 더 절차적으로 일할 필요가 있다. 또한 좀 더 목표에 전진하고 그 달성에 주도적일 필요가 있다.

✔ 다른 사람과 문제가 있다면, 메타 프로그램 척도에서 반대편에 있을 수 있다. 자신과 대상이 사용하는 메타 프로그램을 파악했는가? 예를 들어 거시적/세부적 메타 프로그램은 사람들 사이에 큰 걱정거리를 만들 수 있다. 거시적, 큰 그림에 대해 세부적인 사람과 소통한다면 꾹 참고 단위를 작게 나누자('거시적/세부적으로 하기'에서 설명한 것처럼). 불일치하는 메타 프로그램은 큰 갈등과 잘못된 의사소통을 유발할 수 있다. 그러므로 대화할 때 사람들이 쓰는 언어를 경청하고 그들의 말을 사용하도록 하자.

✔ 새 직원을 채용한다면, 그 일이 고유한 역할과 책임을 파악할 때 이상적인 지원자의 특성을 작성한다. 지원자가 일에 얼마나 적합한지 설정하기 위해 무슨 질문을 해야 하는지 자문할 필요가 있다. 일에 맞지 않는 사람을 채용하는 것은 그 대가가 크기 때문이다. 세금 회계사를 채용한다면, 그 사람은 다음의 선호일 필요가 있다.

- 바뀌는 세금법에 발 맞춰 대응할 수 있도록 주도적일 것.
- 법의 이행을 위해 절차적이며 세부적으로 일할 것.
- 정부의 지시와 고객 요구에 수용할 수 있게 외적인 것에 중점을 둘 것.
- 세금 문제와 관련한 모든 차이를 발견할 수 있도록 차이 선호일 것.

chapter

08

의사소통 단추 누르기

제8장 미리보기

● NLP 의사소통 모형 알아보기

● 모든 상호작용에서 총 책임 지기

● 다른 사람들의 의사소통법 이해하기

● 효과적으로 의사소통하기

● 감정과 분리되어 결과에 중점 두기

대화 시, 자신이 차지하는 비율이 얼마나 된다고 생각하는가? 50퍼센트? 두 사람이 대화를 한다면 논리적으로 반반씩 차지할 것이라고 생각하고 대답했을 것이다. 그렇지 않은가?

이하의 NLP 가정(제2장에서 논의)에 친숙하다면, 대답은 100퍼센트일 것이다.

✔ 의사소통의 의미는 그것이 도출하는 반응이다.

✔ 하고 있는 일이 효과가 없다면, 다른 방식으로 한다.

✔ 체계 내에서 가장 유연한 사람이 그 체계를 움직인다.

이 장은 관련된 모든 의사소통에 대해 총 책임을 지는 법을 소개한다. 우리는 여러분과 의사소통하는 사람들이 어떻게 감각을 통해 들어온 것들을 바꾸고 소통하는 것들에 대한 내적 표상을 생성하는지 더욱 잘 인지할 수 있는 도구를 제시한다. 말의 무엇을 들으며 그 결과 무엇을 보고 느끼게 되는지 말이다. 다른 이들의 사고 과정을 이해할 때 자신의 말, 행위, 행동을 채택하는 도구를 갖게 되며 그 결과 메시지가 전달되고 이해되며 원하는 반응을 얻을 수 있게 된다.

이 장에서 우리는 받는 메시지를 여과하는 법에 대한 전반적인 개요를 제공한다. 여과기에 대한 좀 더 자세한 내용은 다른 장들에서 탐색한 바 있다. 제7장은 메타 프로그램을, 제15장은 이 장에서 소개하는 삭제, 왜곡, 일반화에 대해 더욱 자세히 다루었다.

의사소통과 관련해서는 두 가지 요점만 기억하면 된다.

1. 의사소통하고자 하는 것이 꼭 대상이 이해해야 할 메시지일 필요는 없다. 중요한 것은 의도가 명확하게 말하는 것이다.
2. 내적 표상은 여러분의 말과 행동으로 인해 상대의 마음에 생성되는 것이다.

이 장을 읽으면서, 여과기에 대해 배운 것을 서로에게 이득이 되는 의사소통을 보장하기 위해 어떻게 적용할지 생각한다. 라포에 대한 매칭과 미러링은 제6장에서 논의했다. 의사소통은 누군가와 라포를 설정할 때 가장 효과적인데, 대상을 좋아하게 되는 감정은 신뢰감을 불러일으키기 때문이다.

NLP, 특히 이 장에서 소개하는 의사소통 과정은 강력한 도구다. 다른 사람에게 한 번 사용해보고 싶겠지만, 우리의 경험상 여러분과 소통 후 사람들이 불편하게 느낀다면 장기적이고 신뢰할 수 있으며 지속 가능한 관계 형성은 불가능하다. 이 장에서 알게 된 것을 신중하게 사용하도록!

의사소통 과정 이해하기

NLP 의사소통 모형은 인지심리학에 기반하며 리처드 밴들러와 존 그린더에 의해 발전했다.

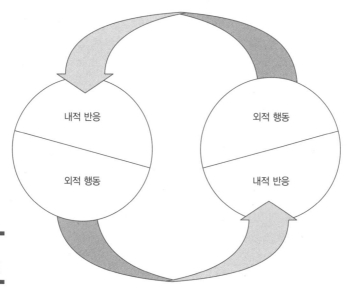

그림 8-1
의사소통 순환계

NLP 의사소통 모형에 따르면, 사람들이 특정한 방식으로 행동할 때(그들의 외적 행동) 여러분 안에서 연쇄 반응이 설정되는데(여러분의 내적 반응), 이것은 여러분을 어떠한 방식으로 행동하게 한다(여러분의 외적 행동). 그 후 사람들 내에 또 다른 연쇄 반응이 생성되며(그들의 내적 반응), 이 순환은 계속된다.

내적 반응은 내적 과정(자신과의 대화, 그림, 소리로 이루어짐)과 내적 상태(느껴지는 감정)로 구성된다. 이것은 여과기를 통해 들어오는 감각적 정보들이 지나갈 때 사람들의 마음에 생성된 내적 표상이다.

아래에 NLP 의사소통 모형의 실전을 보여주는 두 시나리오를 소개한다.

시나리오 1

어떤 사람들에게는 기분 좋게 화창한 여름 날이었겠지만 사무실 에어컨이 고장 난 댄에게 오늘은 끔찍한 날이었다. 그는 피곤한 퇴근길 전쟁 준비를 위해 차에 올라 에어컨을 켜며 안도의 숨을 내쉬었다. 아들 드류는 잔디를 깎기로 약속했다. 댄은 새로 손질된 정원 잔디에 앉아 시원한 맥주 한잔 마실 수 있게 되기를 고대했다. 하지만 집에 도착하자마자 눈에 들어온 것은 손질 안 된 채 그대로인 잔디였다.

댄은 분노와 불만에 휩싸여 집으로 벌컥 들어갔다. 그는 드류에게 '정말 글러 먹었어!'라고 고함쳤다. 이에 드류는 볼멘 십대 반항아로 돌아가, 고장 난 잔디깎기에 대해 투덜거렸지만 댄은 귀 기울이지 않았다. 마침내 드류는 '몰라, 아빠가 직접 깎으면 될 거 아냐!'라고 소리 지르며 나가버렸다. 두 사람 모두 더 이상 대화하려 하지 않았고, 둘 다 소리 지르고 문을 쾅 닫으며 결국 정적만 흐르는 상태가 전개되었다.

이 예시에서, 댄이 화를 터뜨렸을 때 손질 안 된 잔디는 분노, 불만과 짜증의 내적 상태를 설정케 하는 기폭제가 되었다. 내적 과정에서는 '하겠다고 약속했잖아. 앞으로는 아무것도 기대하지 말아야지. 부모로서 항상 최선을 다했는데, 그 애는 실망만 시켜' 같은 혼잣말이 있었을 것이다. 이 혼잣말로 드류가 댄의 기대에 부응하지 못했던 과거의 모습이 떠오르게 된다.

드류에게 보인 특정한 말투나 표정은 드류의 내적 상태를 유발한다. 그는 댄이 느낀 것과 매우 유사한 분노, 불만, 짜증의 감정을 느낄 수 있다. 드류는 전에 아빠와의 사이에 있었던 말다툼 모습을 그려보고 전과 마찬가지로 자신의 말은 듣지 않으려 한다는 것을 안다. 평상시의 볼멘 태도와 투덜거리는 드류의 외적 행동은 댄에게 더 기름 붓는 역할을 했을 수 있고 이 과정은 이런 식으로 계속된다.

시나리오 2

이제 두 번째 시나리오를 상상해보자. 댄은 집에 돌아와 잔디가 그대로인 것을 본다. 화를 터뜨리기 전에, 내적 상태를 깨닫고 다음 행동에 어떻게 작용할지 인지한다. 그리하여 깊은 숨을 들이쉰 뒤, 드류에게 왜 잔디가 안 깎여 있는지 물어본다. 드류는 꾸중들을 것을 예상하고 방어적으로 잔디깎기가 고장 났다고 말한다. 과거 경험으로, 드류가 자신의 껍질 속으로 도망갈 것임을 알아채고 댄은 아들에게 잔디깎기 고치는 법을 가르쳐주겠다고 한다. 드류가 수리하는 것을 돕기 전에 댄은 맥주 한잔과 함께 열을 식힌다. 드류는 잔디를 깎은 후 가족과 함께 화목한 식사를 한다.

이 시나리오에서 아버지 댄은 내적 과정을 바꾸고 지도와 확고한 훈육을 위해 자신이 십대였을 때를 기억하도록 의식적으로 노력했다. 그는 십대 아들과의 상호작용에서 원하는 결과가 무엇인지 판단해 감정과 분리했다. 이로써 대화 통로를 열어 놓을 수 있는 길로 갈 수 있었고 드류가 잔디를 깎는 성과를 얻게 되었다.

이 시나리오는 NLP 가정을 실전에 대입한 것으로, 댄이 드류에게 잔디를 깎게 한다는 바라는 성과를 얻을 수 있었던 방법을 설명한다('체계에서 가장 유연한 사람이 승자'라는 가정). 남자끼리의 연대의식도 더해졌다. 드류가 방어적이 되면서 보인 반응은 분명히 댄이 원하는 것이 아니었다. 댄은 드류의 행동 양식을 알아차릴 만큼 유연했고 성과를 얻기 위해 자신의 반응을 수정했으며, 그 결과 체계를 통제할 수 있었다.

NLP 의사소통 모형 소개

존 그린더와 리처드 밴들러는 의사소통의 달인은 세 가지 역량을 갖췄다는 것을 발견했다.

- ✔ 무엇을 원하는지 안다.
- ✔ 상대로부터의 반응을 탐지하는 데 매우 능숙하다.
- ✔ 원하는 것을 얻을 때까지 행동을 바꾸는 유연성이 있다.

최고 협상가로서 사이먼은 케이트에게 사람을 다루는 데 있어 귀중한 교훈을 전해주었다. 사이먼은 항상 침착함을 유지하고 가장 까다로운 상황에서도 성과를 달성했다. 그는 자신의 감정을 분리하고 바라는 결과에 집중함으로써 그렇게 할 수 있었다. 그는 또, 모두가 승자가 되는 결과를 위해 다른 사람의 관점과 '뜨거운 쟁점'을 이해하려고 애썼다.

모두가 정보를 다르게 처리하기 때문에 상황에 대한 반응도 각양각색이다. 다른 이의 뇌가 어떻게 작용하는지 이해한다면 정말 유용할 것이다. 단서를 찾기 위해 계속 읽어보자.

단편적 정보 처리하기

조지 밀러 교수는 지정된 시간에 얼마나 많은 단편적 정보들을 단기 기억으로 보유할 수 있는지에 대해 연구한 심리언어학과 인지심리학 분야의 개척자이다. 그는 7±2개의 정보를 보유한다고 결론 내렸다. 즉 기분이 좋거나 그 주제에 관심이 있을 경우 아홉 개, 기분이 나쁘거나 기억하고자 하는 것에 큰 관심이 없다면 다섯 개일 수 조지 밀러 교수의 글 '마법의 수 7±2' 중 흥미로운 한 구절을 소개한다.

내 문제는 정수(整數)는 괴롭다는 것이다. 7년 동안 이 숫자는 나를 따라다니고 가장 사적인 정보에 침입하며 대부분의 관보 지면에서 나를 공격했다. 이 숫자는 평상시보다 조금 크거나 작아지는 모습으로 다양하게 위장하는데, 알아볼 수 없을 정도로 변한 적은 없다. 이 숫자의 끈질긴 괴롭힘은 일시적 사건의 수준이 아니다. 유명한 상원의원이 말한 것처럼 그 이면의 계획, 모양을 다스리는 양식이 있다. 숫자에 관한 특별한 점이 있거나 아니면 나는 괴롭힘의 망상에 시달리고 있는 것이다.

있다. 다중 작업에 능숙하지 않은 편이면, 한 가지 이상의 것을 처리하는 것은 어려울 것이다!

뇌는 하루에 매 초마다 수백만 개의 정보 습격을 받는다. 이 방대한 배열의 입력을 처리하고자 한다면, 여러분은 미치고 말 것이다. 정신을 유지하기 위해, 여러분은 뇌가 처리하기 전에 들어오는 정보를 여과하고 이 정보에 대한 내적 표상을 만든다(제2장에서 내적 표상에 대해 논의한 바 있다).

이에 더하여, 모든 다양한 경험과 여과기들은 감각을 통해 감지하는 외부 사건들의 내적 표상을 만드는 과정에 영향을 미친다.

【 알고리즘이 어떻게 삶을 지배하는가 】

기술의 발달로 알고리즘은 사람이 보고 이에 맞춰 행동하는 정보를 삭제하고 왜곡할 힘을 갖게 되었다. 알고리즘은 기본적으로 인간의 의사결정 과정을 모방하는 복잡한 지시 목록이다. 올바로 쓰이게 될 경우 알고리즘은 온라인 상품의 경쟁값 설정이나 복잡한 난방 제어 시스템의 운영에 매우 유용하다.

2012년, 페이스북은 대학 연구자들과의 공동 연구 시 수십만 사용자들의 뉴스피드를 일부러 조작해서 격분을 샀다. 이 실험은 사람들이 부정적 이야기에 부정적 반응을 보이는지, 반대로 긍정적 이야기에 긍정적 반응을 보이는지 실험하기 위한 것이었다. 연구 결과는 결론에 이르지 못했고, 페이스북은 사과는 했으나 결과 조작을 위한 정보 조작을 중단하겠다는 보장은 하지 않았다.

한편, 2010년 5월 다우존스 산업평가지수는 3분 간격으로 9퍼센트 하락했지만 얼마 지나지 않아 다시 상승했다. 거래 알고리즘은 대규모 주식의 흔치 않은 매도에 확실한 반응을 보였고 시장의 변동성을 알리며 거래를 중단했다. 알고리즘은 그것을 만든 수학자들만큼이나 선입견이 심할 수 있다!

세상의 외부 자극은 삭제, 왜곡, 일반화의 세 가지 근본적인 과정을 사용하여 뇌에서 내적 표상으로 변환된다.

삭제

삭제는 감각을 통해 들어오는 정보에 주의하지만 다른 자극은 완전히 망각할 때 발생한다. 연구에 너무 빠져서 침실용 슬리퍼를 신은 채 집을 나서는 얼빠진 교수가 그 예다.

케이트의 시어머니에 대한 이야기는 무의식이 어떻게 삭제를 일으키는지 잘 보여준다. 보통 시어머니는 쓰레기를 내다 놓은 후 핸드백과 서류 가방을 가지고 나가기 위해 집으로 돌아온다. 그러나 어느 날 아침, 시어머니는 직장에 조금 늦어 핸드백, 서류 가방, 쓰레기 봉지 모두를 한 번에 들고 나갔다. 버스에 앉아서 어디서 역한 냄새가 난다고 생각하던 시어머니는 쓰레기 봉지를 들고 버스에 탔다는 것을 그제야 깨달았다고 한다!

왜곡

왜곡은 감각으로 들어오는 정보를 오해할 때 발생하며 상황으로부터 꼭 사실만은 아닌 뜻을 만들어낸다. 가령 어떤 사람이 자신의 배우자에 대해 '나를 도와주지 않으니 나한테 무관심한 거야'라고 불평한다면, 눈앞에서 벌어지는 실제의 일보다 자신의 관점을 강화하고자 보고 싶은 것을 보는 것이라 할 수 있다.

냉소주의자는 사랑에 빠지는 것도 일종의 왜곡이라고 할 것이다. 사랑은 장밋빛 광경 뒤로 눈을 멀게 하고(뒤섞인 은유는 크게 신경 안 써도 좋다!), '완벽한' 배우자의 결점을 완전히 망각하게 한다. 진정한 사랑을 찾는 데 너무 열성이어서 장기적 측면에서 관계를 망칠 수 있는 면은 무시하는 것일 수도 있다.

로밀라는 어느 늦은 밤 중앙 분리대가 있는 도로를 운전하고 있었는데, 갑자기 약하게 부슬부슬 비가 내리기 시작했다. 그녀는 멀리 도로 옆에서 하얗고, 이 세상 사람 같지 않은 모습을 발견했다. 고동치는 심장과 함께, 다음과 같은 자신과의 대화가 이어졌다.

'맙소사, 귀신이야.'

'바보같은 소리 하지 마, 귀신이 어디 있어.'

'어리석게 굴지 말자. 귀신 아니야.'

'귀신은 있어. 귀신이면 어떡해?'

'귀신이 아니라고.'

'아니야, 귀신이야.'

그렇게 대화는 계속되었다. 다행히도 – 솔직히 다소의 실망감과 함께 – 알고 보니 그 귀신같은 모습은 안개 낀 빗속에서는 정말 으스스하게 보이는 흰 비닐봉지에 담긴 쓰레기였다.

이 일화는 이미지를 왜곡하는 것에 관한 것이지만, 다른 사람의 행동의 의미 역시 왜곡할 수 있다.

재키에게는 문화적 배경 때문에 직장에서 여자를 상대하는 데 큰 어려움을 겪으며 여성 직원들과 상호작용할 때 매우 무뚝뚝한 톰이라는 남자 상사가 있다. 재키는 톰의 행동을 오해하고 그가 자신을 싫어한다고 판단하여 사실을 왜곡했다. 재키가 다른 동료에게 자신의 의심을 털어놓지 않았다면 상황은 수습 불가능하게 꼬였을 것이다. 톰이 가정교육으로 인하여 그런 행동을 보였다는 것을 알게 되자 그녀는 더 이상 감정적으로 반응하지 않았다. 자신에 대한 자신감을 반영하는 모습으로 행동이 바뀌자, 그녀에 대한 톰의 행동도 개선되었다.

일반화

한 경험에서 얻게 된 결론을 다른 비슷한 상황이나 사건으로 전이할 때 일반화가 된다. 매우 훌륭한 연설을 한 후 반응이 좋았던 일을 생각해보자. 그 후, 여러분은 자신이 대중 연설에 능숙하다고 일반화하게 된다.

일반화는 세상에 대한 인지적 지도 형성에 유용하다. 일반화하지 않는다면, 가령 책을 읽을 때마다 알파벳과 각 글자의 조합법을 재학습해야 할 것이다. 일반화는 불필요한 시간낭비 없이 이미 알고 있는 것을 기반으로 계속할 수 있도록 한다.

일반화는 한편으로 제한적일 수 있다. 세상에 대한 믿음은 일반화라고 불리며 일반화를 유지하기 위해 있는 힘껏 삭제하거나 왜곡한다. 다른 말로 하면, 일반화는 선입관에 맞지 않는 행동이나 사건은 수용하거나 신뢰하기 어렵기 때문에 제한적이 될 수 있다.

이러한 경향은 자기충족적인 예언으로 이끈다. 자신감과 자기회의는 동전의 양면으로 일을 하는 데 자신감을 느낀다면, 긍정적 결과를 예상하기 때문에 보통 성공하게 되고 설령 일이 바라던 대로 풀리지 않더라도 계속해서 앞으로 나아간다. 그러나 자기회의에 빠져서 일이 잘 안 될 것 같다고 확신하면, 예상이 믿음에 반영될 가능성이 매우 높다. 어떤 사람이나 상황이 예상한 대로 최악으로 흘러가지 않을 때 다소 실망하는 편인가? 실망하게 되면 다소 승리감을 맛보는가? 부정적인 일반화를 확인하는 것이 예상보다 나은 상황보다 더 만족스러울 때가 있다. 정말이지 놀랍도록 자기패배적이다.

개별 반응 엿보기

여러 명의 다른 사람들이 같은 외부 자극에 노출될 때, 그 사건을 기억하는 방식은 제각각이다. 발생한 일에 대해 서로 다른 의미를 부여하며 세상에 대한 자신들의 지도에 따라 달리 반응하기 때문이다(제2장에서 지도에 대해 설명했다). 사람들은 경험을 다르게 해석하고 의미를 부여하고 각자가 인생 경험, 그 결과 발생한 메타 프로그램, 가치, 믿음, 태도, 기억 및 결정에 따라 삭제, 왜곡, 일반화하기 때문이다.

메타 프로그램

제7장에서 자세히 다룬 메타 프로그램(meta program)은 여과기로서 언어를 통한 행동 양식이 드러나는 방식이다. 책임지고 일을 끝내는 경향의 사람이라면(즉 주도적 성향을 보이는 사람) '변명은 필요없어, 결과를 내라고' 같은 말을 할 것이다. 이와 달리, 행동하기 전에 시간을 들여 숙고하고자 하는 사람의 경우(반응적 성향), '서두르지 말고, 모든 요인을 검토해서 올바른 결과가 나오도록 해'와 같은 말을 할 수 있다.

이러한 학습이 남용되고 일반화 경향과 결합하면 사람들을 구분 짓게 된다. '그 소심한 괴짜 톰 말이야?'(왜곡) 또는 '그래, 완전히 전형적인 영업사원이야'(일반화)와 같은 식으로 말이다. 기억해야 할 것은, 사람들은 환경 및 처한 상황에 따라 행동 양식을 바꿀 수 있다는 것이다.

표 8-1	내향적·외향적 메타 프로그램 비교
내향적	외향적
재충전을 위해 혼자 있고 싶어 한다.	휴식과 이완을 위해 사람들과 어울릴 필요가 있다.
깊게 사귀는 소수의 친구를 갖는다.	다소 피상적으로 사귀는 많은 친구를 갖는다.
실제 혹은 상상의 모욕감을 느낀다.	모욕을 알아채지 못하거나 알아채도 상대의 기분 나쁜 일 때문으로 돌린다.
매우 자세하게 아는 몇몇의 주제에 관심을 갖는다.	많은 것들에 대해 알지만 내향적인 사람보다 자세하진 않다.
고독을 즐기는 편이다.	사교적인 편이다.

표 8-1에서 내향적/외향적 성향에 관한 맛보기와 그것들이 어떻게 여과에 작용하는지 제시한다. 이 두 경향 모두 기초 메타 프로그램이다. 메타 프로그램이 배경으로 존재하긴 하지만, 다양한 상황에 따라 특정한 측면에 중점을 두는 성향이 있을 수 있다. 사회적 상호작용에서 사교적인 사람들이 고독을 즐기는 사람과 대조적으로 행동하는 경우를 생각해보자.

내향적이 외향적보다 우월하지 않고 외향적, 내향적 모두 가치 있다. 한 사람이 두 경향 모두를 보일 수도 있다. 외출해서 사람을 만날 필요가 있을 때가 있는 반면, 다른 날은 재충전을 위해 혼자 심사숙고하는 것을 선호할 수 있다.

메타 프로그램의 작용에 대해 알아보기 위한 좋은 방법은 특정한 때와 상황에서 어느 한쪽으로 치우치는 차등 척도를 상상해보는 것이다(그림 8-2 참조).

여러분은 자신감 넘치고 근무 환경을 즐기는 직장에서 외향적으로 행동할 수 있다. 이 경향은 여러분의 촉이 더 넓은 정보의 영역을 탐지해서 업무상 도움이 되는 인맥

그림 8-2
차등 척도에
따른 메타 프
로그램

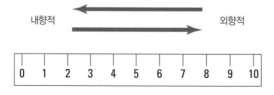

과 기회를 알아차리게 한다. 그러나 친목 상황에서 동료를 만날 때는 매우 불편함을 느끼고 좀 더 내향적인 성향을 보인다. 불편함의 결과 친숙한 사무실 환경에서는 매우 분명한 민감한 메시지를 삭제할 수도 있을 것이다.

외향적 성향은 좀 더 내향적 성향의 친구들이나 친지들을 짜증나게 할 수 있으므로 자신들처럼 열성적이지 않은 사람들을 만날 때는 진정하도록 조심하고 서로간의 거리도 유지하도록 노력해야 할 것이다. 마찬가지로, 내향적 성향들은 조용하려는 의도가 불친절하고 관심 없이 보일 수 있다는 점을 인지하도록 하자.

파티에서 항상 모든 사람, 모든 것에 NLP를 적용하는 외향성의 NLP 광(狂)이 한 불쌍한 내향적인 사람을 같은 방에서 내내 쫓아다니고 있었다. 그녀는 상대에게 바싹 다가가 그의 공간을 침해했고 그가 피하려고 할수록 공간은 침해당할 뿐이었다.

외향성 쪽으로 많이 기울어진다면 내향 성향의 사람을 대할 때 언어적, 음성적, 신체적 활기를 자제하도록 한다. 마찬가지로, 내향성으로 많이 치우치는 편이면, 움직임과 말을 좀 더 열성적으로 보이게 한다면 외향적인 사람과 라포 형성이 좀 더 쉬워질 것이다.

대화하는 상대에 맞춰 말, 말의 강세 및 몸동작을 유의하는 것을 잊지 말자.

사람들은 다양한 상황에서 각기 다른 경향을 보이는 것을 기억하자. 자신이 어느 쪽에 해당하는지 알 수 있는가? 친구와 가족을 이런 식으로 평가할 수 있는가? 여기 팁이 있다. '재충전이 필요할 때 누구와 함께 있는 것과 혼자 있는 것 중 어느 쪽을 선호하는가?'라는 질문의 답은 성향 파악에 매우 강력한 단서를 제공한다.

외향적 성향의 일부 사람들은 재충전 시 다른 사람보다는 반려동물과 강한 유대를 갖고 반려동물 친구들과 함께 하기를 모색할 수 있다!

가치

앞 단락에서 설명한 메타 프로그램과 같은 강도는 아니지만 가치 역시 무의식적 여과기다. 가치는 일곱 살 때까지는 부모 및 친한 가족 구성원으로부터 거의 삼투 형식에 의해 학습하며, 그 이후부터는 동료와 친구들로부터 배운다. 가치는 무언가에 대한 동기가 되지만, 또 욕구 달성에 대한 제동, 정지로도 작용한다. 가치는 중요한 요인으로 하려고 하거나 했던 일들이 좋은지 나쁜지 여부를 평가하게 한다. 가치는 들어오는 자극에 의한 정보를 삭제, 왜곡, 일반화하는 각자의 방식에 영향을 미친다.

건강, 부, 정직, 우정, 일에서의 만족 등은 모두 가치의 예다. 제3장에서 가치에 대해 좀 더 알아볼 수 있다. 가치는 서열에 따라 배열되며 사다리의 맨 위에 가장 중요한 것이 놓이게 된다.

제임스는 아프리카의 교육 프로그램을 조직하는 일을 돕는 자선단체에서 일했다. 어린 자녀가 있는 그는 일을 사랑했다. 교회 쥐만큼 가난했지만, 자선단체 일로 모든 일상 삶의 필요는 충족되었다. 그의 가치 서열은 일에 의해 만족되었고 아래와 같은 모습이었다.

1. 풍요로운 삶
2. 가족과 함께하기
3. 자유
4. 다양성
5. 지원망

이 가치들은 제임스에게 '일에서 중요한 것은 무엇인가요?'라고 질문했을 때 그 답으로 나온 것들이다.

가치가 충족되었기 때문에, 제임스는 더 많은 금전적 보상을 제공하는 구인광고에 주목하지 않았고(삭제), 그런 일들은 중요하게 생각하는 직업의 다른 측면들을 손상할 것으로 생각했다. 그는 아프리카에 관심 있는 모든(일반화) 서구인들은 지역민들의 착취에 목적이 있다고 보는 지역민들의 왜곡에 영향 받았음을 인정했다. 그러나 나중에, 제임스는 그것이 어떤 경우에서는 몇몇 사람들의 삶을 책임지지 않으려는 단순한 변명일 수도 있다는 것을 깨달았다.

가치는 맥락과 관련될 수 있다. 즉 가치의 일부는 삶의 특정 지역에서만 작용한다는 것과 서열의 중요성 역시 검토하는 삶의 측면에 따라 달라진다는 것이다. 하지만 그것은 무엇이 자신의 삶을 만족시키고 선택으로 유도하는지 평가하기 위한 유용한 나침판이다. 위에서 보인 제임스의 가치는 당시의 관련된 일과 관계가 있었다.

깊은 이완 동안, 제임스는 집주인이 임차료를 올리는 것에 대해 부모들이 상의하던 것을 기억했다. 그는 부모가 매우 걱정스럽게 말했던 것을 회상하고, 여섯 살 무렵이던 당시 모든 부자들은 탐욕스럽고 나쁘다는(일반화) 제한적 믿음을 형성했음을 깨달았다.

다른 이의 가치를 이해하고 일치하는 것은 라포 형성을 통해 상대가 좀 더 자신의 메시지에 수용적으로 의사소통하는 것에 결정적이다.

자선단체에서 일하는 제임스에게 돈에 대해 말하는 것은 비생산적일 수 있다. 단지 그의 목표에 없는 가치여서가 아니라, 부자에 대한 제한적 믿음 때문이기도 하다.

믿음

믿음은 매우 강력하다. 성공의 정점으로 동기유발하거나 실패의 늪으로 떨어뜨릴 수 있기 때문이다. 헨리 포드의 말을 되새겨보자면 '할 수 있다고 믿거나, 할 수 없다고 믿거나 모두 옳다'.

믿음은 모든 무의식적 방법으로 형성된다. 여러분은 부모로부터 재능을 물려받았고, 교사로부터는 그림을 못 그린다는 이야기를 듣는다. 또, 동료에게서는 친구를 도와야 한다는 것을 배운다. 교사로부터의 경우, 그림을 못 그린다는 소리를 들으면, 그림 그리기에 대해 탐색할 수 있는 모든 기회를 삭제한다. 실제로는 어떤 한 교사가 그림을 못 그린다고 말한 것뿐인데 말이다.

믿음은, '마음의 가시'(영화 '매트릭스'에서 모피어스가 네오에게 말했듯이)처럼 시작할 수 있다. 그 가시가 성가시게 괴롭히면, 가시의 존재를 입증하기 위해 실제를 찾기 시작하고 오랜 시간에 걸쳐 견고한 믿음을 만들어낸다.

제15장에서 사람들의 여과기를 더 잘 이해하기 위해 그들을 경청하고 믿음을 밝히는 법에 대해 자세히 논한다.

믿음은 자기충족적인 예언의 경향을 갖기 때문에 매우 신중히 선택해야 한다.

태도

태도는 어떤 화제나 집단의 사람들에 대한 사고방식으로 사물, 또는 사람에 대해 자신이 느끼는 마음의 상태를 다른 이들에게 알려준다. 태도는 무의식의 여과기이며 가치, 믿음 및 특정한 주제를 둘러싼 의견들의 집합을 통해 형성된다. 태도의 변화는 어려운 일로 무의식이 태도의 생성과 그 집착에 활발하게 관련되어 있기 때문이다.

사람들의 말하는 태도와 행동 방식으로 그들의 태도에 대해 일부 알 수 있다. 직장에서 한층 더 노력하며 긍정적인 마음 틀을 가진 사람은 업무에 좋은 태도를 가진 것으로 간주되는 반면, 일을 피하고 꾀병 부리는 사람은 나쁜 태도를 가졌다고 판단된다.

태도는 가치와 믿음에 근거하기 때문에 특정한 방식으로 행동하는 능력에 영향을 미친다. 긍정적인 태도를 가진 사람은 항상 긍정적 성과를 예상하며, 기분 좋고 조력적인 태도를 취함으로써 다른 이들도 비슷한 맥락에서 행동하도록 영향을 미친다.

넋두리하기 좋아하는 사람과 같이 있게 될 경우, 긍정 태도 바이러스에 걸리게 하는 실험을 한 번 해보라. 그녀가 세금에 대해 불평하면, 노숙자는 당연히 세금을 안 내는데 혹시 길거리에서 살고 싶은 건지 질문한다. 월요일 아침에 산적해 있는 업무로 괴로워한다면, 일이 끝난 금요일은 얼마나 신날지 상기시킨다. 동료에 대해 험담하는 것을 들을 경우, 그들의 장점에 대해 언급하도록 하자. 불평불만 가득한 사람에게 긍정적 태도를 가진 사람들이 얼마나 적게 스트레스 받으며 오래 사는지 말해준다. 여러분은 마침내 그 투덜이가 뭔가 좋은 일을 하는 것을 발견하고 칭찬할 수 있게 될 것이다!

여러분은 베이비부머(1946~1964년 사이 출생자)나 X세대(1965~1977년 사이 출생자)가 무기력하고, 의지할 수 없고, 집중력이 부족한 Y세대(1978~1987년 사이 출생한 밀레니얼 세대)의 나쁜 태도에 대해 불평하는 것을 얼마나 자주 목격하는가?(이것은 앞 단락의 드류와 댄의 예에서 설명되었다) 이러한 지각된 특성은 밀레니얼 세대들에 대처하는 데 불화를 만들 수 있다. 각 세대가 의미 있는 목적과 개인적 연결 및 충족이라는 공통적인 인간적 요구를 갖는 점을 인지할 필요가 있다. 그러나 이런 욕구들을 충족하는 방법들은 상이할 수 있다. 밀레니얼 세대를 다루는 것은 다른 세대들을 다루는 것과 별다른 차이가 없다. 다른 사람들과 의사소통할 때와 동일하게, '가장 어린 세대'라는 선입관은 한쪽으로 제쳐 놓고, 그들의 가치, 요구, 원하는 의사소통 방법을 찾아 일치하는 것이다. 지나친 일반화로 들릴 수 있겠지만, 밀레니얼 세대는 사회망에 잘 연결되어 있고, 사회망 내의 공동 작업에 익숙하며, 즉각적인 만족을 구한다. 그들은 지시를 듣는 것은 좋아하지 않지만 방향성을 확인하기 위해 무제한으로 주어지는 평가 과정은 잘 받아들인다. 기획팀의 페이스북 같은 다른 이들과의 연결을 끊임없이 유지하게 하는 도구는 이들의 생산성과 팀 응집력을 높이는 데 도움이 된다.

기억

기억은 무엇을 예측하며 어떻게 행동하고 소통할지 결정한다. 과거의 기억은 현재와 미래에 작용할 수 있다(제13장에서 기억의 힘에 대해 알아볼 수 있다). 기억이 기록된 순서대로 유지되지 않을 때 문제가 발생한다. 기억이 마구 섞이면, 당시 경험한 감정들이 함께 떠오르게 되고 현재 경험이 과거 오래된 기억을 불러일으키면 현재 일어나는 일이 아닌 과거의 것들에 반응하게 된다.

타마라의 상사인 세일라는 그녀를 괴롭히는 못된 여성이었다. 타마라가 새 일을 찾게 되어서 매우 안심할 때 직속 상사 역시 이름이 세일라라는 것을 알고 그녀는 매우 놀랐다. 이름과 상급자 지위의 조합은 타마라로 하여금 그녀에 대해 매우 조심하게 했지만 사실 두 번째 세일라는 매우 좋은 사람이었다. 타마라의 기억의 순서가 똑바로 되었다면, 그녀는 과거의 부정적 경험과 감정을 다시 경험하지 않았을 것이다. 그녀는 첫 번째 세일라에 대한 경험으로 두 번째 세일라에 대해 일반화하고 왜곡했던 것이다.

결정

결정은 기억과 밀접하게 연관되어 삶의 모든 영역에 작용한다. 그 능력은 NLP에서 제한적 결정(limiting decisions)이라고 부르는 삶에서 주어지는 선택을 제한하는 결정과 관련하여 특히 중요하다. 제한적 결정의 예는 다음과 같다. '난 글을 못 써', '돈은 모든 악의 뿌리라, 그러니까 나는 부자가 되면 안 돼', '다이어트를 하면 맛있는 음식을 못 먹게 될 거야' 같은 것들이다.

많은 제한적 결정은 무의식적으로 만들어진다. 일부는 매우 어렸을 때 만들어져서 잊어버렸을 수도 있다. 성장하고 발달하면서, 가치는 변하고 여러분은 자신을 억제하는 모든 결정을 인식하고 재평가할 필요가 있다. 제13장에서 제한적 결정 내보내기에 대해 알아볼 수 있을 것이다.

이 장의 '가치' 단락에서 우리는 수년간 아프리카에서 일한 제임스에 대해 이야기했다. 그 이야기를 또 하자면, 제임스가 영국으로 되돌아왔을 때, 그는 교회 쥐보다도 더 가난해졌다고 한다. 몸담았던 자선단체의 도움 없이 가족을 부양해야 했기 때문이다. 자신의 상황을 생각하면서 그는 다음의 새로운 가치 서열 단위를 도출했다.

✔ 풍요로운 삶
✔ 가족과 함께하기
✔ 안전
✔ 재정적 여유
✔ 다양성

재정적 여유가 필요하다고 판단했을 때, 어렸을 때 내렸던 자신의 결정(부자=탐욕적= 나쁨)이 가족을 부양하려는 자신의 노력에 방해가 된다는 것을 깨달았다. 그래서 그는 돈을 많이 벌면서 사람들을 돕고 가족과 함께 지내는 방법을 생각하기 시작했다. 현재 제임스는 매우 행복하고 부자면서 풍요로운 삶을 살고 있다. 과연 어떻게 가능했을까? 그는 경영학 석사와 심리학 박사과정을 끝낸 후 부인과 함께 여행하며 온 세상에서 워크숍을 열고 있다고 한다.

효과적인 의사소통 시도하기

이 장 앞부분에서 소개했듯이, 여러분이 하는 대부분의 사고방식과 행동은 무의식적이다. 가치, 믿음, 기억 및 그 외 것들이 반응에 영향을 미친다.

인지하면서, 여러분은 그 자체로 자유롭게 하고 생각을 역량강화하는 의사소통법을 통제할 수 있다. 아래의 지침을 꼭 유념하자.

✔ **말하기 전에 뇌를 먼저 사용한다** : 상호작용 시 원하는 결과가 무엇인지 생각하고 마음에 그 결과를 유념하며 말하고 행동한다.
✔ **부드럽게 이행한다** : 지식을 갖는 것은 힘을 주지만, 힘은 부패할 수 있다. 그러나 힘은 공포로부터 자유롭게 한다. 힘은 관대하고 친절하게 일할 수 있게 한다. 그러므로 다른 이의 세상의 모형에 관한 지식이 모두에게 유리한 성과를 창출하게 하자.

인터넷상의 소통이나 모르는 청중을 향한 발표는 위험할 수 있다. 모든 시장조사 활동이 그러하듯이, 청중을 아는 것은 결정적이다. 블로그를 읽거나 유튜브를 보고 포럼에 가입하여 그들의 가치, 의견 및 메타 프로그램을 발견하라. 그런 다음 발표, 비디오, 블로그를 통해 똑같이 따라 한다. 의사소통이 어떤 식으로 작용하는지 이해할 때 모든 매체를 사용해서 소통할 수 있게 된다.

도구 모음 열기

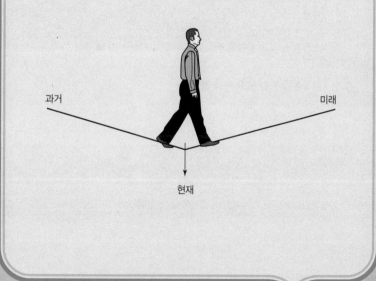

과거   미래

현재

제3부 미리보기

- 어려운 상황에 대처할 수 있게 하는 NLP의 핵심 도구와 기법의 만남

- 스스로 생각과 행동을 정하고 통제를 유지하는 법 배우기

- 탁월성을 위한 NLP 목록 만들기

닻 내리기

'정신이 나간 거 같아!' 이런 말을 자주 하는가? 어떤 상황에 필요 이상으로 과하게 반응했다고 느꼈던 적이 있는가? 때때로 감정은 여러분이 통제할 수 있는 한계를 넘어서거나 압도하기도 한다. 여러분도 자신이 아닌 것처럼 느낀 적이 있었을 것이다.

감정적 반응을 경험하는 것은 정상적인 일이다. 일부는 사랑에 빠지면 기쁘고 즐거운 것처럼 좋은 반응일 수 있고 일부는 사랑이 끝나면 슬프고 고통스러운 것처럼 별로 좋지 않은 반응일 수 있다. 이러한 경험과 느낌은 삶과 일을 흥미 있고 재미있게 하는 동시에 혼란스럽고 예측 불가능하게 만든다. 우리는 일하면서, 동료들이 집에서의 감정은 집에다 두고 왔으면 한다며 한숨을 쉬는 관리자들의 이야기를 자주 들는다. 또한 많은 가정에서 배우자들이 서로 직장 스트레스는 직장에 두고 오기를 바란다.

여러분은 어떤 사람이 갑자기 '분통을 터뜨리는' 일을 겪은 적이 있을 것이다. 이런 일이 발생했을 때, 표면적으로는 걸핏하면 화를 내는 것처럼 보인다. 대부분의 사람들은 불편감이나 동요를 내적인 상태가 안 좋은 것과 구별한다. NLP는 제때에 자신이 어떻게 느끼는지 살펴보고 더 깊이 파악하기 위해 상태라는 용어를 사용한다.

이러한 감정들은 극단적일 경우 통제 불가능해져서 이성을 압도하는데, 바로 이 점 때문에 사람들은 두려움을 느낀다. 이렇게 감정에 압도당하면 경력과 사회생활에 부정적으로 작용할 수 있기 때문이다. 사람들은 감정을 조절하지 못하는 사람이 어떤 상황이나 회사를 대표하여 책임을 질 경우, 그를 신뢰해도 될지 의문을 느낀다.

다행스럽게도 이러한 문제를 안정시킬 수 있는 NLP 도구 모음이 있다. NLP 도구 모음은 여러분과 여러분의 상태, 다른 사람에 대한 작용을 통제하도록 돕는 역할을 한다. 작용 방법만 알게 된다면, 그 효과는 환상적일 것이다.

NLP 닻으로 시작하기

NLP는 넓은 바다에서 배의 닻이 안정성을 제공하는 원리에 기초하여 내적으로 긍정적인 상태를 이끌어낼 수 있도록 닻 내리기(anchoring) 기법을 사용한다. NLP는 닻을 특정한 내적 상태나 반응을 유발하는 외적 자극으로 정의한다. 사람들은 일상에서 무의식적인 닻을 설정하고 항상 그것에 반응하는데 예를 들면 빨간 신호에는 차를 정지하고 어떤 음식에 자신이 입맛을 다시는지 아는 것이다.

이쯤 되면 닻이 어떤 면에서 유용한지 궁금할 것이다. 닻 내리는 법을 알게 되면, 모든 긍정적 경험과 기억을 취할 수 있고 어려운 상황에서 좀 더 지략적으로 대처할 수 있다. 보통, 뇌는 부정적 감정에 더 쉽게 접근하는데 닻 내리기를 익히면 기분 좋은 기억에 접근하도록 도움을 받을 수 있다(기억과 뇌에 관해서는 제3장 참조).

NLP에서 닻 내리기라는 발상을 떠올리게 된 건 최면학자인 밀턴 에릭슨의 기법을 러시아 심리학자 파블로프가 그 유명한 개 실험으로 알아낸 것은 닻 내리기의 초기 예였다. 음식이라는 자극을 설정하면 타액 분비라는 고정적인 반응을 얻는다. 조건자극이 되는 종소리를 개 앞에 놓은 음식과 결합하면 개는 곧 종소리에 반응하는 것을 학습한다.

파블로프의 그다지 알려지지 않은 동료인 트윗마이어는 파블로프가 개의 타액 분비를 연구하기 전인 1902년 무릎반사 실험을 했다. 트윗마이어가 피험자의 무릎을 망치로 치면 종소리가 울린다. 과학의 모든 발견들이 그러하듯이, 실험에서 우연히 일어난 한 번의 변화가 매우 흥미진진한 돌파구를 유도한다. 어느 날 그는 망치를 내려치지 않고 종소리만 울렸는데, 과연

무슨 일이 일어났을까? 그렇다, 피험자의 무릎이 종소리만으로 반응을 보인 것이다.

불행히도, 트윗마이어는 시대를 다소 앞서서 그 시대의 의학은 **행동주의**(마음의 내적 작용은 무시하고 사람들의 환경의 자극에 대한 반응에 중점을 두는 성격 이론)에 대한 그의 공헌을 무시했다. 1904년으로 이야기를 앞당기면, 파블로프의 개 실험은 사람들의 주의를 사로잡았고 그에게 노벨 생리학상을 가져다주었다.

그 이후, 동물 행동에 대한 연구는 점점 다과학적이고 정교해졌다. 매일 여러분은 뇌에 대한 새로운 연구를 접하고 인간 지성과 행동에 관한 지식을 쌓아가고 있다.

모방하면서다. 에릭슨은 사람들이 내적 상태를 바꾸는 것을 돕기 위한 촉진제로 암시를 자주 사용했다. 좀 더 최근에는, NLP 공동 창안자 존 그린더의 NLP 새 코드(제1장 참조) 저서에서 '탁월'하거나 '전혀 모르는 상태'와 같이 내담자와 종사자 모두가 더 쉽게 긍정적인 상태에 놓이게 하는 것을 매우 강조했다.

인간들은 자극의 반응에 대한 행동을 발견하고 심화해 나간다. 태중에서부터 여러분은 특정한 자극에 반응하도록 프로그램되며, 환경의 자극에 반응하여 끊임없이 상태를 이동하고 바꿈으로써 행동의 놀라운 유연성을 입증한다.

닻 설정하기와 지략적 상태 만들기

기억은 감각과 연관되어 저장된다. 후각은 특히 시간과 사건을 기억해내는 강력한 닻이다. 예를 들면 특정한 향을 맡으면 첫 데이트 때의 향수나 애프터셰이브가 생각나는 경우다. 혹은 위스키를 마시고 만취한 후에는 그 냄새만 맡아도 메스꺼울 것이다. 사람들은 항상 자신들을 위한 긍정적·부정적 닻을 생성한다.

NLP 강사들은 닻 설정을 위한 다양한 기법을 제시한다. 다음은 우리가 자원적 닻을 설정함으로써 스스로의 상태를 통제하도록 내담자를 도울 때 사용하는 코칭 기법으

로 전형적이고 간단한 세 단계 NLP 기법이다.

1. **자신이 되고 싶어 하는 이상적인 긍정적 상태를 명확히 한다.**

   원하는 긍정적 상태가 각자 다를 수 있다 – 대담하고 재치 있으며, 활동적이고 예측 가능하거나 열정적인 것 등. 각자의 말로 원하는 바를 명확하고 구체적으로 설명한다.

2. **과거 그 상태에 있었던 구체적인 때를 회상한다.**

   맥락상 매우 다를지라도 비슷한 경험을 찾는다.

3. **가능한 생생하게 그 경험을 재생한다.**

   광경, 소리, 냄새, 신체적 느낌과 내적 감각 등 충분히 그 경험을 불러일으킨다.

이 세 단계를 따라 가장 긍정적인 상태에 도달하면, 그때가 닻을 만들 순간이다. 손 동작을 하는 것은 신체적(근감각적) 닻을 만드는 데 효과가 좋다. 경험을 불러일으킬 때 단순히 손의 움직임을 주목하고 꼭 붙잡거나 엄지와 검지로 원 만들기 같은 분명한 동작을 만든다(악수는 너무 일상적이고 습관적이어서 효과가 없다). 번갈아 가며, 청각적 닻으로, 소리에 귀 기울인다. 시각적인 닻을 선호하는 경우, 긍정적 상태를 상징하는 영상을 만든다.

긍정적 상태로 되돌아가고 싶다면, 상태의 변경을 위한 자극으로 닻을 가동하면 된다. 그렇게 하기 위해, 신체적 움직임을 재창조하거나 긍정적 상태를 유발하는 데 사용한 소리나 영상을 기억하도록 한다. 자원적 닻을 만드는 또 다른 방법은 전통적인 NLP '탁월성의 원' 연습으로, 이 장의 뒷부분 '전략적 닻 배치하기'에서 설명한다.

닻은 다음 속성을 필요로 한다.

✔ 특유의 – 다른 사람의 동작, 소리 혹은 그림과는 다른 것

✔ 고유한 – 자신에게 특별한 것

✔ 강렬한 – 상태의 정점을 충분히, 생생하게 느끼는 것

✔ 시기적절한 – 연상할 최고의 순간을 포착하는 것

✔ 강화된 – 닻은 사용하지 않으면 잊어버리게 되므로 연습하면서 발달시키는 것

우발적으로 부정적 닻(negative anchor)을 만드는 것은 정말이지 매우 쉽다. 스트레스

받을 때, 감정을 책임지는 편도체라고 하는 뇌의 일부는 위협 반응에 창조적으로 반응하며 힘을 아낀다. 부정적 경험은 재빨리 전전두엽 피질에 단단히 자리 잡게 된다. 일을 끝내고 집으로 가는 차 안에서 몇 통의 골치 아픈 전화를 처리 중인 스트레스가 심한 관리자를 생각해보자. 집 안에 들어서면서 일에 대한 부정적 감정은 최고조에 달하고 바로 그때, 부인이 다가와 키스와 함께 그를 맞이한다. 불쌍한 남자는 무심코 이 키스를 일적인 고민과 연결시킬 수 있다. 닻은 이런 식으로 만들어지기 때문이다. 이제 무슨 일이 생길까? 부인이 키스하면 초조해지지만 이유는 알지 못한다. 상식적으로 생각해서, 고의로 부정적 닻을 만들지는 않을 것이다. 그렇다면 어떻게 이것을 피할 수 있을까? 핵심은 자신 안에 무엇이 부정적 반응을 유발하는지 인지하고 그 반응방식을 선택할 수 있음을 깨닫는 것이다. 생산적 힘을 발산하기 위해, 사랑, 기쁨, 신뢰와 같은 좀 더 긍정적인 감정이 일할 수 있도록 유지하는 것이 중요하다. 긍정적 닻을 정박하는 법을 배우거나 전략을 채택함으로써 여러분은 변화할 수 있다.

도출하고 파악하는 상태

여러분은 어떻게 다른 사람이 행복하고 긍정적인 상태인지 아닌지 아는가? 알 수 있는 신호는 무엇인가? 다른 사람을 만나서 개인적으로나 일적으로 라포를 만들 때 상대의 상태를 파악할 줄 알면 유용하다.

NLP에서 파악하기(calibration)란 다른 사람의 반응을 읽는 법을 찾는 과정을 의미한다. 좋은 소통가는 관찰 기술을 키우는 법을 안다. 다른 이의 기분을 추측하는 대신 소통하는 상대의 민감한 신호와 표정을 감지하고 인지하는 것이다.

예를 들어 마감에 임박해서 상사가 말이 없어지고 얼굴 근육이 굳어 있을 때 이 신호를 눈치챘다면 수다스러운 잡담은 피해야 한다는 걸 알게 될 것이다. 이와 비슷하게, 사업적 거래의 협상 시에는 협상 상대를 파악하는 데 시간을 들이도록 한다. 커피 자판기 앞이나 승강기에서 나누는 우호적이고 사교적인 질문은 상대의 몸짓 언어를 파악하고 그들의 반응에 대한 인지를 발달하는 데 도움이 된다.

상태를 파악하는 이 간단한 게임을 친구와 해보자. 게임을 하면서, 얼굴의 움직임 및 몸짓 언어, 얼굴색의 변화 등 생리적 변화를 주목한다.

【 과거의 맛 : 일반 화법의 닻 】

잠시 학교 첫날을 되돌아보자. 주위의 소리에 조용히 귀 기울이고 새로운 환경에 있는 느낌이 어떤지 식별한다. 특히 소리와 냄새는 어릴 적의 좋고 나빴던 기억을 환기시킨다. 일부 계기가 되는 것들은 학창 시절을 즉각적으로 떠올리게 할 것이다. 무엇이 학창 시절 추억을 생각나게 하는가? 아마도 특정한 음식 냄새나 광을 낸 바닥, 학교 트로피 모습 또는 수업이 끝났음을 알리는 종소리일 것이다.

카르다몸(향신료 이름-역주) 냄새는 로밀라를 즉시 목가적이고 다채로웠던 인도에서의 어린 시절로 데려간다. 반면 케이트는 '학교 커스터드 소스'란 소리만 들어도 그 풍경, 소리, 불쾌한 맛이 유아학교 저녁 시간에 선생님들이 먹기 싫은 음식을 억지로 먹이던 안 좋은 기억들과 함께 맹렬히 올라온다.

훈련 일을 하는 성인과 작업한다면 일부는 학교에서 불행한 느낌을 경험했을 수 있으며 그런 경우 자연스럽게 저항에 직면할 수 있다. 다행히도 좋은 강사와 훈련가들 덕분에 많은 사람들이 비록 어린 시절에는 경험하지 못했지만 성인이 되어 보상받으며 재밌게 학습을 계속할 수 있음을 알게 된다.

1. **먼저 친구의 평소 모습을 점검하기 위해 시작 위치를 주목한다.**

   평소 상태로 만들기 위해, '오늘 양말 색깔이 뭐야?', '서랍에 펜이 몇 개야?' 같은 일상적인 질문을 한다.

2. **같이 있으면 즐거운, 정말 좋아하는 사람에 대해 잠깐 생각해보게 한다.**

   그림, 소리, 느낌이 올라오는지 주의하도록 한다. 경험에 깊이 빠지기 위한 충분한 시간을 준다.

3. **친구를 일어서게 하고 그 느낌을 떨쳐버리도록 한다.**

   NLP에서는 단절 상태(breaking state)라고 한다.

4. **같이 있기 싫은, 정말 싫어하는 사람에 대해 잠깐 생각해보게 한다. 그림, 소리, 느낌이 올라오는지 주의하도록 한다.**

5. **친구를 관찰하며 긍정적, 부정적 느낌에 대한 그의 반응의 차이를 비교한다.**

일부는 몸짓 언어의 극적인 변화를 보일 수 있는 반면, 다른 이들의 변화는 너무 미묘해서 감지하기 힘들 수 있다.

NLP 가정은 다음과 같다. 사람들은 의사소통을 안 할 수 없다. 좋던 안 좋던 간에, 여러분은 끊임없이 다른 사람에게 영향을 미친다. 그저 한 번 보거나 한 마디 말로써 매우 쉽게 상대와 자신의 상태를 도출하는 기술을 가질 수 있다. 의식적인 노력 없이 단지 자신의 상태를 유지하며 하던 것을 계속하면 된다.

상사, 교사 또는 배우자 같은 사람들이 여러분을 칭찬하거나 호통 치고, 기쁨, 실망을 표현할 때, 그들이 특정한 말투를 사용함을 알아차리자. 사실 여러분 자신의 말투도 닻이 된다. 자신의 말투를 다양하게 하는 것은 상대의 상태를 변경하는 하나의 방법이다. 청중이나 대화 상대의 상태를 바꾸고자 할 때 이 기법을 시도해본다. 어떤 때는 활기차고, 다른 때는 권위적이고 조용하거나 편하게 하는 식으로 말이다.

닻 목록 심화하기

NLP 개념의 효과를 얻기 위한 좋은 방법은 자신의 최적의 상태, 즉 자신으로 있기 위한 최고의 방법을 발견하는 것이다. 이 발상은 테니스나 골프의 다양한 기술을 습득하는 것과 같은 방식으로 이 기술을 심화하는 것이다. 시작을 위해, 다음의 일을 하는 데 최고의 방식은 무엇인지 자문한다.

- ✔ 효율적인 학습
- ✔ 최고의 성과
- ✔ 다른 사람들과 관계 맺기

이 분야들에서 특별히 성공했던 과거의 시기를 기억한다. 그때 자신에게 무슨 일이 있었는가? 어디에서, 누구와 무엇을 했던 것이 도움이 되었는가? 무엇이 중요했는가? 자신과 다른 이들을 기분 좋게 하는 일련의 시각, 청각, 근감각의 닻을 만들어보자. 이 기획의 목록을 만들고 작업하는 데 친구의 도움이 필요할 수 있다.

자신의 닻 인지하기

집이나 직장에서 가장 크게 작용하는 계기, 자극은 무엇인가? 그림 9-1에 있는 도표를 작성하여 기분이 좋을 때와 그다지 좋지 않을 때를 알 수 있게 하자. 목표는 긍정적 경험에 좀 더 집중하고 부정적인 것은 바꾸거나 없애는 것이다.

천천히 시간을 들여 좋거나 나쁘게 느끼게 하는 경험의 차이를 자세하게 기록한다. 이 경험들은 외견상 사소한 일상적 사건으로 보이는 일들로 매우 개인적이어야 한다.

집에서 여러분은 장작불이나 식탁 위의 튤립이 꽂혀 있는 화병을 보거나 좋아하는 음악을 들을 때, 부엌 스토브에서 맛있는 음식 냄새가 날 때 기분이 좋아질 것이다.

	집에서		직장에서	
	좋음	나쁨	좋음	나쁨
V-모습				
A-소리				
K-촉각/느낌				
O-냄새				
G-맛				

그림 9-1

개인 닻 도표
V=시각적
A=청각적
K=근감각적
O=후각적
G=미각적

이와 똑같이, 정리된 작업장 모습, 사람들 소리 혹은 모락모락 김이 나는 음료가 직장에서 여러분을 환영할 것이다.

반면에 누가 TV를 크게 틀거나 이메일, 고객의 요구가 연달아 들어와서 화가 나면, 부정적인 것을 긍정적인 것으로 전환할 필요가 있다. 무엇을 좋아하고 싫어하는지 파악했을 때에만 일상 경험의 세부항목을 자신에게 최선의 방향으로 조정 가능하게 된다.

다른 감각(감각 양식에 대한 자세한 설명은 제5장 참조)에 따른 도표를 그림 9-1에서 작성했는데, 다음은 주의해야 할 닻 목록이다.

✔ **시각**– 그림, 색상, 장식
✔ **청각**– 음악, 음성, 새소리, 소리
✔ **근감각**– 질감, 물리적 요소의 느낌, 감정적 떨림
✔ **후각**– 냄새, 화학제품, 향기
✔ **미각**– 맛, 음식, 음료

닻은 시간이 지남에 따라 변한다. 기분 좋게 하는 것들에 점점 더 집중하면서, 기분 나쁘게 하던 것들은 점점 적어짐을 알게 될 것이다.

건강한 습관으로 바꿔주는 연습을 소개한다. 매일 하루를 마치면서, 기분 좋게 했던 다섯 개의 사건이나 경험을 골라본다. 자신에게 잘 어울리는 개인 노트를 소지한다.

작은 것이 큰 변화를 만드는 때가 자주 있는데, 유쾌한 대화, 친절한 몸짓, 빵집의 냄새나 구름 사이에서 비치는 햇살 등이다. 스트레스를 느낄 때, 노트를 참고하며 매일 중 일부라도 자신에게 중요한 것들을 하며 보낼 수 있도록 한다.

감정 살펴보기 : 상태 순서 짓기

어제를 돌아보자. 그날 있었던 일을 검토하며, 각 시간마다 어떻게 느꼈는지 자문한다. 하루 내내 같은 상태였는가? 그렇지 않을 것이다. 기온을 재는 것 같이, 여러분은 이랬다저랬다 하며 온갖 경험을 다 했을 것이다. 침착하게 진정하거나 온정 있고 흥미 있어 하다가 화를 내고 흥분하는 등, 여기에 추가적인 배열을 더하는 그런 식이었을 것이다.

인간은 행동적 유연성과 상태를 바꿀 수 있는 놀라운 능력을 가졌다. 여러분은 상태를 전환할 필요가 있다. 만일 항상 고조되어 있다면 곧 소진될 것이다. 소진을 피하기 위해, 업무의 최고 성과자는 전원을 끄고 재건 및 재충전할 수 있어야 한다. 예를 들어 발표를 할 때 청중의 흥미를 유지하기 위해 속도와 리듬을 다양하게 하는 것은 중요하다. 어떤 경우에는 청중들이 여러분의 말에 이완되고 수용적이 되며, 또 세부 사항에는 매우 집중하고 궁금해하며 흥미를 갖게 하는 식으로 말이다.

일대일 코칭 상담을 하고 어려운 문제에 직면하면서, 우리는 내담자들이 정규적으로 극단적인 분노와 짜증, 걱정에서부터 기분 좋아진 웃음까지 온갖 감정들을 매우 짧은 시간 안에 표출하는 것을 목격한다. 일이 까다로워지면서 수많은 감정을 경험할 때, '웃어야 될지, 울어야 될지 모르겠어요'라고 외치는 것은 흔히 있는 일이다.

유머는 상태를 바꾸는 데 놀랍도록 지략적이고 귀중한 방법을 제시한다. 예를 들어, 만화 주인공들이 심각한 주제를 택해서 새로운 견해를 보이는 것은, 자신의 경험을 다른 관점에서 볼 수 있게 한다. 모든 지도자, 배우자 또는 관리자의 기술은 대상들이 이러한 다양한 상태를 통과하여 긍정적 성과를 내게 하는 능력에 달려 있다.

닻으로 상태 변경하기

여러분의 상태는 끊임없이 변한다. 이때 닻의 가치는 필요할 때 각자의 상태를 좀 더 지략 있게 만드는 능력에 있다. 예를 들어 어려운 결정을 내리거나 사람을 만날 때, 혹은 결혼식이나 장례식 같은 행사에 참석해야 할 경우 감정이 지나치게 고조되어 좀 진정시킬 필요가 있다. 올바른 상태에 있음으로써 최고의 선택을 하고 최고의 결과를 위해 행동할 수 있다.

폭풍 속에서 소형 범선으로 항해하며 안전한 항구에 도착하고자 한다고 상상해보자. 닻 설정하는 능력을 심화함으로써, 침착한 상태를 확보하거나 필요시 활력적이고 위험을 감수하는 상태로 전환할 수 있다. 닻은 당연히 안정적 위치에 부착해 안전을 유지하며 표류를 방지한다. 여기에서의 주안점은 힘과 안정성이다.

자신이 '좋은' 상태가 아니라는 것을 알아챌 때마다 여러분은 선택을 할 수 있다. 무슨 이유에서인지 이 좋지 않은 상태에서 가치를 발견하고 불편한 상태를 고수하던가, 아니면 이유를 찾아내서 '더 좋은' 상태로 전환하고자 할 수 있다. 후자를 위해서, 자신에게 좀 더 긍정적인 상태를 생성하는 닻을 설정할 수 있다(앞부분 '닻 설정하기와 지략적 상태 만들기'와 제5장의 지략적 상태 참조).

부정적 닻을 계속해서 긍정적 닻으로 덮어 쓰는 것은 문제를 일으킬 수 있다. 부정적 닻은 잠재하는 문제에 대해 대처하라는 무의식적 요구의 표시일 수 있기 때문이다. 예를 들어 피곤을 느끼는 것은 현재 작업 양식이 자신을 소진시키거나 상실이나 슬픔의 어려운 시기를 인지하지 못하고 있는 것일 수 있다. 경고 신호를 계속해서 활력적인 닻으로 덮어 쓰면 병을 자초할 수도 있다.

바로크 박자에 맞추기

고대 그리스인들이 깨달았고 초기 심리학자들이 사용했으며 현대 과학이 확인한 것이 있다. 음악이 몸과 마음에 작용한다는 점이다. 음악은 뇌의 전기적 활동을 나타내는 뇌파를 바꾼다. 이완 상태에서는 뇌파가 느려지고, 활력 상태가 되면 뇌파는 빨라진다. 분당 60박자 정도의 음악이 모든 문화에 걸쳐 가장 편안한 것으로 알려졌는데 그 수는 인간의 심장박동 수와 일치하기 때문이다.

바로크 음악은 특히 알파 상태로 알려진 이완된 의식상태에 적합하다. 이런 종류의 음악을 탐색하려면 1600년에서 1750년대에 작곡된 작품들의 라르고, 아다지오 악장을 찾아보라. 바흐, 모차르트, 헨델, 비발디가 모두 좋은 출발점이 될 것이다.

음악과 관련하여 좀 다르게 생각하는 방법 몇 가지를 소개한다.

✔ **즐겨 듣는 음악 종류를 다양하게 한다** – 바로크에서 클래식 또는 재즈, 블루스에서 레게 혹은 팝에서 록이나 오페라로 바꿔본다.

✔ **리듬을 바꾼다** – 창조성 향상을 위해 일정한 리듬과 다양하고 낯선 리듬을 비교해본다. 세계 음악이 좋은 선택일 것이다.

✔ **기악곡이나 노래 중 하나를 고른다** – 노래는 정신을 분산시킬 수 있다. 독주 악기가 이완을 촉진하는 경향이 있다.

✔ **직관을 신뢰한다** – 자신의 취향을 따른다. 싫어하는 음악과 싸우지 말자. 기분 나쁜 음악은 끈다.

✔ **하루를 다르게 시작한다** – 아침에 기분이 좋을 때는 출발이 순조롭다. 라디오의 논란을 일삼는 뉴스 채널에서 영감을 주는 팟캐스트와 신나는 음악으로 바꾸자.

음악으로 문제를 해결하도록 돕는 연습을 소개한다.

1. 자신을 괴롭히는 문제나 결정을 생각한다. 걱정의 정도를 1에서 10까지 중에서 결정하고 노트에 적는다.
2. 느린 것에서 빠른 것까지 매우 다른 종류의 세 가지 음악을 고른다.

【 알파에서 델타까지의 뇌파 】

1초 간격으로 측정되는 네 가지 형태의 뇌파가 있다.

1. 알파파 – 분명하고 조용하며 이완되어 있음 – 1초에 8~12회 주기로 발생.
2. 베타파 – 경계하고 문제 해결 – 1초에 13~30회 주기로 발생.
3. 세타파 – 창조적, 상상력이 풍부 – 1초에 4~9회 주기로 발생.
4. 델타파 – 깊은 수면 – 1초에 6회 미만으로 발생.

예를 들어 바로크, 재즈 기악곡, 헤비메탈 혹은 부드러운 노래 등.

3. 문제를 생각하며 첫 번째 음악을 듣고 1에서 10까지 척도 중 평가를 적는다. 이제 그 문제를 어떻게 보고 느끼는지 노트에 적는다.

4. 문제를 생각하며 두 번째 음악을 듣고 1에서 10까지 척도 중 평가를 적는다. 이제 그 문제를 어떻게 보고 느끼는지 노트에 적는다.

5. 문제를 생각하며 세 번째 음악을 듣고 1에서 10까지 척도 중 평가를 적는다. 이제 그 문제를 어떻게 보고 느끼는지 노트에 적는다.

생각이 변했는가? 지략 있게 만드는 점에서 어떤 음악이 가장 강력했는가?

다른 사람의 신발로 걸어보기

NLP 기술을 심화하는 또 다른 방법은 지향하는 쪽으로 행동하는 긍정적인 역할 모형을 찾아 대상의 몸짓 언어를 시험 삼아 해보는 것이다. 꼿꼿한지 편한 자세인지, 웃는지 심각한지 따라해본다. 모카신 걷기(moccasin walk)를 해볼 수 있는데, 즉 남의 신발을 신고 그 발자국을 따라 걸어보는 것이다.

몸을 다르게 움직이고 자세, 몸짓, 호흡을 조정함으로써 생각하고 반응하는 내적 상태를 변경할 수 있다.

큰 체구의 남자를 따라하는 작은 체구의 여자거나 그 반대의 경우, 모카신 걷기는 신체적 모습이 어떻게 상대를 설득하는 방식에 있어 차이를 만드는지 새로운 통찰을 제공한다. 내담자 중 체구가 작은 편인 질은 임원 회의에서 주목받고자 분투했다. 그녀는 남성 상대자의 신체적인 크기에 대한 대응으로 발표 유형을 좀 더 확장하기로 했는데, 즉 말하면서 일부러 방이나 발표단 위를 가로지르는 것이었다. 또 종이를 모두 펼쳐서 회의 책상을 많이 차지하게 했다. 두 가지 모두 그녀의 영역과 권위를 표시하는 행동이었다. 이와 비슷하게, 아동과 작업하는 성인 남자는 위에서 내려다보는 대신 바닥에 밀착해서 앉은 자세로 아동들과 이야기한다. 아마 영리한 정치인들이 학교 방문 시 이런 자세를 취하는 것을 자주 봤을 것이다.

닻으로 정교해지기

이 단락은 NLP 닻 내리기 기법이 위기에 직면했을 때와 두려운 상황에서 어떻게 도움이 되는지 보여준다. 여러분들은 아마 흡연이나 잘못된 섭식 같은 해로운 습관을 없애기 위해 분투해본 적이 있을 것이다. 자신감을 높여 대중 앞에서 연설을 해보고 싶을 수도 있을 것이다.

물론 NLP가 하루아침에 오페라 가수나 올림픽 국가대표 선수로 만들어주지는 않는다. NLP는 없는 능력을 유능하게 발휘하게 할 순 없지만, 닻 내리기 기법은 최고가 될 수 있도록 타고난 자원에 접근하도록 돕는다.

부정적인 닻 바꾸기

부정적인 닻을 바꾸기 위해 수단이 필요할 수 있다. 간단한 예로 파괴적인 습관을 바꾸고 싶다고 치자. 살을 빼겠다는 사람이 차 한잔 마실 때마다 비스킷 통으로 손이 간다면 그것은 부정적인 닻이 형성된 것이다. 혹은 사무실 직원이 상사와 한 번 다툰 이후 매일 출근 때마다 불안해한다면 그는 스트레스와 관련된 병을 만들게 될 것이다.

자신에게 둔감해지기

부정적 닻을 없애는 NLP의 가장 흔한 방법은 둔감화(desensitising)이다. 시작으로 중립적이거나 해리된 상태를 만든다. 그러고 나서 작게 나눠진 문제를 제시한다. 만일 문제가 체중을 줄이고 싶은 것이라면, 살찌게 하는 음식에 '고맙지만 사양할게'라고 말할 수 있는 강한 상태가 되어야 한다. 그 후 강한 상태에 있는 동안 시험 당하는 연습을 한다. 핵심적으로, 여러분은 새로운 습관을 만들어야 한다.

닻 무너뜨리기

닻 무너뜨리기 전략은 원치 않는 부정적인 것에 긍정적인 것을 더한 두 개의 닻을 동시에 설정하는 것이다. 5분 동안 부정적인 닻은 내보내면서 긍정적인 것은 유지하도록 한다. 부정적인 상태는 무너지고, 긍정적인 것만 남는 법이 만들어진다.

제인은 최근 이혼한 후 두 어린아이의 양육권을 얻었다. 그녀는 전 남편이 아이들을 방문하는 일정 때문에 전화할 때마다 감당 불가능할 정도로 화가 났다. 또 아이들도 아빠와 새 부인이 방문하는 주말이 되면 매우 불안해했다. 로밀라는 제인이 부정적 닻을 무너뜨리고 일련의 긍정적 닻을 재배치하여 전 남편을 대면하거나 전화 목소리를 들을 때(원치 않는 부정적 닻) 강력하게 대처하고 열린 대화를 할 수 있도록 도왔다. 이 방식으로 제인은 그가 행사하는 힘을 무력화할 수 있었다.

닻의 사슬 늘리기

여러분은 하루에도 많은 다양한 감정적 상태를 겪을 것이다. 닻은 하나가 또 다른 것으로 인도하는 사슬로 연결되어 있을 때 효과가 좋다. 사슬의 각 연결은 다음 연결의 자극이 되고 연속적인 상태를 생성한다. 예를 들면 오페라 가수가 정신적으로 준비되고, 집중해서 무대에 나갈 준비가 될 때까지 자신을 일련의 상태에 맞추기를 반복하는 것과 같다.

현재의 상태에서 바라는 긍정적 상태까지 한 번에 다다르기에는 그 간격이 지나치게 넓을 수 있다. 그럴 경우 바라는 상태에 이르게 하는 길로써 닻사슬을 고안할 수 있다.

예를 들어 현재 문제적 상태가 분노이고 이르고자 하는 상태가 침착일 경우, 이 전이는 한 번에 달성하기에는 꽤 큰 도약이다. 하지만 첫 번째 단계인 분노에서 걱정으로 갈 수 있는데 이 두 상태는 서로 겹치기 때문이다. 두 번째 단계는 걱정에서 호기심으로, 역시 두 단계 간 유사점이 있다. 마지막 단계는 호기심에서 침착(그림 9-2 참조)이다. 단계에서 단계로 이동하기 위해서는 원하는 상태에 도달하기까지 앞의 '닻 설정하기와 자원적 상태 만들기'에서 언급되었듯이 새로운 닻을 설정할 필요가 있다.

호기심과 혼란은 자신과 다른 이들의 상태 변화를 달성하는 데 유용한 중간 단계다.

케이트가 자문 기획 일을 했을 때, 중역 관리자 중 한 명은 '난 헷갈려, 누가 좀 다시 설명해줘'라고 말하며 자주 열띤 회의의 맥을 끊곤 했다. 상황을 흔들고 새로운 발상을 기르는 전략으로 이것은 매번 성공했다. 어떤 이는 그 중역의 헷갈림으로 모두가 속도를 낮추고 자신들의 질문을 할 수 있었다고 말했다.

그림 9-2
닻사슬을 통한
전이

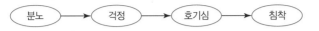

분노 → 걱정 → 호기심 → 침착

전략적 닻 배치하기

많은 사람들에게 대중 연설은 상상할 수 있는 최악의 경험이다. 많은 연구와 우리가 경험한 내담자들이 그 증거로써 사람들 앞에서 말하느니 차라리 죽겠다고 생각하는 사람들이 실제 있음을 증명했다! 실제로 대중 연설은 미국인의 가장 큰 공포이며 영국인에게는 거미 다음을 차지한다.

우리는 정기적으로 수행 불안을 겪는 내담자들을 코칭하는데, 불안은 많은 땀, 목소리가 안 나옴, 복통 등으로 나타난다. 저녁 후 연설회에 초대될 때 손님들은 그다지 식사를 즐기지 못한다. 커피나 브랜디 등을 마시는 중에 청중들을 재치와 지혜로 즐겁게 만들어야 하는 압박감 때문이다.

통제 회복을 위한 닻 내리기를 사용해야 할 이유가 있다면, 대중 연설이 바로 그것이다!

대중 연설에서 특별히 나쁜 경험이 있다면 NLP 종사자에게 기억의 둔감화를 위해 빠른 공포증 치료를 시행해주도록 요청하자(NLP 빠른 공포증 치료는 제3장 참조).

탁월성의 원 사용하기

NLP 탁월성의 원(circle of excellence)은 업무 수행의 자신감을 회복하는 데 도움이 된다. 대중 연설의 공포가 있거나 자신감을 증진시켜 운동경기에서 최고 실력을 보이고자 할 때나 그 밖의 다른 여러 경우에 사용할 수 있다.

탁월성의 원은 저녁 후 모임에 참가할 때 배우자와 함께 실습할 수 있는 전통적인 NLP 기법이다. 여러분을 세심하게 챙기는 친구나 NLP 종사자와 함께하면 라포를 유지하며 서두르지 않고 이 세 단계를 통과하는 데 최고의 효과를 얻을 수 있다.

시연할 상황을 생각하고 자신 앞에 있는 지면 위에 있는 지름 1미터의 원을 상상한다. 그런 다음 단계적 지시를 설명하는 아래의 단계를 따라 수행한다. 지시는 짝과 함께 원을 들어갔다 나갔다 하며 각 단계에서 무엇을 할지 알려준다.

1. **짝과 함께 원 밖에 선다.**

   자신의 최고 상태를 파악한다. 짝에게 말로써 어떤 상태인지 설명한다. 짝은 '당신이 [자신이 한 말]이었을 때를 기억하며 …때로 돌아가서 …때 본 것을 보고, …때 들은 것을 듣는다'라고 말한다.

2. **원 안으로 들어간다.**

   경험을 재생한다. 생생하게 모든 감각을 동원하여 유지한다. 손의 움직임을 느끼고 손 움직임으로 기억이 가장 생생한 순간에 그 상태를 고정하거나 닻을 내린다.

3. **원 밖으로 나가 짝에게 돌아간다.**

   두 번째 실험의 최고 상태 연습을 반복한다. 미래 사건의 반복을 위해 짝이 '상태가 좋아지게 될 시간을 생각한다'고 말한다

4. **원 안으로 다시 들어간다.**

   손을 닻 내리기 위치에 놓고 원으로 이동한다. 짝은 지금 경험이 어떻게 보이고 들리고 느껴지는지 질문한다.

5. **원 밖으로 나가 짝에게 돌아간다.**

   이완한다… 성공이다!

닻을 더욱 강력하게 만들기 위해 최고 상태에 대한 더 많은 예들과 함께 이 연습을 반복한다. 자신 있고 긍정적인 상태에 접근할 필요가 있을 때, 자신 앞의 원을 상상하고 그 안으로 살짝, 신중하게 들어간다.

공간적으로 닻 내리기

청중 앞에서 연설이나 발표를 하게 될 때, 공간적 닻 내리기는 닻을 통해 청중을 설득하는 방법이다. 무대의 같은 장소에서 같은 일을 반복할 때, 사람들은 여러분이 서 있는 곳에 따라 특정한 행동을 기대하게 된다. 강연대는 확실한 닻으로, 강연대에 서면 사람들은 그가 말하는 것을 기대하게 된다.

발표하면서, 여러분은 무대의 다른 위치에서 고의적으로 다른 기대를 설정할 수 있다. 무대 중앙에서는 주요 내용을 전달하지만 일화를 말할 때는 한쪽으로 이동하고,

기술적 정보에 관해 말할 때는 다른 쪽으로 가는 것이다. 농담이나 가벼운 화제 시에는 또 다른 공간으로 이동할 수 있다. 매우 신속하게, 사람들은 여러분의 위치에 따라 특정한 양식의 정보를 기대하게 된다.

닻에 대한 마지막 요점

처음 시도할 때 닻은 효과가 있거나 없을 수 있다. 이 책의 모든 도구 사용과 마찬가지로, 가장 빨리 배우는 법은 NLP 수업을 듣거나 숙련된 종사자와 같이 작업하는 것이다. 혼자서, 아니면 다른 사람들과 함께 기술의 심화를 위한 어떤 길을 선택하던 간에, 일단은 그냥 한 번 해보도록 하라.

우리는 닻 내리기가 처음에는 어색하더라도 계속 진행할 것을 권유한다. 자신의 상태를 통제할 때, 선택을 확장할 수 있고 그 결과는 분명히 보람 있다. 러디어드 키플링이 유명한 시 '만약에'에서 말했듯이, '모든 사람이 이성을 잃고 너를 비난할 때/고개를 숙이지 않고 당당히 들 수 있다면' 그것이 감정적 상태에 대처하는 것으로 큰 힘의 원천이 된다.

근본적인 NLP 가정은 주어진 상황에서 최고의 유연성을 입증하는 사람이 성공한다는 것이다.

10

경험 통제 뛰어들기

제10장 미리보기

- 기분이 좋아질 뿐 아니라 훨씬 좋아지는 법 찾기
- 감각으로부터 정보를 미세하게 조정하기
- 제한적 믿음을 없애고 역량강화된 믿음 만들기
- 바람직하지 않은 상태에서 바라는 상태로 이동하기
- 고통스러운 경험의 쓰라림 제거하기

한 가지 실험을 해보겠다. 정말 기분 좋았던 과거 경험을 생각해보자. 너무 깊이 빠지면 안 되니까 자세히 말하지는 않아도 좋다. 그 경험을 생각하면 모습이 보이거나 감촉이 느껴지고, 소리가 들리는가? 세 감각을 모두 경험하는 것은 좋은 일이다. 한두 가지만 느껴도 괜찮다. 이번 장에서 세 개의 모든 감각을 경험하게 될 테니까 말이다. 이제 경험을 강화할 수 있는가? 좋다! 자, 조금 더 심화할 수 있겠는가?

환영한다! 경험을 재생할 때 어떻게 강화했는가? 그림을 더 밝고 크고 다채롭게 하거나 자신에게 더욱 가깝게 했는가? 들리는 소리의 크기를 좀 더 키웠거나 느낌이 있었다면 몸 속 깊이 감각이 퍼지게 했을 것이다. 여러분은 방금 하위 감각양식을 작용하는 법을 발견했다. 하위 감각양식은 세상을 경험하는 초석이다. 그렇기 때문에 하

제10장 경험 통제 뛰어들기

199

위 감각양식의 매우 작은 변화가 경험의 변경에 큰 작용을 할 수 있다. 다른 말로 하면, 세상을 경험하는 선택 방식을 통제한다는 것이다. 즐거운 시간을 강조하거나 불쾌한 시간의 부정적 감정을 제거하기 위해 마음을 바꾸는 선택을 할 수 있다. 또 혼란 같은 바람직하지 않은 상태에서 이해하기 같은 보다 좋은 상태로 전환할 수도 있다. 요약하면, 삶에서 일어나는 일에 부여하는 의미를 선택할 수 있는 것이다. 이 장에서 그 방법을 설명한다.

이 장의 연습을 실습함으로써 하위 감각양식 전환을 더 잘할 수 있고, 주위 세상에 대한 사고방식과 경험을 얼마나 쉽게 바꿀 수 있는지 알게 된다. 실습은 그것이 스트레스 해소거나 나쁜 기억의 고통 제거하기, 또는 좋은 시간 늘리기든 간에 삶의 선택을 늘리도록 돕는다. 체계적이고 바람직한 성과를 설정하고, 하위 감각양식에 주목하면, 모든 목표는 더 구체적이 되고 미래는 명확하게 현실로 나아가게 된다.

하위 감각양식으로 경험 기록하기

NLP에서 시각, 청각, 촉각, 후각, 미각의 오감은 **감각양식**(제5장에서 감각들을 통해 어떻게 세상을 경험하는지 설명했다)으로 불린다. 감각양식 속성의 변경을 위한 미세 조정 수단은 하위 감각양식으로 알려져 있다.

시각의 하위 감각양식 예로는 그림의 크기, 밝기나 색상, 틀이 씌워져 있는지 여부 등이다. 청각의 하위 감각양식은 소리 세기, 목소리의 빠르기나 음색 등이고 촉각의 경우 체한 듯한 느낌이나 안절부절못함이 해당된다. 이해되는가?

대조 분석(contrastive analysis)은 두 경험의 각 하위 감각양식을 비교, 대조할 때 발생한다. 실제로 아는 것, 예를 들어 개의 하위 감각양식과 유니콘 같은 환상의 것을 비교한다면, 각 개체의 하위 감각양식이 다르다는 것을 알 수 있을 것이다.

대조 분석은 어떤 사람이나 경험에 대한 사고방식을 관련된 하위 감각양식을 바꿈으로써 변경하고자 할 때 유용하다. 예를 들면 정규적으로 교류하는 어떤 이에 대한 대처가 힘들 경우, 보고 듣고 느끼는 방식을 바꿔 상대를 생각한다면 반응하는 데 큰 도움이 될 것이다.

리더십 코칭 상담에서, 레이첼은 케이트에게 전 회사를 떠난 이유는 상사가 자신을 괴롭혔기 때문이라고 말했다. 새 일을 시작하고 3개월 되는 때, 전 상사가 그녀가 다니는 회사에 중역으로 들어오게 되었다. 그녀는 전 상사가 자신의 새로운 경력에 해가 될까 걱정되었다. 케이트는 레이첼을 상담해서 부정적인 상사에게서 겪은 하위 감각양식 경험을 현재 즐겁게 일하는 동료들의 것과 비교하도록 했다. 그러자 레이첼은 전 상사와의 화기애애한 직업 관계를 고려하게 되었고 그의 이름이 언급될 때마다 느끼는 심한 부정적 느낌을 완화할 수 있었다. 전 상관이 새 회사에 합류했을 때, 그녀는 자신감 넘치고 적극적인 태도로 대처했다. 그녀의 달라진 행동으로 전 상사의 태도는 조심스러워졌고 괴롭힘을 허락하지 않은 그녀의 각오는 그의 존중을 받게 되었다.

기본 정보 파악하기 : 시작하기 전에 알아야 할 것

하위 감각양식은 그것이 실제인지 아닌지, 좋은지 나쁜지 등 그 경험에 의미를 부여하는 방식이다. 하위 감각양식은 의미의 강도를 변경하는 데 사용할 수 있다. 이 장 앞부분의 연습에서, 여러분은 경험에 기분 좋음이라는 의미를 부여했다. 경험의 하위 감각양식을 변경함으로써 경험을 고조할 수 있고 그리하여 경험의 의미도 더욱 즐거운 것으로 고조된다.

이제 모습, 소리, 느낌의 하위 감각양식을 바꿈으로써 간단히 기억을 통제할 수 있다는 것을 알았다. 감각양식이 하위 감각양식으로 쪼개지는 것과 비슷하게, 하위 감각양식도 더욱 분명하게 인지할 수 있다. 예를 들어 그림의 색과 색조를 다양하게 하거나 여러 종류의 회색이 들어간 흑백으로 하는 것이다. 그림에 틀을 씌우거나 파노라마로 할 수도 있다. 파노라마는 생소한가? 산 정산에 서서 고개를 천천히 180도 돌릴 때 눈앞에 펼쳐지는 풍경을 상상해보자. 그것이 파노라마로 보는 것이다. 덧붙여서, 모습을 연상하거나 해리하는 것은 감정에 영향을 줄 수 있다(자세한 내용은 다음 단락 참조). 예를 들면 소리는 기억에 남거나 없을 수 있고, 느낌은 감촉을 만들어낸다.

더미를 위한 팁

각 하위 감각양식은 바꿀 수 있기 때문에, 우리는 '하위 감각양식 작업표' 목록을 이 장 뒷부분에 제공해서 변화를 기록할 수 있도록 했다(부록 D에도 추가했다). 변화를 시작하기 전에 목록을 작성해서 변화로 불안해질 경우 언제라도 원래 구조로 전환할 수 있게 한다.

연합 혹은 해리하기

이 단락은 기억으로 들어가거나 빠져나오는 법을 이해하여 느낌의 강도를 높이거나 축소하는 법을 좀 더 많이 선택할 수 있도록 돕는다. 이 점은 매우 중요한 하위 감각 양식으로 추가적인 설명이 필요한 부분이다.

그림 속의 자신을 상상할 때, 그 느낌은 셀프 영화 속의 자신을 보는 것 같은 것으로 이 경험은 해리(dissociated)되는 것이라고 불린다. 반면에 그림 속에 있으면서 자신의 눈으로 직접 보는 것은 연합(associated)되는 것이다. 그림과 연합이나 해리하는 것은 자신이 만든 모습의 결과로서 감정을 경험할 때 매우 중요한 하위 감각양식이 될 수 있다.

일반적으로 감정은 모습과 연합될 때 고조된다. 사람들은 연합이나 해리를 어렵게 느낄 수 있다. 예를 들어 여러 번의 상실이나 외상을 겪었다면 일반적으로 연합하기 어려울 것이다. 상실의 외상을 극복한 것이 아니라면, 연습이 쉽게 느껴질 때까지 의식적으로 연합을 실습해야 한다. 일부 사람들은 빠져나올 수 없는 경험을 기억할 때마다 그런 식으로 연합된다. 예를 들어 외상 후 스트레스장애(PTSD)는 사람들이 외상적 경험을 현재 일어나는 것 같이 지속적으로 반복할 때 발생한다.

연합이나 해리되는 경험을 만들기 위해, 차 앞좌석에 앉아 있는 자신의 모습을 상상해보자. 해리될 때 차 안의 자신을 보는 것은 마치 TV나 사진 속의 자신을 보는 것과 비슷하다. 사진으로 연합되고 싶으면, 차 문을 열고 들어가 앉는 상상을 한다. 이제 자신의 눈으로 살펴본다. 앞에 계기판이 있다. 계기판의 질감과 색이 보이는가? 앞 유리는 어떤가? 혹시 죽은 벌레들로 더럽혀져 있는가?(영화 '맨 인 블랙'을 봤다면 외계인일 수도 있다.)

상상을 통한 시각화 작업 후, 몇몇 사람들은 해리하기를 어려워한다. 해리하기 위해 차에서 내려 도보로 올라서는 것을 상상한다. 돌아서서 차를 바라보며 앞좌석에 앉아 있는 자신을 본다. 아직도 해리가 되지 않는다면, 차 앞 스크린의 자신이 출현하는 영화를 보고 있다고 가정한다.

이 연습이나 다른 것들이 그다지 이해되지 않는다면 잠시 책을 덮어도 좋다. NLP 경험이 몸과 마음에 좀 더 각인될 때 언제라도 다시 책을 펴고 시도할 수 있다. 아니면, NLP 코치나 연습 집단을 찾아 기술을 연마할 수도 있다(부록 A에 연락처가 나와 있다).

기억의 세부 정의하기

이 책을 읽으며 앉아 있는 동안, 우리가 언급하기 전까지 등 뒤나 다리의 좌석을 의식하지 못했을 것이다. 이와 비슷하게, 항상 기억의 속성을 기억하지는 못하는 것들, 예를 들어 칫솔질, 게임하기, 독서, 요리 등의 기억은 요청받기 전까지는 인지하지 못할 것이다. 이제, 일련의 속성들을 그러한 기억들에 적용해보자. 독서할 때를 기억해보면, 독서하는 광경과 책 또는 이야기가 있는 그 장면은 틀이 씌워져 있거나 흑백일 수 있다. 멀리서 들리는 차 소리나 책 넘기는 소리를 들을 수도 있고 책을 읽으면서 웃거나 행복감을 느꼈을지도 모른다.

기억을 회상할 때 보고 듣고 느꼈던 것들에 주목하면서 하위 감각양식의 속성을 인지하게 된다. 다음 단락은 감각, 청각, 근감각(촉각) 하위 감각양식의 속성을 이끌어내는 질문들을 제시한다.

삶의 교훈을 회상하도록 요청 시, 긍정적 사건보다 부정적이거나 스트레스 많았던 사건을 기억하기 쉽다. 생존 본능이 이 결과에 대한 설명이 될 수 있는데 연구에 의하면 위협으로 감지된 부정적 기억들이 더 많은 시각적 정보를 보유하기 때문이다.

이 장에서는 시각, 청각, 근감각 하위 감각양식에 집중하고 미각과 후각은 빠졌다. 여러분이 와인, 차, 커피 등의 감식가가 아닌 한 이 감각들은 위의 세 감각들과 같은 위력이 있다고 생각하지 않기 때문이다. 그렇긴 해도 후각과 미각은 분명히 감정적인 뇌에 작용한다. 군밤 냄새가 갑자기 어린 시절 경험한 눈 오는 풍경과 크리스마스 캐럴의 기억으로 데려다줄 수도 있을 것이다.

시각적 하위 감각양식 도출하기

그 장소 및 공간과 관련해서는 여러분이 보면서 그림의 속성을 정의할 수 있다. 예를 들어 영상은 여러분의 바로 앞, 왼쪽, 오른쪽 혹은 위나 아래에 있을 수 있다. 그림이 파노라마라면, 한 곳에 서서 앞의 광경을 보기 위해 고개를 돌리는 것처럼 보일 것이다. 그림에는 밝기, 모양 등 다른 속성들도 있다. 다음 속성들을 생각함으로써 머릿속에서 그림을 어떻게 만드는지 알아볼 수 있다.

시각적 하위 감각양식	발견하기 위한 질문
장소	공간의 어디인가? 그림을 가리킬 수 있는가? 얼마나 가깝거나 먼가?
컬러/흑백	컬러인가, 흑백인가?
연합/해리	그림은 연합인가, 해리인가? 그림에서 자신이 보이는가, 아니면 자신의 눈으로 보고 있는가?
크기	그림은 큰가, 작은가?
2차원/3차원	그림은 2차원인가, 3차원인가?
밝기	그림은 밝은가, 어두운가?
사진/영화	그림은 사진인가, 영화인가? 그림이 영화라면 얼마나 빠르게 돌아가는가?
모양	그림은 사각형인가, 원인가, 직사각형인가?
틀이 있는/파노라마	그림 주위에 틀이 있는가, 파노라마식인가?
초점이 맞는/희미한	그림의 모양은 초점이 맞는가, 희미한가?

청각적 하위 감각양식 도출하기

상상해서 만든 그림과 같이, 소리 역시 특정한 속성들을 갖는다. 아래의 질문들을 고려하여 마음에 집중하기 전까지는 자신이 듣는 소리의 속성을 인지하지 못할 수 있다.

청각적 하위 감각양식	발견하기 위한 질문
장소	어디에서 소리를 듣는가? 머릿속인가, 바깥인가?

	어디에서 소리가 나는지 가리킬 수 있는가?
말/소리	말이나 소리가 들리는가?
	말이면, 아는 사람의 목소리인가?
크기	소리가 시끄러운가, 조용한가?
	소리가 속삭이는가, 분명한가?
말투	목소리를 듣는다면 말투가 어떤가?
높낮이	저음인가, 듣기 좋은가? 콧소리인가, 귀에 거슬리는가?
모노/스테레오	한쪽에서만 들리는가, 양쪽으로 들리는가?
계속적인/끊기는	소리가 계속 들리는가, 끊기는가?
리듬	소리가 박자나 리듬이 있는가?
빠르기	소리가 느리게 들리는가, 빠르게 들리는가?
선율	소리에 선율이 있는가?

근감각 하위 감각양식 도출하기

하위 감각양식은 촉각과 관련 있고 이것을 정의하는 데 도움이 되는 속성들이 있다.

근감각 하위 감각양식	발견하기 위한 질문
장소	몸의 어디에 있는가?
	어디에서 느껴지는지 가리킬 수 있는가?
모양	느낌은 모양이 있는가?
누르기	눌러지는 느낌이 있는가?
크기	크기가 있는가?
	큰가, 작은가?
성질	따끔한 느낌인가?
	퍼져 나가는가, 한곳에 묶여 있는가?
강도	강한가, 약한가?

고정된/움직이는	한곳에 머무르는가, 움직이는가?
온도	따뜻한가, 차가운가?
계속적인/끊기는	계속적인가, 끊기는가?
촉감	촉감이 느껴지는가?
그림	그려볼 수 있는가?

톰은 관리자와 주간 회의를 하는 것을 매우 불안해하는 편이었다. 그 결과, 관리자가 그와 관련된 문제를 제기할 때 주장을 펼 수 없었다. 6개월이 지나자, 톰은 출근하는 것이 더욱 불안해졌고 로밀라와 상담할 때쯤엔 절망적인 상태에 빠졌다.

톰은 불안이 흉골 바로 밑에서 무겁고 금속의 검은 정육면체 같이 느껴진다고 대답했다. 로밀라는 톰에게 금속의 검은색에서 회색조의 은색으로 색을 바꾸게 했다. 색이 변하면서, 매우 작은 사각형으로 느껴질 정도로 정육면체는 가벼워졌다. 사각형의 한 모서리를 잡는 상상을 함으로써 그는 그것을 몸에서 끄집어내서 떠내려 보낼 수 있었다. 톰은 다양한 상황에서 많은 해로운 느낌을 쫓아내는 데 이 과정을 계속 사용하고 있다.

기억의 하위 감각양식을 변경하기 전에 미리 목록을 작성한 후, 과정 중 불편한 점이 있으면 언제라도 원래의 그림, 소리, 느낌으로 되돌릴 수 있게 한다. 이 장 뒷부분의 '하위 감각양식 작업표'는 바로 이것을 위해 고안되었다(부록 D에도 첨부하였다).

하위 감각양식의 어떤 변경이라도 괜찮은지 여부를 항상 자문하도록 한다. 불편한 느낌의 저항이 있다면 그 느낌을 인정하고 잠재하는 내적 갈등을 알려주는 무의식에 감사하자. 이것은 단계적으로 극복 가능하다. 혼자만의 조용한 시간을 갖거나 NLP 코치와 상담하는 것도 유익할 것이다.

로밀라는 앤디의 상심을 해소하기 위해 상담하면서 그가 상실의 고통을 없애려 하지 않는다는 것을 알게 되었다. 그는 그렇게 하면 아버지를 잊게 될 것이라 믿었다. 그러나 앤디는 아버지에 대해 생각할 때마다 병에 대한 기억이 동반되어 깊은 슬픔을 경험하고 있었다. 결국 그는 고통을 내보냄으로써 병 이전의 활기차고 다정한 아버지를 훨씬 생생하게 기억할 수 있었다. 더욱 중요한 점은, 아버지와의 더 행복한 기억에 다가가고 그 시간에 대한 회상을 더 확장하며 아버지의 최근 몇 년간에 대해 집중하는 것은 최소화할 수 있게 된 점이었다.

연습해보기

시각의 V, 청각의 A, 근감각의 K라고 쓰인 세 개의 버튼이 있는 리모컨을 상상해보자. 마음속 그림, 기억 속의 소리나 경험한 느낌의 속성을 V, A, K 버튼을 사용해서 바꿀 수 있을 것이다.

기억의 속성을 변경하고 싶은 이유는 무엇인가? 몇 년 전, 학교 연극 리허설 중 스트레스에 시달리는 선생님이 소리 질렀던 일을 가정해보자. '멍청아, 또 틀렸잖아!' 이제 직장에서 발표를 해야 하는데 발표할 때마다 땀을 흘리고 말을 더듬거리며 머릿속에서는 '멍청아, 또 틀렸잖아!'라는 소리가 들린다. 이런 경우 성취하고자 하는 것의 달성을 방해하는 기억의 속성을 변경할 필요가 있다. 밝기 버튼을 조절해서 선생님의 그림이 희미해지는 것을 상상해보자. 그리고 나서 크기 버튼으로 선생님의 크기를 작게, 눈에 띄지 않게 한다. 마지막으로, 소리 버튼을 조정하여 고성이 속삭임이 되게 한다. 이제 여러분은 항상 원하던 식으로 발표할 수 있게 된다.

이 장 뒷부분의 '하위 감각양식 작업표'를 사용하여 하위 감각양식을 얼마나 효과적으로 변경할 수 있는지 실험해보자.

1. 좋아하는 사람을 생각한다.
2. 그 사람과 의미 있는 시간을 보냈던 때를 기억한다.
3. 그때 보고 듣고 느낀 그림의 속성을 기록한다.
4. 상상한 그림의 한 **시각적** 하위 감각양식을 한 번씩 변경한다. 각 변경이 시간을 함께한 기억에 어떻게 작용하는지 유의한다.
5. 상상한 그림의 한 **청각적** 속성을 한 번씩 변경한다. 각 변경이 기억에 어떻게 작용하는지 유의한다.
6. 경험한 느낌을 변경하며, 한 번에 한 **근감각** 속성을 바꾼다. 각 변경이 함께한 경험에 어떻게 작용하는지 유의한다.

결정적인 하위 감각양식 이해하기

상상하는 그림의 크기나 밝기 같은 일부 하위 감각양식은 반응을 결정하는 데 있어 매우 강력하다. 그림을 더 크거나 밝게 함으로써 경험이 고조되는 것을 알 수 있을 것이다. 또는 그림의 위치를 변경하거나 그림으로 연합, 해리하는 것이('연합 혹은 해리하기'에서 논의했듯이) 경험의 소리와 느낌에 작용할 수 있음을 알 수 있다.

결정적(critical) 하위 감각양식이란, 변경할 경우 경험의 다른 하위 감각양식을 변경하고 다른 감각의 하위 감각양식에도 작용하는 하위 감각양식을 말한다. 가령 그림의 밝기를 변경하면, 그림의 속성뿐 아니라 그림과 결합하여 경험한 소리, 느낌이 의식적 간섭 없이 자동으로 변하게 된다.

로밀라는 목표 성취에 어려움을 겪고 6개월 동안 씨름 중인 내담자 수지를 코칭하게 되었다. 수지가 목표한 하위 감각양식을 탐색할 때, 그녀는 그것이 머리를 넘어 왼쪽 위에 있다고 말했다(거대한 시계를 상상하면, 천장 지붕까지 닿고 바늘은 11에 있을 것이다). 요청에 따라, 수지는 상상의 위치를 그녀 앞 오른쪽에, 약 1미터 떨어진 곳으로 이동했다. 수지의 반응은 놀랄 만했다. 그녀는 의자에서 너무 세게 뛰어 올라 거의 떨어질 뻔했고 너무 웃어서 얼굴은 밝은 분홍색으로 변했다. 그림의 위치를 바꾸는 것은 수지에게 놀라운 영향을 주며 삶의 목표를 가져다주었다. 그녀는 목표 성취의 느낌이 어떤 건지 알게 되었고 변화는 훨씬 즉각적으로 이루어졌다. 목표 설정 기법을 좀 더 사용하여 수지는 목표를 4개월 후 달성할 수 있었다.

하위 감각양식을 사용한 성과에 대한 NLP 훈련을 받은 코치와 상담할 때, '자세한 내용 없이' 할 수 있다. 즉 성취하려는 것에 대한 사적인 자세한 내용을 코치에게 말할 필요 없이 경험하는 하위 감각양식만으로도 가능하다. 이 접근은 매우 사적인 문제를 다룰 때 유용하다.

여러분은 시각(눈), 청각(귀), 근감각(느낌과 촉각), 후각(코), 미각(맛)의 오감을 통해 세상을 경험한다. 십중팔구, 사람들은 세상에 대한 정보 수집 시 다른 것들보다 한 가지 감각을 선호하는데, 스트레스를 겪을 때 특히 그렇다. 이 감각은 주도적(lead) 또는 주요 표상 체계(primary representational system)라고 칭하며 학습 방식과 머릿속에서 외부 세상을 나타내는 방식에 영향을 미친다.

코칭 상담 동안, 찰스는 자신의 주요 표상 체계가 청각임을 알게 되었다. 또한 시각보다는 근감각으로 상당히 감정을 강하게 느꼈다. 그는 새로운 일을 할 때나 밤에 잠자리에 들 때도 떠들어 대며 자신감을 저해하는 불평의 소리를 바꾸고자 상담을 받고 있었다. 목소리의 속성을 검사하면서 그것이 실은 어머니가 말하는 소리로, 머릿속에서 어머니의 목소리를 듣고 있다는 것이 밝혀졌다. 불행하게도 어머니는 다소 말하는 방식이 부정적이었다. 찰스는 그 목소리를 들을 때마다 구역질이 났고 검은색의 빛나는 바위가 명치 부분을 가격하는 느낌을 받았다.

찰스가 목소리를 속삭임으로 변경하고 머리를 벗어나 왼쪽 귀 바로 아래로 이동하자, 더 이상 구역질을 안 하고 뱃속에서 따뜻한 열기를 느꼈다. 찰스는 목소리를 더 이상 변경하지 않았는데, 그 음성이 잠재하는 문제를 감시하고 있다고 믿었기 때문이다. 단지 그 목소리의 속성만 변경함으로써 그는 삶을 계속할 수 있었다.

실생활의 변화 만들기

이 장의 연습을 실험하면서, 각자의 **결정적 하위 감각양식**, 즉 다른 하위 감각양식에 작용하여 영향을 미칠 수 있는 하위 감각양식에 대한 상당한 아이디어를 얻었기를 바란다. 또 자신의 경험을 통제할 수 있다는 확신을 갖고 감정의 선택을 위해 경험을 변경할 수 있게 되길 바란다. 이 지식의 빛과 믿음으로 다음 단락의 연습을 통해 삶의 실제적 변화를 경험해보자.

기차에 타고 있거나 교통 체증 동안, 또는 시댁이나 처갓집 식구들과의 지루한 식사 중에도 마음을 프로그램하는 것을 상상해보라. 훈련이 완벽을 만든다는 점을 되새기며 공공장소에서도 안심하고 연습할 수 있는 하위 감각양식 실험을 시작해보자.

경험의 고통 없애기

불쾌한 경험을 회상한다. 삶을 무너뜨린 그런 경험이 아니라 기분이 약간 상했던 정도의 사건이면 되겠다.

뒷부분의 '하위 감각양식 작업표'를 사용하여 경험의 하위 감각양식을 검토하고 메모한다. 이 지식으로 이 불쾌한 사건을 떠올릴 때 경험하는 그림, 소리, 느낌을 변경하자. 자, 어떻게 되었는가? 기분이 좋아졌는가, 그대로인가? 그대로라면 불쾌한 경험의 하위 감각양식을 이 장의 시작에서 회상하도록 요청한 것과 같은 기분 좋은 것들로 변경하는 과정에서 무슨 일이 있어났는지 탐색해본다.

제한적 믿음의 변경

얼마나 자주 '그거 못해', '수학에는 자신 없어', '요리를 배워야겠어'와 같은 말을 하는가? 이런 말들은 자신과 세상에 대해 형성하는 제한적 믿음(limiting beliefs), 일반화의 예이다. 이 믿음은 여러분을 불가능하게 하고, 제지하거나 한편으로 힘을 불어넣을 수 있다. 믿음은 개념이나 발상의 기미로 시작하여 너무도 쉽게 자기충족적 예언이 된다. 그런 다음 여과기(제8장에서 논의한 메타 프로그램, 가치, 믿음, 태도, 기억, 결정)가 그것들을 정렬하여 믿음을 강화하는 '사실'과 경험만을 받아들이게 한다.

예를 들어 조금 통통하다고 생각해서 다이어트를 결심했다고 상상해보자. 며칠은 식이요법을 잘 지키지만 유혹은 점점 강해질 것이다. 이 단계에서 여러분은 '난 다이어트에 안 맞아'라는 개념의 기미를 느낀다. 그다음 다시 조금 노력하고 또, 유혹에 굴복하다가 결국 '나는 다이어트를 못해'라는 제한적 믿음에 이르게 되는 것이다.

1 **현재 갖고 있는 제한적 믿음들 중 변경하고 싶은 하나를 생각한다.**
   춤이나 디지털 기기에는 문외한이라고 믿을 수 있다.

2. **전에는 믿었으나 더 이상 진실이 아닌 믿음을 생각한다.**
   이 믿음은 요정을 믿었던 것과 비슷하다. 뒷부분의 '하위 감각양식 작업표'를 사용해서 과거 믿음의 하위 감각양식을 메모한다.

3. **확실하다고 믿는 어떤 것을 생각한다.**
   생각나는 것이 없으면, '내일 태양은 떠오른다'를 참고하자.
   '하위 감각양식 작업표'를 사용해 이 믿음의 하위 감각양식을 메모한다.

4. **갖고 싶은 믿음을 생각한다.**
   1번의 제한적 믿음과 반대되도록 긍정문으로 바꿔 적는다. '나는 춤을 잘 춘다'
   주차를 잘하고 싶다면 '나는 주차를 잘해', 또는 전문적으로 연설할 때 더욱 자신감 있고 싶다면 '나는 자신 있는 전문 연설가다'라고 한다.
   '하위 감각양식 작업표'를 사용해 갖고 싶은 믿음의 하위 감각양식을 메모한다.

5. 제한적 믿음(1번)의 하위 감각양식을 더 이상 진실이라고 믿지 않는 믿음(2번)으로 변경한다.

6. 갖고 싶은 믿음(4번)의 하위 감각양식을 확실하다고(3번) 믿는 것들로 변경한다.

부정적 감정들이 모두 사라지거나 변했는지 알아본다.

역량강화된 믿음 만들기

믿음이 자기충족적인 예언이 되는 것을 피하기 위해 갖고 싶은 믿음을 선택할 수 있는 권한이 자신에게 있음을 기억하자. 이전 단락에서, 제한적 믿음을 없애는 방법을 발견했다. 삶을 더욱 확실하게 살게 하는 수많은 믿음을 만드는 삶을 선택함으로써 자신의 선택을 늘리는 것은 얼마나 유용한 일인지 상상해보자.

1. **바람직한 믿음이라고 부르는 유용한 믿음을 생각한다.**
   예 : '나는 성공할 만하다.'

2. **완벽한 사실이라고 생각하는 믿음을 생각한다.**
   예 : 아침에 해가 뜬다(구름 뒤에서라도 말이다).

3. **뒷부분의 '하위 감각양식 작업표'를 사용해서 이 완벽한 믿음의 하위 감각양식을 파악한다.**
   해가 뜨는 예에서, 해를 눈앞에서 볼 때, 2미터 정도 떨어져서 흐릿하게, 반짝이며 오렌지색으로, 매우 밝게 등이 해당된다. 온기가 퍼지는 것을 느끼며 새소리를 들을 수도 있다.

4. **바람직한 믿음을 완벽히 진실한 믿음의 것과 같은 하위 감각양식으로 표현한다.**
   바람직한 믿음을 생각할 때 본 그림을 일출 그림과 같은 위치, 거리에 놓고 동일한 색과 밝기로 한다. 그런 다음 같은 온기와 새소리를 만든다.

요통 없애기

이 과정은 심한 스트레스로 인한 두통이나 장시간 같은 자세를 유지함으로써 발생하는 근육 경직 같은 증상에도 사용할 수 있다.

이 과정은 의사나 약 처방 없이 빠르게 불편감을 완화하는 데 탁월하지만, 증상이 계속되거나 마음을 안정시키는 목적일 경우 지역 보건의에게 상의하도록 한다.

1. 요통을 1에서 5까지 척도 중 가늠한다.
2. 요통의 그림을 생각한다.
3. 뒷부분의 '하위 감각양식 작업표'를 사용하여 요통의 하위 감각양식을 메모한다.
4. 요통의 각 속성을 하나씩 변경한다.

   고통에 색이 있다면, 치유하는 파랑 같은 다양한 색을 부과한다면 어떻겠는가? 강철 한 묶음이 리본 조각처럼 바람에 흔들리는 것을 보면 어떨까? 고통이 무뎌지면, 따끔한 기분으로 바꿀 수 있겠는가? 후끈거린다면, 그 부분에 시원한 바람이 부는 기분으로 바꿀 수 있는가? 통증이 아직 있다면 이 변화로 요통은 감소할 것이다.

5. 이제 극장 스크린 앞에 있는 자신을 상상한다. 몸에서 요통을 제거하고 스크린에 요통 영상을 투사한다.
6. 스크린의 그림을 작게 만들어 풍선 정도의 크기가 되게 한다.
7. 이제 풍선을 하늘 높이 띄우고, 하늘로 사라지는 것을 보면서 요통도 줄어들고 덜 아프게 된다.
8. 풍선이 구름에 닿으면, 요통을 1로 측정한다.
9. 풍선이 하늘에서 사라지면, 요통은 희미한 기억처럼 점점 바래진다.

쉿 이용하기

쉿(Swish)은 대부분의 NLP와 같이 행동주의 심리학에 기반을 둔 강력한 기법으로 습관과 행동의 수정을 유지하도록 한다. 쉿 양식은 어떤 계기에 의해 유발된 문제적 행동의 수정을 위해 고안되었다. 쉿의 기본 발상은 자기 이미지를 계기에 덧붙임으로써 계기가 활성화될 때마다 행동의 새로운 방식을 발견하고 힘 안 들이고 행동을 수정하는 것이다.

손톱을 깨문다고 해보자. 쉿은 손가락으로 손톱을 쓰다듬다가 삐죽삐죽한 끝을 발견하는 자신의 모습이나 원치 않는 행동(손톱 물어뜯기)을 만드는 긴장 등 계기가 되는 그림을 사용해서 새로운 바람직한 양식의 행동이나 새 이미지(깔끔한 손)를 만들 수 있게 한다.

하루 일과 후 지친 느낌을 이완되고 저녁을 즐길 준비가 된 상태로 변경하는 데 휫 패턴을 사용할 수 있다.

1. **원치 않는 행동을 파악한다.**

   손톱 물어뜯기, 흡연 또는 사소한 언쟁에 화내기를 그만두고 싶을 수 있다.

2. **변경을 진행해도 괜찮은지 자문한다.**

   '이 상황에서 바뀌도 좋은가?'라고 자문한다.

3. **원치 않는 행동을 일으키는 계기를 파악하고 연합된 그림을 상상한다**('연합 혹은 해리하기' 단락 참조). **이 이미지가 신호가 되는 그림이다.**

   손톱을 쓰다듬거나 긴장하고 화난 상황을 생각한다.

4. **결정적 하위 감각양식의 발견을 위해 이미지와 작업한다.**

   경험이 많이 쌓이면 한두 개의 결정적 하위 감각양식을 변경할 수 있지만, 현 단계에서는 일단 하나부터 시작하자. 신호 그림을 더 끌리게 만드는 이미지의 하위 감각양식을 변경한다.

5. **상태를 단절한다.**

   상태의 단절(break state)은 가지고 있는 상태나 마음 틀을 바꾸는 것을 말한다. 연습의 한 단계에서 다른 단계로 갈 때 일어서서 몸을 한 번 흔들거나 방 주위를 돌아다님으로써 자연스럽게 단절된다.

6. **바람직한 이미지를 생각한다. 선호하는 행동을 하거나 특정한 방식으로 보는 해리된 이미지를 생성한다.**

7. **상태를 단절한다.**

8. **신호 그림을 회상한다. 그것에 연합하고 틀을 씌우도록 한다.**

9. **바람직한 성과 이미지를 만든다.**

10. **바람직한 이미지를 매우 작고 어두운 점이 되게 짓누르고 신호 그림의 왼쪽 바닥에 놓는다.**

11. **휫 소리와 함께 작고 검은 점을 큰 그림으로 나아가게 해서 점이 팽창해 신호 그림을 뒤덮게 한다.**

12. **상태를 단절한다.**

13. **과정을 빠르게 여러 번 반복한다.**

시각이나 청각보다 근감각적 선호를 많이 보일 경우, 이 연습 시작 시 손을 더 멀리 떨어지게 하면 쉿이 더욱 효과적일 수 있다. 그런 다음, 쉿 소리를 할 때 재빨리 손을 모은다.

하위 감각양식 작업표

시각적 하위 감각양식	보이는 것을 묘사한다
장소	
컬러/흑백	
연합/해리	
크기	
2차원/3차원	
밝기	
사진/영화	
모양	
틀이 있는/파노라마	
초점이 맞는/희미한	
청각적 하위 감각양식	들리는 것을 묘사한다
장소	
말/소리	
크기	
말투	
높낮이	
모노/스테레오	
계속적인/끊기는	
리듬	

빠르기	
선율	
근감각적 하위 감각양식	**느낌을 묘사한다**
장소	
모양	
누르기	
크기	
성질	
강도	
고정된/움직이는	
온도	
계속적인/끊기는	
촉감	

chapter

11

논리 수준에서 작업하기

이 장은 NLP의 선호하는 모형, 즉 세상을 이해하는 법, 가장 유연한 접근 작업과 원하는 성과의 이상적인 이해를 성취하는 법을 알려준다. NLP 개발자이자 훈련가인 로버트 딜츠가 계발한 이 모형은 논리 수준(logical levels)으로 알려져 있으며 NLP 작업에서 매우 인기를 얻고 있다.

이 모형은 특히 몇 가지 점에서 유익하다.

- ✔ 무엇이 개인으로서의 자신을 움직이게 하는가에 대한 이해
- ✔ 다른 사람과 조직의 기능 방식에 대한 분석
- ✔ 경험을 관리 가능한 단편으로 나누는 법
- ✔ 현실에 대처하며 자신감 있게 조정하기

논리 수준 모형은 분리되었다고 느껴지는 삶의 모든 영역을 파악함으로써 혼란의 시간에서 앞으로 나갈 수 있는 길의 안내를 돕는다. 모형의 사용은 새로운 경력을 설계하도록 하거나 최고의 건강을 향한 동기를 찾을 수 있도록 돕는다.

논리 수준 이해하기

NLP 논리 수준은 모든 경험이나 상황의 구성요소를 생각할 수 있게 한다(그림 11-1참조).

그림 11-1에서 서열로 소개했지만, 각 단계가 서로 관련되어 있기 때문에 상호 관련성의 망이나 일련의 동심원으로 보는 것도 유익하다. 이 모형의 시각적 구조는 단순히 그 작용에 대한 이해를 돕기 위해 구성한 것이다. 우리는 코칭 워크숍에서 한 단계에서 다른 단계로의 탐색을 격려하기 위해 한 벌의 개별 카드를 내놓는다. 우리는 사람들에게 바닥의 큰 카드 위에 올라서도록 하여 각 단계를 경험하면서 감정들을 직접 느껴볼 수 있게 한다. 또 카페 같은 공공장소에서의 논의를 위한 작은 명함 사이즈의 카드도 사용한다.

많은 예에서, 도표의 아래 단계에서 정보를 수집하는 것이 높은 단계에서 하는 것보다 쉽다. 예를 들어 회사는 건물(환경)에 대한 회계 감사를 하는 것이 경영자들과 직

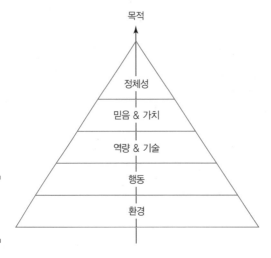

그림 11-1
경험의 논리
수준

목적

정체성

믿음 & 가치

역량 & 기술

행동

환경

원이 조직의 가치를 실현했는지 여부(가치와 믿음)나 시장에서의 회사 이미지(정체성)를 평가하는 것보다 쉽다고 생각할 것이다. 각 단계는 위, 아래의 단계들에 작용한다. 이 모형의 핵심 가치는 NLP의 핵심인 경험의 구조를 해체하는 훈련 방법을 제공하는 것이다.

단계에서 높이 올라갈수록 감정적 투자가 증가하는 것에 유의한다. 여러분의 환경, 행동이나 기술적인 부분에 비판적인 사람이 있다고 가정하자. 이것들이 정체성이나 가치, 믿음과 연결되지 않는다면 여러분에게 그다지 크게 작용하지는 않을 것이다. 언제든지 위로 올라가서 새 기술을 배우거나 행동을 수정할 수 있으니 말이다. 하지만, 누군가 뿌리 깊은 믿음과 가치에 반대하거나 여러분 존재를 경멸한다면 훨씬 강력한 감정적 반응을 보일 것이다.

가치, 믿음, 정체성은 매우 깊이 자리 잡고 있어 의식의 바깥에 있는 것이 보통이다. 그 결과 이성적인 대뇌 피질이 먼저 반응을 가다듬기 전에 감정적 뇌라고도 하는 대뇌 변연계가 반대, 비판 같은 감지된 위협에 반응한다.

생존은 원초적인 인간의 본능이다. 우리의 조상은 부족의 일부가 되는 것에 생존이 달려 있음을 이해했다. 고립은 보통 굶주림에 의한 죽음이나 포식자와의 조우를 의미한다. 정체성, 가치, 믿음은 더 큰 소속감을 부여하고 그로 인해 인식 중 특히 무의식 단계에 위치한 안전감을 주게 된다.

프랑스어에는 자신 있고 모든 것이 원활하게 잘 돌아가는 느낌을 묘사하는 표현이 있다 – 'elle va bien dans sa peau'(의역하면, '그녀는 자신 있고 스스로에게 만족하는 사람'이라는 의미이다). 이와 유사하게, NLP 사용자들은 진정한 자신의 모습으로 살아갈 때의 기분을 올바로 묘사하기 위해 일치(congruence)라는 단어를 사용한다. 이 용어는 자신이 궤도에 있고 일관적임을 의미한다. 환경, 행동, 능력, 믿음, 가치, 정체성, 목적의 논리 수준은 모두 일직선상에 있다. 사람들뿐 아니라 조직에서 이러한 배치(alignment)를 찾아보자. 회사나 개인이 변화의 시기를 겪을 때 일부 잘못된 배치가 발생할 수 있다. 사람들은 자신들의 믿음이나 정체성을 제대로 반영하지 못하는 예측 불가한 방식으로 행동할 수 있다.

기업 작가의 초기 경력에서, 케이트는 여러 해 동안 중역들과 경영팀을 인터뷰하고 그들의 비전을 해석하며 명언들을 직원들이 이해하기 쉽게 편집해서 출간하는 행복한 회사 생활을 했다.

'누가, 무엇을, 언제, 어디서, 왜, 어떻게'는 저널리스트의 핵심적인 레퍼토리이다. 그러나 케이트는 NLP의 논리 수준을 만나고 나서야 왜 어떤 질문에는 따뜻하게 환영받는데 어떤 질문에는 멍한 응시나 적대적 반응이 돌아오는지 알 수 있었다.

한 주제에 대해 알고자 할 때 논리 수준을 검토하면 더 쉬워진다. 환경, 즉 어디서, 언제, 누구와에 대한 정보 수집을 먼저 시작한다. 이 질문들은 사실에 관한 것으로 대답하기가 수월하다. 그다음에 무엇을, 어떻게로 넘어간다. 왜는 마지막까지 남겨두자. 믿음의 영역으로 성급하게 뛰어드는 질문인 '왜 그것을 했나요'에 답하기는 훨씬 조심스런 접근인 '어떻게 했나요?'나 질문에서 사람을 분리하는 '어떻게 그 일이 생겼나요?'보다 답하기 어려운 법이다. 각 질문은 뇌의 다른 부분을 두드린다. 사실적 질문은 신피질에 반영되는 반면, '왜' 질문은 변연계 뇌의 깊은 예민한 곳까지 이른다.

옳은 질문하기

사람이나 상황에 대한 정보 수집을 시작할 때, 그림 11-1에 묘사된 피라미드의 가장 아래부터 시작해서 각 단계별로 질문과 답하기를 시도해보자.

- ✔ **환경**은 외적인 환경이나 상황적 요인을 의미한다 – '어디?', '언제?', '누구와'라는 질문에 답한다.
- ✔ **행동**은 환경 내의 구체적인 행동과 반응으로 구성된다 – '무엇을?'이라는 질문에 답한다.
- ✔ **역량과 기술**은 지식과 기술에 관한 것으로 행동을 안내하고 방향을 제시하는 '터득 방법'이다 – '어떻게?'라는 질문에 답한다.
- ✔ **믿음과 가치**는 능력을 지원하거나 거부하기 위한 강화(동기와 허가)를 제공한다 – '왜?'라는 질문에 답한다.
- ✔ **정체성** 요인은 자의식을 결정한다 – '누가?'라는 질문에 답한다.
- ✔ **목적**은 자의식을 초월하여 임무와 관련된 더 큰 그림과 관련이 있다 – '무엇을 위해?', '누구를 위해?'라는 질문에 답한다.

단계적으로 논리 수준 실행하기

논리 수준은 주위의 세상에서 무슨 일이 일어나는지 생각해볼 수 있게 한다. 이번 단락과 다음 단락을 이어나가면서, 이 디딤돌은 다양한 사안, 사건, 관례나 기관들의 내용뿐 아니라 구조와 양식의 이해를 돕는다.

이제 해결해야 할 양자택일 상황에 직면했을 때 이 모형이 어떻게 적용될 수 있는지 알아보자. 잘 안 풀리는 관계에 있다고 상상해보자. 해결에 있어 최선의 방법을 찾는 데 논리 수준 개념을 사용할 수 있다. 다음은 그 절차다.

1. **배치에서 벗어나 있는 것을 인지한다.**

   배우자와의 사이가 불편하고 변화를 만들고 싶은 경우, 이 상황이 익숙할 것이다.

2. **무엇이 달라질 수 있는지 찾아본다.**

   변하고 싶은 게 정확히 무엇인지 집어낼 수 있는 특정한 질문을 자문한다. 예를 들어 새 아파트나 다른 도시로 이사하면 모두에게 상황이 개선될 것 같은가?(환경) 친척들 문제로 시간을 많이 뺏기고 부부 관계의 발전도 방해받는가?(행동) 아니면 인생의 근본적인 변화를 원하는가?(가치) 각 논리 수준은 특정한 유형의 질문이 있다(개별 논리 수준과 관련해서는 이 장 뒷부분의 '변화에 맞는 지렛대 찾기' 참조).

3. **논리 수준을 파악했을 때, 그 단계를 다른 것들과 같이 배치된 것들로 되돌리는 행동을 취한다.**

   환경이나 행동 같은 아래 단계에서, 여러분과 배우자 모두 조화로운 관계를 위해 간단한 변화를 만들 수 있다. 예를 들어 자신이 청구서 지불을 분담하면서 남편에게는 집안 청소를 돕도록 요청할 수 있다. 감정을 자유롭게 말하기나 가정용품의 셀프 제작, 수리 배우기 등은 훨씬 더 시간과 노력이 필요할 것이다. 또 믿음, 가치의 검토 또는 정체성 강화를 위해 개인 코치와 상담하는 것도 유용할 것이다.

동료, 납품업자, 친구 또는 위원회 동료 등 관계를 개선하고 싶은 사람들과 이 과정을 시도해보자.

프랜은 10년 동안 같이 산 남편이 그녀를 떠나 그녀의 친한 친구와 같이 살겠다고 선언하자 충격을 받았다. 프랜은 이사해서(환경 단계의 변화) 좀 더 많은 저녁 시간을 함께 보내면(행동 단계의 변화) 모든 것이 잘 되리라 생각했다. 관계 코칭을 통해, 그녀는 남편이 지금까지 그녀와 완전히 다른 가치(믿음과 가치 단계)를 가지고 있었음을 깨달았다. 그는 떠들썩한 대가족 출신으로 가정에서도 그런 분위기를 만들기 원했다. 프랜은 엄격한 집안의 외동딸로 자신의 일에 모든 주의를 집중했다. 그녀는 엄마나 가정주부가 되기를 원한 적이 없고(정체성 단계) 직업인 기업 소송 일을 통해 목적이 성취되었다고 느꼈다. 결국 그들은 이혼을 결심하고 우호적으로 서로의 길을 가기로 했다. 그들이 원하는 관계는 근본적으로 달랐기 때문이다.

사람들은 가치나 정체성 같은 다른 논리 수준의 문제 제기가 필요할 때 환경이나 행동 등 한 가지 논리 수준을 바꿈으로써 문제를 해결하려 한다. 코치로서 우리는 더 좋은 일이나 가정, 관계를 모색하는 것을 첫 번째 목표로 하지만, 새로운 환경에서도 기존의 것과 유사한 문제들과 마주치는 내담자를 여러 번 만난다. 자신들이 고수하는 '양식'을 파악하도록 도울 때, 그들은 미래를 위한 보다 더 좋은 선택을 할 수 있게 된다.

논리 수준에 맞는 실용적 사용

논리 수준은 힘을 얻고 많은 다양한 환경에 집중하는 데 사용 가능하다. 다음은 극히 일부의 예다.

- ✔ **정보의 수집과 구조화** : 보고서 편집, 학교 논술 숙제, 인터뷰 진행 등 모든 종류의 글쓰기를 구조화한다.
- ✔ **모방학습 연습 수행하기** : 논리 수준은 시작에서부터 실용적인 체계를 제시한다(모방학습 관련 내용은 제19장 참조).
- ✔ **경력 선택** : 이 일이 자신의 열정과 삶의 목적에 어떻게 연결되는지 파악하기 위해 최고 환경의 평가에서부터 가치와 일치하는지까지 경력 이동의 모든 면모를 탐색한다.
- ✔ **가족과의 관계 형성** : 가족의 화합을 위해 가족 모든 구성원이 원하는 바가 무엇인지 탐색한다. 이 접근은 이혼이나 재혼 같은 가족구조의 극적인 변화가 있을 때 유용하다.
- ✔ **개인적, 기업적 수행의 개선** : 고군분투 중이거나 합병과 인수를 진행하는 회사의 호전을 위해 어디에서 기업의 변화를 일으킬지 결정한다. 개별 직원들을 위한 심화 계획을 제안한다.
- ✔ **리더십과 자신감 발달** : 통찰을 얻는 단계로 이동하여 자신 있게 팀이나 기업을 이끌 수 있다.

플립차트 펜이건, 물감 팔레트이건, 전기 드릴이나 스패너가 들어 있건 간에 모든 도구상자를 열어보면 가장 좋아하는 것은 항상 중앙에 놓여 있다. 여러분은 이 도구들을 자주 만지고 의지하며 행복감을 느낀다. 논리 수준 모형은 가치를 더하는 특성을 몇 번이고 되풀이해서 제공할 것이다. 이 모형은 사업 기획의 이해가 필요할 때나 어려운 대화를 풀어나갈 때와 같은 복잡한 정보의 해석을 도와주는 친구와 같이 항상 존재한다. NLP의 널리 사랑받는 도구들 중 어느 하나라도 반복해서 사용하면 논리 수준 모형은 여러분을 위한 좋은 도구가 될 수 있을 것이다.

변화에 맞는 지렛대 찾기

20세기 심리학을 선도한 사상가 중 한 명인 칼 융은 '수용하기 전까지는 어떤 것도 변할 수 없다. 비난은 자유롭게 하지 못하고 억압할 뿐이다'라고 말했다. 그의 말은 옳은 것으로, 변화를 다루는 첫 단계는 일어난 사실을 인정하는 것이다. 그렇게 함으로써 무슨 일이 일어났건 기다리기만 하는 것보다 변화에 주도적으로 대처하는 위치에 있을 수 있다.

변화를 위한 세 개의 필요조건은 다음과 같다.

- ✔ 변화를 원하기
- ✔ 방법 알아내기
- ✔ 행동하기

다음 단락에서 논리 수준을 더 깊이 파헤쳐볼 것이다. 이 탐색 과정에서 중요한 질문 하나를 유념하도록 하자. '어떻게 쉽게 변화할 수 있는가?'(제20장에서 변화에 대한 더 자세한 도움이 되는 통찰을 제공한다).

이어지는 단락의 모든 질문은 개인을 대상으로 하지만 조직에서 일어나는 일에 대한 평가로 사용할 수도 있다.

환경

환경 단계는 물리적 측면에서 장소와 사람, 그리고 적절한 시기의 모색에 관한 것이다. 외국어에 능숙해지고 싶다면, 가장 쉬운 길은 그 나라에 머물며 원주민들과 생활하며 문화에 충분히, 이상적으로 동화하는 것이다. 이와 유사하게, 새로운 소프트웨어 패키지를 익히고자 한다면, 그 사업의 기획을 하고 있는 사람이나 팀에 참여하는 것이 좋을 것이다. 새로운 환경은 그 자체가 일종의 변화로 학습에 도움이 된다. 시간도 매우 중요한데, 다른 일 처리에 매여 있어 시간을 낼 수 없다면 학습은 어려울 것이다.

다음은 원하는 것을 얻기에 적절한 장소나 시간을 알아보기 위한 환경과 관련된 질문들이다.

- ✔ 일하는 데 최고의 장소는 어디인가?
- ✔ 세계의 어디에 있고 싶은가?
- ✔ 현대적, 최소주의자, 전통적 등 어떤 집안 환경이 좋은가? 어떤 것이 잘 맞는다고 생각하는가?
- ✔ 주위에 어떤 사람들이 있었으면 하는가? 누구와 같이 있을 때 기분 좋고, 활력이 생기며, 편안한가? 소진하게 만드는 사람은 누구인가?
- ✔ 혼자일 때와 다른 사람들과 같이 있는 것 중 어떤 것이 좋은가?
- ✔ 아침형, 저녁형 인간 중 어느 쪽인가?

위와 같은 질문들은 작업 환경을 판단하는 데 적절한 정보를 제공한다.

행동

행동은 말과 의식적인 행동뿐 아니라 사고방식도 의미한다. NLP는 모든 행동에는 목적과 긍정적 의도가 있고 심지어 나쁜 행동에도 긍정적 의도가 있음을 지적한다.

행동 단계에서의 변화는 정체성, 믿음, 가치에 적합한 진정한 목적 의식이 있을 때 성취하기 쉽다.

원하는 결과를 얻고자 행동의 변화가 필요하다고 생각한다면 다음의 행동 질문들을 자문해보자.

✔ 목표에 도움이 되는 행동을 하는가?

✔ 정체감에 맞게 행동하는가?

✔ 가치에 부합하는 행동을 하는가?

✔ 습관적인 생각/말/행동이 무엇인가? 양식을 파악할 수 있는가?

✔ 다른 사람들의 말에 어떤 영향을 받는가?

✔ 걷는 방식, 말투, 미소 등 사람들의 행동을 얼마나 인지하는가? 사람들이 말하는 동안 어떻게 얼굴색이 변하는지 알아차리는가?

✔ 언제, 어떻게 호흡이 변하는가?

✔ 목소리는 말의 내용과 일관적으로 일치하는가?

효과적인 행동 최대화하기

긍정적인 변화의 형성을 위해, 자신에게 잘 맞는 행동과 습관을 심화하는 것은 좋은 발상이다. 작은 변화가 종종 효과를 축적하는데, 새로운 모습을 위해 날씬해지고자 한다면, 매일의 샌드위치에 몸에 좋은 샐러드를 넣는 것은 지녀야 할 좋은 습관이다. 이와 비슷하게 직장의 회의를 개선하고자 한다면, 휴대전화 사용이나 시간 엄수에 관한 명확한 지침을 세움으로써 팀에 있어 좋은 행동을 만들 수 있을 것이다.

마뉴엘라는 딸의 결혼식 때 입을 드레스를 위해 체중을 줄이고자 다이어트를 시작하기로 했다. 그녀는 영양사와 상담했는데 영양사는 식단 고르는 법과 매일 섭취한 영양분 및 운동 수칙을 적을 종이 한 장을 마뉴엘라에게 주었다. 영양사는 또 그날 있었던 좋은 일을 적을 노트 한 권을 주며 동기부여에 탁월한 피트니스 강사도 소개해주었다. 이 매일의 수칙은 마뉴엘라가 할 일들을 잘 지킬 수 있게 했고 마침내 볼 때마다 기분 좋은 결혼식 사진도 찍을 수 있었다.

올바른 행동들이 습관이 될 때까지 연습하는 것은 역량을 증진시킨다. 테니스 라켓이나 바이올린을 손에 쥐고 태어난 스포츠 선수나 음악가가 몇이나 되겠는가? 테니스 스타 앤디 머레이는 대회 준비를 위해 휘두른 테니스 공 횟수만큼이나 체육관에서 매진한 시간들로 유명하다. 대부분의 사람들이 이불을 끌어당기며 잠자리에 있는 새벽 5시에 올림픽 조정 메달리스트들은 차가운 강으로 향한다. 일류 바이올리니스트들은 조율을 시작으로 수백 시간을 연습에 매진한다(가족들은 매우 고생하겠지만!). 끊임없이 많은 연습은 일류 연주자를 그들 분야의 선두주자로 만든다.

원치 않는 행동의 수정

지속하고 있지만 그만두고 싶은, 흡연이나 안 좋은 섭식 같은 나쁜 습관은 어떤가? 그것들은 믿음이나 정체성 같은 상위 단계와 연결되어 있기 때문에 더 고치기 어려워진다.

> '나는 흡연가야'＝정체성에 대한 단정
> '스트레스 받으면 담배를 피워야 돼'＝믿음에 대한 단정
> '그는 크고 힘센 친구야'＝정체성에 대한 단정
> '그는 샐러드와 과일만 먹고 살 수 없어'＝믿음에 대한 단정

더 쉽게 변화하기 위해, '나는 건강한 사람이야' 같은 새로운 정체성을 만들고 '나를 돌보기 위해 좋은 습관을 만들 수 있어' 같은 믿음을 채택하자. 제3장에서 믿음의 힘에 대해 설명하고 있다.

역량과 기술

역량은 귀중한 자산으로 사람들과 조직 내에 놓여 있는 재능과 기술이다. 이 행동은 의식적인 노력 없이 지속적으로 할 수 있는 것이다. 여러분은 걷기, 말하기처럼 그 작용 방식에 대한 인식 없이 이 기술을 배운다. 태어나면서부터 인간들은 타고난 훌륭한 학습 기계로서, 진보한 신경과학은 인간의 뇌가 변화 가능하며 통념과는 대조적으로 '노령의 개에게 새 기술을 가르칠 수 있다'는 것을 증명한다.

다른 역량은 좀 더 의식적으로 학습한다. 여러분은 연 날리기, 자전거 타기, 전기 회로 배선, 블로그 작성이나 사업 운영에 대해 배웠을 것이다. 힘 들여서 이러한 기술들을 습득했거나, 아니면 인생의 재밌는 면을 보거나 친구의 이야기를 듣는 것, 아이들을 학교에 제시간에 데려다주는 것에 천성적으로 뛰어날 수 있다. 모든 이러한 역량은 여러분이 당연하게 생각하는 귀중한 기술이다. 이것들을 하기 전의 시간은 기억할 수 있는 반면, 걷기나 말을 배우기 전 시간은 기억나지 않을 것이다. 개인적 역량들은 취업에도 유리한데 기업들은 최고의 기능 발휘를 위해 필요한 인재들의 핵심 능력을 직무 내용에 지정하기 때문이다.

NLP는 역량 단계에 많은 중점을 두고, 기술은 학습 가능함을 전제로 한다. NLP는 아

주 작은 조각이나 단위로 나누면 모든 것이 가능하다고 가정한다. 영국의 가장 저명한 소매업계의 한 인사총괄임원은 '우리는 주로 태도를 보고 채용합니다. 태도가 맞으면 일에 필요한 기술은 가르칠 수 있으니까요'라고 말한 적이 있다. 하고자 하고 배울 방법과 기회만 있다면 행동도 배우고 수정할 수 있다.

'이걸 어떻게 하지?'는 고려할 가치가 있는 질문이다. 이 질문을 항상 염두에 두며 생활하자. NLP 접근은 타인과 자신을 모방함으로써 변화에 개방하게 되고 스스로의 역량을 심화할 수 있다는 것이다. 뭔가를 잘하고 싶다면, 그것이 가능한 다른 이를 찾아 그 사람의 논리 수준에 주목하자. 제19장에서 모방학습에 관해 더 많이 알게 될 것이다.

다음은 스스로의 역량을 평가하고 어떤 부분을 배우고 개선해야 할지 알고 싶을 때 고려할 만한 역량, 기술, 발상에 대한 질문들이다.

✔ 자랑스럽게 생각하는 기술이 있다면 어떻게 습득하게 되었는가?
✔ 잘 못하는 것을 매우 잘하게 된 적이 있는가? 그렇다면, 어떻게 가능했는가? 그 분야에 어떤 기술이 더 좋을 것 같은가?
✔ 갖고 싶은 매우 긍정적인 태도나 능력을 가진 사람이 주위에 있는가? 그 사람으로부터 어떻게 배울 수 있는가?
✔ 다른 사람에게 자신의 장기에 대해 묻는다면 어떤 대답을 들을 것 같은가?
✔ 다음으로 배우고 싶은 것은 무엇인가?

역량을 형성해 나가면서 세상은 여러분을 향해 열리기 시작한다. 여러분은 더 큰 도전을 택하는 위치에 있거나 현재 직면한 어려움에 더 잘 대처하게 된다.

믿음과 가치

제3장에서 인식하지 못하는 믿음과 가치가 어떻게 삶을 이끄는지 설명하고 있다. 자주 자신과 다른 사람의 믿음이 서로 다를 수 있다. 여기서는 종교적인 믿음에 대한 주제가 아닌 무의식의 깊이 뿌리내린 지각에 대해 이야기한다.

캐롤린은 손꼽히는 미디어 기업에서 15년간 일하는 동안 리더십 훈련으로 주목받으며 능력을 인정받았다. 그녀는 점점 세상을 진정으로 변화시키는 자선기관에서 일하기를 열망하게 되었다. 결국 급여는 적지만 중요한 역할을 하는 국제적인 자선기관에 들어가게 되었고, 동시에 그녀는 싱글맘으로 매우 까다로운 전남편으로부터 거의 실질적인 도움을 받지 않고 어린 아들을 양육하게 되었다.

캐롤린에게 이직은 커다란 문화적 충격을 안기며 자신의 가치에 대한 정체성을 파악하게 했다. 윤리적 행동, 협업과 존중은 그녀의 가치 목록에서 최상위에 있었다. 비록 자선기관이 이 가치들을 증명하기는 하지만 그녀의 무의식은 기관의 경쟁적이며 불쾌한 환경을 직감했다. 또한 전남편과 유사한 방식으로 그녀를 괴롭히는 동료들은 그녀를 불안하게 만들었다.

캐롤린이 NLP 코칭을 위해 방문했을 때, 그녀는 자신감의 위기를 겪으며 깊은 통찰력을 잃고 있었다. 그녀는 이직이 옳았는지 심각하게 고민하던 중 몇 달에 걸쳐 자신의 가치와 주위 사람에게 기대하는 행동 모형을 고수하는 법을 배울 수 있었다.

그녀는 자신을 괴롭히는 일터의 사람들에게 협업의 힘을 가르치고 기분 좋은 유머로 즐거운 일터를 만들며 그들의 나쁜 행동에 도전했다. 마침내, 기관의 가치에 대한 믿음은 그녀를 더욱 유연성 있게 만들었고 동료들의 그런 행동에는 이유가 있다는 것을 깨닫게 했다. 까다로운 사람들과 더 깊은 라포를 형성함으로써, 그녀는 많은 이들이 단기계약으로 연명하며 금전적인 불안감을 겪고 있다는 것을 알게 되었다. 캐롤린은 다시 자신의 선택을 통제할 수 있게 된 것이다.

가치는 아침에 자리에서 일어나게 하거나 그렇지 못하게 하는 동기가 되는 중요한 것이다. 믿음과 가치, 그리고 사람들이 그것들에 순위 매기는 중요도는 각각 다르다. 이런 이유로, 팀의 모든 사람들에게 같은 접근으로 동기부여하는 것은 매우 어렵다. 믿음과 가치에 관해서는 한 번에 만족시키는 단일한 기준이 없기 때문이다.

또한 가치는 사람들이 사회적으로 수용되는 길을 지키도록 하는 규칙이기도 하다. 정직의 가치와 타인에 대한 존중 의식은 돈이 필요하다고 해서 남의 현금을 훔치는 것을 허락하지 않는다. 가족과 일 같은 두 중요한 가치 사이에 갈등이 있을 수 있다. 이 문제의 해결은 제3장에서 좀 더 확인해볼 수 있다.

변화를 만드는 것과 관련해, 자신의 믿음과 가치를 이해하는 것은 매우 큰 지렛대가 된다. 사람들이 무언가를 가치 있게 여기거나 충분한 믿음을 가질 때, 그 가치는 변화를 위한 활력소가 된다. 그들은 자신에게 진정으로 중요한 것에 집중하고 진심으로 하고 싶은 일을 하면서 바라는 이상형에 가까워진다. 이 사람들은 바르고 자연스럽게 느껴지는 장소에 다다른다. 믿음과 가치는 여러분을 이끌고 역량, 행동과 환경의 아래 단계를 움직인다. 그러므로 가치를 고수함으로써 다른 논리 수준들도 일치하게 된다.

우리는 실망감으로 이직을 자주하며 천직을 찾기 위해 필사적인 사람들을 자주 코칭한다. IT 관련 기업의 부장인 존이 바로 그런 경우였다. 그는 2년 정도가 지나면 일에 싫증을 느껴 이직을 결심하고 다른 곳은 더 좋을 것이라 기대하며 다른 지역의 급여, 복지가 조금 더 좋은 비슷한 직장에 지원한다. 존은 단지 새로운 회사, 지역, 사람 등 환경 단계에서의 변경만 거듭할 뿐이었다.

그는 자신의 가치와 믿음을 평가하기 시작하면서 핵심적인 요소가 빠져 있음을 깨달았다. 존은 MBA를 공부하는 데 시간과 힘을 투자했고 전문적인 학습과 발달을 중요하게 여겼음에도 항상 직원 교육이나 전략적 업무보다 '고용하고 해고하기'에 바쁜 조직에 들어가곤 했다. 그의 믿음과 가치는 회사들과 맞지 않았다. 이 불일치를 깨닫자, 존은 자신의 교육과 기술을 인정하며 심화할 수 있는 기회를 제공하는 저명한 국제 기업 학교에서 능력을 발휘하기로 결심했다.

다음은 논리 수준에서 원하는 것을 얻는 데 방해가 되는 갈등을 느낄 때 자문해볼 수 있는 믿음과 가치 관련 질문들이다.

✔ 이 상황에서 중요한 요인은 무엇인가?
✔ 주위의 것들 중에 중요한 것은 무엇인가?
✔ 지금 진실이라고 믿는 것은 무엇인가?
✔ 만족하기 위해 있어야 할 것은 무엇인가?
✔ 언제 '꼭 해야 한다, 반드시 해야 한다', '꼭 하지 말아야 한다, 반드시 하지 말아야 한다'를 말하는가? 가능성에 대한 이 문장들 뒤에는 어떤 가정이 있는가?
✔ 이 대상이나 상황에 대한 믿음은 무엇인가? 그것은 도움이 되는가? 더 좋은 결과를 위해 도움이 되는 믿음은 무엇인가?
✔ 다른 사람이 자신의 입장이라면 무엇을 믿을 것 같은가?

답을 생각하면서, 어려운 시기에 믿음과 가치의 도움을 받을 수 있도록 자신의 믿음과 가치를 알아보고 싶어질 것이다. 믿음에 대해 자문하는 동안, 더 이상 믿지 않는 일부 믿음은 버리기도 한다. 항상 자신이 '성공적'이라고 할 수 있는 특별한 자격이 있어야 한다고 생각했거나, 가족을 갖기 위해 꼭 집이 있어야 한다고 믿었을 것이다. 또는, 특정한 머리 색의 사람이 더 재미있다거나 말이다!

사업의 변화 관리 프로그램에서는 자주 '사람들의 전폭적인 지지를 얻기'에 대해 이야기한다. 집단을 이끌고 있다면, 그 사람들의 믿음과 가치를 제기할 필요가 있다. NLP는 올바른 믿음을 잘 유지하고 있을 때 역량이나 행동 등의 아래 단계는 자동적으로 제자리를 찾게 됨을 시사한다.

정체성

정체성은 자신이 누구인가에 대해 설명한다. 믿음, 신념, 역량, 행동, 환경에 의해 표현되는 여러분은 사실 이 모든 요소보다 더 큰 존재다. NLP는 정체성이란 행동과 분리된 별개의 것이며 그 차이를 인지하기를 권유한다. 다른 말로 하면, 여러분은 행동 그 이상의 존재다.

NLP는 행동 자체와 행동 뒤의 의도를 분리하며 사람들에게 이름표 붙이기를 피한다. '남성은 품행이 안 좋다'와 같은 어구는 남성들이 태생적으로 나쁘다는 것이 아니라 남성들의 일부 행동 중 나쁜 행동이 있다는 의미다.

학습과 좋은 업무를 장려하는 피드백을 주고자 할 때, 정체성 단계가 아닌 그 대상의 말이나 행동과 관련하여 매우 구체적인 언급을 하도록 한다. 가령 '존, 미안하지만 너무 엉망이었어'라고 하는 대신 '존, 회의에서 등을 지고 컴퓨터만 보고 말하니까 자네 말을 듣기가 힘들었네'라고 해보자.

정체성과 관련해서 갈등을 느낄 때 자문할 수 있는 질문들을 소개한다.

✔ 자신이 누구인지에 대한 표현을 경험하는 것은 어떤 느낌인가?
✔ 자신은 어떤 종류의 사람인가?
✔ 자신을 어떻게 설명하겠는가?
✔ 자신 및 다른 사람들에게 어떤 이름표를 붙이는가?

✔ 다른 사람들은 자신을 어떻게 표현하는가?

✔ 자신의 바람대로 다른 사람들이 자신을 생각하는가?

✔ 자신을 생각할 때 어떤 그림, 소리, 느낌을 인식하는가?

자신에 대한 더 큰 인식은 개인 발달이라는 여행에서 귀중한 통찰이다. 너무나도 자주 사람들은 자신을 바꾸는 것이 훨씬 효율적인 시작점을 만들 수 있을 때 다른 이들을 바꾸려 한다.

목적

이 '정체성을 넘어'의 단계는 목적, 윤리, 임무나 삶의 의미를 자문할 때 자신을 더 큰 그림으로 연결한다. 목적은 개인을 영성 및 우주의 더 큰 질서의 영역으로 데려가고 조직이 그들의 비전과 임무를 정의하도록 이끈다.

너무나도 큰 고통 속에서 인간의 생존은 정체성을 넘어 자신의 상황을 수용하는 데 달려 있게 된다. 고향인 티베트에서 추방된 달라이 라마나 홀로코스트에서 살아남은 빅터 프랭클의 책 『삶의 의미를 찾아서(Man's Search for Meaning)』에서 정신적인 강인함을 목격할 수 있다.

나이를 먹어가고 삶의 다른 단계에 접근하면서, 자연스럽게 삶을 어떻게 살았는지 질문하게 된다. 어떤 계기로 인해 행동을 하며 열정에 불이 붙는 때가 있다. 물류 기업의 관리자이자 친구인 앨런은 케냐 여행 중에 많은 시골 학교들에 학용품이 필요한 것을 직접 눈으로 보게 되었다. 그것을 계기로 시작된 한 남자의 강력한 캠페인은 그의 생애를 대체하여 종이, 연필, 교본, 나중에는 노트북까지 제공하는 국제적인 자선단체를 창설하는 것에 이르게 했다. 이 모든 것이 변화를 이루고자 했던 한 개인적 열정으로 인한 것이었다. 인터뷰에서 앨런은 '이유는 모르겠어요. 그저 제가 해야만 한다는 것을 알았죠'라고 말했다. 그의 목적은 정체성보다 강력했다.

아래는 올바른 방향으로 향하고 있는지 점검하고 싶을 때 자문할 수 있는 목적과 관련된 질문들이다.

✔ 어떻게 다르게 하는가?
  ● 왜 이곳에 있는가?

✔ 다른 사람에게 어떻게 공헌하고 싶은가?

✔ 더 큰 세상에 어떤 영향을 끼칠 수 있는가?

✔ 죽을 때 어떻게 기억되고 싶은가?

사이먼 사이넥은 골든 서클의 단순한 발상 뒤에 있는 두뇌다. 그는 사람들은 무엇을 (what)이나 어떻게(how) 했는지를 믿지 않는다고 하며 열정과 믿음의 힘을 주장했다. 그들은 이유(why)를 믿는다. 이 신속한 발상은 좀 더 세부적인 논리 수준과 기술 위의 상위 수준으로 전환하도록 사고를 강화한다. 열정은 사람을 이끌고 영감을 주지만, 대부분의 사람들은 무엇을, 어떻게 할지에 갇혀 있다. 사이넥의 발상을 위젯 제조업자에게 적용한다면, 그 논리는 다음과 같을 것이다. '우리가 해야 할 일은 비용 효과가 높은 위젯을 만들어서 온 세상에 파는 것이다. 그 방법(how)은 최고의 설계자를 고용하고 최고로 튼튼한 금속을 구하는 것이다. 이 일을 하는 이유는 최신의 기술을 사용하는 것이 안전한 세상을 만드는 것이라고 믿기 때문이다.' 이유가 더 근사하게 들리지 않는가?

자신의 골든 서클을 그리기 위해, 세 개의 동심원을 만들어 가장 가운데는 '왜?', 두 번째는 '어떻게?', 마지막은 '무엇을?'이라고 이름 붙인다. 중심의 열정에 다다르는 것은 '무엇을, 어떻게'를 넘어서게 할 것이다. 어린이 축구 교실 코치에서부터 자신의 이력서 작성까지 삶의 모든 영역에서 자신의 열정을 명확히 표현할 수 있으면, 의사소통 시 감정적 요소를 좀 더 신속하게 덧붙일 수 있을 것이다.

다른 이들의 단계 알아보기 : 언어와 논리 수준

사람들 언어의 억양, 즉 말하는 방식은 그들이 사용하는 단계에 대한 단서를 제공한다. '나는 그것을 여기서 할 수 없어'라는 간단한 문장을 가지고 강세가 어디 있는지 (아래에 고딕체로 표시함) 들어보자.

'**나**는 그것을 여기서 할 수 없어'＝정체성에 대한 단정

'나는 그것을 여기서 할 수 **없어**'＝믿음에 대한 단정

'나는 그것을 여기서 **할** 수 없어'＝역량에 대한 단정

'나는 그것을 여기서 할 수 없어'＝행동에 대한 단정

'나는 그것을 여기서 할 수 없어'＝환경에 대한 단정

각자가 사용하는 단계를 알 때, 여러분은 그들이 해당 단계에서 변하도록 도울 수 있다. 예를 들면 상대가 환경 단계를 사용한다면, 질문은 '여기가 아니면 어디서 할 수 있죠?'를, 정체성 단계라면 '당신이 아니면 누가 할 수 있죠?'라고 물을 수 있다.

일과 놀이에서 팀 만들기 : 논리 수준 연습

우리는 이 책 전반에 걸쳐 NLP가 실험적임을 강조한다. 즉 NLP 실험에서 이익을 얻기 위해서는 정신적으로뿐 아니라 신체적으로 움직여야 한다. 그러므로 NLP 코칭 상담 시에는 맨투맨이나 팀 작업을 하도록 권유한다. NLP 개발자인 로버트 딜츠가 이야기한 것처럼 '몸으로 인지하지 않는 지식은 겉돌 뿐'이다.

이 연습은 팀과 브레인스토밍을 할 수 있게 한다. 바닥에 종이 한 장을 놓고 각 단계를 지나가거나 의자를 사용할 수 있다. 생각을 자유롭게 떠올리기 위해 바로크 음악을 틀어놓으면 빠르게 진행할 수 있다. 플립차트에 생각을 받아 적을 사람을 정한다. 그리고 다음 단계에 따라 수행한다.

1. **질문하고 답을 적는 것을 진행할 사람을 한 명 지목한다.**
   이 사람이 질문자다.
2. **의자 여섯 개를 일렬로 놓고 각 의자에 논리 수준의 이름을 붙인다.**
3. **각 의자에 팀원들을 앉힌다.**
4. **질문자가 각 사람들에게 돌아가며 의자의 논리 수준에 따라 질문하게 한다.**
   각 단계의 팀에게 할 질문이다.
   - 환경 의자 : '언제, 어디서, 누구와 함께할 때 팀이 제일 잘하는가?'
   - 행동 의자 : '팀이 제일 잘하는 것은 무엇인가?'
   - 역량 의자 : '일을 잘할 때 그 일을 어떻게 하는가?'
   - 믿음과 가치 의자 : '왜 이 팀이 여기 있는가?', '우리에게 중요한 것은 무엇인가?'

- 정체성 의자 : '이 팀은 어떤 팀인가?'
- 목적 의자 : '어떻게 이 팀이 큰 그림에 공헌할 수 있는가? 다른 것들과 우리 임무와의 관계는 무엇인가?'

5. **팀원들이 모든 질문에 대답한 후 다른 의자로 이동하게 하고, 모두가 각 단계의 질문을 마칠 때까지 질문을 되풀이한다.**

사람들을 상당히 빠르게 움직이게 하라 – 항상 두 번씩 돌아올 수 있다. 브레인 스토밍 의견을 적고 나서 다음으로 의견을 고르고 양식을 발견하기 위해 모인 정보를 검토한다. 그런 다음 새로운 생각을 팀 작업으로 만들고 추후에는 어떤 것이 더 좋아질지 판단한다.

이 연습을 새해나 새 기획의 시작, 또는 어떤 작업을 검토하고, 성공을 축하하며, 미래를 위한 교훈을 배우고 싶을 때 해보자. 가상팀의 경우 전화나 비디오 회의를 통한 연습으로 창조적 작업이 가능할 것이다.

chapter **12**

운전 습관 :
비밀 프로그램 알아내기

제12장 미리보기
● 습관과 행동에 숨어 있는 심리학 이해
● 의사소통을 개선하기 위한 전략 사용
● 논리 수준과 전략의 결합
● 보복 운전 극복을 위한 전략적 지식의 적용
● 철자 잘 쓰는 법의 발견

아 침에 일어났을 때, 양치질과 샤워 중 어느 것을 먼저 하는가? 모든 사람들처럼, 여러분도 빵 자르기나 손 씻기, 소득 신고서 작성 등 일상을 수행하는 일련의 단계인 전략이 있다. 그리고 역시 다른 사람들처럼, 자동조종장치에 의해 움직인다는 것을 인지하지 못할 것이다.

전략은 지속적으로 특정한 성과를 산출하는 내적, 외적인 질서 또는 경험의 순서이다.

로밀라가 요가를 할 때, 요가 강사인 스와미 암비카난다는 수강생들에게 무의식의 절차를 더 깊이 이해하도록 했다. 강사는 옷 입기, 아침 식사, 출근 준비 등의 순서를 바꿔보도록 제안했는데, 그것은 정말이지 머릿속을 엉망으로 만드는 일이었다. 그 이후 일정을 원활하게 보내기 위해서는 대단한 집중력이 요구되었다. 로밀라는 하루 종일 중요한 일을 잊어 뇌가 뭔가를 일깨우려 하는 듯한 느낌에 시달려야 했다. 이 실험의 전체적인 느낌은 매우 불편했다.

여러분은 전략을 모든 행동, 이를테면 배우자, 부모, 아이들이나 반려동물 사랑하기, 미워하고 화내기, 좋아하는 향수 사기, 운전 배우기, 건강과 부, 행복을 성취하거나 하지 않기 등에 사용한다. '왜 어떤 것은 잘하는데 다른 것은 못하지?'라고 자문한다면, 뒤떨어지는 그 분야에 비효율적인 전략을 사용하고 있는 것일 수 있다. 좋은 소식은, 자신이 전략을 사용함을 깨달을 때, 비효율적인 전략들을 변경하는 도구들을 쉽게 계발할 수 있다는 것이다. 더 좋은 것은, 다른 사람의 효과 좋은 전략을 찾아서 모방하는 것이다!

이 장에서 여러분은 행동 저편의 심적 기제를 발견하고 이 정보들로 준비를 갖춰 전략을 수정하거나 삭제하여 자기 삶의 운전석에 앉게 될 것이다.

전략의 진화 목격하기

NLP 전략 모형은 진화 과정을 통해 생겨났다. 이 모형은 왓슨, 스키너, 파블로프 같은 행동심리학자에 의해 시작되어 인지심리학자인 밀러, 갤런터, 프리브람 등이 개선한 후 NLP의 창시자인 그린더와 밴들러에 의해 정제되었다.

S-R 모형

20세기 초반으로 돌아가, 행동심리학자들은 인간과 동물 행동 연구를 연구 기반으로 삼았다. 그들은 사람들이 자극에 반응하거나 조건화 혹은 강화를 통해 반응을 심화한다고 생각했다. 가장 유명한 연구는 파블로프의 개 실험이다. 개는 음식의 도착(자극)과 연합한 종소리를 듣고 침을 분비한다(반응). 최종적으로 개는 종소리(음식 없이)만 듣고 침을 분비한다. 행동학자들은 인간도 유사하게 반응한다고 주장할 것이

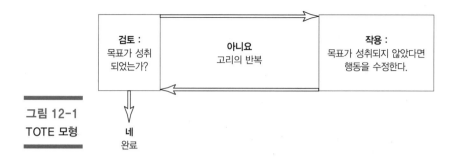

그림 12-1
TOTE 모형

다. 아기가 옹알이를 하며 웃을 때(자극) 존은 훈훈한 온기(반응)를 느끼거나, 길거리의 노숙자를 봤을 때(자극) 마크가 주머니에서 동전을 찾는(반응) 경우다.

행동 수정에 행동주의자의 발상은 여전히 그 영향이 남아 있지만, 대부분의 사람들은 인간은 더 정교한 사고의 힘을 갖는다고 생각한다.

TOTE 모형

밀러, 갤런터, 프리브람은 그림 12-1에 설명된 행동주의 S-R 모형에 기반을 둔 TOTE(T-검토, O-작용, T-검토, E-완료) 모형을 소개했다. TOTE 모형은 특정한 행동을 하는 것은 내적인 목표가 있다는 의미라는 원칙을 기본으로 한다. 행동의 목적은 가능한 바라는 성과에 근접하고자 하는 것이다. 목표를 달성했는지 여부를 평가하기 위해 전략이 검토되고, 목표가 성취되지 않으면 행동을 수정한 후 다시 해서, 피드백과 반응의 순환을 결합한다. 만일 주전자에 물 끓이기가 성과라면, 검토는 물이 끓었는지 확인하는 것이 될 것이다. 끓지 않았다면 계속해서 기다리고, 다시 확인 후 끓었으면 전략을 완료한다.

NLP 전략＝TOTE＋감각양식

NLP는 인간은 주로 시각(눈), 청각(귀), 근감각(느낌과 촉각), 후각(냄새), 미각(맛)의 오감을 통해 세상을 경험한다고 제안한다. 이 감각들은 **표상 체계**(representational systems)로, **감각양식**(modalities)이라고도 불리며 제5장에서 자세히 설명되었다.

하위 감각양식(submodalities)은 감각양식을 구성하는 상이한 속성들이다. 예를 들면 마음의 눈으로 그림을 그릴 때 여러분은 시각적 표상 체계, 또는 감각양식을 사용한다. 여러분은 그림을 크게, 밝게, 혹은 자신에게 가까이 함으로써 그 속성이나 하위 감각양식을 조절한다. 제10장에서 하위 감각양식에 대한 자세한 내용과 세상을 경험하는 방식에 어떻게 작용하는지 설명한다.

밴들러와 그린더는 TOTE 모형의 검토와 작용 단계에 감각양식과 하위 감각양식을 포함하여 NLP 전략 모형을 더욱 정교하게 만들었다. 밴들러와 그린더에 따르면, 특정한 성과를 달성하기 위해 전략에 착수했을 때 갖는 목표와 그 성취 여부를 판단하는 수단은 각자의 감각양식의 조합에 달려 있다. 예를 들면 목표를 생각할 때, 그림을 그려보고 생각나는 소리를 만들거나 느낌을 생성할 것이다.

전략의 성공은 목표 달성과 함께 얽혀 성공 여부는 하위 감각양식에 따라 상상한 대로 느끼고 들리고 보이는지에 따라 판단한다.

NLP 전략 모형 실행

이 단락은 보복 운전 전략을 재연하는 사람에게 NLP 전략 작용법을 알려준다. TOTE 모형은(그림 12-1 참조) 대상이 어떻게 특정한 행동 양식을 취하는지 이해를 돕는 NLP 전략 모형에 감각양식을 덧붙임으로써 더욱 강화되었다.

그림 12-2에서 실행 과정을 설명한다. 다음은 NLP 전략 모형의 작용법이다.

1. **검토 1**은 전략을 개시하는 최초의 계기다. 이때, 감각을 통해 받은 지식이 전략에 착수는 데 필요한 정보와 부합하는지 평가한다. 보복 운전을 하는 성향이 있다면, 계기는 혼잡한 교통 상황에서 다른 차가 앞으로 끼어들려 할 때(시각 확정)일 것이다. 지금은 기분이 좋은 상태여서(근감각 확정 없음) 전략을 사용하지 않기로 한다. 그러나 기분이 나쁠 때(근감각 확정) 다른 차가 끼어들려고 하는 시각적 확정을 받는다면 보복 운전 전략이 작동한다. 성과는 앞 운전자에게 자신의 생각을 정확하게 전달하며 통제 불가한 분노를 발산하는 통쾌함을 느끼는 것이다(근감각).

2. **작용**은 전략 수행을 돕는 정보의 수집 과정이다. 보복 운전을 시작하면서, 경적과 전조등 스위치가 어디 있는지, 어떤 욕하는 손짓을 사용할지 생각한다. 이 연습에서는 무엇을 할지 그려보는 시각적 감각양식을 사용한다. 그다음으로는

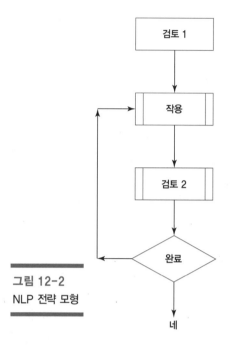

검토 1

작용

검토 2

완료

네

그림 12-2
NLP 전략 모형

무슨 시원한 욕을 해줄까 생각하며 청각적 감각양식을 발동할 것이다. 이제 최고의 보복 운전 행동에 착수한다.

3. **검토 2**는 현재의 정보와 상황을 전략을 사용해 얻은 성과와 비교하는 것이다. 즉 경적을 울리고(청각), 온갖 욕설을 입에 올리며(상대를 위한 시각), 적당하다고 생각한 몸짓을 취한다(자신에겐 근감각, 상대에겐 시각). 그렇다, 교착상태에 빠지는 한 분노 발산은 너무도 기분 좋게 계속된다. 그러나 이런, 전조등을 안 켰다!(시각).

4. **완료**는 전략이 끝나는 때이다. 이 예에서는 전조등 켜는 것을 잊었기 때문에 전략은 다시 반복되고 끼어든 차에 전조등을 비출 때 끝나게 된다.

에피소드

NLP 숙련 프로그램 시, 단단한 나무판을 손으로 격파하도록 요청받았을 때 로밀라는 실패할까 봐 걱정이 되었다. 기합을 넣기 위한 그녀의 전략은 나무판을 보고(시각), 명치 부근에 힘을 느끼며 팔을 들었다 내리고(근감각), 반복해서 '할 수 있어'(청각)라고 하는 것이었다. TOTE 모형에 어떻게 부합하는지 알아보자.

1. **검토 1** : 나무판 격파를 위해 앞으로 나오는 것은 이 전략을 시작하는 계기가 된다.
2. **작용** : 시각, 근감각, 청각적 감각양식을 사용해서 기합을 넣는 것이 로밀라의 전략이다.
3. **검토 2** : 충분히 기합이 들어갔는지 검토한다.
4. **완료** : 로밀라는 전략의 작용을 위해 이 순서를 반복했고 준비될 때까지 자신 감을 만들어 갔다. 드디어 준비되자, 그녀는 나무판 격파의 실제 전략을 체험할 수 있었다.

보는 것이 이기는 것 : 다른 이의 전략 인지하기

각 전략은 검토 1(계기), 작용, 검토 2(비교), 완료(앞 단락에서 설명했듯이)와 같이 오감을 사용한 뚜렷한 순서가 있다(앞 단락 'NLP 전략 = TOTE + 감각양식' 참조). 다음 예를 살펴보자.

벤은 이제 막 대학에 들어갔고 집에 전화를 하는 다음의 전략을 사용하고자 한다.

1. **집이 그리워진다.** 검토 1(근감각).
2. **가족 그림을 머릿속에서 그려본다.** 작용(시각).
3. **전화번호를 되뇐다.** 작용(청각).
4. **전화를 한다.** 작용(근감각).

이 연습에서는, 벤이 전화를 마치고 검토 2를 만족시키며 집에 전화하기 전략을 완료하는 것으로 한다.

전략이 신경계에 각인되어 있으면, 이 단계를 거의 또는 전혀 인지하지 못한다. 그러나 무엇을 살펴봐야 하는지 알 경우, 눈 움직임만 살펴보는 것으로 다른 사람의 전략을 파악할 수 있다 .

눈을 지켜봄으로써(그림 12-3) 사람들이 생각하는 주제(그림, 말이나 감정)를 상당히 잘 알 수 있다. 사람들의 눈은 보통 다음 방식으로 움직인다(눈이 알려주는 것에 대해 제5장에서 더 자세히 알아볼 수 있다).

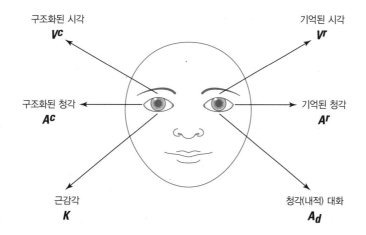

그림 12-3
오른손잡이를
바라볼 때 보이
는 눈 움직임
도표

구조화된 시각
Vc

기억된 시각
Vr

구조화된 청각
Ac

기억된 청각
Ar

근감각
K

청각(내적) 대화
Ad

하는 행동	눈의 움직임
그림을 기억함	왼쪽 위로 이동
그림 그리기	오른쪽 위로 이동
소리나 대화를 기억함	왼쪽으로 수평 이동
소리가 어떻게 들리는지 상상함	오른쪽으로 수평 이동
감정에 접근함	오른쪽 아래로 이동
자신과의 대화	왼쪽 아래로 이동

벤의 전화로 돌아가서, 그가 집으로 전화하는 모습을 지켜보고 있다고 상상해보자. 우선 그의 눈은 오른쪽 아래를 본 후(집을 그리워하는 느낌), 왼쪽 위를 향할 것이다(가족을 시각적으로 그려봄). 전화를 걸기 전 그의 눈은 위와 왼쪽(전화번호를 기억하며)을 볼 것이다.

오른손잡이, 왼손잡이 여부에 따라 눈은 어떻게 움직일까?(그림 12-3은 오른손잡이에 대한 것이다). 왼손잡이들은 시각적으로 기억할 때 오른쪽 위를 볼 것이다. 그러므로 누군가의 전략을 알아내고자 한다면, '여기는 어떤 길로 오셨어요?'와 같은 평범한 질문에 대한 반응을 확인하자. 이런 질문은 대상이 시각적 기억을 사용하게 하며 어떤 눈 전략(왼손잡이, 오른손잡이)을 사용할지에 대한 단서를 제공한다.

전략 근육 이완하기

일생을 통해 여러분은 전략을 지속적으로 심화한다. 어린아이일 때 대부분의 기본적인 것들, 이를테면 걷기, 먹기, 마시기, 선택하기, 친구 만들기가 생성되고 다른 것들은 삶의 새로운 환경과 마주치면서 형성된다. 자신의 특정한 전략은 다른 사람들의 것처럼 효과적이지 않을 수 있다. 다른 사람은 높은 인지력과 좋은 스승을 두었을 수 있기 때문이다.

전략이 개선의 근거가 될 수 있음을 깨닫는 것은 좋은 도구이다. 동료가 여러분보다 연봉 협상에 뛰어나다면, 상사에게 더 효과적으로 성과를 어필하기 때문일 것이다. 만일 그렇다면 여러분은 동료의 전략을 연구해서 이행해야 할 것이다.

동료가 상사와 라포를 형성해서 유지하는 법을 알아보자. 그녀는 상사에게 그녀의 프로젝트 진행 사항을 알리고 그의 감시망 안에 있기에 매우 좋은 전략이 있을 수 있다. 여러분도 회의 때 진행사항을 정규적으로 보고하며 강력한 가시성을 획득함으로써 동일한 전략을 취할 수 있다. 여러분이 문제에 대한 자신의 해결을 제시하기보다 문제에 대한 도움을 찾기 때문에 상사에게 접근이 조심스러운 반면 동료는 문제에 대한 해결을 제시하기 때문에 자신 있게 상사에게 접근할 수 있다.

비효율적인 전략을 깨닫고 자신에게 엄격히 대하기보다, 기량을 상승하고 싶은 삶의 영역에 '체계화된 성과표'를 세워보자. 제4장에서 직무를 작은 단계로 나누어 쉽게 성과를 얻는 법에 대해 설명하고 있다. 무언가를 특히 더 빨리 배우고자 한다면, 이미 그 방면에 숙달한 사람을 찾아 그 대상과 많이 어울리며 전략을 발견하도록 하자(앞 단락 '보는 것이 이기는 것 : 다른 이의 전략 인지하기'에서 설명했다).

전략 연결하기와 논리 수준 모형

제11장에서 다음 방법들로 경험의 구조를 검토하게 하는 NLP 논리 수준 모형을 설명했다.

- ✔ 목적
- ✔ 정체성

- ✔ 가치와 믿음
- ✔ 역량과 기술
- ✔ 행동
- ✔ 환경

전략은 한 번에 모두는 아닐지라도 각 논리 수준의 작용을 받는다. 전략은 특정한 환경에서 유발되며 행동으로 표출된다. 앞의 보복 운전 예를 들면, 이것이 항상 일어나는 일은 아니고 탁 트인 도로를 질주할 때는 더더욱 그렇다. 그러므로 이 건은 교통 체증이라는 처한 환경의 작용을 받은 경우이다. 늦었다면, 이것은 시간 엄수의 가치를 어기는 것이어서 기분이 나빴을 수 있다. 사람을 기다리게 하는 것은 무례하고 실례되는 일로, 자신을 한 사람으로서 가치 있게 여기지 않는다고 추측하며 가치 없다는 느낌의 감정적 반응을 갖게 한다.

모든 단계에서 변화는, 기본적으로 다른 단계에 영향을 미친다. 아래 케이의 예에서, 그녀는 린제이의 전략을 모방하기 시작하며 일종의 자기발견을 하게 되었다. 이것은 그녀의 논리 수준을 재정적 여유라는 목적에 맞추는 변화를 일으킨다.

새로운 역량 획득하기

전략은 행동과 관련되어 있지만, 다른 단계에서의 변화 역시 연관될 수 있다. 새 기술을 습득해서 전략을 개선하고자 한다고 상상해보자.

케이는 항상 안심이 되고 자신 있게 업무할 수 있는 사무실에서 일해 왔지만 자주 자신의 삶이 뭔가 부족하다는 느낌에 사로잡혔다. 그녀는 자신이 개인 사업을 오랫동안 열망해왔음을 깨닫고 착수하기로 결심했다. 케이는 완전히 새로운 행동들을 계발해야 했는데, 그중 하나는 새 사업을 널리 알리기 위한 사회망 조직하기였다. 그러나 그녀는 사회적 모임에 참석하더라도 어떤 결실도 얻지 못하고 떠나기 일쑤였다. 그녀의 목적은 지나치게 모호했고 케이는 그저 사업에 도움이 될 새로운 사람을 만나는 것에 대해서만 생각했다.

케이는 새로운 사람들과 효과적으로 연결되기 위해 새 전략을 만들어야 함을 깨달았다. 그녀는 인맥 활용에 매우 능숙한 친구 린제이를 관찰함으로써 이 목적을 달성할 수 있었다. 케이는 린제이의 전략을 채택했고(다음에 그녀가 사용한 전략의 단계가 요약

되어 있다) 곧 새로운 만남에 성공할 수 있었다.

1. **사회망적인 만남을 통해 얻고자 하는 성과를 생각한다.** 케이는 그녀에게 사업적 또는 사교적으로 서로 도움을 주고받을 수 있는 최소 여섯 명과 명함을 교환하기로 결정했다. 목록을 입수하면, 참석할 사람의 이름을 확인한 후 링크드인에서 검색했다.

2. **참석자에게 다가가 자신을 소개한다.** 케이는 '안녕하세요, 케이라고 합니다. 이름이…?'라고 말한다.

3. **아이스 브레이킹을 위한 질문을 한다.** 케이의 질문은 다음과 같다.

   '저는 여기 처음인데 전에 참석하신 적 있나요?'

   '이 행사는 어떻게 알게 되었어요?'

   '멀리서 오셨나요?'

   '어떤 계통의 사업을 하세요?'

4. **자신의 성과뿐 아니라 상대의 말에도 집중한다.** 케이는 전에는 상대의 말에 지나치게 열중해서 명함 교환하기를 잊거나 한 사람에게 시간을 모두 소비해서 다른 사람을 만나지 못하기도 했다. 그녀는 자신의 목표에 집중하기 위해 명함을 핸드백에 넣는 대신 왼손에 명함 케이스를 들고 있기로 했다. 이 방식으로 목표를 유의하며 오른손으로는 자유롭게 악수할 수 있게 되었다. 그녀는 명함 케이스를 모임 참석의 성과에 집중하게 하는 닻으로 사용했다.(제9장에서 닻에 대해 알아볼 수 있다.)

자신감이 늘면서, 그녀는 전에는 몰랐던 가치를 발견했다. 케이는 사람들에게 관심이 있었기 때문에 좋은 경청자가 될 수 있었다. 그녀는 자신에게 지나치게 집중해서 케이의 사업이나 그녀가 모임의 상호작용을 통해 얻고자 하는 것에는 관심이 없는 사람들과 마주하며 매우 깜짝 놀랐다. 그녀는 모두가 경청되어야 한다는 자신의 가치가 위반되는 것을 깨닫고 같이 시간을 보낼 사람의 선택에 좀 더 신중해야 함을 배웠다.

케이는 비슷한 사업 목표와 역량, 기술을 가진 사람들(가치와 믿음)을 만나기 위해 인맥을 연결하는 장소(환경)를 바꾸기로 결정했다. 그녀의 사업 설립 목적은 재정적 여유였지만, 그것은 전반적인 삶의 목표, 즉 즐겁게 사랑하며 사는 인생의 한 요소에 지나지 않았다.

프로그램 기록하기

전략은 변경할 수 있다. 보복 운전의 예에서 어떤 안건이 제일 만족스러운가? 분노와 스트레스로 인한 신체적 피해를 생각할 때, 만족할 만한 것은 없었을 것이다. 다음과 같은 또 다른 전략 계발은 어떨까?

1. **검토 1 - 계기** : 다른 차가 앞으로 끼어든다.
2. **작용** : 욕설과 몸짓보다 이 모든 번뇌가 완전히 의미 없어지는 약 5억 년 후 행성상 성운 안으로 붕괴하는 태양의 시간을 생각해본다. 내적인 미소를 지으며 자신에게 축복하자.
3. **검토 2 - 비교** : 긍정적으로 있기의 전략이 효과가 있는가? 그렇다면 4번으로 이동한다. 그렇지 않으면 전 단계로 되돌아가 상대가 급한 약속이 있다고 간주하는 대안을 시도한다. 아니면 더 침착하고 자신의 삶을 통제하는 스스로에게 칭찬의 말을 해주자.
4. **완료** : 자신의 안건을 따르고 완료한다.

중국의 기공 수련자는 2번에서 사용된 '내적인 미소' 기법이 면역계를 향상시키고 뇌에 더욱 효율적이며 혈압, 불안, 우울을 감소시킨다는 것을 안다.

'어떻게'의 중요성 파악하기

NLP는 경험의 내용보다 일의 진행 과정에 더 관심이 있다. 문제는 배드민턴에 져서 화가 난 것이 아니라(내용), 게임에 져서 화가 났을 때 어떻게 대처했는가이다(과정).

NLP는 전략의 과정에 중점을 두기 때문에, 과정을 발견하고 분석하는 것은 바라는 결과를 제공하지 못하는 전략의 변경에 도움이 된다. 그러니 라켓을 부수고 싶을 때는 다른 라켓을 사느라 거금을 지불하는 그림을 그려보자. 전략은 수정 가능하기 때문에, 성공적으로 수행한 영역의 방식을 모형으로 하여 기능이 비교적 떨어지는 삶의 다른 영역을 개선할 수 있다.

삶에서 성공한 분야를 파악하고 '이제 무슨 전략을 써야 성공할까?'라고 자문한다. 우리는 이 연습을 '만약에' 게임이라고 부른다. 자신이 꽤 성공한 배드민턴 선수인데 항상 달리기를 시작하고 싶어 했다고 가정하자. 하지만 매번 달리기를 시작할 때마다 운동량을 유지할 수 없어서 포기한다. 그렇다면 달리기를 '만약' 배드민턴을 하는 것으로 생각하면 어떨까. 배드민턴을 할 때의 전략을 검토하면서, 호흡과 정신력이 달리기를 할 때와 다르다는 것을 깨닫는다. 달릴 때 배드민턴 경기 시의 전략을 채택함으로써 성공적인 달리기 선수의 꿈을 달성할 수 있을 것이다.

팀의 사무실은 극도로 깔끔하게 정리되어 있는 반면 집은 엉망이었다. 그는 집 정리를 할 줄 몰랐다. 로밀라는 팀에게 사무실 정리할 때의 전략을 파악하도록 코칭했다. 그가 검토한 전략은 다음과 같다.

1. **검토 1-계기** : 책상 위의 종이와 서류철을 보고 정리된 공간으로 만들고 싶다고 결심한다.
2. **작용** : 팀은 다음을 진행한다.
   - 상사가 들어와서 지저분한 것을 보고 한마디 하는 것을 상상한다. 흥미롭게도, 상사의 말투는 팀이 어렸을 때 듣던 엄마의 말투와 매우 비슷하다.
   - 명치에 불편감을 느낀다.
   - 서류가 치워진 그림을 그려본다.
   - 일어나서 종이와 서류철을 치운다.
3. **검토 2 – 비교** : 정리된 책상을 보고 명치에 따뜻한 온기를 느낀다.
4. **완료** : 책상이 충분히 정리되지 않으면 명치의 따뜻한 느낌은 없다. 전략을 완료하기 전에 정리를 좀 더 계속한다.

직장에서의 '책상 정리' 전략을 이해함으로써, 팀은 집을 정리할 수 있었다. 그는 정리한 것들을 치울 수 있는 찬장을 마련했다. 바닥이 엉망일 때면 상사가 들어오는 상상을 해서 집 정리를 위한 전략을 발동했다. 매우 성공적인 전략의 전이였다.

사람들은 삶의 한 분야에서 매우 성공적인 전략을 보유하고 이것은 다른 영역에도 이득이 된다. NLP는 한 영역에서 다른 곳으로 행동을 데려오는 이 과정을 '교차 지도 작성'이라고 한다. NLP 코치들은 삶 전체의 관점을 취함으로써 내담자의 본성적인 지략을 발견하는 데 능숙하다.

사랑과 성공을 위한 NLP 전략 사용

특정한 방식으로 행동하는 이유는 무의식적으로 전략을 학습했거나 특정한 기능을 수행하는 전략을 계발했기 때문이다. 예를 들어 한쪽 시력이 다른 쪽보다 나쁘다면, 무의식적으로 머리를 움직여 잘 보이는 눈으로 읽을거리들을 보게 한다.

이어지는 단락은 다른 이들의 감각양식을 식별하거나 배우는 법의 소개로 관계, 의사소통 그리고 철자법의 새로운 기술을 발견하는 데 도움이 되고자 한다.

 다른 이들의 전략을 도출하기 위해 질문을 던진다. 이를테면 '체육관에 가야 할 때를 어떻게 아나요?'라고 물은 뒤, 대답하는 그들의 눈을 지켜본다('보는 것이 이기는 것 : 다른 이의 전략 인지하기' 참조). 이 반응은 다른 사람들의 전략에 관해 상당히 분명한 단서를 제공한다. 반응이 의심스러우면 질문을 조율해서 다시 해보라!

사랑에 빠진 전략 사랑하기

모두는 진정한 사랑에 빠지기 위한 특정한 전략이 있다. 우리는 이것을 **사랑에 빠진 전략**(deep love strategy)이라고 부른다. 사랑에 빠진 전략을 만족하는 사람이 생기면 빙고다! 이상적인 커플의 탄생에 축배를!

호감이 가거나 흥미 있는 상대를 만나면, 모든 감각적 감각양식이 작동한다('NLP 전략 = TOTE + 감각양식' 참조).

✔ **시각** : 외모를 좋게 보이려 노력한다. 흥미를 느끼는 상대가 좋아하는 색의 옷을 입으려 할 것이다. 근사한 파란색/초록색/갈색 눈동자를 깊이 살펴본다.

✔ **청각** : 상대가 듣고 싶어 한다고 생각하는 감미로운 목소리로 말한다.

✔ **근감각** : 손을 잡고 상대를 쓰다듬는다.

✔ **후각** : 좋은 냄새가 나게 한다. 향수 냄새가 너무 지나치지 않도록 주의한다.

✔ **미각** : 상대가 진정으로 특별함을 증명하는 허브와 양념이 들어간 음식과 촛불이 켜진 저녁을 준비한다.

그림 12-4
눈은 전략을
노출한다.

V^r A^r A_d K

꿈에 그리던 이상형과 사랑에 빠져 둘은 손을 잡고 일몰을 향해 걸어간다. 하지만 얼마 지나지 않아 불만의 웅성거림을 느낀다. '뭐가 잘못되었지?'라고 외치지만 잘못된 것은 없다. 단지 서로가 평소의 감각양식으로 돌아왔을 뿐이다. 아내는 사랑을 느끼기 위해 포옹하고 껴안는 신체적 접촉을 갈망하지만, 남편은 그녀를 위해 그가 할 수 있는 일, 즉 집을 잘 수선해서 유지하고 세차와 기름 넣기를 잊지 않는 것으로 사랑을 증명하려 했을 뿐이다.

상대의 사랑에 빠지기 전략을 알기 위해, '내가 당신 사랑하는 것 알지?', '어떻게 하면 더 사랑받는다고 느낄 것 같아?'라는 취지의 말들을 해본다. 그 말을 하면서, 그림 12-4에 있는 눈 움직임에 주목한다. '잘 모르겠어.' 그녀의 눈이 오른쪽 아래로 향하면(K) 그것은 더 많은 포옹을 주문하는 단서이다. 직감을 시험하라. 눈이 수평으로 왼쪽을 향하면(A^r), 상대가 듣고 싶어 할 말을 하도록 하자.

유념해야 할 두 가지 사항이 있다.

- ✔ 둘만 있을 때 특별하고 조용한 시간에, 교통 체증 같은 고강도의 스트레스 상황은 피해서 질문한다. 원하는 반응은 결코 못 얻을 것이다.
- ✔ 상대를 위해 뭔가를 할 때 상대의 반응을 가늠해본다. 장미꽃 한 다발이나 큰 스테이크가 특별한 반응을 일으키는가?

NLP에서 가늠하기(calibration)는 의사소통에 대한 상대의 반응을 읽는 과정이다. 따귀한 대는 매우 분명한 반응으로, 아마 두 번 다시는 그것을 유발한 말이나 행동은 하지 않을 것이다. 대부분의 반응은 훨씬 미묘해 노려보기, 혼란한 표정, 상기된 뺨, 꽉다문 입 등이다. 숙달한 소통가는 이런 반응을 평가할 수 있어야 하고, 특히 신호들이 섞여 있을 때 더욱 그렇다. 예를 들어 혼란한 표정의 미소는 여러분의 말을 이해하지는 못하지만 이해 못했다고 말하기에는 지나치게 공손한 의미일 수 있다.

자신의 전략을 성취하는 데 긍정적 피드백보다 성공적인 것은 없다. 그러니 다른 사람들의 피드백이 적중하면, 그들에게 알려준다. 특히 사랑하는 이의 사랑에 빠지기 전략을 인지할 경우는 더욱 그렇다!

 로밀라는 27년간 매우 행복하게 결혼 생활을 해온 한 부부를 안다. 부인은 자신이 남편의 세상에서 중심에 있다고 느끼기 위해 남편이 특정한 눈빛과 방식으로 그녀의 얼굴을 쓰다듬어 주길 바랐다. 그녀는 매우 만족해했다고 한다.

전략을 통해 사람의 마음 움직이기

전략적 지식을 이용함으로써, 자신을 거부할 수 없는 소통가로 만들 수 있다. 사람들의 전략을 발견하면, 그들 전략의 단계를 이용하여 정보를 입력하는 틀로 사용할 수 있다. 숙제를 하도록 십대 자녀의 전략을 이용한다고 가정해보자.

자녀의 전략을 거꾸로 이용해서 정보를 투입하기 위해, 전략이 무엇인지 밝힐 필요가 있다. 그런 이유로 '네트볼 할 때 어떻게 동기부여를 하니?' 같은 질문을 하고 자녀가 대답하는 동안 눈 움직임을 관찰한다. 여러분의 질문이 그림 12-4에서 보인 눈 움직임과 함께 아래의 언어적 반응을 도출했다고 가정하자.

> 팀 아이들하고 같이 네트볼 키트를 갖고(눈은 왼쪽 위로 이동–V^r), 모두 신나게 이야기해요(눈은 왼쪽 수평으로 이동–A^r). 나는 '이길 거야'라고 혼잣말하면(눈은 왼쪽 아래로 이동 –A_d). 기분이 정말 좋아져요(눈은 오른쪽 아래로 이동–K).

✔ '지난주에 제시간에 물리학 숙제를 마쳤을 때 모습을 기억할 수 있니?'
  자녀의 전략(V^r)을 시작하도록 만들며 실제 숙제를 끝냈던 때의 그림을 그려보도록 질문한다.
✔ '샌더스씨가 칭찬했을 때, 뭐라고 말했는지 기억하니?'
  동기부여 전략(A^r)의 다음 단계 시작을 위해 쓰였던 말을 기억하도록 질문한다.
✔ '스스로에게 "처음으로 물리학을 진짜 이해하게 되었어"라고 말했을 때의 느낌이 기억나니?'
  자신과의 대화를 반복하도록 질문함으로써, 끝에서 두 번째의 동기부여 전략(A_d)으로 유도한다.
✔ '얼마나 기분이 좋았는지 기억나지? 숙제를 지금 끝내서 다시 그 기분을

느끼는 건 어때?'

마지막 단계에서 자녀가 좋은 기분(K)에 빠지게 유도하고 숙제를 끝냄으로써 좋은 기분을 다시 느낄 수 있음을 제안한다.

진심으로 설득력이 있고 싶을 때는 언제라도 이 기법을 사용할 수 있다. 먼저, 질문하고 상대가 답하는 동안 눈을 지켜본 후 최고의 답을 얻을 수 있는 어구로 제안한다.

NLP 철자법 전략 설명하기

다른 전략들과 더불어, 모든 교육받은 사람들은 철자법 전략이 있다. 철자법 달인의 전략은 효율적인 데 반해 서툰 이의 전략은 비효율적이다.

철자법을 잘하기는 매우 시각적인 과정이다. 자신을 좋은 철자법자로 분류한다면, 철자를 기억할 때 자연스럽게 왼쪽 위(시각적 회상)를 볼 것이다. 이 행동은 글자의 그림을 기억하며 뇌에 각인시켰음을 의미한다. 그런 다음, 철자를 적을 때 저장된 이 말을 불러올 수 있다.

소리 나는 대로 철자를 적은 것은 비효율적인 철자법 전략이다. 여러분은 필시 아래를 내려다보고 느낌에 사로잡히거나(근감각) 발음이 어떤지 기억하기 위해 한쪽으로 비켜설 수 있다(청각).

【 유레카! 】

올리브 힉모트가 런던의 NLP 전문가 과정에서 NLP 철자법 전략을 알게 되었을 때, 그녀는 발견의 여행을 시작하게 되었다. 그 15분은 그녀에게 중요한 철자 '방법'을 알려준 완전히 예상 밖의 '유레카' 순간이었다. 영어와의 씨름은 그녀의 교육과 경력에 나쁘게 작용했고 40살이 될 때까지 독서의 즐거움을 배울 수 없었다. '왜 아무도 이렇게 철자법을 가르치지 않았죠? 이건 제가 몰랐다는 것을 모른 또 하나의 예예요.' 일단, 그녀는 시각적 기술을 단계적으로 개발하는 법을 알게 되었고 그다음에는 말의 시각화를 배웠다. 그녀는 자신의 책 『철자법은 성취(Spelling Means Achieving)』에서 글자들이 페이지 주위를 뛰어다니는 등의 글의 혼란을 경험하는 사람들을 돕고자 그 교수법을 설명한다. 그녀는 철자법에서 난독증, 통합운동장애, ADHD와 같은 또 다른 학습의 어려움을 겪은 영역으로 옮겨 갔다. 그리고 그녀의 열정은 어린 나이에 기본 철자법만 습득한 사람들이 해로운 전략을 각인하기 전에 도움을 줄 수 있도록 계속되었다.

철자를 발음대로 적는다면 다음을 따라 해서 철자법 쓰기에 능숙해지자.

1. **철자를 기억하고자 하는 단어를 생각하고 대문자로 써서 가까운 곳에 둔다.**

2. **쓸 수 있는 단어를 생각한다.**

   우리는 전에 긍정적 느낌을 생성한 단어의 철자를 쓰도록 요청한다. 슬프게도, 어려서 철자를 배울 때 교사가 항상 철자 잘 쓰는 법을 가르쳐주지는 않는다. 그 결과 '똑똑하지 않은 아이'로 분류되고 철자를 물어보면 기분이 상하게 된다. 시간이 지나면서 철자 쓰는 것은 기분 나쁜 것과 같은 것을 의미하게 된다. 이것은 정체성에 작용해 '나는 철자에 약해' 또는 악화된 경우 '나는 공부 못하는 학생이야' 같이 될 수도 있다. 표면화된 모든 부정적 믿음을 인지하고 스스로를 좀 더 배려해보자. 영어 교사와 사이가 안 좋았기 때문에 철자법 배우기가 원치 않는 기억을 되살리는 것일 수 있지만 괜찮다. 더 이상 인정 없는 교사 산하에 있는 어린이가 아니고 자신의 삶을 통제하는 성인임을 조심스럽게 일깨운다. 그리고 가능한 철자에 능숙해질 수 있도록 기회를 준다. 이제 단어들을 즐기며 계속해보자.

3. **눈을 시각적 기억**(오른손잡이의 경우 보통 왼쪽 위) **위치로 향하고 쓸 수 있는 단어의 그림을 만든다.**

   긍정적 느낌(만족감, 자신감, 행복감 등)을 주는 단어의 철자를 쓸 수 있다는 것을 인지한다.

4. **의식에 긍정적인 느낌을 가져와서 집중하고 개선한다. 깊게 숨을 들이쉬고 조금 더 개선한다.**

5. **기억하고자 하는 단어를 한 번 빠르게 흘깃 본다.**

6. **긍정적인 느낌을 유지하며, 눈을 왼쪽 위로 향하고 쓰고 싶은 새 단어의 그림을 그린다.**

   단어의 그림을 분명하고, 밝고 크게 만들어서 살펴본다. 정말로 잘 살펴봐야 한다.

7. **다음번에 어떤 단어의 철자를 알고 싶을 경우, 눈을 시각적 회상으로 이동하면 그 단어가 마음의 눈에 나타난다. 이제 철자를 쓸 수 있다는 믿음이 생겼다.**

재미를 위한 팁

이 간단한 철자 쓰기 전략의 힘을 논의하면서, 케이트는 자신이 전화번호, 쇼핑 목록, 약속 일정을 기억하는 데 얼마나 자주 시각적 기억 영역을 사용하는지 깨달았다.

여러분도 열쇠를 둔 곳이나 구구단을 기억하는 데 도움이 되도록 이 방법을 이용할 수 있다.

【 까다로운 영어 철자 배우기 】

가장 혁신적인 NLP 스승 중 한 명인 로버트 딜츠는 어렸을 때 겪은 철자 학습과 관련된 경험을 소개한다.

기초적인 단어를 배우면서 점점 실망했는데, 예를 들어 'wun'이 아니라 'one'으로 쓴다. 'one'에는 'w' 대신 'e'가 들어간다. 'two'도 소리 나는 대로 하면 'tu'여야 하고 'three', 'four', 'five' 모두 철자와 발음이 달랐다. 나는 뭔가 한참 잘못되었다고 생각했지만 어린아이인 내가 틀렸다고 생각했고 'six', 'seven'을 배울 때는 희망이 조금 생기기도 했다. 하지만 'eight'에는 다시 실망했고 'nine'은 니니로 발음하게 생겼다고 생각했다.

영어 발음의 변덕스러운 변화는 조지 버나드 쇼도 납득하지 못했다. 그는 'fish'를 'GHOTI'로 쓸 수 있다고 주장했는데, 예를 들면 'laugh'의 'GH'와 'women'의 'O' 발음, 'nation'의 'TI' 발음대로 말이다. 그의 주장이 맞는 점도 있는데, 'GH'는 단어의 앞부분에서는 결코 'F' 발음을 안 하고 'TI'를 'SH'로 발음하려면 다음에 모음이 와야 하는 점을 제외하면 말이다.

삶의 향상을 위해 시간 맞춰 여행하기

시간은 문화, 사회, 개인 삶의 핵심 체계다. 실제로, 시간 틀 없이 발생할 수 있는 일은 아무것도 없다.

–『생명의 춤(The Dance of Life)』(에드워드 T. 홀)

시간은 기묘한 탄성이 있어서 흥미 있는 것에 집중할 땐 빠르게 흐르고 심심할 땐 지루하게 늘어난다. 여러분은 세상의 모든 시간을 갖고 있는 시간 부자인가, 시간에 맞추기 위해 항상 아등바등하는 시간 빈곤자인가? 시간을 많이 갖는다는 것은 돈을 버는 것처럼 어디에 집중하고 주의하느냐에 달린 것일 수 있다. 하루는 돈이 많거나 없거나, 나이가 어리거나 많거나 모두에게 항상 24시간이지만 시간을 지각하는 법은 제각각이다. 몇몇은 과거에 갇히고, 어떤 이들은 미래를 확고히 응시하며, 또 다른 몇몇은 그저 현재를 살아간다.

'미국인–유럽인'의 시간관념은 사람들이 정해진 시간에 공장으로 출근해야 했던 산업 혁명 시기에 형성되었다. 이 시간 개념은 선형으로, 한 사건이나 일 처리가 연달아 이어지는 것이다. 반면에 라틴아메리카, 아프리카, 아랍권 나라들과 남반구 일부 나라들의 시간관념은 다차원적인 구조로 사람들이 훨씬 더 '지금 이 순간'을 살 수 있게 한다. 시간의 각 개념은 강점과 약점이 있을 뿐 아니라 문화적 교류 시 갈등 유발의 가능성도 잠재한다.

케이트가 기차를 타고 가며 시간을 맞추는 도시인 취리히에서 일할 때, 나이지리아 남성과 결혼한 스위스인 동료와 흥미 있는 대화를 한 적이 있다. 결혼은 이혼으로 끝나게 되었는데, 그 이유 중 하나는 부부의 시간에 대한 대처가 매우 달랐기 때문이다.

【 시간에 대한 두 가지 접근의 장점 】

대부분의 서양인들, 특히 대기업에서 일하는 사람들의 문제는 정신없는 속도로 생산해 나간다는 것이다. 이 문제는 기술의 요구와 편재하는 소셜미디어, 성과에 대한 압력 모두가 사람들을 자연계와의 핵심 연결로부터 제거한다는 점이다. 그럼에도 혁신과 창조성의 실현을 위해 사람들은 새롭게 전진하는 방법의 모색을 위한 상황을 생각하고, 보고, 경험하는 방식을 변경할 수 있어야 한다. 마음챙김과 명상은 스트레스를 적게 받으며 일하는 좋은 방법에 굶주린 중역들의 많은 관심을 받았다. 이런 수련은 집중과 주의를 증진하고 참가자들을 관습적인 조직적 계획 상태인 '시간을 통해'가 아닌 '시간 안에' 있게 한다. 수련은 사람들이 판단을 보류하고 개방적이며 표면적인 문제의 이면을 인지하며 깊은 연결과 답을 찾도록 한다. 하지만 어떻게 명상하면서 진보하는 사회를 이룰 수 있을까?

책 『존재(Presence)』에서, 최고의 지적인 사상가들의 선두 팀인 피터 센게, 조셉 재워스키, 오토 샤머, 베티 수 플라워즈는 변화를 위해 시간 접근을 어떻게 다시 연결할지 설명한다. 그들은 사람들, 조직, 사회에 큰 변화를 만드는 문제 제기에 진정으로 유념하며 오랜 시간 동안 함께 일해왔다. 그들 질문의 시간 초월적인 성격을 감안했을 때, 핵심 모형을 마침내 완성할 수 있었던 것은 인상적이다. 이 모형은 'U 운동'으로 변환 과정의 일곱 개 핵심 단계를 설명한다. 그것은 보류, 재지향, 놓아주기, 초대하기, 투명화, 원형화, 제도화이다.

변화의 핵심은 새로운 발상이 '초대하기' 단계에 출현할 때까지 사람들이 '시간 안에서' 충분히 오래 시간을 보내며 옛날 방식을 뇌주는 것이다. 일어난 변화를 구체화하기 위해 사람들은 투명하고 원형적인 발상을 행동으로 변환하기 위해 '시간 바깥의' 사고로 이동한다.

아프리카에서 살 때, 저희는 일정을 정해서 특정한 시간에 누구를 방문하거나 어떤 일을 하기로 했어요. 그런데 돌아오는 길에 누구와 마주치게 되면 마을을 방문하거나 다른 친척을 기다리거나 하는 일로 돌아오는 데 며칠씩 걸렸어요. 남편은 시간을 지키지 못했고 그는 저의 습관을 이해하지 못했죠. 정말 저희 모두 짜증났어요.

또, 시간은 기억에 의미를 부여한다. NLP 기법을 사용하여 기억과 시간과의 관계뿐 아니라 기억의 속성을 변경함으로써 기억의 의미를 바꿀 수 있다. 이 장에서는 시간선의 부정적 감정과 제한적 믿음을 방출하는 능력을 포함하여 시간과 기억이 자신에게 유리하게 작용하도록 사용할 수 있는지도 탐색한다. 이 도구들은 과거 기억으로 인해 약화되는 결과 없이 원하는 미래를 만드는 수단을 제공한다.

기억이 만들어지는 법 이해하기

독서, 차 몰고 쇼핑 가기, 책상에서 일하기, 식당에서 밥 먹기, 양치질 등 정기적으로 하는 일들을 생각한다. 이 일은 과거에 했었고 현재 하고 있으며 미래에도 할 일들이다. 기억이나 상상으로, 여러분은 이 일들을 소리, 그림, 느낌 같은 감각적 정보로 부호화한다. 예를 들어 과거의 영상이 떠올랐을 때 밝기, 색상, 움직임, 2차원 혹은 3차원의 그림 속성의 달라진 것을 눈치챌 수 있을 것이다. 이 속성들은 하위 감각양식이라고 한다(제5장과 제10장 참조).

기억의 검토를 위해 과거로 간 후 현재에 잠시 정차한 다음 다시 미래로 감으로써, 여러분은 '지상의' 시간 여행을 경험한다.(잠시 후 '시간선 찾기' 단락에서 다양한 경험을 만나게 될 것이다.)

우리는 여러분이 기억의 구조를 깨달을 수 있게 이러한 특질들은 고려하도록 요청했다. 여러분은 직감적으로 기억들이 과거에 있었던 일들인지 상상에서 만든 경험인지 인지한다.

사람들은 시간을 다르게 본다. 일부는 과거에 기초를 두고, 다른 이는 확고히 미래를 바라보는 반면, 어떤 이는 현재를 산다. 필립 짐바르도 교수의 연구에 따르면 시간을 감지하는 것은 매우 무의식적임에도 불구하고 행동에 상당한 영향을 줄 수 있다. 자신의 중점이 과거, 현재, 미래의 어디에 있는지 이해하는 것은 행복과 성공의 수준에 극적으로 작용한다.(다른 이의 시간 지각법 알아채기는 제7장 참조.)

우리가 여러분에게 무엇으로 만들어졌는지 물어보면 '설탕과 양념 같은 뭐든 좋은 것들이요'라고 하거나 '머리카락, 피부, 피요'라고 말할 수 있다. 그러나 물론 '자신'을 완성하는 전인적 인간은 그 구성요소들보다 훨씬 크다. 이 실체는 게슈탈트 (Gestalt)라는 용어로 불리는데, 게슈탈트는 그 구성요소만으로 파생할 수 없는 구조나 양식이다. 만일 어떤 사람이 여러분에 대해 생각한다면 여러분의 단편적 부분부터 파악하여 전 존재에 이를 것이다.

기억은 게슈탈트로 배열되어 있다. 연관된 기억은 게슈탈트를 형성하고, 그 형성은 감정적 반응을 최초로 유발한 사건을 경험했을 때 시작된다. 중요한 감정적 사건 (Significant Emotional Event), 또는 줄여서 SEE는 근본원인(root cause)이라고도 불린다. 유사한 사건을 경험해서 유사하게 반응한다면, 두 사건은 연결된다. 이 과정은 계속되다가 불현듯 사슬로 만들어진다.

심리학 창시자 중 한 사람인 윌리엄 제임스는 기억을 '감각과 영상의 구슬같은 끈'으로 비유했다. 여러분의 시간선 작업 동안 최초 발생 전에 끈을 잘라버리면, 게슈탈트는 끊어진다.

그림 13-1
기억 게슈탈트

시간선 찾기

기억은 배열되는 패턴이 있다. 과거 기억이 오는 방향을 가리키도록 요청한다면, 어디를 가리킬 것인가? 이와 비슷하게, 미래에 할 것을 지적하려 한다면, 지금 어디를 가리키는지 주목한다. 현재는 어디 있는지 가리킬 수 있는가? 과거의 기억들 사이에 선을 그린다면, 한쪽은 현재고 다른 한쪽은 미래가 된다. 여러분은 자신의 시간선을 생성한 것이다.

과거를 자신들의 뒤, 미래를 자신들의 앞으로 파악하는 사람들이 있다. 일부는 V 형태의 선을 갖는 반면, 어떤 이들은 과거는 왼쪽, 미래는 오른쪽으로 한다. 흥미 있는 것은(제5장에서 논의했듯이) 대부분의 사람들은 기억할 때는 눈을 왼쪽으로, 실제가 아닌 것을 상상할 때는 오른쪽으로 향한다는 것이다. 덧붙여서, 어떤 사람들은 시간선을 지리적으로 배치하는데, 과거는 콘웰, LA, 또는 아주 멀리 떨어진 곳에 놓고, 현재는 지금 거주하는 곳에 놓는다. 미래는 아마도 다음에 이사하고 싶은 곳에 있을 것이다.

로밀라의 워크숍 '완벽한 미래'(살고 싶은 미래를 만들기 위해 사람들이 오는 곳)에 참석한 한 여성은 자신의 시간선을 찾는 동안 혼란스러워했다. 우리는 그녀의 과거가 남아프리카에 있고, 현재는 영국이며 미래는 결정할 수 없다는 것을 알았다. 우리는 그녀가 무의식을 신뢰하도록 하며 손가락으로 미래는 어디에 있을지 가리켜보라고 했다. 그녀는 자신의 앞과 약간 오른쪽을 가리켰다. 로밀라는 그녀에게 남아프리카로 생각되는 부분을 가리키도록 했다. 그녀는 자신의 뒤쪽에서 약간 왼쪽을 가리켰다. 미래가 있다고 생각하는 곳부터 남아프리카를 상상한 곳까지 선을 그리게 함으로써, 우리는 그녀의 왼쪽에서 오른쪽으로 가는 대각선 모양의 시간선을 만들 수 있었다. 과거와 미래를 연결하는 선을 찾는 발상은, 지리학적인 연결로 선택하던 단순히 가리키는 것이던 최종 결과에는 영향을 주지 않는다.

바닥에 상상의 선 '그리기'가 더 쉬울 수 있다. 무의식을 신뢰하며 과거라고 생각되는 곳에서 미래가 있다고 느껴지는 곳까지 선을 따라 걷는 것이다.

방이 좁은 경우 같이 공간적인 제한으로 방해받는다면 시간선을 따라 걷는 것이 특히 더 어려울 수 있다. 다음 연습은 자신의 아래로 뻗어 있는 시간선을 분명히 보기 위해 '떠오르기'를 함으로써 기억속의 시간선을 시각화하는 법을 소개한다.

1. **최근 경험한 사건을 생각한다.**
2. **깊게 숨을 들이쉬며 최대한 편하게 긴장을 이완한다.**
3. **지금 있는 곳의 위로, 구름 위 멀리 성층권까지 몸이 떠오르는 상상을 한다.**

4. 아래에 리본 같은 시간선이 있다고 상상하며 시간선 안에 있는 자신을 본다.
5. 이제 최근 경험한 사건 바로 위로 올 때 시간선 위에서 내려온다.
6. 현재로 다시 내려오고 싶을 때까지 원하는 만큼 오래 머문다.

시험 비행이 즐거웠기를 바란다. 앞으로 여러 번 하게 될 것이므로 이 과정을 잘 기억하기 바란다.

시간선 바꾸기

이전 단락에서 설명한 대로 시간선 작업을 한 후, 자신과 관련된 위치가 무엇인지 자문한다. 예를 들어 그림 13-2, 13-3에 설명된 두 개의 시간 안(in-time)에 있는 도표처럼 선이 여러분을 관통하는가? 아니면 그림 13-4의 시간 바깥에 있는 도표와 같이 전체 시간을 볼 수 있도록 여러분 앞으로 선이 나와 있는가?

시간선 모양은 다양한 성격 특질을 제시한다. 시간 바깥에 있다면, 미국인-유럽인 시간 모형형으로 다음의 경향을 보일 것이다.

✔ 사건과 감정을 분리할 수 있다.
✔ 약속 시간에 맞추는 것을 의식한다.
✔ 과거, 미래 사건을 매우 분명히 인지한다.
✔ 목표 지향적이다.
✔ 활동을 계획하는 데 능숙하다.
✔ 현재를 사는 데 어려움이 있다.
✔ 시간의 가치를 매우 잘 인지한다.

시간 내적 사람은 다음의 능력과 경향을 보일 것이다.

✔ 창조적이다.
✔ 다중 처리에 유능하다.
✔ 현재 경험에 몰입한다.
✔ 자신의 감정을 매우 강하게 느낀다.

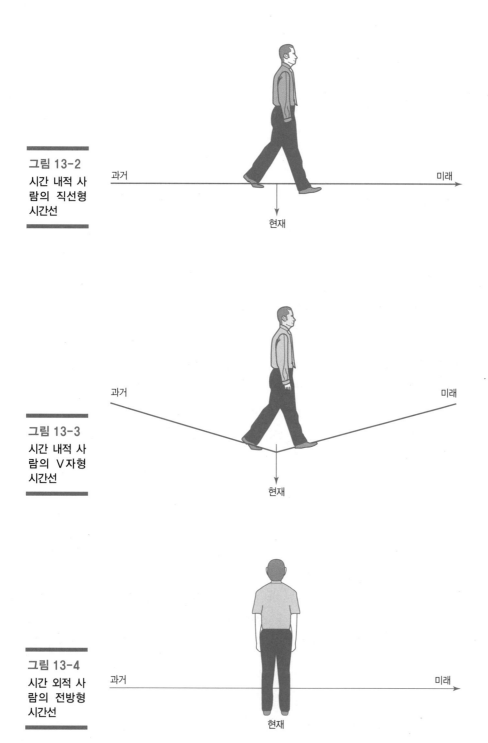

그림 13-2
시간 내적 사람의 직선형 시간선

과거　　　　　　　　　　　　　　　　　　　　　미래

현재

그림 13-3
시간 내적 사람의 V자형 시간선

과거　　　　　　　　　　　　　　　　　　　　　미래

현재

그림 13-4
시간 외적 사람의 전방형 시간선

과거　　　　　　　　　　　　　　　　　　　　　미래

현재

✔ 순간을 사는 데 능숙하다.

✔ 개방적 선택을 선호한다.

✔ 자발적이다.

✔ 먼 장래까지 계획하지 않는다.

기억과 사건의 변경 없이 다른 마음가짐의 경험을 위해 시간선의 방향을 바꿀 수 있다. 예를 들어 시간 내적 사람인데 일정표를 유지해야 한다면, 시간선을 시간 외적으로 변경해서 시간이 여러분 앞에 있게 하자. 일 중독자인데 저녁 때 배우자와 함께하고 싶다면, 시간선이 자신의 반대쪽에 있다고 가정하고 시간 안으로 들어가 시간 내적 사람이 되는 것은 어떤가?

시간선을 변경하는 것은 현기증 같은 신체적 혼미함을 초래할 수 있다. 그러므로 바쁘게 돌아다니는 시간은 피해서 조용하고 편안한 시간에 시간선을 변경하도록 한다. 변경하면서 불편함을 느낀다면, 속도를 늦추고 원래의 시간 방향으로 전환한다.

시간 외적 사람으로서 시간 앞으로 나와 있을 경우 그 안에 발을 들이는 것으로 변경 가능하고 과거나 미래를 직면하기 위해 고개나 머리를 돌리면 된다. 또는 시간 위로 떠오르면 시간이 아래에 펼쳐진다. 떠내려가면서 시간선은 자신의 발아래에 있거나 관통하게 된다.

시간 내적 사람이면, 선에서 내려와 자신 앞에 펼쳐지게 한 후 몸을 돌릴 필요 없이 고개를 좌, 우로 돌림으로써 과거, 현재, 미래를 연속적으로 볼 수 있다. 원한다면 시간 위로 떠오른 후 다시 내려올 때 시간선의 앞에 서도록 자리 한다.

로밀라는 항상 '완벽한 미래' 워크숍 참가자들에게 시간선 방향을 전환해서 점심시간 동안, 편하게 느끼는 한 바뀐 방향을 유지하도록 요청한다. 참가자 중 한 명은 시간 내적 경향이 높았다. 그녀는 시간 바깥으로 나가자 처음에는 현기증과 메스꺼움을 느꼈지만 참고 계속했다. 잠시 앉아 있으면서 안정이 된 그녀는 곧 점심을 먹으러 나갔다. 점심 이후, 그녀가 자신의 시간 내적형으로 복귀하는 것에 안도하는 모습은 모두가 눈치챌 수 있을 정도였다.

시간선의 방향을 변경하는 것과 별도로, 사건들의 간격 배치를 변경하는 것 또한 매우 유용할 수 있음을 알아보자.

존은 스트레스로 고통 받고 있었다. 모든 것이 압박으로 느껴져서 일 처리를 전혀 할 수 없을 정도였다. 시간선 치료®(테드 제임스와 공동 제작함)를 통해 시간선으로 복귀하면서, 그는 어렸을 때 장학금 신청 자격에서 떨어졌던 일을 기억했다. 그의 어머니는 매우 신랄하고 판단적이었다. 존은 그녀를 만족시키려 항상 노력했고 언제나 지나치게 일을 많이 했다.

시간선의 배치를 검토하면서, 존은 자신의 현재가 바로 코앞까지 가까이 있고 미래는 앞에서 15센티미터 떨어져 있음을 알게 되었다. 우리가 그의 '실패'('피드백'의 역량 강화에 대해서는 제2장 참조) 이면에 있는 모든 부정적 감정을 해소하자, 존은 현재를 30센티미터 떨어뜨리고 미래는 더 멀리 위치하게 할 수 있었다. 마음의 시간선을 늘리자 그는 공황 상태가 되었다. 그에게 있어 너무 멀리 시간선을 늘리는 것은 삶에서 더 이상 아무것도 성취할 수 없는 것을 의미했기 때문이다. 시간선을 줄여서 전처럼 팽팽하거나 공황 발작 때처럼 길지 않게 만들자 그는 계획과 목표 성취하기가 가능함을 깨닫고 편안해졌다.

사이먼은 존과 반대되는 문제가 있었다. 그는 결코 마감일을 지킬 수 없을 것 같았다. 시간선을 점검하면서, 사이먼은 미래가 너무 멀리 떨어져 있어 목표에 대한 충분한 위기의식을 생성하기 어렵다는 것을 깨달았다. 사이먼은 시간선을 압축하고 그것을 컨베이어 벨트라고 연상했다. 그는 벨트를 따라 구체적 간격으로 목표를 배치한 후 다음 날의 '할 일' 목록을 작성함으로써 벨트를 한 눈금 가까이 이동할 수 있었다 (제4장에서 '할 일' 목록에 대해 이야기했다). 이 수단은 책임을 완수하는 그의 능력에 실제적으로 작용했다.

시간선에 따른 더 행복한 자신을 향한 여행

시간선은 그림은 천연색이고, 소리는 시끄럽거나 조용하며, 느낌은 가볍거나 우울하면서 무겁게 느껴지는 일련의 구조화된 기억으로 구성되어 있다.(기억 및 감각 정보와 관련해서는 제5장 참조). 마음은 그 개별적 방법으로 기억을 만든다. 여러분과 세 명의 다른 사람이 같은 일을 경험했을 때 각자는 그 사건을 다르게 기억한다.

시간선을 따라 여행하면서, 기억을 검토하고 배울 필요가 있는 교훈을 이해하는 것은 현재 붙들고 있는 감정을 방출하도록 돕는다. 그렇게 함으로써 기억의 구조를 변경하고, 더 작게 만들며, 필요하다면 부드럽거나 밝게 할 수 있다. 그리하여 과거는 더 이상 현재, 또는 더 중요한 미래에 긴 그림자를 던지지 않게 된다.

부정적 감정과 제한적 결정 방출하기

미움, 공포, 상심, 슬픔, 죄책감, 후회, 불안은 부정적인 감정들의 극히 적은 예다. 이 감정들은 여러분을 인간적으로 만든다는 점에서 가치가 있고, 여러분도 이 감정들을 경험하는 능력에서 해방되고 싶지는 않을 것이다. 그러나 이 감정들이 심해지면 원치 않은 방향으로 작용할 때가 있다. 이것들은 신체적 질병을 유발하고 삶을 이끄는 방식에 파괴적으로 작용할 수 있다.

제한적 결정(limiting decision)은 과거에 어떤 이유로, 가령 너무 어리석다거나 가난하다거나 기타 이유들로 뭔가를 하지 않기로 결정했을 때 일어난다. '나는 절대 날씬해질 수 없어', '나는 계산을 못해' 등이 그 예다. 제한적 결정은 잠재력을 제한하여 성공을 방해한다.

부정적 감정과 제한적 결정이 과거에 만들어진 것이라 해도, 그것들은 현재에 영향을 미친다. 시간선에 따른 여행으로 과거에 가서, 무의식이 보호하려 했던 것을 의식적으로 이해하면 해로운 감정의 효과를 방출하고 좀 더 쉽게 결정할 수 있다.

부정적 감정을 다루는 것은 매우 강력한 경험이 될 수 있기 때문에, 필요한 모든 지원을 갖추도록 해야 한다. 이 단락의 부정적 감정 방출하기나 제한적 믿음 이해하기를 위한 기법을 사용하기 전에 다음 사항에 유의하도록 한다.

- ✔ 아동학대로 인한 외상, 사별, 이혼 등의 심각한 감정적 사안들을 처리하기 위해, 자격 있는 치료사를 만날 것을 분명히 권고한다.
- ✔ 코치나 NLP 숙련자 같은 다른 사람에게 상담받을 때가 시간선 검토를 위한 최적의 순간이다. 그들은 여러분이 연습 중임을 잊고 경험하는 감정에 압도될 때 지켜줄 수 있기 때문이다. 그 밖의 다른 사람 역시 단계에 맞게 따르도록 도울 수 있다.

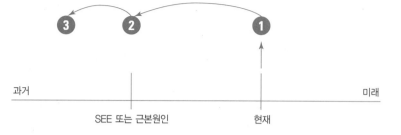

그림 13-5
시간선 상의
위치

과거 ── 미래

SEE 또는 근본원인　　　　　　　　현재

그림 13-5의 도표는 다음 연습에 매우 중요하다. 여러분이 알아야 할 시간선에 따른 위치를 명백히 하기 때문이다. 도표는 특히 마음에 그림을 그리는 시각형 사람들에게 유용하다.

✔ 위치 1번은 시간선 상에서 현재의 바로 위로 떠오른 위치이다.

✔ 위치 2번은 SEE, 또는 근본원인의 바로 위다.

✔ 위치 3번은 여전히 시간선 위에 있지만 근본원인으로부터 15분 전이다.

이 연습은 분노 경향 같은 부적절한 감정을 붙들고 있는 부정적 감정의 제거를 돕는 과정을 소개한다. 무의식이 표출하는 대답에 열린 마음을 유지하도록 하자.

1. 긴장을 풀 수 있는 안전하고 조용한 곳을 찾아 과거 경험한 중간 정도의 부정적 감정을 생각한다.

2. 그 사건에서 배운 것과 그 감정을 제거하는 것이 괜찮을지 점검한다. 편안해지면, 무의식에 '이 분노를 내보내도 괜찮은가?'를 묻는다.

3. 무의식에 다음과 같이 물어본다. '그것에서 분리되면 문제를 사라지게 할 이 문제의 근본원인은 무엇인가? 그것은 나의 탄생 전이나 동안, 혹은 이후였나?'

근본원인이 탄생 전이나 동안, 또는 이후였는지 무의식에 질문할 때, 예상되는 대답에 개방성을 유지하도록 한다. 무의식은 많은 정보를 흡수하고 의식의 인지 없이 많은 결정을 내린다. 로밀라의 내담자들은 무의식의 대답에 깜짝 놀라곤 했다.

4. 근본 원인을 확보하면, 시간선에서 떠올라 아래에 펼쳐진 과거, 미래를 볼 수 있도록 한다.

그림 13-5의 위치 1에 있게 된다.

5. 계속 시간선에 떠 있으면서, SEE(그림 13-5의 위치 2) 위에 있게 될 때 내려온다. 보고 느끼고 들은 것을 수용한다.

6. 부정적 감정을 쉽고 빠르게 방출하기 위해 그 사건으로부터 무엇을 배울 필요가 있는지 무의식에 묻는다.

7. SEE 보다 15분 전 위에 있는 그림 13-5의 위치 3으로 떠오른다.

8. 위치 3에 떠 있으면서, 머리를 돌려 현재를 직면하고 자신의 앞과 아래에 있는 근본원인을 볼 수 있게 한다.

9. 사건과 관련된 모든 부정적 감정을 내보내도록 하며 만일 남아 있으면 어디에 있는지 알아차린다.

   사건과 연관된 모든 다른 부정적 감정들도 사라졌는가?

10. 다른 부정적 감정이 남아 있으면, SEE와 연관된 모든 감정을 방출하기 위해 날숨을 쉰다.

11. 모든 부정적 감정이 사라졌음을 느끼거나 알 때까지 위치 3에 머문다.

12. 모든 부정적 감정이 사라져서 준비가 끝나면 위치 1로 내려온다.

   무의식이 비슷한 사건으로부터 가능한 빨리 배울 수 있게 되고 모든 연관된 감정들이 사라지면 이동한다.

13. 방으로 돌아온다.

14. 빠르게 점검한다. 없앤 감정을 유발할 수 있는 사건이 일어날 미래로 가서, 감정이 사라진 것을 알아챈다.

기대한 결과를 얻지 못했다면, 자신이 왜 감정을 방출하지 못했는지 무의식에게 이유를 드러내줄 것을 요청한다. 이것을 위한 가장 좋은 시간은 깜빡 잠에 들었을 때나 깊이 이완되었을 때, 명상할 때다. 납득할 만한 답변을 듣지 못하면, 원하는 결과를 얻지 못하게 하는 과거로부터의 문제를 없애기 위해 코치나 치료사에게 상담을 받을 필요가 있겠다.

이 연습은 제한적 믿음을 제거하기 위해서도 사용할 수 있다. 가난하고 병약한 채 있기로 하거나 '나는 절대 성공할 수 없어' 같은 자기파멸적인 결심을 했을 경우다. 부정적 감정 대신에 제한적 믿음을 사용하여 위의 과정을 따라한다.

용서 찾기

사후 통찰과 성숙함으로 과거의 사람들을 용서할 수 있다. 이런 용서하기는 불만, 분노 및 다른 부정적 감정에 쏟아부은 모든 힘을 방출하게 한다. 그런 다음 계속해서 그 힘을 더욱 창조적이거나 다른 바라는 긍정적인 일에 사용할 수 있다. 용서를 실현하는 한 가지 유용한 방법은 자신에게 상처를 준 사람의 동기를 이해하고, 그들 자신의 문제로 인해 매우 제한된 선택만을 제공하는 현실에서 살아야 했음을 깨닫는 것이다.

예를 들어 배우가 되고자 하는 불타는 열망이 있었는데 부모의 반대가 심했다고 해보자. 이제 와서 생각해보면 부모로서 여러분을 걱정했던 것을 알 수 있다(제2장의 '모든 행동에는 긍정적 의도가 있다'를 기억하자). 부모는 자신들이 사용 가능한 모든 자원을 동원해서 최선을 다했다. 시간선을 따라 거슬러 올라가 이와 비슷한 힘든 경우를 겪었던 때를 기억해보자. 다음으로 깨달을 필요가 있는 중요한 교훈을 배우며 시간선 위를 맴돈다. 사건 당시로 내려와서 부모를 안아주고 그들이 최선을 다했다는 것을 깨달았음을 알린다. 이것이 쉽게 느껴진다면, 여러분은 가득 찬 빛에 둘러싸여 사랑, 연민, 용서의 감정을 누릴 수 있게 된다.

어린 시절의 자신 위로하기

시간선을 따라 여행하다 어린 시절과 관련된 사건을 발견하면, 어린 자신을 안아주고, 다 잘될 거라고 격려하며, 두 명의 나를 빛으로 감싸며 치유되도록 하자. 이제, 시간선 상의 모든 기쁨과 안도감을 현재로 불러들인다.

불안감 없애기

불안은 단순히 미래 일에 대한 부정적 감정이다. 앞선 '부정적 감정과 제한적 결정 방출하기' 단락에서 감정을 유발하거나 결정을 내린 사건 전으로 감으로써 부정적 감정이나 제한적 결정을 제거하는 법을 설명했다. 이와 비슷하게, 불안을 느낀 사건의 성공적인 결론 너머(beyond the successful conclusion)의 미래로 감으로써 불안을 제거할 수 있다.

불안을 유발한 사건이 성공적으로 끝난 후 보고, 듣고, 느낄 것들을 상상해보자. 그런 다음에는 시간선 위로 떠올라 사건의 성공적인 결말을 지나칠 때 더 이상 불안을 느끼지 않게 된다. 그림 13-6을 참고로 다음 단계를 수행한다.

1. 안심하고 조용히 이완할 수 있는 곳을 찾아 불안하게 만드는 사건을 생각한다. 불안을 내보내는 것이 괜찮은지 무의식을 검토한다.
2. 시간선 위로 떠올라 아래에 펼쳐진 과거와 미래를 바라본다.
3. 불안하게 만드는 사건 위에 다다를 때까지 계속 선 위를 떠다닌다.
4. 불안을 쉽고 빠르게 방출하기 위해 사건에서 배울 교훈은 무엇인지 무의식에 질문한다.
5. 필요한 정보를 얻으면, 미래로 더 멀리 떠내려가 불안을 느꼈던 사건이 '성공적으로 끝난' 15분 뒤까지 내려간다.

6. 뒤돌아 마주 보며 이제는 침착하고 더 이상 불안하지 않음을 느낀다.

불안이 남아 있을 경우, 깊게 이완하고 왜 스스로가 불안을 내보내지 않는지 무의식이 답하도록 한다. 자신감을 증진시키는 기술이 필요한 것일 수 있다. 비슷

【 시간선에 따른 치유 】

케이트의 친구 타라는 자신의 고무적인 경험을 공유했다. 타라는 18살 때부터 심한 부비강염으로 고통 받았다. 이 상태는 매우 심해서 악화되는 증상의 완화를 위해 1년에 최소 서너 번의 항생제가 필요했다. 타라가 시간선 치료 워크숍에 참가했을 때쯤엔 부비강 청소를 위한 4번의 수술이 실패했고, 의사는 병을 안고 살든지 평생 스테로이드 치료를 받든지 선택하라고 말했다.

워크숍 동안, 타라는 사람과 사건에 당황하면서 증상이 더 심해짐을 발견했다. 그녀는 신체적 증상이 심리적 이유로 인한 것일 수 있는지 탐색했다. 모든 제한적 믿음과 부비강 문제로 얻을 수 있는 이익을 조사한 결과, 타라는 병 주위에 게슈탈트(구조)를 생성했음을 깨달았다. 그녀는 어렸을 때 남동생이 천식 환자여서 엄마로부터 많은 관심을 받았고, 자신이 관심을 받은 것은 편도선염에 걸렸을 때였다는 것을 기억했다. 타라의 아빠 역시 만성적 부비강염으로 고통 받았고 타라는 자신의 병이 남동생과 비슷한 결과를 준다는 것을 깨달았다. 그녀는 또한 의학적 상태에 스스로 대처할 수 없다고 믿었다.

워크숍 동안, 타라는 병이 없어도 사람들로부터 주목받을 수 있고, 부드러운 보살핌을 요청할 수 있으며, 당황한 기분을 인정하는 것은 괜찮다는 것을 깨달았다. 그녀는 시간선으로 돌아가서 남동생이 받은 관심을 질투했을 때 최초의 SEE가 발생했다는 것을 깨달았다. 그녀는 이 사건과 연관된 게슈탈트를 내보낼 수 있었고, 그 이후 부비강염과 스테로이드 없이 지내고 있다.

한 과거 일 중, 최선을 다하지 않은 이력이 있다면, 이 연습을 다시 하기 전에 시간선을 따라 거슬러 올라가 부정적 감정이나 제한된 감정을 알아낸다.

7. 준비가 되면 현재로 내려온다.
8. 짧은 시험을 해본다. 미래로 가서 더 이상 불안하지 않음을 확인한다.

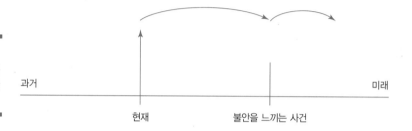

그림 13-6
불안을 극복하기 위한 시간여행

더 좋은 미래 만들기

시간선을 따라 여행하는 법을 알게 되면, 거부할 수 없는 멋진 목표를 생각해서 미래에 올려놓은 뒤 성취하면 얼마나 근사할지 상상해본다.

1. 안심하고 조용히 이완할 수 있는 장소를 찾아 목표를 설계한다.
   제4장에서 목표 만드는 법에 대해 알아본다.
2. 시간선을 따라 떠올라 아래에 펼쳐진 과거와 미래를 본다.
3. 바라던 목표를 성취한 시간 위에 다다를 때까지 계속 선 위를 떠다닌다.
4. 뒤돌아 현재를 바라보며 모든 사건이 목표를 지원하도록 시간선을 따라 배치하고 방해가 되는 사건을 주목한다.
5. 준비가 되면 현재로 내려와 방으로 돌아간다.

목표를 설계하고 실현할 때 제4장에서 설명한 것과 같이 목표가 삶의 모든 영역에 부합하도록 항상 동기를 점검한다. 이 과정은 생태학 점검이라고 한다. 이유를 진정성 있게 검토함으로써, 숨겨진 부정적 동기로 인한 것이 아님을 확신한다. 만일, 돈을 많이 버는 것에 중점을 둔다면 가난에 찌든 어린 시절에서 도망치기 위한 것이 아닌 재정적으로 안정되고 자신보다 가난한 사람들을 돕는 동기를 갖는 것이다.

동기를 점검하는 것은 '부자가 되면 내 돈을 보고 친구가 되려고 하겠지'와 같이 숨어 있는 무의식적 공포를 파악하는 데 도움이 된다. 동기를 충분히 분석하는 것은 원하는 이유를 명백히 하고 모든 무의식적 사안을 극복하는 조치를 취하는 데 도움이 된다.

갑판 아래 순조로운 운항 보장하기

줄다리기를 해보거나 구경해본 적 있는가? 양쪽 모두 있는 힘껏 힘을 써보지만 어느 쪽도 그 자리에서 많이 나아가지 못한다. 내적 갈등 혹은 다른 누군가와의 갈등 역시 줄다리기 같은 것으로, 양쪽은 서로 반대 방향으로 잡아당기지만 어디에도 다다르지 못한다.

내적인 갈등은 주로 무의식과 의식 간에 일어난다. '뭐에 씌었는지 모르겠어', '제정신이 아니었어', '마음 한편은 이런데, 다른 한편은…'과 같은 말은 인지하지 못하는 무의식의 일부에 대한 단서를 제공한다. 의식적으로는 흡연이 건강에 안 좋은 것을 알지만 무의식적으로는 흡연하는 친구들과 어울리는 것을 뿌리칠 수 없기 때문에 금연하지 못하는 여성의 경우가 그 예다.

『체계적인 NLP와 NLP의 새 부호화 백과사전(NLP Encyclopedia of Systemic NLP and NLP New Coding)』(www.nlpu.com에서 읽어볼 수 있다)은 '심리학적으로 갈등은 정신적인 싸움으로, 때로는 무의식적이며 세상의 다양한 표상이 정반대로 또는 배타적으로 생각될 때 발생한다'라고 정의한다. 다른 말로 하면 갈등은 세상의 두 지도가 충돌할 때 일어난다. 두 개의 서로 다른 지도를 조정함으로써 갈등은 제거된다. 이 장에서는 그 방법을 보여준다.

갈등의 서열 엿보기

갈등은 서열 내에서 논리 수준(logical levels)으로 알려져 있는 각기 다른 단계에서 발생한다.

- ✔ 목적
- ✔ 정체성
- ✔ 가치와 믿음
- ✔ 역량과 기술
- ✔ 행동
- ✔ 환경

직면한 갈등을 고려할 때 현재 사용할 필요가 있는 단계를 이해하는 것이 유용하다. 예를 들어 관리자로서 회사를 성공하게 하는 것은 사람이라고 믿으면서 사람보다 기술에 더 집중한다면 직원의 요구와 최종적으로는 자신의 믿음에 맞게 행동을 수정해야 할 것이다.

이 서열은 신경학 수준(neurological levels)으로도 불린다. 사고 과정을 연결하며 뇌와 몸의 상호작용을 연결하기 때문이다(논리 수준과 관련해서는 제11장 참조). 이 신경학 수준은 사다리의 가로대처럼 서열을 형성하며 정체성이 맨 위에, 환경은 맨 아래에 위치한다. 자신이 사용하는 진정한 논리 수준을 파악할 수 있을 때 갈등 해결은 쉬워진다.

각각의 논리 수준에서 직면할 수 있는 갈등의 예는 다음과 같다.

✔ **목적** : 정체를 알 수 없는 신경 쓰이는 불만족스러운 느낌이 들며, 인생의 목적을 알고 싶을 때가 있다. 하지만 일과 생계의 쳇바퀴 속에서 그 질문에 답할 시간은 낼 수 없을 것이다. 여러분은 분명히 이것이 인생의 전부는 아니라는 것을 알지만, 그것을 발견할 방법은 찾지 못하고 그저 불완전한 느낌으로 매일을 살게 된다.

✔ **정체성** : 각기 다른 방향으로 이끄는 삶과 일의 여러 역할이 있다. 헌신적인 직원이면서 좋은 부모이고 싶고, 높은 성과를 내는 관리자이면서 호감가는 한 인간이고도 싶다. 효자면서 지역사회의 봉사활동가인 동시에 국제적인 제트족일 수도 있다.

✔ **가치와 믿음** : 잘 어울리지 않거나 가치와 맞지 않는 뒤섞인 믿음을 가질 수 있다. 행복하길 원하면서 한편으로는 행복할 자격이 없다고 믿는 것처럼 말이다. 건강과 부 모두를 가치 있게 생각하지만, 동시에 둘을 다 갖는 것은 불가능하다고 생각한다. 가정생활과 국제적 사업의 성공을 중요하게 생각하지만 이 둘을 서로 잘 맞게 하는 법은 알지 못하는데, 이 두 가지 가치를 나란히 동등하게 한 역할 모형이 없기 때문이다.

✔ **역량과 기술** : 훌륭한 기술과 역량을 갖고 있으면서도 그것들을 만족스러운 방식으로 사용하지 못할 수 있다. 그리하여 욕구를 만족시키기 위해 직접 만드는 일을 찾는 한편 다른 사람들을 관리하는 일에 기술을 사용하기도 한다. 우수한 음악가이면서 의사 자격이 있을 수 있지만, 어디에 집중해야 할지와 관련해서는 선택을 해야만 할 것이다.

✔ **행동** : 목표 성취에 도움이 안 되는 행동을 할 수 있다. 가령 중요한 작업이 있는데 몇 시간이나 걸려 책상이나 벽장을 청소한 적이 있는가? 아니면, 다이어트 중인데 알아채지도 못하고 버터 토스트 한 조각을 먹어 버린 적도 있을 것이다.

✔ **환경** : 어디에서 누구와 시간을 보내야 할지 진퇴양난에 빠질 수 있다. 여러분의 이익을 최고로 생각하지 않거나 가족들이 반대하는 사람들과 어울리는 일도 있다. 마음 한편에는 집에서 떨어져 자립하고자 하거나 또는 그냥 모국에 머물러 있고 싶기도 하다. 다른 한편으로는 세상을 탐험하고자 하는 열망도 있다. 두 장소에 동시에 있기를 원하지만 어느 쪽에도 정착하지 못한다.

자신이나 다른 사람이 '한편으로는 이렇게 하고 싶지만, 다른 한편은 저것을…' 같은 말을 하는 것을 듣는다면, 논리 수준에 저항하는 내적 갈등이 진행 중임에 틀림없다.

각 논리 수준이 다른 것들과 나란히 놓인다면 자신과 완전한 조화를 이루고 있는 것이다. 개인적 갈등은 성취, 믿음, 행동이 서열상의 다른 수준들과 일치하지 않을 때 발생한다. 높은 급여를 받는 목표를 달성하고자 할 때 '나는 좋은 남편이고 아빠다'라는 정체성에 갈등이 일어난다. 가족들과 시간을 보낼 수 없게 되기 때문이다. 갈등해소는 브레인스토밍을 통한 자문과 결정에 영향을 받는 사람들, 즉 목표와 논리 수준의 배열을 충족하는 새로운 방식을 제시하는 사람들에 의해 이루어진다.

전체에서 부분으로의 표류

'한편으로는 하고 싶은데, 또 한편으로는 그렇지 않아. 뭔가 나를 방해하는 게 있는 것 같아'와 같은 말을 자신이나 다른 사람이 한다면, 의식이 서로 일치하지 않는 무의식의 일부를 떠올린 것이다.

어떤 점에서 무의식은 완벽한 전체이다. 하지만 삶을 경험하는 결과로서 어떤 한 부분과의 경계가 무의식의 이 부분을 둘러싸고 형성되고 그 밖의 무의식으로부터 분리된다. 고립된 부분들은 감정적 내용이 강한 특정적인 감정적 사건(제13장에서 소개)에 의해 생겨난다. 이 사건은 사고나 삶을 위협하는 일 같은 부정적인 것이거나 새로 태어난 아기를 처음으로 안아보는 긍정적이고 삶을 향상시키는 것일 수 있다. 부분은 무서워하거나 존경하는 누군가로부터 끊임없이 들어온 메시지로부터 생성될 수 있는데 예를 들면 아버지가 반복적으로 '돈은 빌리지도, 빌려주지도 말아라'라고 말했을 경우 재정적으로나 다른 쪽으로 다른 이의 도움을 요청하는 데 장애가 있을 수 있다.

이 부분은 독립적인 개성, 가치, 믿음을 갖는 '작은 나'로 기능할 수 있다. '의식의 나'와 마찬가지로, 이 부분은 목적과 의도를 갖고 행동을 표출한다. 불행하게도 행동과 부분의 진정한 의도는 서로 갈등할 수 있다. 어렸을 때 한 번도 사랑받지 못했다고 믿는 여성이 관심 받고자 하는 무의식적 열망에서, 진정으로 원하는 방식의 관심이 아님에도 불구하고 도둑질 성향을 심화하는 경우가 그 예다.

부분의 의도 이해하기

NLP의 주요 가정은 모든 행동에는 긍정적 의도가 있다(every behavior has a positive intent)는 것으로 이차적 이득이라고도 불린다. 예를 들어 흡연자의 긍정적인 숨겨진 의도는 긴장을 풀기 위함일 수 있지만(NLP 가정 및 이차적 이득은 제2장 참조) 무의식으로 인해 표출된 행동이 근본적인 욕구를 충족하지 못하는 경우도 있다.

알코올 중독자가 배우자로부터 버려지고 나서 느끼는 고통을 잊고자(긍정적 의도) 술을 마실 수 있다. 무의식은 사랑을 간절히 바라지만 만취하는 행동은 근본적인 욕구를 만족하지 못한다. 이 문제의 답은 진정한 욕구를 파악하고 이해한 뒤 긍정적인 방식으로 충족하는 데 있다. 알코올 중독자가 인사불성에서 깨어나 술이 아니라 사랑이 필요함을 깨닫는다면, 중독자는 술을 끊고 실패한 결혼의 교훈을 배우며 사랑을 찾기 위해 자신을 추스를 것이다.

문제의 핵심 다다르기

무의식은 자주 여러분을 위해 문제를 만들기도 한다. 그 이유는 논리적으로 이해하기 어려울 수 있다. 여행이나 사람 만나기 같은 일상적인 활동에 갑자기 공포가 생겼다고 가정해보자. 모든 원인이나 의도를 들춰냄으로써 이 일의 숨겨진 진정한 목적을 알 수 있다. 이 사건의 진짜, 근원적인 목적에 이르면, 이 목적은 무의식의 더 큰 전체에 동화될 수 있다.

다음 일화는 무의식이 한 부분의 동기에 의해 이끌릴 때 무슨 일이 일어나는지 설명한다. 이 장 뒷부분의 '시각적 스쿼시 기술 시도하기'에서 갈등하는 두 부분을 어떻게 통합할지 알게 될 것이다.

올리버는 진로가 모두 결정된 매우 성공적인 경영대학원 졸업생이다. 그는 목표와 달성 기간을 인지하고 있었고 국제적인 기업의 기획 전략 부서에 부사장으로 진급했을 때는 짜릿함을 느꼈다. 그러나 유럽 부지 순찰을 위한 여행에 착수했을 때 재앙이 발생했다. 심장이 요동치고 호흡이 가빠지며 한밤중에 식은땀을 흘렸지만 의사는 신체적인 이상을 발견하지 못했다.

NLP 코치와 자신의 상태에 대한 잠재적인 원인에 대해 이야기하며, 올리버는 진급과 관련된 몇 개의 문제를 파악했다. 장기간 집에서 떨어지고, 호텔에서 묵으며 열광하는 축구를 자주 못하게 되는 것 등의 문제들이 밝혀졌다. 올리버와 코치는 문제들을 한 꺼풀씩 탐색하며 건강과 연관 없어 보이는 것들은 차치했다.

깊은 이완 동안, 올리버는 말과 관련된 기억 중 어린 시절 수학에서 '실패'라는 말을 생각해냈다. 올리버의 교사와 부모는 그에게 매우 높은 기대를 했고 올리버는 엄격한 시험 기준을 통과하지 못하면 그들을 실망시키게 될 것이라 생각했다. 올리버는 진급으로 꿈에 그리던 일을 하게 되었지만, 일이 실은 매우 부담스럽고 무의식적으로 또 다른 실패로 인한 수치심을 피하려고 했음을 깨달았다. 그 목적 때문에 신체적 문제가 발생했으며 그것은 결국 올리버가 꿈꾸던 일에서 성공하는 데 장애가 되었다.

NLP 코치와 상담하며, 올리버는 부모와 교사가 역량 이상을 강요하여 그의 실패를 설정했음을 깨달았다. 그는 자신의 장점과 탁월한 성공을 위해 필요한 것을 함으로써 성공적인 경력을 이루어냈음을 인지했다. 올리버는 좌절로부터 배울 수 있는 유연함이 있고 앞으로 나아가기 위해 교훈을 사용할 수 있는 한 실수를 하고 실패와 마주하는 것은 괜찮은 것임을 깨달았다.

경력이나 마음에 둔 기획에서 바라는 것을 성취하고자 할 때 장벽에 부딪치는 경우가 있다. 적당한 장소와 시간을 찾아 어떻게 성공에 스스로 장애를 만들게 되는지 탐색해보자.

도와줘요! 내가 나와 싸우고 있어요!

자기파괴적 행동은 의식과 무의식의 서로 다른 부분들이 갈등할 때 경험하는 증상으로, 그 다른 부분들 중 일부에 의해 목표에 도달하려는 모든 노력이 뒤집어지게 된다. 이번 단락에서 주의해야 할 가장 흔한 자기파괴의 두 가지 모형에 대해 설명한다.

무의식에 귀 기울이기

모든 의사소통 때와 같이 자기파괴적 행동은 자신과 소통하고자 하는 무의식적인 방식이다. 목표 달성을 방해하는 행동 이면의 긍정적 의도를 검토함으로써 무의식에 도움을 줄 수 있다. 그럼으로써, 무의식의 의도를 만족하면서 동시에 자기파괴적인 행동을 좀 더 긍정적인 것으로 대체할 수 있게 된다. 금연하고 싶지만 무의식적으로 흡연하는 친구들과 계속 어울리고 싶기 때문에 흡연을 계속하는 여성의 경우에서, 비흡연자 친구들을 새로 만들거나 건강한 생활양식을 가진 친구들을 사귐으로써 그녀의 친목 욕구를 만족할 수 있을 것이다.

편들기

무의식의 두 부분이 갈등할 때, 의식은 어느 한쪽을 편드는 성향이 있어서 한쪽을 나쁘다고 판단하며 모든 의지를 동원하여 그쪽을 억압한다. 그 결과는 풍선을 꼭 쥐는 것과 비슷하다. 즉 입구의 반대쪽을 꼭 붙들고 풍선을 불면 풍선은 다른 방향으로 부풀고, 풍선이 크게 부풀었는데 꼭 쥐어짜면 터지게 된다. 이와 비슷하게, 자신의 일부를 억압할 때, 억압된 부분은 일탈한 행동과 신체적 증상을 보이거나(엇나간 풍선 모양) 신경쇠약에 이르게 된다(풍선 터짐).

피오나는 습진을 심하게 앓고 있어서 항상 몸을 잘 감싸고 있었다. 치료를 받으며, 그 증상은 그녀가 학교에서의 괴롭힘으로 항상 숨고 싶어 했던 결과라는 것이 밝혀졌다. 이제 그녀의 무의식이 자신만의 고유한 방식으로 숨을 수 있는 방법을 나타낸 것이다.

피오나의 경우 괴롭힘으로부터 숨고 싶었던 일부가 신체적 증상을 만들었는데, 즉 몸을 항상 감싸는 것이었다. 치료로 의식을 인지하게 되자, 전에는 실패로 돌아갔던 의학 치료들이 효과를 보였다. 그러나 습진은 스트레스 받을 때는 재발해서 그녀는 시간과 힘을 관리하기 위한 전략을 만들었다(전략의 자세한 설명은 제12장 참조).

전체 이루기 : 부분의 통합

무의식의 모든 부분이 서로 충돌하는 것은 아니다. 건강하고자 하면서 여전히 흡연을 갈망하거나 날씬해지고 싶으면서 음식 조절을 하지 않는 문제에 직면할 때 여러분은 충돌하는 부분을 점차 인식한다. 여러분은 문제들이 수면에 떠오르는 한 대처할 수 있게 된다.

더 많은 무의식은 더 잠재적인 충돌을 의미한다. 그러므로 이상적인 것은 완전한 일체를 열망하는 것으로, 예를 들어 두 개 이상의 부분이 연관되면 짝을 만들어 통합한다. 이 단락에서는 충돌하는 부분들을 통합하는 두 개의 일반적인 방법을 설명한다. 그것은 시각적 스쿼시와 틀 다시 짜기다.

시각적 스쿼시 기술 시도하기

원칙적으로, 이 연습은 갈등과 관련된 부분을 파악하고 부분들을 통합하기 전 그 의도를 발견하는 것에 관한 것이다.

부분을 통합하는 작업을 하며, 다음 팁을 유념하자.

✔ 부정적 답을 긍정적 성과로 전환하도록 노력한다. 운동을 더 하고자 하는데 '운동하는 데 너무 시간을 많이 쓰고 싶지 않아'라는 부정적 답이 돌아온다면, '내게 맞는 생활 방식을 위해 운동하고 싶어' 같은 긍정적 성과로 향하도록 한다.

✔ 대답을 작성하고 유지하도록 격려하는 NLP 전문가나 배우자와 함께 작업한다.

수는 자신의 운동에 대한 저항을 극복하고자 했다. 그녀는 친구 질리언과 다음 연습을 수행했다. 수의 오른손에 놓인 일부는 자발적이고 장난 좋아하는 근심 걱정 없는 어린이다. 아이에게 중요한 것은 자유, 놀이, 기쁨, 웃음으로 가장 중요한 것은 재미다. 수의 무의식에서 왼손에 놓인 것은 주요 관심이 안전인, 어둡고 음침한 나이 먹은 남성이었다. 연습 동안, 수는 어린이의 의도 서열(뒤페이지 7번 참조)을 파악하는 데는 아무 문제가 없었다. 그러나 무의식적 남성 부분에 이르러서는 계속해서 이전 순서에서 했던 말을 잊어서 질리언이 그 말을 반복해서 알려주어야 했다. 수는 남성 부분을 친밀하게 느끼지 않았기 때문에 '그의' 반응에 저항했으며 이때 질리언이 옆에 있어 큰 도움을 받았다.

이 연습의 결과 운동을 해서 정말로 건강해지면 무의식 중 일부는 그녀가 몸을 잘 돌보지 않을까 불안해한다는 것을 알게 되었다. 수가 부분의 목적을 인지하게 되면서 각 부분의 최상의 목적은 성공하는 것임을 깨달았다.

성공적인 연습을 위해 각 부분을 통합하기 전 그 공통 의도는 무엇인지 알아낼 필요가 있다. 각 부분과 대화하며 부분들이 서로를 위한 긍정적 의도를 갖고 있고 서로 갈등하는 것은 공통의 목적을 달성하는 데 방해가 됨을 인정하는 것이 유용한 팁이다.

1. **자신의 갈등하는 두 부분을 파악한다.**
   건강하고 싶은 한편과 운동하기 위해서 엄청난 위력으로 강제해야 하는 다른 한편의 경우.

2. **방해받지 않는 조용한 장소를 찾아 앉는다.**

3. **문제 부분을 향해 나와서 손바닥 위에 올라서도록 요청한다.**
   1번에서 운동을 싫어하는 부분이 문제 부분이다.

4. **그 부분을 여성으로 의인화하여 그녀가 어떻게 보이고 들리는지 상상하며 어떻게 느껴지는지 생각한다.**

5. **정상 부분을 향해 나와서 손바닥 위에 올라서도록 요청한다.**
   1번에서 건강하고 싶은 부분이 정상 부분이다.

6. **그 부분을 여성으로 의인화하여 그녀가 어떻게 보이고 들리는지 상상하며 어떻게 느껴지는지 생각한다.**

7. **문제 부분부터 시작해서 각 부분에게 '긍정적인 의도와 목적은 무엇인가?'라고 질문한다. 양쪽의 의도가 동일하다는 것을 깨달을 때까지 질문을 반복하며 서열을 형성한다.**
   운동이 싫은 쪽은 '지쳤어', '힘을 보전하는 것이 중요해', '세상을 더 좋은 곳으로 만들고 싶어' 같은 말을 할 수 있다. 한편 건강을 원하는 쪽은 '아직 건재하다는 느낌이 좋아', '더 힘이 생겨', 또는 '세상을 더 좋은 곳으로 만들고 싶어'라고 할 것이다.

8. **각 부분에게 공통의 긍정적 목적을 달성하는 데 도움이 되는 어떤 자원을 서로에게서 찾을 수 있는지 질문한다.**
   운동을 싫어하는 쪽은 '더 좋은 해법을 만들 상상력이 있어', '사람들이 경험하는 문제를 이해할 수 있어'라고 할 수 있다. 건강을 원하는 쪽은 '세상을 변화시킬 힘이 있어', '세상을 나은 곳으로 만들기 위해 필요한 규율이 있어'라고 할 것이다.

9. 두 손을 모아 부분과 각 자원을 완전히 통합하고 새로워진 자신이 말하는 것을 들으며 새로운 감각을 느낀다.

10. 제13장에서 소개된 기법을 사용하여 태어나기 이전으로 돌아가 시간선을 따라 현재까지 이동한다. 시간선을 따라가며 새롭게 통합된 자신이 역사를 바꾸게 된다.

기억은 단지 마음이 만들어낸 것임을 기억하자. 과거에 '운동은 지겨워' 같은 결정을 내렸다면 전체 시간선은 그 결정에 기반을 둘 것이다. 그러나 건강해지겠다는 결정과 이 설정을 통합하여 문제를 해결하면 시간선은 새롭고 건강한 자신에 맞춰 변경될 것이다.

틀 다시 짜기-만약에

상호작용의 의미는 작용이 발생하는 곳의 맥락에 달려 있다. 그러므로 경험한 맥락을 변경하거나 틀을 재편성함으로써 그 의미를 바꿀 수 있다. 만일 자신을 지나치게 주관적이라고 비판하는 사람이 있다면, 그것을 사람들하고 잘 어울리거나 발상을 떠올리는 데 능숙하다는 의미로 바꾸고 그 사람에게 감사하면 된다.

만약에(as if)로 틀 다시 짜기는 가장해봄으로써 그렇지 않으면 생각 못했을 가능성을 탐색하게 한다. 자원을 현재 갖고 있는 것처럼 행동하는 것은 자신을 방해하는 모든 믿음을 전환하는 데 도움이 된다.

자신이나 다른 사람과 갈등하고 있다면, 다음의 '만약에' 틀을 사용하여 문제 해결을 도모하자.

✔ **시간 스위치** : 반년이나 1년 후로 가서 현재를 뒤돌아보며 문제를 극복하기 위해 무엇을 했는지 자문한다.

앨런은 비교적 행복하다고 느끼는 수익 높은 일을 하고 있었다. 그러나 상사는 부서 내에 편애하는 사람들이 있어서 앨런은 열외 취급을 받고 있었다. 그는 언젠가 다국적 기업에서 일하길 희망했지만 그러기에는 기술이 충분하지 못하다고 생각했다. 그는 체계화된 성과표(제4장과 부록 C 참조)를 이용해서 꿈에 그리던 일을 설계했다. 그리고 난 후, 5년 후로 시간을 전환하여 완벽한 일을 갖게 된 것으로 가장했다. 앨런은 경쟁사 중 한 곳에서 일해야 함을 깨달았고 2년 후 꿈꾸던 그 직장인 다국적 기업에서 일할 수 있었다.

✔ **사람 스위치** : 자신이 존경하는 어떤 사람이라고 가정하고 하루 동안 그 사람과 몸을 바꿀 수 있다면 무엇을 하고 싶은지 자문한다.

조지나는 엠마 왓슨(영화 '해리 포터'에서 헤르미온느 그레인저를 연기한 배우)의 팬으로 왓슨과 몸을 바꿨다고 가정했다. 그녀는 IT 일 덕분에 집 대출은 갚을 수 있지만 깊은 수준은 만족시키지 못함을 깨달았다. 엠마 왓슨으로서 조지나는 진심으로 상상을 현실로 바꾸는 영화계에서 일하고 싶다는 것을 알게 되었다. 그녀는 영화인의 삶이 위험할 수 있다는 것을 알지만, 각본 수업 과정에 시간제로 등록함으로써 발을 들여 놓았다.

✔ **정보 스위치** : 해답을 위한 모든 정보가 있다고 가정하자. 그 지식은 무엇이며 자신의 상황을 어떻게 변화시킬 수 있는가?

조지나는 각본가가 되는 꿈을 실현하기 위해 해야 할 것들을 세분화하는 데 정보 스위치를 사용했다. 그 결과 저녁에는 각본가 수업을 들으며 주말 동안 지역 대학교의 학생들과 영화 작업을 시작하게 되었다. 그녀는 이제 제작 회사에서 시간제로 일할 계획이며 이것으로 자신의 꿈을 좇는 데 더 많은 시간을 낼 수 있게 되었다.

✔ **기능 스위치** : 한계를 느끼는 조직의 모든 구성요소를 변경할 수 있다고 상상해보자. 일에 진척이 없거나 결혼생활이 흔들린다면, 어떤 것을 변경하고 이 변경은 성과에 어떻게 작용할 것인가?

콜린은 바쁜 동물병원에서 간호사로 일했다. 그는 자신의 일을 사랑했지만, 삶이 충족되지 않는 느낌을 받았다. 콜린은 의자에 앉아 어떤 요소를 변경할지 상상했다. 그 결과, 무의식은 콜린이 동물들과 비싼 수의학 치료를 제공받지 못하는 사람들로부터 진정으로 사랑받을 수 있는 곳에서 좋은 일을 하고 싶어 함을 깨닫게 했다. 콜린은 이제 인도의 야생동물보호를 위해 일하고 있다. 여전히 자신의 일을 사랑하며 완전히 충족된 느낌으로 말이다.

더 큰 갈등 해결하기

이 장 앞부분에서 개인 내적(intrapersonal) 갈등에 대한 자세한 설명과 그 해결법을 소개했다. 아마도 이 모형의 추정과 확장에 대해서도 생각해보고 싶을 것이다. 이 접근은 개인 내적 갈등 관계 및 사람들, 팀, 가족이나 사회 집단, 다양한 회사와 조직 간 갈등 해결을 위해 사용 가능하다. 더 큰 갈등의 예는 다음과 같다.

- ✔ **사람 간 갈등** : 두 명 이상의 사람들 사이에 동시에 만족할 수 없는 상이한 요구가 있을 경우.
- ✔ **집단 내 갈등** : 집단 내 두 명 이상의 사람들 사이의 경우. 예를 들면 팀원이나 부서 사람들.
- ✔ **집단 간 갈등** : 둘 이상의 집단들로 예를 들면 갱들의 전쟁이나 시장 점유를 놓고 싸우는 회사들의 경우.

이러한 모든 상황에서 성공적인 협상을 위해 아래의 요약된 과정을 사용할 수 있다.

이 연습은 앞 단락의 '시각적 스쿼시 기술 시도하기', '틀 다시 짜기 – 만약에'에서 설명한 NLP 갈등 부분 통합하기 과정에 기반을 둔다.

1. 자신을 다른 사람들 간의 갈등을 해소하기 위해 노력하는 협상가로 상상한다.
2. 각 당사자에게 '긍정적 의도는 무엇인가?'를 묻는다. 양쪽이 동의할 수 있는 핵심적이고 근본적인 요구를 발견할 때까지 질문을 계속한다(앞 단락의 '시각적 스쿼시 기술 시도하기' 참조).
3. 각 당사자에게 공통점을 인정하고 고수하도록 요청한다.
4. '만약에' 틀을 사용하여 문제의 대안을 탐색한다(앞 단락의 '만약에' 틀 참조).
5. 갈등 해결을 돕기 위해 각 당사자가 협상 테이블에 가져올 수 있는 자원을 결정한다.
6. 항상 공통 목표를 유념하며 서로에게 이익이 되는 성과를 내도록 노력한다.

아인슈타인을 인용하면, 상상력이 있는 것은 지식이 있는 것보다 중요하다. 지식은 알려진 영역의 테두리로 한계 짓는 반면, 상상력은 새로운 해법을 발견하고 만들기 때문이다. 그러므로 갈등의 새로운 해법을 떠올리기 위해 상상력을 사용하도록 하자.

Part 4

최면에 빠지게 하는 말의 사용

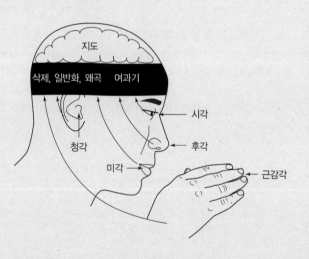

제4부 미리보기

- 세계 최고의 소통가가 사용하는 언어의 힘 발견하기

- 바라는 결과를 만들기 위해 언어를 다양화하기

- 좋은 효과를 내는 이야기법과 청중을 최면에 빠지게 하는 법

- 상대의 반응을 액면 그대로 이해하고 사안의 핵심을 맞추는 법 배우기

문제의 핵심 파악하기 : 메타 모형

다른 사람이나 자신에게 '지금 하는 말이 무슨 뜻인지 알고 하는 거야?'라고 말해본 적 있는가? 말과 의미가 항상 일치하지는 않는 경우가 종종 있다.

여러분은 생각과 개념, 즉 다른 이와의 경험을 설명하고 공유하기 위한 중요한 도구로 항상 말을 사용한다. 제6장에서, 사람들은 대면 의사소통을 할 때 입에서 나오는 말의 일부만 이해하며 나머지는 모든 움직임과 몸짓을 포함한 몸짓 언어와 말투를 통해 이해한다는 사실을 설명했다.

NLP에서 중요한 가정은 '지도는 영토가 아니다'(제2장 참조)라는 것이다. 이는 자신을 둘러싼 세상에 대한 머릿속의 모형은 실제 세상이 아니라 현재 자신이 만들고 있는 케이트 가족의 저녁 식사에서는 자주 다음과 같은 대화가 오간다. '오늘 많이 힘들었어?' 이때 주요 화제는 어떤 힘든 일이 있었는지에 대한 것으로 그날 있었던 사건을 주로 이야기한다. 힘든 일이란 어떤 것일까?

이 질문은 한밤중에 원추형 도로 표지를 옮기는 고속도로 유지보수 노동자에 대한 TV 다큐멘터리를 보던 중 나왔다. 가족은 자신들이나 동료, 친구의 힘든 하루와 비교할 때 이것이야말로 진정한 힘든 하루임을 인정했다.

어떤 직업이 진정으로 힘든 일인가? 매우 다양한 의미를 떠올릴 수 있다. 가계를 책임져야 할 때나 화재를 진압하는 소방관, 철거 작업하는 건축업자의 일 등이 해당될 것이다.

'힘든 하루'와 같은 말은 매우 다양하게 해석될 수 있다. 발언자 말의 정확한 의미를 알기 위해서는 많은 정보, 즉 말하지 않은 사실들에 접근할 필요가 있다. 이 장을 읽으면서, 다른 이의 경험에 대해 성급히 잘못 추정하지 않으면서 쉽게 관련 정보에 접근하는 법을 알게 될 것이다.

표상일 뿐이라는 뜻이다. 뇌가 경험에 의해 형성되듯이 경험과 언어에 의해 걸러진 것들이 자신의 세상에 대한 표상에 영향을 미친다.

말은 경험의 모형, 상징만을 제공하는데 그것만으로는 결코 전체 그림을 온전히 설명하지 못한다. 빙산을 생각해보자. 수면 위로 드러난 끝 부분이 말에 해당한다. NLP는 이 끝부분을 언어의 **표층 구조**(surface structure)라고 한다. 표층 아래에는 여러분의 전체 경험에 해당하는 빙산의 나머지가 잠겨 있는데 NLP에서는 이를 **심층 구조**(deep structure)라고 한다. 즉 마음에서 내적으로 세상을 나타내는 방식이다.

이 장은 표층 구조에서 심층 구조까지 다루며 일상적인 대화에서 접하는 모호한 말들의 구체적인 이면을 이해할 수 있게 안내한다. 여기서 여러분은 매우 유용한 메타모형을 접하게 되는데, 이것은 사람들 말의 의미를 명확히 하는 NLP의 가장 중요한 기법이다. 사람들은 결코 말 속에 포함된 전체 사고 과정에 대해 완전한 설명을 하지 않는다는 것을 기억하자. 설령 설명을 한다 해도, 끝까지 다 밝히지는 않는다. 메타모형은 사람들이 말로써 부호화하는 그들의 경험에 더 가까이 접근할 수 있게 도와주는 도구라 할 수 있다.

메타 모형을 사용하여 구체적인 정보 모으기

NLP의 공동 창시자인 리처드 밴들러와 존 그린더는 사람들이 말할 때 그들이 삭제, 일반화, 왜곡이라고 이름 붙인 세 개의 중요 과정이 자연스럽게 발생한다는 것을 발견했다. 이 과정은 듣는 이들을 지루하게 하는 장황한 세부 내용 없이 자신들의 경험을 설명할 수 있게 한다.

이 과정은 일상적인 만남에서 항상 일어난다. 사람들은 전체 내용을 말하지 않음으로써 정보를 삭제(delete)하고, 한 경험에서 다른 것을 추정하는 식으로 일반화(generalisation)하며, 상상력을 마구 작동하여 현실을 왜곡(distort)한다.

그림 15-1은 여러분이 시각(그림), 청각(소리), 근감각(촉감과 느낌), 후각(냄새), 미각(맛)의 감각들을 통하여 세상을 경험하는 방식을 묘사한다. 사람들은 삭제, 일반화, 왜곡(여과기에 대한 설명은 제8장 참조)의 과정을 통해 이미 알고 있는 것에 반대되는 지각적

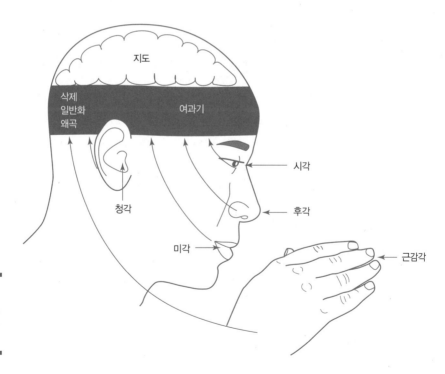

**그림 15-1
NLP 모형에서 세상을 경험하는 법**

현실을 여과하거나 검토한다. 이런 방식으로, 각자 현실 세상에 대한 정신적 모형 혹은 개인적 지도를 생성한다.

밴들러와 그린더는 두 명의 경력 많은 치료사의 내담자들과의 상담 장면을 지켜보고 분석하면서 언어와 경험 간 연결을 설명하는 방식의 NLP 메타 모형을 생각해 냈다.

밴들러와 그린더는 인간이 다른 이들도 자신과 비슷한 기술을 계발하도록 돕기 위해 사용하는 언어 방식의 결정 규칙을 연구하는 것에 흥미를 느꼈다. 그들은 이전에 진행했던 언어학 분야의 연구에서 영향을 받았는데 특히 **변형 문법**(transformational grammar, 경험의 심층 구조와 언어의 표층 구조 간 관계를 설명함)의 영향이 컸다. 밴들러와 그린더는 이를 기반으로 사람들이 경험을 언어로 설명하는 법을 알아내는 데 착수했다. 또, 탁월한 의사소통 기술을 소유한 두 명의 치료사 버지니아 사티어와 프리츠 펄스를 모방함으로써 큰 영향을 받았는데 그 결과 1975년 『마법의 구조(The Structure of Magic)』를 출간하게 되었다.

밴들러와 그린더가 본래 추구한 목표가 상담사의 기술을 강화하는 것이었기 때문에 초기 연구는 심리치료 분야에서 유래했다. 하지만 모형 자체는 비전문가들이 친구, 가족, 동료들과 이야기하는 단순한 일상에서도 충분히 활용할 수 있다.

메타 모형은 삭제, 일반화, 왜곡을 극복할 수 있게 하는 일련의 질문들을 제공한다. 이 질문들은 친숙한 내용으로 보통 의미를 명확하게 하기 위해 사용하는 것들이다. 하지만 이전에 의식적으로 이러한 질문들의 내용에 대해 생각해본 적은 없을 것이다. 조심스럽게 접근한다면 의미에 대한 분명한 그림을 얻을 수 있다. 이 모형을 수행함으로써, 언어적 의미가 불분명했던 경험을 새롭게 이해할 수 있게 될 것이다.

표 15-1은 사용하는 언어를 통한 삭제, 일반화, 왜곡의 다른 방식들을 요약한 것이다. NLP 양식의 어려운 이름은 아직 걱정 안 해도 좋다. 중요한 것은 사람들이 말하는 내용에 귀를 기울이는 것이다. 자신과 다른 이들이 선호하는 주요 메타 모형 양식을 알아차리면, 적합한 반응을 위한 좋은 위치를 선점할 수 있다. 즉 자신이 원하는 반응을 이끌어낼 수 있게 되는 것이다. 표 15-1에서는 상대의 진짜 속뜻을 확실히 이해할 수 있도록 도와주는 빠진 정보들을 수집하는 법에 대한 몇 가지 제안을 제시한다.

표 15-1	메타 모형 양식	
NLP 메타 모형 양식	양식의 예	정보 수집이나 상대의 관점을 확장하는 데 도움이 되는 질문
삭제		
단순 삭제	외출 중이었어요	구체적으로 어디에 있었나?
	도와줘요!	어떻게 도와주면 되는가?
구체적이지 않은 동사	그녀는 짜증나요	구체적으로 어떻게 짜증나게 하는가?
비교	그녀는 나보다 나아요	어떤 점이 나은가?
판단	당신은 틀렸어요	누가 그런 말을 했고 사실은 무엇인가?
명사화하기	우리 관계는 잘 안 돌아가요	어떻게 서로의 관계가 안 돌아갈 수 있는가?
	변화는 쉬워요	어떤 변화가 쉬운가?
일반화		
가능성 작동 모형	전 못해요… 불가능해요	무엇이 방해하는가? 그것은 사실인가?
당위성 작동 모형	꼭, 반드시, 당연히 해야 해요	안 하면 무슨 일이 생기는가? 누가 그렇게 말하는가?
우주적 한정사	그는 한 번도 내 감정을 생각한 적이 없어요	한 번도? 전혀?
	우리는 항상 이런 식으로 해요	매번? 다르게 하면 무슨 일이 생기는가?
왜곡		
복합적 등가성	그런 이름이라면, 분명히 인기가 많을 거예요	어떻게 이름 때문에 인기가 많아질 수 있는가?
독심술	이걸 정말 좋아할 겁니다	어떻게 아는가? 누가 말했나?
원인과 결과	그 남자 목소리만 들으면 정말 화가 나요	어떻게 그의 목소리가 화를 내게 하나?
	그녀를 짜증나게 했어요	정확하게 어떤 일을 했는가?

삭제 – 지나치게 모호할 때

경청할 때, 여러분은 모든 말을 처리하는 수고를 덜기 위해 많은 불필요한 소리들은 자연스럽게 무시한다. 또 말할 때 자세한 내용은 생략하는 경우가 많다. 이렇듯 세부 내용을 없애는 경향을 삭제라고 한다. 그림 15-2에서 삭제의 일상적인 예를 보여준다.

중추신경계는 매 초마다 수백만 개의 정보 조각으로 채워진다. 의식 단계에서 이 모든 정보를 처리하게 된다면 얼마나 많은 시간과 힘이 필요할까!

그래서 최고로 효율적으로 일하기 위해서 삭제라는 방식을 통해 귀중한 핵심적 선별 기제를 골라내는 것이다. 즉 삭제에는 선별적인 주의가 필요하다. 그리고 삭제된 말을 들으면 빠진 것을 보충하는 정보를 상상하여 그 간격을 채우게 된다. 누군가가 '나 새 차 샀어!'라고 말하면, 여러분은 더 많은 정보를 추측하기 시작한다. 어떤 종류의 차인지 말하지 않는다면, 여러분은 차의 용도와 그 사람의 선호에 기반 하여 제조사, 색상, 연식을 상상한다. 만약 상대가 활동적이고 재미를 추구하는 성격이면 그가 스포츠카를 샀으리라 판단할 것이고, 상대가 안전을 중시하는 신중한 사람이면 평범하고 실용적인 차를 구매했으리라 판단할 것이다.

코칭 동안, 미라는 코치에게 '저는 너무 게을러요'라고 털어놨다. 코치는 미라가 씨티 법률 회사의 파트너로서 지칠 정도로 무리하게 일한다는 말을 들은 적이 있었고 그녀가 이렇게 단언하자 흥미를 느꼈다. 코치는 그녀에게 일주일 동안 구체적으로 게으름 피운 것들을 일기에 적도록 했다. 주말에 함께 일기를 평가하면서, 미라는 자신에 대한 기대가 지나치게 높은 나머지 자신을 소진 상태로 내몰고 있음을 알게 되었

그림 15-2
삭제의 언어

메타 모형은 모호한 서술을 분명하게 하도록 돕는 면에서 매우 유용하다. 여러분이 누군가에게 '사랑은 너무 괴로워'라고 말한다면, 상대는 여러분의 삶에 무슨 일이 일어났는지 이해할 수 있는 정보가 더 필요할 것이다.

NLP에서는 사랑, 진실, 정직, 관계, 변화, 공포, 고통, 의무, 책임감, 인상 같은 추상명사를 **명사화**(nominalisations)라고 한다. 즉 사랑한다 같은 동사가 사랑으로 전환되는 것을 의미한다. 서술에서 분명한 의미를 추출하기 위해서는, 좀 더 정보를 얻은 후 대답하기 위해 명사를 동사로 다시 전환해야 한다. 그렇다면, 위의 여러분의 말에 대한 상대의 대답은 '괴롭게

사랑한다는 것은 구체적으로 어떤 거야?'가 될 것이다.

손수레를 상상해보자. 명사를 생각할 때 손수레에 집어넣을 수 있다면 그것은 물질명사이다. 사람, 화병, 사과, 책상은 모두 물질명사의 예다. 명사화된 것은 손수레 시험에 통과 하지 못하는 명사들이다. 사랑, 공포, 관계, 고통은 수레에 넣을 수 없다! 그 대신, 이 말들을 다시 동사화하면 여러분은 행동을 함으로써 그 말에 역할을 다시 부여할 수 있다. 이것은 명사화된 말을 사용하는 사람들로 하여금 그들 자신의 경험을 이해하게 하고 더 많은 선택을 할 수 있게 한다.

다. 그녀가 '게으름'이라고 한 것은 실제로는 꼭 필요한 회복 시간을 준 것에 불과했다. 미라는 높은 기량을 갖춘 운동선수에게 활력 충전의 시간이 필요한 것처럼 회복에 가치가 있다는 점을 깨닫도록 자신의 제한된 인식을 재구성할 필요가 있었다.

삭제는 정보의 수집을 위해 다음 질문들을 할 수 있다.

- ✔ 누가? 무엇을? 언제? 어디서? 어떻게?
- ✔ 구체적으로 무엇을?
- ✔ 정확하게 무엇을?

질문 목록에 '왜?'가 빠져 있음을 주목한다. '왜'는 누락된 정보를 만회하기보다 사적인 판단과 목적에 집중하게 만들기 때문이다.

일반화 – '항상', '반드시', '당연히' 분별하기

어린이들이 처음으로 두발 자전거를 탄다고 생각해보자. 균형을 잡으며 방향 조정하는 데 안간힘을 쓸 것이다. 익숙해질 때까지는 보조 바퀴가 필요할지도 모르겠다. 그래도 몇 주, 몇 달 뒤에는 썩 잘 타게 된다. 매번 자전거를 탈 때마다 다시 배울 필요는 없다. 한 번의 경험에서 다음 것으로 일반화하기 때문이다.

과거 경험을 통해 일반화하는 능력은 새로운 세상을 배우는 데 필요한 막대한 시간과 힘을 절약하는 중요한 기술이다. 이러한 일반화된 경험은 말로써 나타난다. '의자'라는 단어를 생각해보자. 여러분은 의자가 어떤 건지 여러 번 앉아보았고 다양한 종류를 봤을 테니 잘 알 것이다. 어렸을 때, 특정한 의자를 나타내는 그 단어를 알게 되고 일반화를 거쳐 다음에 의자를 보면 이름을 말할 수 있게 된다. 이제, 의자를 볼 때마다 그 기능을 이해한다.

이처럼 일반화 기술은 의사소통에서 지극히 중요하다. 그러나 또, 선택의 경험을 제한하고 특정 맥락에서는 다르게 작용하기도 한다. 나쁜 경험이 있을 때, 계속해서 반복되리라고 생각할 수 있는 것이다. 일련의 불행한 연애를 한 남성이 '모든 여성은 고통'이라고 결론을 내리고 행복하게 지낼 수 있는 여성은 절대 만나지 못하리라고 단정하는 식이다.

회의를 마친 어느 오후, 로밀라와 케이트가 차를 몰고 고속도로를 지나가고 있었다. 이때 로밀라는 능숙하게 그녀의 천성적인 일반화 능력을 입증하며 말했다. '모두가 나와 같은 차를 타는 걸 봤어?' 케이트는 깜짝 놀라 어떻게 그럴 수 있는지 물었다. 로밀라는 좀 전에 10분 동안 15대의 미니스가 지나가는 것을 봤다고 설명했다. 그녀는 이 차에 반해서 한 대 살려고 생각 중이고 머릿속에는 온통 신차의 색깔 조합뿐이었다. 반면 신차에 전혀 관심이 없었던 케이트는 한 대도 알아채지 못했다. 그녀는 혼잡한 런던을 벗어나는 것에만 집중하고 있었다.

여러분은 특정 문화나 집단에 대한 온갖 종류의 일반화를 들을 수 있다.

- ✔ '미국인은 시끄럽다.'
- ✔ '영국인은 차를 마신다.'
- ✔ '이탈리아인은 난폭 운전을 한다.'
- ✔ '정치인은 믿을 수 없다.'
- ✔ '스코틀랜드인은 돈에 신중하다.'
- ✔ '미혼모는 사회의 짐이다.'

이러한 융통성 없는 흑백논리의 사고는, 그 가운데에 표준 회색 색표를 허락하지 않고 다른 사람과 상황에 대한 해로운 일반화를 창출하며 불만과 편견의 온상이 된다. 잠깐 멈춰 서서 자신의 말을 들어보자. '모두', '결코', '모든', '항상'(그림 15-3에서 일상의

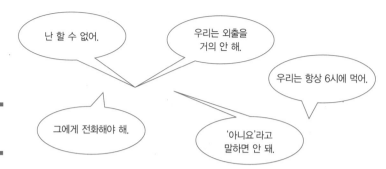

그림 15-3
일반화의 언어

난 할 수 없어.

우리는 외출을
거의 안 해.

우리는 항상 6시에 먹어.

그에게 전화해야 해.

'아니요'라고
말하면 안 돼.

일반화에 대한 예를 보여준다) 같은 일반화의 언어적 단서를 들으면 자신에게 도전하라. 모두가 그래? 모든 고객들이 그런가? 우리는 항상 이런 식으로 해야 하나?

자신이나 누군가가 일반화하는 것을 들으면 다음의 유용한 질문을 해보자. 이것은 잠시 멈춰서 여러분이 선택을 불필요하게 제한하는지 생각하게 하며 거시적인 관점을 택하도록 격려할 것이다.

✔ 항상? 결코? 모든?
✔ 할 수 있다고 상상해봐, 어때?
✔ …을 한다면 어떻게 될까?
✔ 나를 방해하는 것은 무엇인가?

찰리는 건강한 기초 다이어트를 하면서 단 음식은 먹지 않는데도 체중이 줄지 않는다며 케이트에게 한탄했다. 케이트가 그녀에게 어떤 음식을 먹는지 알려달라고 하자 그녀는 '20년 동안 똑같이 아침에 항상 죽을 먹고, 점심에는 통감자 구이나 콩, 저녁은 늘 수프와 빵을 먹어요. 저녁 7시 이후는 절대로 금식하고요'라고 말했다. 찰리가 일반화해서 말하는 것을 듣고 케이트는 다른 음식을 먹어보는 게 어떻겠냐고 제안했다. 그러자 찰리는 조사해보기 위해 신선 음식 코너로 달려갔다. 한 달 후, 찰리는 3킬로그램을 감량했고 지역 슈퍼마켓의 다양한 음식들을 즐기게 되었다.

가능과 불가능에 대한 자신의 생각을 탐색하기 위한 10분이면 할 수 있는 간단한 연습이 있다. 삶을 완전히 바꿀 수 있으니 조심하도록!

1. 다음 구절을 보고 지난 주 동안 했던 말들을 적는다(자신 혹은 다른 사람에게).

'항상…'

'꼭…'

'반드시…'

'결코…'

'해야만 하는…'

2. 이제 그만한다.

3. 적은 목록으로 되돌아가 세 개의 질문을 해본다.

'…을 하지 않으면 어떻게 되는가?'

'언제 이것을 결정했는가?'

'이것은 지금 나에게 진실이고 도움이 되는가?'

4. 자신의 질문에 비춰 목록을 검토한다.

5. '항상', '꼭', '반드시', ' 결코', '해야만 하는'의 말이 '선택한다'로 대체된 수정된 목록을 만든다.

이 연습은 자신이 만드는 일반화 유형들의 일부를 검토하는 것이다[NLP에서 '항상', '결코'는 우주적 한정사(universal quantifiers)라고 한다. 표 15-1 참조]. 그리고 3번에서 자신의 선택을 탐색하기 위해 메타 모형 질문을 한다. 5번에서 문장을 수정함으로써 스스로 행동을 통제하고 결정을 내릴 수 있게 된다.

왜곡 – 상상의 손길이라는 것

디즈레일리가 '상상력이 세계를 지배한다'고 한 말은 옳았다. 경험이 자신의 현실 지

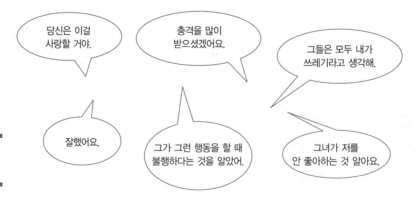

당신은 이걸 사랑할 거야.

충격을 많이 받으셨겠어요.

그들은 모두 내가 쓰레기라고 생각해.

잘했어요.

그가 그런 행동을 할 때 불행하다는 것을 알았어.

그녀가 저를 안 좋아하는 것 알아요.

그림 15-4
왜곡의 언어

사람은 무엇인가를 열망할 때, 반증이 있어도 사실이라고 믿는 경향이 있다. 테니스 코치인 존 우드워드는 테니스 경기에서 가장 짜증나는 사람은 경쟁적으로 행동하는 선수들의 부모라고 한다.

'자식들이 시합에서 이기길 너무 절실하게 원하기 때문에 맹목적으로 행동하게 됩니다. 사실이 아닌데도 보고 싶은 것만 보는 것이 도를 넘어 경기를 참관하면서 라인 콜에도 억지를 부리죠.

조부모는 더 심한데, 한번은 할아버지가 손자의 상대 선수를 우산으로 공격하는 것을 본 적이 있습니다. 모두들 아웃이라고 한 볼을 혼자서 들어갔다고 생각해서였죠.'

존 우드워드의 허락하에 재구성함

도에 반대될 때 경험의 의미를 변경하는 과정인 왜곡이 그 좋은 예다. 그림 15-4는 왜곡의 일상적 예를 제시한다.

왜곡은 내적 세상과 꿈을 탐색하는 능력을 지원하고 상상력을 마구 부추긴다. 창조성을 탐색하기 위한 왜곡은 나쁜 것이 아니다.

문제는 많은 사람들이 왜곡이 진실을 나타내는 것이 아니라는 사실을 깨닫지 못한다는 점이다. 왜곡은 단지 자신들의 지각을 나타낼 뿐이다. 예를 들어 많은 사람들이 어떤 일에 대해서 각자 다르게 이해하는 경우를 본 적이 있는가? 친구들과 영화를 보고 나온 후 영화의 메시지를 완전히 다르게 받아들인 적이 있는가? 왜곡은 경험의 한 단면을 택한 후 그것을 당시 삶에서 일어난 일에 맞춰서 변경할 때 일어난다.

왜곡의 다른 예는 상대의 마음을 읽으려 할 때이다. 설령 상대가 흥미 있는 단서를 제공한다 해도 진정한 속마음을 알기는 불가능하다. 부정적인 왜곡이 일반화와 결합하면 결과는 상당히 악화된다. 한 아이가 수업이 끝나고 집에 와서 '내가 교실로 들어가는데 모든 아이들이 나를 쳐다봤어. 다 나를 멍청하다고 생각해'라고 이야기하는 경우다.

구체적인 정보를 모으고 검토한 후 다른 사람들의 생각을 판단하도록 주의한다.

왜곡된 뜻을 검토하고자 할 때 물을 수 있는 유용한 질문이 있다.

✔ '어떻게 아나요?

✔ 'X가 정확히 어떻게 해서 Y가 되나요?'

✔ '누가 한 말인가요?

메타 모형 사용하기

메타 모형 질문은 사업, 코칭, 교육, 치료 및 삶에서 강력하게 작용하는 언어적 도구이다. 이 질문은 언어를 더 명확하게 사용하고 다른 이의 경험에 더 가깝게 다가가게한다. 다음의 경우에서 메타 모형을 채택할 수 있다.

✔ **다른 사람의 생각을 명확하게 할 때** : 상대가 무슨 생각을 하는지 확실히 알고 싶을 때나 이해하지 못할 때 동조하는가, 아니면 추정하는가?

✔ **많은 정보를 수집할 때** : 새 기획의 목표와 범위를 이해하고자 할 때.

✔ **많은 선택을 확보할 때** : 자신과 다른 이들을 위해 일하는 방식을 바꾸려고할 때.

✔ **자신과 다른 이의 한계를 발견할 때** : 바람직하지 않은 믿음과 행동에 대처할 때.

간단한 두 단계 착수하기

메타 모형 사용 시, 먼저 왜곡을 타파한 다음 일반화, 삭제의 순으로 한다. 삭제를 먼저 하면, 처리 가능한 정보보다 많은 양의 정보를 얻게 될 수 있다.

메타 모형 사용을 위해 다음과 간단한 단계를 따른다.

1. **말을 듣고 양식을 발견한다**(왜곡, 일반화, 삭제).
   양식 파악을 돕는 언어의 단서를 설명한 앞 단락의 '메타 모형을 사용하여 구체적인 정보 모으기'를 참조한다.

2. **옳은 질문으로 인터뷰한다.**
   • 왜곡의 경우 : '어떻게 알죠?'
   　　　　　　　 '증거는 무엇이죠?'

【 가족기업 】

삭제와 왜곡은 상업적 결정을 내릴 때 특히 위험하게 작용할 수 있다. 기업 코치로서 케이트는 이러한 여과된 사고로 기업주와 비가족 직원이 혼란을 겪는 가족기업을 여러 번 상담했다.

원하던 원하지 않던, 사람들은 가족에게 맞지 않는 역할을 부여하며 그릇된 신뢰를 쌓는다. 그저 일이 잘되기를 바라며 사업을 가족 내에서 통제하려 하는 것이다. 자식이 기업의 이름을 유지하면서 자신이 실현하지 못한 꿈을 이뤄주길 바랄 수도 있다. 케이트는 가족의 일원인 회계사가 부적절한 회계 능력으로 시행착오를 거듭하며 사업의 성공을 가로막는 일을 목격한 적이 있다.

이와는 반대로, 매우 유능한 가족 일원이 상사의 아들, 딸, 조카라는 이유로 해임될 수 있다. 다른 직원들은 그 점을 인정하지 못하기 때문이다. 일에 적합한 인재여서 고용되었더라도 많은 경우 그들의 능력에 대한 정보는 머릿속에서 삭제된다. 직원들은 고용주에 대한 험담이 알려지게 될까 봐 그들을 신뢰하지 못한다.

아만다는 크게 성공했으며 오랜 역사를 지닌 가족회사의 감독이다. 그녀는 '항상 가족회사에서 일하고 싶었지만 아버지와 삼촌(그 전에는 할아버지)이 다른 곳에서 사업 능력을 입증하기 전까지는 자식들을 고용하지 않겠다고 반대하셨어요. 그래서 저는 이를 악물고 다른 약품 판매 일을 했죠. 제 사촌과 저는 급여를 모두 깎인 채 가족회사에 들어가서 몇 년 후 중상위권 업무 성과를 보이고 나서야 보상을 받을 수 있었어요. 그러자 회사의 다른 직원들도 저희가 회사에 충실하고 공헌한다는 것을 인정하게 되었어요. 기업이 장수하고 자식들이 새로운 경험을 할 수 있도록 배려한 선대들의 좋은 계획이었죠. 힘든 시기에는 가족으로서 서로 잘 돌봐줄 수 있고요'라고 말한다.

- 일반화의 경우 : '항상 그렇다는 건가요? 매번? 절대 그렇지 않습니까?'
  '만약에…?'
- 삭제의 경우 : '좀 더 말해주세요…'
  '무엇을, 언제, 어디서, 누가, 어떻게?'

몇 가지 경고 기억하기

두 가지 기본적인 방식으로 질문할 수 있다. 상대를 배려하며 중요한 질문을 하는 것과 스페인 종교 재판 같이 심문하는 방식이다. 다음은 유념할 몇 가지 중요한 핵심 사항이다(친구와 싸우고 싶지 않다면 말이다!).

✔ 라포가 항상 먼저임을 유의한다. 라포 없이는 아무도 여러분에게 귀 기울이지 않는다. 라포를 위한 정보는 제6장을 보라.

✔ 까다로운 주제를 이야기하기 전에 사람들이 여러분을 신뢰할 필요가 있음을 기억하자. 그러므로 우선 그들의 속도에 맞춘다. 사람들의 속도에 발 맞

추며 이끄는 법에 대해서는 제6장에서 설명하고 있다.

✔ 질문하는 동안 성취하고자 하는 성과를 분명히 하도록 한다. 그렇지 않으면 유용하지 않고 관련도 없는 질문들을 쏟아내게 된다.

✔ 부드러운 목소리로 세심하게 질문한다. 대화와 회의 중 부드럽게 질문하며 길거리의 시장 조사원 같은 마구잡이 질문은 피하자.

✔ 가족이나 친구들을 분류하기 위해, 스스로 먼저 시도해본다. 침착하게 하도록 하자. 다음의 톰의 예처럼, 사람들은 무슨 일인지 어리둥절해하며 여러분의 새로운 취미를 달가워하지 않을 수 있다.

바쁜 한 주의 업무를 마친 후, 앤드루는 금요일 저녁에 집 근처의 그림 같은 단골 술집에서 맥주 한잔을 마시고 있었다. 그는 NLP 훈련을 수료한 후 메타 모형을 실습하는 데 열을 올리고 있었다. 건축가이자 술친구인 톰은 한 주 동안 있었던 일을 이야기하던 중 중요한 기획 건으로 크게 다툰 동료와의 일을 이야기하기 시작했다.

톰이 '그와는 다시는 일 같이 안 할 거야'라고 말하자 앤드루는 일반화 타파를 목적으로 '다시는? 진심이야? 그러면 어떻게 되는데?'라며 질문을 퍼부었다. 톰은 멍해져서 '사업 동반자로서 관계가 안 좋아, 대화가 안 통해'라고 대답했다

하나가 아닌 두 개의 명사화를 발견하고(앞부분의 '추상명사와 손수레 검사' 참조) 흥분한 앤드루는 '그 사람과 어떤 사업 동반자가 되고 싶은 건데? 어떻게 대화하고 싶은데?'라며 계속해서 질문을 쏟아냈다. 톰은 아연실색해서 '전에는 내 편을 들어주더니 대체 어떻게 된거야?'라는 반응이었다.

앤드루는 NLP를 실습하고자 하는 열성에서 친구와 일치하며 속도 맞추는 것과 메타 모형을 조심해서 민감하게 사용하는 것을 잊게 되었다. 그러나 톰이 원한 것은 자신의 말을 들어 주며 공감하는 친구에게 실컷 한탄하는 것이 전부였다.

메타 모형의 가치는 명확성을 확보하는 데 있다. 처리 가능한 양 이상의 정보를 습득하는 것은 위험하다는 것을 유념하자. 그다음 질문을 하기 전, 모색하는 성과를 고려하며 잠시 멈추도록 한다.

chapter **16**

최면 효과 촉진하기

가상의 시나리오 하나를 상상해보겠다. 여러분은 보통 때처럼 길을 운전하고 있다. 열두 번도 넘게 여행한 익숙한 길로, 행선지는 잘 알고 있다. 하지만 목적지에 도착해서 차를 세운 순간, 수킬로미터를 여행하는 동안의 기억이 전혀 나지 않음을 깨닫는다.

이제 두 번째 시나리오를 상상해보자. 여러분은 여러 사람과 함께 앉아 있다. 어떤 회의나 강좌에 참석 중이라고 치자. 어떤 사람이 갑자기 돌아보며 '이것은 어떻게 생각하세요?'라고 물어보자 깜짝 놀라며 정신을 차린다. 마음이 딴 데 가 있었기 때문에 도대체 어떤 논의를 하고 있었는지 전혀 감이 안 온다.

두 시나리오에서 무슨 일이 일어난 걸까? 실은 전혀 놀라울 것이 없다. 뇌가 컴퓨터의 절전모드처럼 작동하는 일상적인 최면 상태를 경험했던 것뿐이다. 백일몽을 꾼 밀턴 H. 에릭슨(1901~1980)은 탁월한 교사이자 치료사로서 배우거나 치유를 위해 그를 찾는 사람들에게 영감을 주며 매료시켰다. 그의 통달한 치유 기술은 많은 이들에게 긍정적 결과를 가져왔고 밀턴을 20세기의 가장 영향력 있는 최면술사로 만들었다.

그는 NLP 창시자인 존 그린더와 리처드 밴들러에게 심오한 영향을 미쳤다. 그들은 1974년에 에릭슨을 모방하여 그들이 작성한 언어 양식을 입증하는 몇 권의 책을 출간하기도 했다. 이 양식은 일부러 뜻이 모호한 언어를 채택하는 NLP 밀턴 모형의 근간을 형성한다. 밀턴 모형과 메타 모형의 대조는 제15장에서 좀 더 구체적으로 설명한다.

에릭슨은 환자들을 최면 상태로 유도하는 데 능숙했고 그들을 치유하는 진정한 변화를 불러일으켰다. 그는 환자의 상황에 맞추며 암시에 들어가기 전 끈기 있게 어떤 경험을 하게 될지 설명하여 그들을 새로운 사고로 이끌었다. 그의 치료 스타일은 기존의 최면술사보다 훨씬 **자유방임적**(permissive)이었다. 여기에서 자유방임적이란, 환자가 처한 현실과 함께 치료하는 유연한 접근을 의미한다. 즉 항상 그들의 현실을 존중하며 치료의 출발점으로 삼는 것이다. 밀턴은 '당신은 이제 최면 상태가 됩니다'가 아니라 그들이 동의할 수밖에 없는 일반화를 통해 환자들을 무의식에 빠지게 했다. 그는 환자들이 이미 자원을 갖고 있고 그들이 그 자원에 접근할 수 있게 하는 것이 자신의 역할이라고 생각했다.

것이다. 백일몽은 주위에 일어난 세부 내용을 삭제하는 능력으로, 무의식의 이완 양식으로 빠져들게 한다. 이런 광경은 전 세계적으로, 하루의 매 순간 발생한다.

이 장에서는 최면 상태에 대해 알아보며 자신과 다른 이들이 최면을 통해 이익을 얻는 법에 대해 이야기한다. 특히 상대의 무의식적 부분의 이해를 통하여, 더욱 효율적인 의사소통을 위해 선택할 수 있는 언어 양식을 살펴본다.

무의식의 언어 발견하기 - 밀턴 모형

인간은 아무리 이해하기 어려운 말이라고 해도 이해할 수 있는 놀라운 능력을 갖고 있다. 요령 있게 모호한 것은 가치 있는 기술로, 화자가 말하는 내용에 대해 비전문가일 경우 청중으로 하여금 스스로 그 간격을 채우게 한다. 화자의 언어구조가 고의적으로 모호하다면 사람들은 필요한 내용을 가장 그들에게 알맞은 쪽으로 받아들인다. 사람들은 제3장에서 소개된 뇌의 창조적 힘에 접근할 수 있기 때문이다.

표 16-1 밀턴 모형 대 메타 모형	
밀턴 모형	메타 모형
일반적인 언어 사용	구체적인 언어 사용
표층 구조에서 심층 구조로 이동	심층 구조에서 표층 구조로 이동
일반적 정보 탐색	정확한 예시 탐색
무의식적 자원의 접근을 목표	경험의 의식적 인지를 목표
클라이언트를 내적으로 집중하게 함	클라이언트를 외적으로 집중하게 함

밀턴 모형은 다른 사람을 의식이 전환된 상태인 최면 상태에 빠지게 할 때 사용할 수 있는 언어 양식이다. 이때 대상은 무의식적 자원에 접근하여 변화하며 자신의 문제를 풀 수 있게 된다. 밀턴 모형은 가장 영향력 있는 최면술사들 중 한 명인 밀턴 H. 에릭슨의 이름을 따라 붙여졌다.

밀턴 모형은 메타 모형의 모든 동일한 양식을 반대로 사용한다(메타 모형은 제15장에서 자세히 소개되었다). 메타 모형이 많은 정보를 수집하려 하는 반면, 밀턴 모형은 다양한 사람들에게 수용될 수 있는 모호한 언어를 일부러 사용함으로써 세부 내용을 축소하는 것을 목표로 한다. 표 16-1은 두 모형 간의 주요한 차이를 요약한다.

언어 양식과 밀턴 모형 비교

표 16-2에서 밀턴 모형의 핵심 언어 양식을 소개한다. 밴들러와 그린더의 언어에 대한 초기 설명인 메타 모형과 마찬가지로, 밀턴 모형도 세 개의 주요 양식을 파악한다. 사람들이 이해한 일상의 경험을 언어로 변환하는 방식으로 일상의 대화 중 발생하는 삭제, 일반화, 왜곡(제15장에서 자세히 설명되었다)을 여기서도 발견할 수 있다.

표 16-1의 두 모형 간 비교에서 보이듯이, 밀턴 모형은 고의적으로 매우 모호한 문장들을 사용한다. 이 접근의 목적은 대화하는 대상을 이완시키는 것에 있다. 이와는 반대로, 메타 모형은 대상에게 누락된 정보를 복구하도록 요청한다.

표 16-2　NLP 밀턴 모형 양식

양식	삭제, 일반화, 왜곡을 타파해서 대상을 수용적 상태로 유도할 수 있는 모호한 언어 사용 예
삭제	
단순 삭제(메시지의 일부를 누락)	들을 준비가 되었다.
구체적이지 않은 동사(어떻게 동작이 실행되었는지 말하지 않음)	시간 날 때 이것을 <u>스스로</u> 알아보면서….
구체적이지 않은 인용 목록(누구를 인용했는지 말하지 않음)	일부는 당신에게 중요할 것이다.
비교(비교 대상의 누락)	점점 더 궁금해질 것이다.
명사화하기(동사에서 추상명사로 전환된 것, 제15장 참조)	새로운 통찰과 우정을 획득한다.
일반화	
가능성의 법조 동사(어떤 것을 할 수 있고 가능한지 알려줌)	더욱 성공하게 된다…. 새 방식을 찾게 된다….
필요의 법조 동사(반드시, 꼭 해야 하는 것을 명시할 때)	이것이 어디를 가야 할지 꼭 전달해야 한다.
우주적 한정사(모든 사람, 모든 것)	언제나 이렇게 느낀다…. 필요한 모든 기술은 배우기 쉽다.
왜곡	
복합적 고유 값(한 상황이 다른 것과 동일함)	이것은 필요한 모든 도움을 얻는다는 것이다.
독심술(대상의 생각을 해석)	당신이 점점 흥미로워한다는 것을 안다.
원인과 결과	숨을 쉴 때마다 더 편안해진다.

밀턴 모형의 다른 관점들

에릭슨은 전반부에서 설명된 언어 양식뿐 아니라 내담자와의 의사소통을 돕기 위한 다른 언어학적 장치들도 사용했다. 다음 단락에서 이러한 장치 세 가지를 논의한다.

부가의문

부가의문은 문장의 끝에 동의를 얻기 위해 첨부된다. 부가의문은 동의할 수 있는 어떤 것을 제시하여 상대의 의식을 분산하는 고의적이고 효율적인 장치다. 그 효과는 부가의문의 앞 문장이 무의식에 직접적으로 전달되게 함으로써 그 문장의 내용에 따르게 하는 것이다.

- ✔ 이거 쉽죠, 그렇지 않나요?
- ✔ 건강은 중요하죠, 그렇지 않나요?
- ✔ 할 수 있죠, 그렇지 않나요?
- ✔ 휴식 시간입니다, 모르셨나요?

최면에 대해 읽은 적이나 아는 것이 전혀 없다 해도, 영어에서 가장 중요한 어구 역시 부가의문 예문임을 기억하자. 바로 그렇다(that's right). 너무 우리의 말을 진지하게 생각하지 말고 직접 시도해보길 바란다. 아마 반대할 사람을 찾기는 힘들 것 같다!

내장 명령어

내장 명령어 또는 의문문은 내담자가 원하는 성과가 포함되도록 에릭슨이 구성한 문장으로, 다음 문장에서 고딕체로 쓰인 부분이다.

- ✔ '이완법을 배워서 몇 분 안에 편안해지고 싶은지 아닌지 여부가 궁금하네요.'
- ✔ '최근 그렇게 쉽게 배운 게 언젠지 궁금하네요.'

내장 명령어의 목적은 의식의 저항 없이 곧바로 무의식에 전달하기 위한 것이다. 에릭슨은 문장을 두드러지게 하기 위해 목소리 톤을 사용했는데, 내장 명령어에서는 저음으로 말하는 식이다.

에릭슨 같은 소통가의 기법을 사용하려면 말의 내용도 중요하지만 행동(몸짓 언어, 말투 등)이 가장 크게 작용한다는 것을 기억하자.

선택의문

선택의문은 제한적인 선택을 제시한다. 선택을 다루면서 바라는 대로 결과가 나올 것을 추측한다.

- ✔ '저 어질러 놓은 것을 점심 먹기 전에 치울래, 먹고 나서 치울래?'(십대 자녀나 동거인에게 자주 하는 말이다!)

에릭슨의 치료 일부는 이야기 만들기—교훈적인 이야기—와 관련되는데 이것으로 사람들은 자신의 상황을 새롭게 볼 수 있게 된다. 에릭슨은 휠체어에 갇혀 있었지만 포괄적인 치료를 수행했고 광범위하게 여행하며 생의 마지막 순간까지 강의하며 세미나를 열었다.

에릭슨의 멋진 읽을거리를 제공하는 방대한 이야기와 세미나 모음집은 구매 가능하다(www.tranceworks.com). 에릭슨을 실제로 만난 적이 있는 운 좋은 사람들은 글로 쓰여진 것들은 내담자에 대한 직관적 접근의 일부를 전달할 뿐이라고 지적한다. 제6장의 라포 형성의 의사소통 방정식에서 밝힌 것처럼, 말은 의사소통의 8퍼센트만을 차지하며 그 효과는 7퍼센트 정도이다. 에릭슨의 미소, 몸짓, 말투 및 내담자를 향한 직감적인 존중은 글로 쓰인 이야기에서 빠진 요소들이다.

✔ '파랑이나 초록 중에 어떤 것으로 주문하시겠어요?'(판매 현장에서 이런 문장은 어떤가?)

선호하는 모형 찾기

제대로 써먹기

밀턴 모형과 메타 모형 간 차이에 대한 이해를 돕기 위해, 자원해준 친구와 함께 역할극을 한 번 해본다. 한 명은 영업사원, 다른 한 명은 고객 역할이다.

✔ **영업사원** : 자신을 영업사원이라고 상상한다. 임무는 친구에게 물건이나 서비스를 파는 것으로, 실제 판매하는 것의 정보는 말하지 않고 고객에게 판매해야 한다. 밀턴 모형의 모호한 형식을 유지하며 고객의 흥미를 이끌어내는 것이 관건이다.

✔ **고객** : 자신을 고객이라고 상상하고 임무는 **영업사원으로부터 구체적인 정보**를 얻는 일이다. 제15장의 일반화된 말로부터 자세한 내용을 유출하는 메타 모형 양식의 팁을 이용하여 모호한 언어를 타파하자.

작업 후에는 어떤 역할이 가장 자연스러운지 자문한다. 전체의 큰 그림을 보고 토론하기를 선호하는 가? 아니면 세부사항을 이야기할 때 더 편안한가?

모호함의 예술과 그 중요성 이해하기

밀턴 모형에 익숙해지면 여러분에 앞서 다른 사람들이 했던 일들을 할 수 있다. 사람들을 만나며 듣는 일부 언어에 주의하자. 대부분의 사람들이 일반적 수준에서 대화하는 능력에 통달했음을 알 수 있을 것이다. 다른 말로 하면, 내부로 향하게 하는 모호함의 예술을 매우 선호한다는 의미이다.

모호함은 어디에나 있다. 다음 문장들을 생각해보자.

- ✔ '우리는 해낼 수 있어.'
- ✔ '일은 다 잘 될 거야.'
- ✔ '이렇게 될 필요는 없어.'
- ✔ '언젠가 우리는 자유로워질 것이다.'
- ✔ '우리는 모두 문제가 있다.'

이런 구절들은 정치인, 팝 스타, 점쟁이, 카피라이터의 입에서 매번 나온다. 매일 아침 라디오에서 또는 아침 신문의 별점이나 컴퓨터 화면에 등장하는 최신의 '머스트 해브' 상품 광고에도 나타난다. 그것들은 여러분을 이완된 상태로 만든다. 이렇게 강력히 일반화된 어구에는 동의할 수밖에 없다.

모호한 언어 사용 시 발생하는 힘은 사람들을 각자 다른 상태에 놓이게 한다는 사실에 있다. 이런 말은 세상 바깥에 있는 사람들의 주의를 다른 곳으로 돌리게 하여 모두를 집단으로 연결되게 하거나 잘 모르는 사람과의 라포를 쉽게 형성하게 한다. 모호할 때는 다음과 같은 일들이 일어난다.

- ✔ 청중은 스스로의 대답을 찾고, 이것은 그들에게 더 강력하고 오래 지속된다.
- ✔ 여러분 자신의 생각이나 부적절한 암시가 주입되지 않는다.
- ✔ 전에는 생각해보지 못한 다양한 가능성을 탐색하기 때문에 내담자는 통제가 잘 된다고 느낀다.

덧붙여서, 모호해지는 것은 자신의 현실도 되돌아보게 한다. 자신이 사용하는 언어가 다른 사람뿐 아니라 스스로에게도 영향을 미침을 기억하라. 이런 이유로 사람들은 스스로를 한계 짓는 나쁜 바이러스 같은 '나는 너무 부족해', '그것은 결코 못할 거야'와 같은 말로 성공 길을 가로막는다. 밀턴 모형은 여러분을 도울 뿐 아니라 코

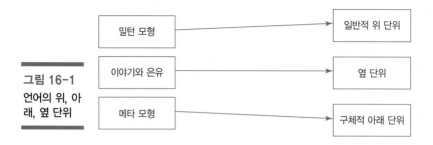

그림 16-1
언어의 위, 아
래, 옆 단위

밀턴 모형	→	일반적 위 단위
이야기와 은유	→	옆 단위
메타 모형	→	구체적 아래 단위

치들로 하여금 내담자의 제한적 믿음을 타파할 수 있게 한다.

- ✔ 타고난 호기심을 자극하라.
- ✔ 활동 시 역량강화된 방식을 발견하라.
- ✔ 최고였을 때를 찾아내서 그때의 지략적 상태를 회복하라.
- ✔ 더 명확하게 생각하라.

NLP의 단위(chunking) 발상은 IT 업계로부터 차용한 것이다. 이 용어는 간단히 말해 세분화하는 것이다. 그림 16-1에서 설명된 것처럼, 이 NLP 개념은 정보를 가공하기 위해서는 대상에게 적합하도록 정보가 세부적, 또는 큰 그림 등 알맞은 크기의 단위로 묶여야 함을 말한다. 제15장의 메타 모형과 이번 장 및 제17장에서 적합한 수준의 단위 크기로 정보를 제공하는 다양한 방식을 탐색한다.

밀턴 모형이 매우 일반적인 수준에서의 발상에 중점을 두고 위를 향하는 의사소통 양식이라면 메타 모형은 매우 세부적인 내용에 집중하며 아래로 향한다. 이야기와 은유를 사용하는 것은 옆으로 움직이는 것인데 세부적으로 같은 수준이지만 이야기를 사용함으로써 사람들의 이해를 새롭게 만든다.

깊은 최면 들어가기

최면은 18세기에 시작되었으며 프란츠 안톤 메스머가 창시자로 알려져 있다. 최면이나 최면 상태는 무의식에 빠지게 되는 초점주의(시야의 한 영역이나 한 대상에 집중적으로 주의를 주는 것-역주)의 자연적 상태로서, 주요 초점이 외부가 아닌 사고, 감정 등 내적으로 모아지는 상태다.

근래의 밀턴 에릭슨의 영향에 힘입어(앞부분의 '밀턴 H. 에릭슨 - 치료의 달인' 참조) NLP는 최면과 일상의 최면 상태를 무의식(unconscious, 의식적이지 않은 것들)을 향한 안전하고 귀중한 경로로 간주한다. 무의식은 현재 인지하지 못하는 사고, 감정 및 경험을 나타낸다.

에릭슨은 환자들의 병은 무의식과 라포가 단절되어 문제가 생긴 것이라 말하며 정신 건강은 의식과 무의식 간의 라포와 관련 있음을 시사했다. 그의 최면 스타일은 사고와 행동 양식의 변화를 촉진하도록 무의식의 협조를 구하며, 치료사가 환자가 자기반성적이 되도록 이야기하는 작업이었다. 이와 같이 전환된, 또는 꿈같은 상태에서 마음은 이완된다. 점점 최면 상태가 되면 치료사는 내담자가 흡연이나 공포증 등에 대한 변화를 만들고 자신감을 향상하며 건강과 행복을 위한 다른 긍정적 변화를 만들도록 돕는다.

제8장에서 인지심리학의 창시자 중 한 명인 조지 밀러에 대해 소개한 바 있다. 그는 의식이 단지 한 번에 일곱 개 단위의 정보를 처리하고, 한두 개 조각의 정보를 주고받는다고 결론 내렸다. 사고와 믿음 처리를 바꾸는 것은 무의식 단계에서 이루어진다. 밀턴 모형은 대상의 현실에 속도를 맞추고 자신과 다른 누군가의 경험의 속성을 진정으로 인정하고 존중함으로써 변화를 가능케 한다. 이 모형은 의식의 주의를 흩뜨려 대상이 무의식에 다가갈 수 있도록 한다.

최면 상태에 있을 때, 일부는 경험에 깊게 빠지는 반면 다른 사람들은 덜 그렇다. 뇌의 활동은 감소하며 근육 움직임, 눈 깜빡임, 삼킴 반사가 모두 느려진다. 명상과 마음챙김은 모두 자기유도 최면상태의 예다.

최면과 친해지기

말은 강력해서 온갖 종류의 기억과 감각을 상기하고 상상과 활동을 뒤섞는다. 최면(hypnosis)이란 말을 들으면 무엇이 연상되는가? 우리가 여러분을 최면에 빠지게 한다면 잠시 생각해보고 '네'라고 할 것인가, 아니면 고개를 저으며 자리를 뜰 것인가? 어떤 반응이 마음에 생기는가?

최면을 경험해본 적이 있다면, 명상이나 요가와 다르지 않은 기분 좋고 침착한 마음 상태가 기억날 것이다. 경험해본 적 없다면, 호기심이 생기거나 아니면 완전히 겁에 질릴 것이다. '내 마음 가지고 장난하지 말아요!'라고 말하는 것이 들리는 듯하다.

일부 무대 최면술사는 예능적인 온갖 황당한 행동들로 일반 대중들에게 최면에 대한 나쁜 인식을 심었다. 이러한 쇼는 피험자의 마음을 통제하는 최면술사의 행위에 대한 공포를 양산한다. 많은 사람들이 최면에 대해 회의적인 것도 크게 이상할 것은 없다.

자신도 이 회의주의에 해당한다면 최면에 대한 또 다른 시선은 주목할 만하다. 최면을 단순히 변화 가능성이 많은 꿈꾸는 상태로 생각해보자. 『콜린스 영어 사전』은 최면을 '인위적으로 이완 상태로 유도하며 마음의 심층부에 집중하는 것이 더 가능해지는 것'이라고 정의한다.

문제에 봉착할 때 최면은 해결 과정에 이르는 것을 가속화하고 필요한 도움을 제공한다.

최면은 과정에 자발적으로 참여할 때만 효과가 있다. 케이트는 집단 최면을 시행하는 100명이 넘는 사람들과 같이 있었던 적이 있었다. 그녀는 발표자의 내장 명령어를 따르지 않는 유일한 참석자였다. 케이트는 의자를 들고 무대로 이동하는 다른 사람들을 보고 깜짝 놀랐다. 나중에 그녀는 자신이 최면을 진행하는 사람을 불신했고 그 결과 최면에 빠지지 않았다는 것을 깨달았다. 자신의 사고, 행동, 말을 통제하는 힘을 갖는 것은 자신뿐임을 기억하자.

모든 치료나 그와 유사한 서비스를 받을 때, 해당 최면술사가 전문 자격이 있는지 점검하고 증명자료를 요청하도록 한다. 미팅에 나갈 때 사용하는 것과 같은 안전체크 척도를 사용하라. 특히 개인 집이나 단둘이 있게 되는 장소에 들어가는 것을 조심한다. 의심스러우면 친구와 동행하는 것이 현명한 대처법일 것이다.

근거 없는 믿음과 달리 최면 상태의 사람들은 자신들의 상황을 완전히 통제할 수 있다. 최면술사는 단순한 촉진자 역할을 할 뿐이며 내담자는 적합하지 않다고 생각되는 모든 암시를 거부할 수 있다.

일상의 무의식 경험하기

하루 내내 여러분은 일련의 최면 상태 같은 경험을 하고 보통 분당 수회씩 무의식에

【 안전한 장소 만들기 】

최면술사이자 NLP 코치인 크리스티나 바치니는 내담자의 공포 극복을 가능하게 하는 것으로 평판이 높았다. 그녀는 일련의 NLP 기술을 각 내담자에게 사용했고, 자주 에릭슨의 밀턴 언어 양식을 사용하여 내담자들을 이완된 상태로 유도한 후 그들이 더 지략적이 될 수 있는 '유사한 이야기'를 들려주었다. 그녀는 이전의 두려운 경험과 조우하기 위해 내담자들의 시간선을 탐색하거나 부정적 경험의 변화를 위해 하위 감각양식을 사용했다.

그녀는 이렇게 말한다. '내담자들은 거미나 운동 경기, 대중 연설에 대한 공포가 이성적 수준에서 불합리하다는 것을 압니다. 그래서 제 일의 대부분은 공포 상황을 안전하고 통제 가능하다고 느끼게 하는 거예요. 얕은 최면 상태에서, 무의식을 공포를 극복하는 데 사용할 수 있도록 그들의 경험과 유사한 이야기를 만들어서 들려주는 거죠.'

그녀는 또한 공포가 이차적 이득을 제공할 수 있음을 아는데, 사랑하는 이의 관심 얻기 같은 경우가 해당된다. 그녀는 공포를 없애는 것보다 내담자들의 현실을 인정하도록 주의한다. 크리스티나의 담당 치과의사는 그녀가 훈련된 최면술사라는 것을 알자 치과 공포증이 있는 내담자들을 그녀에게 보냈고, 그 뛰어난 성과에 깊은 인상을 받았다. 분명 환자가 겁에 질려 긴장해 있을 때보다는 편안하고 이완되어 있을 때 치료하기가 훨씬 쉬울 것이다. 그래서 크리스티나가 치과 치료를 받는 동안, 의사는 자신의 문제에 대한 협조를 요청했다.

'제 치과의사가 말하길 너무 심한 비행기 공포증이 있어서, 국제 학회에 참석하는 것이 매우 어려워졌다는 겁니다. 아내와 여행할 때마저 공황 상태에 빠져 아내의 다리를 얼마나 세게 움켜잡았는지 도착했을 때 다리에 멍이 들어 있을 정도였다고 해요. 그는 횡설수설하면서 자신이 제 정신이 아니라고 했어요. 그래서 저는 그와 '대화적인 최면'이라고 부르는 작업을 했습니다. 이것은 환자들이 그를 신뢰하는 만큼 그가 조종사를 신뢰할 수 있도록 조종사의 대규모 훈련과 기술에 관한 이야기를 들려주는 거죠. 또, 전에 비슷한 경험을 한 적이 있는지 물었는데 어렸을 때 아버지가 유원지에서 커다란 바퀴가 달린 자리에 앉게 했다고 해요. 그는 떨어질까 봐 매우 겁이 났죠. 자라면서 큰 바퀴가 달린 의자는 만성적인 공포가 되었고 비행기 좌석과 연합해서 이 비행기 공포증이 만들어진 겁니다.'

공포가 극복되었다는 것은 내담자가 그 공포 상황을 재방문해서 아무 문제가 없을 때만 입증된다. 크리스티나의 치과의사는 포르투갈행 비행기표를 예약했고 돌아와서 얼마나 비행을 즐겼는지 이야기해주었다. 치과 환자들도 치료 시간을 많이 즐겼는지는 확신할 수 없지만, 그들의 공포가 차분히 수용하는 감각으로 전환되었고 깨끗한 치아를 즐기게 된 것은 분명하다!

크리스티나 바치니의 허락하에 재구성함

빠졌다 나오기를 반복한다. 인간은 정보과부하에 대처하기 위한 멋진 방어기제를 가진 셈이다!

최면 상태의 장점은 명상, 계획, 휴식과 이완을 가능하게 한다는 점이다. 백일몽은 새로운 생각에 마음을 열게 한다. 그것은 또 본래의 창조성을 증진한다. 최면 상태에서는 생각들이 새롭게 연결되며 문제 해결이 가능해진다.

그러나 단점은 지속적으로 불안감을 느끼고 외부 세상에 건강하게 대처할 수 없을 때 발생한다. 자신이 이런 경우라면 아마도 휴식이나 외부의 도움이 필요할 수 있을 것이다. 코칭과 치료가 부정적 무의식에 대한 도움을 줄 수 있다. 실제로 최면은 사람들을 최면 상태에서 현실로 되돌리는 데 중점을 두기도 한다.

언제 깊게 이완된 상태를 깨닫는가? 자신을 편안한 상태로 하기 위해 이 세상 어디가 제일 적합한가? 친구, 가족, 동료들에게 같은 질문을 하면 상당히 다양한 추천이 돌아올 것이다. 이완은 고조된 상태와의 균형을 위한 휴식을 제공하는 얕은, 일상의 최면 상태다.

자신과 다른 이들을 최면 상태로 유도하는 간단한 방법이 있다. 다수의 사람들을 모은 후 서로 휴식하는 법에 대해 20분 정도 이야기를 나눈다. 차분하고 조심스러운 목소리로 이야기하며 다른 사람들의 제안 중 한 번 해보고 싶은 것을 생각한다. 이런 식으로 이완에 대해 이야기함으로써 전체 사람들에게 얕은 최면 상태가 만들어지는 것을 유의한다.

우리가 휴식을 취하고 백일몽을 꾸는 시간을 스스로에게 허락하는지 여부를 여러분에게 묻는 것은 사실상 어렵다. 이완하는 시간을 매일, 매주 갖는 것은 매우 중요한 생명수임을 잊지 말자. 자신의 최면 상태를 인지하고 부정적인 무의식에 끌려가지 않도록 올바른 선택을 하자.

케이트가 높은 회피형 메타 프로그램을 가진 십대 친구에게(제7장에서 메타 프로그램의 회피형 참조) 휴식할 때 어떤 것을 가장 좋아하는지 물었을 때 그녀의 답변은 다음과 같았다.

> 저는 그냥 좋은 책을 찾아 편하고 개인적인 장소로 가요. 짜증날 때 이게 좋은 방법인데, 책을 읽으면서 인물들 이야기에 마음이 딴 데로 쏠리고, 그러면 화난 일도 잊게 되죠.

이 제안을 받고 두 시간이 채 안 되어 케이트는 밤늦게 내담자의 어려운 전화를 받게 되었다. 그녀는 완전히 이완되기 전에는 잠을 잘 수 없다는 것과 내담자의 문제로 부정적 무의식이 그녀 머릿속에 남아 있을 수 있음을 알았다. 그래서 친구의 충고대로 새 책을 집어 들고 소파에 파고들자 그녀는 곧 열중할 수 있었고 너무나도 빠르게 모든 고뇌들이 사라져 푹 잠을 잘 수 있게 되었다. NLP 용어로 설명하면 내담자의 세부적 사안들로부터 세부내용은 삭제하며 '세상만사 다 좋은 일뿐'이라는 일반화를 한 것이다. 때로는 무의식을 차단하는 데 있어 가장 간단한 해법이 최고일 수 있다.

문제에 대해 하룻밤 잔 뒤 생각하고 나면 해결될 거라고 말하는 것은 진실의 핵심이 담긴 좋은 조언이다. 의식을 쉬게 하면, 무의식적으로 정보를 처리하거나 검색하는 기회가 되고, 뇌의 놀라운 처리 능력이 건설적인 방식으로 일할 수 있게 된다. 그러니 다음번에는 문제로 씨름할 때, 잠자리에 들면서 무의식에 해답을 찾도록 도움을 구하고 다음 날 일어났을 때 어떤 것이 머리에 떠오르는지 알아보자.

【 집단적 사고 】

집단의 사건에 대한 반응이 개인들 부분의 합보다 얼마나 크고 강력한지 알아차린 적이 있는가? 록 콘서트나 종교 집회, 스포츠 빅 매치, 또는 장시간의 항공기 지연을 경험한 적이 있을 것이다. 사람들은 집단 최면 상태를 만들 수 있어서 좋건 나쁘건 집단 히스테리를 경험한다.

집단적 사고(groupthink)는 어빙 재니스가 만든 용어로 사람들이 집단 착란과 지각에 휩쓸리는 상황을 특징으로 한다. 예일대학교의 사회심리학자인 재니스는 전문가 집단, 특히 백악관에서 어떻게 그런 엄청난 잘못된 결정을 할 수 있었는가에 깊은 관심을 가졌다. 가장 유명한 사례 중 하나는 1,200명의 카스트로 반대 망명자에 의한 쿠바 피그만 침공 작전의 실패다. 이 사건은 1961년 4월 17일 케네디 정부가 착수하여, 거의 전쟁으로 치달을 뻔한 작전이다. '어떻게 그렇게 어리석었는지 모르겠다.' 후에 케네디 대통령은 이렇게 회상했다. 되돌아보면, 작전은 완전히 잘못된 것이었지만, 당시에는 전혀 심각하게 의문시되거나 반박당하지 않았다. 케네디와 참모들은 부지불식간에 집단 착란이 심화되었고 이로 인해 비판적으로 사고하며 현실에 참여하는 것에 장애가 생겼다.

재니스는 집단적 사고에 압도되었을 때, 대통령이나 참모들이 어리석고, 게으르며, 나빴던 것은 아니라고 생각한다. 그것보다, 그들은 '집단으로 응집하는 것에 깊게 관련되었을 때 사람들이 보이는 사고 상태, 집단원들이 만장일치를 위해 애쓰며 현실적인 대안에 접근하는 동기는 무시했을 때 발생하는 상태'의 희생자라고 생각한다.

사람들이 집단적 사고 상태에 돌입했을 때, 그들은 자동적으로 모든 직면한 결정에 '집단의 화합을 위해 모든 수고를 아끼지 않는지'의 검토를 적용한다.

chapter 17

무의식에 도달하기 위한 말하기 :
이야기, 우화, 은유

제17장 미리보기

- 이야기하는 능력 발견하기
- 메시지가 기억되도록 말하기
- 정보를 전달하고 설득하며 즐겁게 만들기
- 이야기와 은유를 통한 문제 해결

이야기를 하나 해보겠다. 메이지 시대, 한 선사가 선불교의 가르침을 얻고자 찾아온 도쿄대학 교수를 맞이하게 되었다. 선사는 차를 대접하며 손님의 찻잔에 물을 따랐다. 그는 멈추지 않고 계속해서 물을 따랐다. 이것을 지켜본 교수는 마침내 참지 못하고 '선사님, 찻물이 넘칩니다. 찻잔이 가득 찼어요'라고 말했다.

선사가 말하길 '이 찻잔처럼, 당신은 자신의 의견과 짐작으로 가득 차 있습니다. 자신의 찻잔을 비우기 전에 어떻게 제가 선을 가르쳐 드리겠습니까?'

이 글을 읽으며 무슨 생각이 들었는가? 무엇이 머릿속에 떠올랐는가? 이 이야기에 대한 반응은 각자 고유한 것으로 다수의 사람들에게 이 이야기에 대한 반응을 묻는다면 완전히 제각각일 것이다. 이야기는 다른 말은 와 닿지 않는 곳에 다다른다. 이야기는 무의식에 말을 건다.

이야기를 통해 어떤 논리적 논쟁보다 훨씬 효율적으로 자신의 뜻을 상대에게 전달할 수 있는데, 이는 이야기가 사람들의 경험과 기억, 감정을 연결하기 때문이다. NLP 용어로 말하면 이야기는 라포 형성을 돕는다. 이야기는 정보를 간접적으로 전달할 수 있게 하고 상대의 현실에 보폭을 맞춘 다음 새롭고 건강해진 현실로 인도한다. 문제에서 다양한 성과로 옮겨가고 새 가능성이 시작된다. 자, 여러분이 편안하게 자리 잡고 앉았다면 이제 슬슬 이야기를 시작하겠다.

이야기와 은유 가공하기

뇌는 본래 일치하는 양식 찾기 기계로(제3장에서 마음속에서 일어나는 일에 대해서 자세히 알아보라) 여러분은 끊임없이 양식의 일치를 찾거나 가려낸다. 새로운 것을 들을 때 뇌는 연결점을 만들며 '아하, 이것은 이것(this)과 비슷하네. 이것은 저것(that)이 연상돼'라고 말한다. 뇌는 천성으로 양식을 알아본다. 이 때문에 이야기와 은유는 제16장에서 설명한 다른 장소로 여러분을 이동하게 하고 최면 상태, 즉 매우 자원적이며 뇌가 제공된 양식에 천성적으로 대응하는 깊게 이완된 상태에 빠지게 한다.

NLP는 은유를 대략적으로 이야기나 비교를 암시하는 연설적인 특색으로 정의한다. NLP는 이야기와 은유를 귀중한 소통 도구로 제안한다. 이야기와 은유가 의식을 분산하며 정보처리로 과부하를 일으키게 만들기 때문이다. 한편 무의식은 창조적인 해결과 필요한 자원을 떠올려서 여러분은 새로운 의미를 만들고 문제를 해결하게 된다.

삶의 이야기 이해하기

여러분은 이야기 세계 속에 살며 이미 뛰어난 이야기꾼이다. 믿기지 않는가? 친구나 배우자에게 그날의 일들을 말할 때 여러분은 이야기를 들려준다. 페이스북에 글을

올리거나 친구와 전화로 수다 떨 때, 고객에게 사업과정을 설명할 때 이야기를 하는
것이다. 이야기처럼 들리기 위해 사건을 가공하지 않고 말이다.

이야기하기 기본 엿보기

실제나 가공의 사건과 관련될 때, 좋은 이야기에는 네 개의 핵심 요소가 있다.『헨젤
과 그레텔』,『빨간 모자』나『신데렐라』같은 세대에 걸쳐 전해 내려온 아이들 동화책
을 생각하고 아래의 요소들을 찾을 수 있는지 알아보자.

- ✔ **인물** : 주인공과 이야기 과정에 선인, 악인이 필요하다.
- ✔ **줄거리** : 주인공이 하는 여행의 내용
- ✔ **갈등** : 주인공이 직면하는 과제나 어려움
- ✔ **해결** : 이야기 끝에 오는 결과나 성과(해피엔드면 더 좋다!)

이야기는 그 상상력, 시각화, 창조성 때문만이 아니라 말을 가공하고 줄거리를 연결
한다는 점에서 뇌를 완전히 가동케 한다. 에모리대학에서 실시한 연구에서 다양한
감각을 통해 들어오는 정보와 관련된 대뇌피질 영역이 연상적이고 감각적으로 풍부
한 말에 의해 활성화되는 것이 밝혀졌다. 예를 들어 향기와 아로마와 관련된 말은 냄
새를 처리하는 뇌의 경로를 활성화한다. 촉각, 동작과 관련된 말이나 구절은 감각(촉
각) 및 운동(동작)피질을 자극했다.

많은 이야기들은 주로 즐거움을 위해 나오지만 또한 많은 다른 목적을 위해 사용할
수 있다.

- ✔ 초점에 주목하기 위해
- ✔ 요점을 설명하기 위해
- ✔ 사람들이 기억하는 교훈의 극복을 위해
- ✔ 새로운 발상의 소개를 위해
- ✔ 자신들의 문제를 깨닫기 위해
- ✔ 복잡한 개념을 간단히 만드는 데
- ✔ 기분전환을 위해
- ✔ 도전하는 행동을 위해

✔ 행동하도록 자극하기 위해

✔ 재미를 위해

이야기를 다듬을 때, 청중들의 마음에 무엇을 심고자 하는지 생각하고 영상과 기억, 느낌을 불러일으키기 위해 감각적으로 풍성한 언어를 사용해서 설명하도록 한다.

이야기하기 작업하기

이야기와 은유는 사회적 혹은 영적 맥락에서뿐 아니라 사업적 소통 시에도 효과가 있다. 다른 사람의 경험에서 배우고 은유로부터 의미를 얻을 수 있다. 사업에서의 이야기하기는 다음과 같은 작용을 한다.

✔ 정보의 소통

✔ 조직의 가치 전달

✔ 인사 교육

✔ 자사의 상품과 서비스를 구매하도록 설득

✔ 선택을 평가하고 결정하도록 팀을 지원

이야기는 사람들은 더 열심히 전념하도록 하고 바로 그 때문에 고객 사례, 추천서, 사례 연구가 사업의 메시지를 강화하는 데 효과가 있다. 이야기는 순전히 상품 선전만 하는 것보다 훨씬 더 강력하다.

많은 회사들이, 사람들과 회사의 근본 가치와의 연결을 지속케 하는 창업과 관련된 이야기를 심화한다. 우리가 전에 휴렛 팩커드(HP)에서 일했을 때, HP의 모든 직원들은 빌 휴렛과 데이브 팩커드가 어떻게 캘리포니아 차고에서 시작해 팔로알토에서 성공하기 전 생존을 위해 투쟁했으며 'HP의 길(HP Way)'로 성문화되어 만 명의 모든 직원들이 공감하는 핵심 원칙을 위해 지속적으로 헌신했는지 알고 있었다.

이러한 기업 이야기는 사람들을 사로잡고 공통의 목적을 바라보게 한다. 또한 설령 회사가 거대기업으로 성장한다 해도 중소기업적인 팀워크와 소속감을 유지하게 한다. HP 직원들은 두 명의 창업자가 능력과 투지, 결단으로 회사의 명성을 높였다고 생각했기에 존경했다. 그들은 빌과 데이브가 까다로운 '채용과 해고'가 횡행하는 기업 세계에서 탁월한 방식으로 영업 실적을 올렸을 뿐 아니라 직원들도 소중하게 여겼다고 믿었다.

우리는 전 CEO 루 플랫이 HP 여성 학회에서 했던 아내가 죽은 후 홀로 아이들을 양육한 이야기를 기억한다. 그는 중요한 사업 협상에 나가야 할 때 아이들이 아프다는 전화를 받게 될까 봐 걱정했던 일에 대해 이야기했다. 루는 자신의 경험을 이야기함으로써 청중들의 마음을 이해하는 법을 알고 있었다.

이야기하기는 기업주에게만 국한된 기술은 아니다. 직장에서 상사뿐 아니라 동료와 고객에게 자신의 메시지를 전달하는 도구로 자신의 이야기를 계발할 수 있다. 하지만 너무 장황하거나 정교하게 이야기를 꾸미지는 않도록 한다. 일단 성공했거나 재미있었던 일을 메모하는 것부터 시작해서 알맞은 때에 꺼낼 수 있는 적절한 이야기를 구성해보자.

자신의 경험에서 비롯한 이야기는 고객 서비스, 품질 평가, 소프트웨어 프로그램이나 안전 절차 같은 무미건조한 주제를 설명할 때 극적인 생동감을 불어넣을 수 있다.

비슷한 맥락에서, 여러분의 상품을 구매하거나 올바른 결정을 하도록 고객을 설득하고 싶을 때 다른 고객이 유사한 문제를 어떻게 해결했는지 들려주면 좋은 반응을 얻을 수 있다. 이 덜 노골적인 접근은 고객에게 원하는 것을 직접적으로 제시하는 것보다 더 효과적일 수 있다.

또, 경력 쌓기를 긍정적으로 관리하고자 한다면 상사가 연간 평가서 결과를 통보할 때까지 기다리지 않도록 하자. 우리가 소개한 성공한 내담자들의 사례와 같이 점심이나 커피 한잔 하면서 대화 중 업적을 입증하는 몇 가지 이야기를 슬쩍 끼워 넣도록 한다.

다음 세대에 선물 전해주기

그리스 신화, 아서왕 전설, 이솝 이야기부터 현대 작가까지 연결되는 이야기하기 전통은 과거와 현재, 미래 세대를 연결하는 풍부한 인류 유산이다. 이와 유사하게 자신의 삶을 이야기하는 것(또는 가족 중 어떤 이의 삶에 대해 듣는 것) 역시 세대를 연결하는 역할을 한다.

자신의 삶에서 어떤 이야기를 좋아하고 들려주고 싶은가? 태어났을 때 가족사나 학교에 처음 갔던 날 이야기, 또는 어렸을 적 중요한 사건이나 인물들에 대해 들었을 것이다. 진실이 소설보다 더 기묘하고 즐거울 수 있고 그 이야기는 매번 새롭게 덧칠해서 거듭된다.

구전으로 전해지는 가족사는 가족들이 흩어지고 전 세대가 세상을 뜨면서 점점 없어지고 있다. 케이트의 이웃인 은퇴한 마거릿은 단순히 가계도를 편찬하는 것 이상으로 선조들에게 관심이 있었다. 그녀의 가족에 대한 보다 영구적인 유산은 마음을 사로잡는 이야기들의 모음집이었다. 그녀는 가계도 외에 모든 생존해 있는 가족 구성원들의 일화를 모아 가족과 후손이 그들 혈통을 더욱 즐기고 이해할 수 있도록 책으로 출간했다. 여러분이 이와 같은 일을 한다면 후대를 위해 어떤 이야기를 남기고 싶은가?

가족 모임을 생동감 있게 할 일화 게임을 소개한다. 희극, 스릴러, 코미디, 비극, 드라마의 다섯 단어를 다섯 장의 백지 카드에 쓴다. 카드 한 장을 집어 들어 가족 일화를 생각하고 카드에 쓰인 형식에 따라 이야기를 한다.

은유의 힘 파악하기

하루 종일 이야기를 하는 사람들처럼 여러분의 일상 대화는 은유로 풍성하게 꾸며질 수 있다. 다음의 예를 살펴보자(은유는 고딕체로 표기).

- ✔ '바깥이 난장판이야!'
- ✔ '그는 그들의 손바닥 위에서 놀아나고 있어.'
- ✔ '그녀는 목의 가시야.'
- ✔ '그는 청량제 같은 사람이야.'
- ✔ '살얼음판을 걷는 기분이야.'

일부 사람들은 그림이 천 마디 말의 가치가 있다면 은유는 천 장의 그림의 가치가 있다고 말하기도 한다.

NLP에서 은유 사용하기

은유라는 말은 그리스어에서 파생되었는데, 글자 그대로의 뜻은 '건너다'이다. 은유는 비교를 사용하여 두 개의 관계없어 보이는 용어 간의 유사점을 보여준다. 이것은 상황을 설명하는 강력하고 혁신적인 방법이다. 은유는 듣는 이로 하여금 자신을 되돌아보거나 힘든 상황을 새로운 시각으로 볼 수 있게 하며 문제 해결의 새로운 방식을 제시한다.

NLP에서 은유는 영어 문법식 정의보다 좀 더 넓은 느낌으로 사용되며 사람들이 한 맥락에서 다른 맥락으로 넘어가도록 돕는다. NLP는 이 움직임을 옆 단위(chunking across)라고 한다. 제16장에서 설명했듯이, 단위는 세부 내용을 가장 알맞고 효율적인 수준에서 소통하기 위해 위나 아래 수준으로 이동하는 것(큰 그림의 위쪽이나 세부 내역의 아래쪽)이다.

닉 오웬이 그의 책『은유의 마법(The Magic of Metaphor)』에서 설명했듯이, '은유는 단순히 시적 혹은 수사학적 꾸밈이 아닌 지각과 경험을 결정하는 강력한 도구'다.

케이트의 발표 워크숍 중 참가자 재닛은 십대 집단을 대상으로 하는 발표를 생동감 있게 할 창의적인 방법을 모색하고 있었다. 경력 자문가로서 재닛의 일은 학교에서 학생들을 고무하는 수습 제도를 설계하는 것이었다.

처음에 그녀는 자신의 열정과 면밀한 지식 덕택에 학생들이 경청하리라고 기대하며 학생들에게 가능한 선택들에 대해 설명했다. 그러나 이후, 재닛은 이야기와 은유로 발표를 정제하는 법을 생각했고 모든 청소년이 잘 아는 최근 출시된 휴대전화를 은유로 사용할 것을 떠올렸다. 그녀는 다양한 진로와 선택을 최신 휴대전화 모형의 정교한 기능들과 비교한 영상을 핀터레스트 웹사이트에 올렸다. 이런 식으로 재닛은 자문가와 학생의 간격을 좁혔고 더 사람을 사로잡게 말하는 법을 계발했다. 멋진 은유 덕분에 그녀는 이야기를 생동감 있게 하는 신선한 접근법을 발견하며 학생들을 격려할 수 있었다.

은유 만들기를 연습하며 동시에 재미있는 시간을 위해 이 연습을 해보자. 세 사람이 필요하다. A는 다른 방식으로 소통하고 싶은 주제(예를 들면 책 쓰기)가 있다. 다음 단계를 따른다.

1. A는 '[주제]는 …와 같다'고 말한다.

   책을 쓰는 예를 사용해서, '책을 쓰는 것은 …와 같다'고 말한다.

2. B는 목적어를 생각한다. '책을 쓰는 것은 …와 같다' 문장을 완성시키는 어떤 목적어도 괜찮다.

   예를 들어 '사과와 같다.'

3. C는 연결한다.

   예를 들면 '왜냐하면 둘 다 이빨로 물 수 있기 때문이다.'

새로운 해결의 모색을 위한 은유의 적용

로버트 딜츠는 『교묘한 말재주(Sleight of Mouth)』에서 자신이 예수라는 망상으로 고통받는 정신병동의 한 젊은이 이야기를 한다. 그는 비생산적으로 이리저리 배회하며 짜증내고 동료 환자들에게 무시당하는 일과를 보낸다. 남자의 망상을 납득시키려는 의사들과 직원들의 모든 노력은 실패로 돌아갔다.

어느 날, 새로운 의사가 그곳에 도착했다. 잠시 환자를 조용히 관찰한 후, 의사는 젊은이에게 다가가서 말했다. '목수 경험이 있다고 들었습니다만.' 그러자 환자는 '글쎄요…. 예, 그런 것 같네요'라고 말했다. 의사는 시설에 새로운 오락실을 지으려고 하는 데 목수 기술이 있는 사람의 도움이 필요하다고 설명했다. '정말 당신의 도움이 필요합니다.' 의사가 말했다. '남을 돕기 좋아한다면 말입니다.'

그렇게 해서 이야기는 좋게 끝난다. 환자는 자신의 믿음을 존중받으며 사람들과의 소통을 다시 시작하게 되었다. 이제 치료적 치유를 시작할 수 있게 된 것이다.

이 이야기에서, 새로 온 의사는 환자와 목수일의 은유 작업을 통해 라포를 형성했다. 환자는 자신이 예수 그리스도라고 믿었고 의사는 이를 반박하지 않고 인정하는 대신, 환자의 믿음을 이용하며 같은 은유를 사용했다. 즉 목수 예수로 환자를 설정함으로써 그를 회복의 길에 들어서게 한 것이다.

모든 훈련된 능숙한 치료사들은 자주 내담자의 은유를 문제가 전환되도록 돕는 데 사용한다. 이와 같은 방식으로, 여러분은 다른 사람의 은유를 일상의 대화에서 소통을 지원하도록 사용할 수 있다. 다음과 같은 경우다.

- ✔ 사업의 지연이나 전직 같은 나쁜 소식을 전할 때
- ✔ 시험을 앞둔 십대의 불안을 진정시키기 위해
- ✔ 다수의 사람들에게 복잡한 주제를 설명하기 위해
- ✔ 어린 자녀의 자신감을 고무하거나 격려하기 위해
- ✔ 병에 걸린 친구의 불안감을 완화하기 위해

긴장을 완화하는 데 자연이나 날씨를 주제로 한 말장난을 사용한다. 어려운 상황은 산 오르기나 강 건너기에 비교할 수 있다. 또, 친구가 좋아하는 골프, 테니스, 항해, 축구 같은 스포츠와 연관된 메시지를 사용하는 것도 사고 전환을 일으키는 데 도움이 될 수 있다.

예를 들어 직장 동료가 '이 작업은 정말 악몽이야'라고 한다면 정보를 더 얻기 위해 잠이나 꿈과 연관된 말을 대화 중 슬쩍 흘리거나 상대를 좀 더 긍정적인 사고 상태로 유도한다. 여러분은 토론 중에 다음 같은 말을 넌지시 해볼 수 있다. '작업의 어떤 점 때문에 잠에서 깨는 거야?', '무서운 것이 있어?', '하룻밤 자면서 생각해보는 건 어때?', '이 문제를 어떻게 잠잠하게 하고 싶은 거야?', '악몽 중 어떤 무서운 일이 있었어?'

앤서니는 중독 행동을 보이는 내담자를 상담하는 치료사다. 그는 다음과 같은 이야기를 들려주었다.

> 통제 불가능할 때까지 술을 마시는 것에서 기쁨을 느낀다고 말하는 한 내담자가 있었죠. 처음에 좋아하는 음주의 기쁨을 설명하길, 첫 잔에 대한 기대감과 그 냄새, 병 안에 들어 있는 것에 얼마나 끌리는지, 근사하게 포장된 모습 등을 이야기 했어요. 그러나 중독되면서 느끼는 무력감을 설명할 때 술은 그를 괴롭히고 무섭게 하는 추한 귀신으로 변모했죠. 시간이 흐르면서, 그의 이야기를 작업했는데, 줄거리를 전개시켜서 좀 더 행복하게 끝나게 다시 썼어요. 그리고 나서 그는 자신의 삶을 지배한 중독에서 벗어날 수 있는 미래를 믿을 수 있게 되었죠.

새로운 해결의 모색을 위한 은유의 적용

NLP는 직접 은유와 간접 은유를 분별한다.

【 상징적 모방학습 】

『마음의 은유(Metaphors in Mind)』의 저자 제임스 롤리와 페니 톰킨스는 상징적 모방학습이라고 불리는 과정을 계발했다. 이 과정은 NLP 훈련가들의 능력과 내담자와 상징적 수준에서 작업하는 다른 수단을 향상한다. '은유는 외상, 자기 인식의 부족이나 당혹감으로 자신에게 일어나는 일을 설명하기 어려워하는 사람들에게 특히 가치가 있다'고 제임스는 말한다. '예를 들어 사업 회의에서, 중역이 조직의 운영 방식에 우려가 있음을 말하고 싶지 않을 경우, 상징적 영역으로 접근함으로써 "거친 바다에서 폭풍을 만나는 것 같은"이라고 순순히 인정하게 할 수 있다.' 이것은 판단받지 않으면서 그의 불안을 표현할 수 있게 한다.

상징과 은유로 치료하는 것은 어려운 주제를 처리할 때 더 지략적으로 느끼게 할 수 있다. 정신과 의사인 페니와 제임스는 심각한 외상을 겪은 환자들과 상징적으로 일한 적이 있는데, 환자는 사건의 자세한 내용을 말하기를 매우 고통스러워했다. '환자의 개인적 은유로 치료하는 것은 그들의 고유한 경험을 존중하고 변화가 유기적으로 일어날 수 있는 맥락을 형성한다. 이것은 데이비드 그로브의 직설적 언어 덕분으로, 치료사들이 내담자의 상징적 경험을 부지불식간에 덧붙이거나 변경하는 것을 방지한다'고 페니는 말한다.

제18장에 직설적 언어 질문이 나와 있으며 제18장과 제19장에서 직설적 언어 질문에 대한 자세한 설명과 모방학습에 대해 알려준다.

제임스 롤리와 페니 톰긴스의 허락을 받음

✔ 직접(direct) 은유는 내용 면에서 분명히 연결이 있는 한 상황과 다른 상황을 비교한다. 예를 들면, 새 컴퓨터 소프트웨어 응용 학습과 운전 배우기를 비교할 수 있다. 즉 모두 배우기에 관한 것이다.

✔ 간접(indirect) 은유는 즉각적으로는 분명하지 않은 비교이다. 예를 들어 새 컴퓨터 소프트웨어 학습을 요리나 휴가 계획 짜기에 비교할 수 있다. 이러한 간접 은유는 가장 창조적인 광고 캠페인의 근간이 된다.

자신의 이야기 만들기

'출판의 열정' 워크숍에서, 케이트는 새내기 작가들에게 자신들의 탄생 이야기를 만들어서 기사나 블로그 글, 책으로 내도록 격려한다. 이 이야기들은 글을 쓰고자 하는 주제에 대한 열정이나 가장 신났던 순간부터 불안한 생각까지 극단적인 감정을 느꼈던 시간 등 개인적인 것들에 관한 것이다. 각 참가자가 이야기를 공유하면, 그것은 필연적으로 다른 작가로 하여금 자신의 비슷한 경험을 연결하여 새로운 이야기를 시작하게 한다. 가장 설득력 있는 작가가 가장 흥미로운 이야기를 말하듯, 최고의 흥미진진한 이야기는 진심으로부터 나온다.

힘 있는 소통가는 이야기의 힘으로 라포를 더 쉽게 얻고 한 사람이나 그 이상의 청중을 도취시킬 수 있음을 안다. 실제로, 많은 치료 작업은 소통의 서술 형식에 달려 있다. 이번 단락에서, 여러분 자신의 이야깃거리를 계발하고 재미있는 이야기꾼으로서의 기술을 만들기 위한 여러 생각들을 모았다. 한 번도 스스로를 이야기꾼으로 생각해본 적이 없더라도, 자신의 이야깃거리를 파악하는 법과 최고의 효과를 위해 생각을 구성하는 법을 알게 될 것이다.

일기를 이야기로 만들기

매일의 경험이 재미있는 이야기의 기초가 될 수 있다. 추후에 각색 가능한 줄거리를 파악하고 기록하는 몇 가지 방법을 소개한다.

1. 감정이 발생하는 상황을 찾아서 감정들을 적는다(기쁨, 만족, 자존심, 공포, 분노, 충격, 혼란, 죄책감 등).
2. 관련된 인물들의 이름을 적는다.
3. 줄거리에 세 가지 핵심을 간략히 적어 무슨 일이 일어났는지 말한다.
4. 성과를 관련시킨다. 즉 어떻게 끝나는가?
5. 재미있거나 흥미롭게 소통되었던 것을 설명한다.
6. 이야기에서 배운 점을 설명한다.
7. 이야기를 전개하기 위한 발상 목록을 적는다. 어디서, 언제, 누구에게 말할지 파악한다.

이야기는 시간이 지나면서 전개하고 변한다. 정기적으로 일기를 펼쳐서 새롭게 만든 이야깃거리를 추가하자. 영감을 주거나 재미있는 연사의 이야기는 그 구성이 상당히 단순함을 유의한다. 다른 사람의 재미있는 이야기를 마음껏 기록하고 그럴듯하게 각색해서 자신의 이야기로 만들어보자.

자신만의 좋아하는 이야기를 만들면서 다음 사항들을 생각해본다.

✔ 어떻게 이야기를 시작(start)하고 끝낼(finish) 것인가? 멋지게 시작하지만 끝내기 훨씬 전에 내용이 산으로 갈 수 있다(독자도 함께).

✔ 중간(middle)에 무슨 일이 일어나는지는 극적인 흥미를 제공한다. 어떤 흥미 있는 이정표, 싸움, 딜레마 혹은 갈등이 전개되는가?

✔ 인물(character)들은 누구인가? 주인공과 조연들은 누구인가? 어떻게 기억되게 만들 수 있는가?

✔ 어떻게 내용을 탄탄하게 짤 것인가?

이야기하기를 더욱 유창하게 하는 방법 찾아보기

효율적인 이야기하기는 심화할 가치가 있는 멋진 기술로, 능숙한 이야기는 청중을 사로잡고 사건의 다른 세부내용이 잊힌 먼 훗날에도 사람들의 기억에 남는다. 기법을 연마할 몇몇 제안을 소개한다.

【 취약함과 관련하여 】

TED는 온라인에서 무료로 접속 가능하며 세상에 대한 심층적인 이해를 모색하는 모든 규율과 문화의 사람들을 환영하는 이야기와 학회로 유명한 국제적인 커뮤니티다. 웹사이트(www.ted.com)에서 TED는 '우리는 태도, 삶, 그리고 궁극적으로 세계를 변화하는 생각의 힘을 열렬히 믿는다'고 명시한다.

TED의 가장 유명한 이야기꾼 중 한 명인 브레네 브라운의 '취약함의 힘' 이야기는 수백만 명이 시청했다. 이야기에서 그녀는 어떻게 사회복지 연구가 수치심에 관한 획기적인 연구로 전개되고 자신의 삶과 일을 바꾸었는지 설명한다. 학자로서 그녀는 성과를 통제하고 예측하는 연구가 가능하다고 생각했으나 그 시도는 불완전함 것임을 발견하게 된다.

그녀는 수천 번의 인터뷰, 표적 집단과 10년에 걸쳐 수집된 정보를 통해 일부 사람들은 한 번도 스스로에게 만족하지 못하는 반면, 어떤 이들은 '전적으로 만족'하며 항상 자신이 충분하다고 생각함을 발견했다. 전적으로 만족하는 사람들은 다른 사람들보다 잘 사는 것은 아니었으나, 그들을 구분 짓는 것은 깊은 사랑과 소속감을 느끼며 자신이 가치 있다고 믿는 것이었다. 그들은 지위의 상징인 지나친 일로 소진하기보다 적극적으로 휴식하는 것을 선택했다. 그들은 또 어떤 창조적 활동에 전념하는데 브레네는 사용되지 않는 창조성이 슬픔, 판단, 분노, 수치심으로 전환된다고 주장한다.

이야기와 책을 통해 브레네는 모든 계층의 사람들에게 전적으로 만족하는 삶을 살며 취약함에 대항하기 힘들다는 것을 깨닫도록 격려한다. 취약함이 공포, 죄책감, 슬픔 같은 어두운 감정의 한가운데 있다고 느낄 수 있지만, 그것들은 희망과 공감이 탄생하는 곳이기도 하다. 그녀는 '취약함은 의미심장한 인간 경험의 핵심이자 중심'이라고 말한다.

- ✔ 간단한 이야기로 시작해 기술이 늘면 더 모험적으로 만든다.
- ✔ 어린이 도서관에 가서 어떤 맥락에도 각색할 수 있는 모든 종류의 민화와 동화 사례를 수집한다. 우리의 내담자 중 한 명은 『이상한 나라의 앨리스』를 최고의 사업 서적으로 간주한다.
- ✔ 이야기를 할 때 중점은 자신에게 있음을 기억한다. 이야기를 여러 번 실습해서 실전에서 청중들이 모두 주목할 수 있게 한다. 첫 번째 대사와 마지막 대사를 외우고 몇 개의 핵심으로 구조를 간소화한다.
- ✔ 진지한 얼굴로 농담을 한다. 반전은 강력한 도구이며 이야기를 하며 씰룩대는 것보다 훨씬 큰 효과가 있다.
- ✔ 청중이 경청을 유지하기 위해 라포의 핵심적인 요소들을 유지한다(라포 형성과 관련한 내용은 제6장 참조).
- ✔ 이야기를 할 시간, 장소, 무대를 마련한다. 사람들이 긴장을 풀고 편한지 확인한다. 모닥불이 있는 무대나 불꽃을 튀기며 타는 통나무는 여름날 시원한 나무그늘 아래 앉아 있는 것과 함께 이야기하기를 위한 최고의 순간을 만든다.
- ✔ 자신의 목소리를 조율이 잘된 악기처럼 생각한다. 호흡이 어떻게 목소리에 작용하는지 유의하고 음향과 음량의 범위를 실습한다. 이야기를 생생하게 하기 위해 모든 목소리 기술을 활용한다.
- ✔ 다른 사람의 이야기와 말하는 방식에서 무엇을 발견할 수 있는지 깨닫는다. 온라인에서 어떻게 연사들이 목소리, 청중, 무대를 조정하는지 알기 위해 TED 이야기를 시청한다.
- ✔ 책이나 대본을 읽기보다 외워서 말하는 것이 훨씬 강력하고, 말이 좀 부족해도 청중들이 감안한다.
- ✔ 청중들의 감각을 자극해서 그림을 보고 소리를 들으며 감정을 느끼고 여러분이 조합한 맛있는 이야기의 향기와 맛까지 느낄 수 있게 한다.

교묘한 납득의 사용

잠재하는 논란이나 반대를 극복하고 이야기에 '넘어가도록' 하는 강력한 NLP 기법은 미리 판 짜기(pre-framing)이다. 이 기법은 청중에게 들려주고자 하는 메시지를 위한 장면을 설정하는 데 사용할 수 있어서 효율적이다. 그것은 반대를 흩뜨리고 청중의 마음을 고려하지 못한 가능성을 향해 열리게 한다. 미리 판 짜기는 훈련 프로그램 일 정표 짜기나 회의 안건 짜기만큼 간단하다. 예를 들어 판매 현장에서 가격이 문제가 될 것으로 의심된다면, 다음과 같은 말을 할 수 있다. '저희 회사가 귀사와 함께 일하는 것은 저희가 고품질의 서비스를 제공하기 때문입니다. 어떤 분들은 더 저렴한 물건을 선호하시는 것 같은데, 저희가 고객의 욕구에 부응하기 때문에 고객들이 대접받는다고 느끼는 겁니다.'

'고객의 욕구'라는 어구를 사용하는 것은 유망한 고객의 무의식에, 상대 회사가 고객이 될 때 그들의 욕구도 충족될 수 있음을 시사하는 것이다.

괴로움 극복하기 훈련에서 로밀라는 이런 말을 했다. '주제는 스트레스에 관한 것이고 여러분은 사업가의 자격으로 참석한 것으로 압니다. 아마도 여러분들은 "일과 삶의 균형"이라는 말에 친숙할 겁니다. 이 말은 분열을 시사하지만 여러분은 이분화되어 있지 않죠. 직장에서 경험하는 스트레스가 가정생활에 작용하고, 가정에서 느끼는 스트레스는 직장 업무에 영향을 줍니다. 함께 있는 시간 동안, 스트레스를 극복하는 방법뿐 아니라 그것을 유리하게 이용하는 귀중한 법도 만나게 될 겁니다. 그러므로 저는, 여러분이 오늘 발견하게 될 것을 힘든 십대 자녀를 다룰 때나 소통 없는 배우자와 대화할 때, 혹은 까다로운 상사나 동료에 대처할 때 적용하기를 강력하게 권유합니다.'

이야기에 이야기 더하기 : 아, 그러고 보니 또, 생각나는 이야기가 있네요

소설 전반에 걸쳐 많은 이야기나 줄거리가 연이어 펼쳐지는 책을 읽은 적이 있는가? 가장 훌륭한 이야기 책 중 한 권인 『천일야화』는 샤푸리야르 왕의 불쾌한 문제 행동에 대해 말한다. 그는 결혼 첫날밤 어린 처녀 신부를 연달아 살해하는 습관이 있었다고 한다.

그가 살해해서 없어지는 여성 인구의 속도는 잠재적 신부의 원천이 고갈됨을 의미했다. 그러나 다행히도 정계 원로의 딸이며 다음 희생자가 될 뻔한 세헤라자데의 현명함 때문에 더 이상의 살인은 일어나지 않았다. 역사와 시에 관한 1,000권의 책을 갖고 있었던 것으로 알려진 세헤라자데는 책에 쓰인 왕과 선조들의 삶에 몹시 매료되었다.

결혼식 날 밤 그녀는 이야기로 왕을 즐겁게 했는데 그 이야기는 새벽이 되도 끝나지 않았다. 왕은 이야기의 결말에 대한 호기심으로 그녀의 목숨을 몇 번이고 살려주었고 1,001개의 이야기가 끝날 때까지 그녀의 목숨은 계속되었다. 드디어, 왕의 새 신부 살해 습관은 없어진 것이다!

여러분 역시 이야기하기 기술에 반복되는 이야기를 추가할 수 있다. 이 진보된 도구는 발표나 훈련, 사회적 모임에서 이야기할 때 도움이 된다.

이야기를 하나 시작하며 마치기 전에 '아, 그러고 보니 또 생각나는 이야기가 있네요.' 혹은 '…에 대해 제가 말씀드렸나요?'라고 하면 이야기는 끝나지 않았다는 느낌을 남기고 사람들은 어떻게 이야기가 끝나게 될지 궁금해진다. 이 기법은 청중들의 주의를 유지하면서 그들이 궁금해서 결말을 알고 싶어 하는 동안 화자에게 집중하는 효과가 생긴다. 이야기의 반복은 주제에서 주제로 넘어가며 자연스럽게 만들 수 있다. 마지막에는 꼭 이야기를 끝내도록 하자. 그렇지 않으면 청중들의 짜증으로 끝날 수 있다.

【 자, 이제 편하게 앉아서 수피 전통의 이야기를 감상하자 】

하루 종일 북 치는 것을 매우 좋아하는 한 소년이 있었는데 어느 누구도 그를 멈추게 할 수 없었다. 이웃들은 스스로를 수피라고 부르는 여러 사람들과 그 외 점쟁이들에게 아이에 대해 무언가 조치를 취하도록 도움을 요청했다.

첫 번째 수피는 계속 시끄럽게 하면 고막이 터질 것이라고 말했다. 이 논리는 과학자나 의료인이 아닌 소년에게는 너무 어려운 것이었다. 두 번째 수피는 북 치는 일은 신성한 행위로서 특별한 경우에만 수행해야 한다고 말했다. 세 번째 수피는 이웃들에게 귀마개를 제공했고, 네 번째 수피는 소년에게 책을 주었

다. 다섯 번째 수피는 이웃들에게 생체 자기제어를 통해 분노를 통제하는 법에 관한 책을 줬다. 여섯 번째 수피는 소년을 평온하게 하는 명상 연습을 알려주며 모든 현실은 상상이라고 가르쳤다. 모든 위약(僞藥)이 그러하듯이, 이 치료들도 잠시 효과가 있었으나 오래 지속되지는 못했다.

마침내, 진짜 수피가 나타났다. 그는 상황을 살펴보고 소년에게 망치와 끌을 건네주며 말했다. '나는 북 안에 무엇이 있는지 궁금하단다.'

chapter

18

옳은 질문하기

제18장 미리보기

● 보다 유익한 질문 만들기

● 제한적 추정과 무의식적 편견 밝히기

● 사안의 핵심으로 직행하기

● 어려운 결정 쉽게 만들기

'옳은' 질문을 안다면 훨씬 빨리 바라는 대답을 얻을 것이다. 이 책 전반에 걸쳐, NLP의 진정한 정신과 함께, 우리는 비판적이 되지 않도록 의식적으로 노력했다. 여러분은 정당하게 '옳거나 틀린' 질문은 없으며 단지 서로 다른 질문들이 있다고 말할 수 있다.

좀 더 명확히 구분해보자. '옳은' 질문이란 구체적으로 사안의 핵심을 콕 집어서 가능한 짧은 시간 내에 긍정적 효과를 얻는 예리한 질문이라고 말할 수 있다. 본문에서 '틀린' 질문은 맥락에서 벗어나 두서없이 막다른 골목까지 추락하며 흥미는 있을 수 있지만 부적절한 정보가 되는 질문이라고 하겠다.

이 책에서, 우리는 여러분이 사용하는 언어의 강력함을 설명하고 입증했다. 언어는 감정적 반응과 그 밖의 다른 여러 가지 것들을 자극한다. 그러므로 높은 인지 수준에서 언어 선택을 함으로써 차이를 만들 수 있다. 이 장에서는 자신과 다른 이들의 변화를 위해 여러 상황에서 쓸 수 있는 가장 유용한 질문들을 모아보았다. 옳은 질문을 아는 것은 다음의 것들을 하고자 할 때 변화를 만들어낸다.

- ✔ 삶을 올바른 궤도에 올려놓기
- ✔ 최선의 결정 내리기
- ✔ 다른 이들이 더 책임감 있도록 돕기
- ✔ 사람들을 선택하고 동기유발하기
- ✔ 다른 이들의 한계 극복을 위한 코칭하기

질문-힌트와 전략 질문하기

중요한 질문으로 바로 들어가기에 앞서, 아마도 '실질적인 차이를 만드는 마법의 질문은 무엇인가?'를 알고 싶을 것이다. 짧은 휴식을 취한 후, 무엇(what)을 질문할지 만큼 중요한 사람들하고 일할 때 어떻게(how) 질문할지 생각해보자.

언어의 청소 : 편견의 제거

자신이 하는 많은 질문이 다른 사람들이 원하는 것보다는 자신이 원하는 것과 자신의 현실 지도에 기준을 둔다는 것을 아는가? 인간은 자신의 생각, 욕구, 욕망과 열정을 다른 이들, 특히 자신과 가까운 이들이 겪는 어려움을 고려하는 데 반영하지 않는다. 성격과 삶의 경험은 무의식적으로 다른 이들과의 상호작용에 편견을 갖게 한다. 여러분은 어쩔 수 없이 항상 다른 이들에게 영향을 미친다. 그런 이유 때문에, 대부분의 질문들은 무언가의 추정을 포함한다는 점에서 직설적(clean)이지 않다. 'when did you stop beating your wife?' 같은 유명한 질문처럼 말이다.

beating 같은 사소한 단어도 다양한 사람에게 다양하게 쓰일 수 있다. 여러분은 beating을 문맥상 신체적 폭력이나 스포츠나 게임에서 이기는 것 중 어떤 것으로 생각했는가?

치료사들은 내담자들을 깨끗한 거울을 대하는 것과 같이 치료하기 위해 다년간의 훈련을 받는다. 즉 문제를 내담자에게 그대로 반영함으로써 내담자들을 신중하게 대할 수 있다. 그러나 어떤 거울은 다른 것들보다 더 빛나기도 한다! 사실, 여러분은 눈썹을 올리거나 몰래 킥킥거리는 것만으로 많은 소통이 가능하다는 것을 알 것이다.(그렇기 때문에 프로이트는 소파에 환자를 눕히고 그 뒤에 앉아서 치료했다고 한다!)

다른 사람의 관점을 존중하고자 한다면, 자신이 토론의 결과를 얼마나 예단하지 않을 수 있는지 유의하자. 자신이 어떻게 할지를 기준으로 다른 사람에게 무엇을 하라고 말하는 편인가?

제15장에서 언급한 이와 같은 일반화나 제한적 믿음의 형성을 주의하자. 자신이 말하는 것을 잘 듣고 자신이 '꼭', '반드시', '그래야만 하는' 같은 말을 사용하는 지시어를 쓴다면, 그 순간이 바로 다른 이들에게 행동을 지시하고 자신의 관점을 강요하기를 멈출 때다.

【 정답을 낚아라! 】

치료사가 전날 밤 꿈을 꿨다는 내담자를 상담하고 있었다. 내담자가 기억할 수 있는 것은 꿈속에서 비가 내리고 식당에 있었다는 것뿐이었다. 잠이 깨자 그녀는 열이 나며 불안해졌다.

치료사 : 그럼, 그 꿈은 생선에 관한 것이네요, 맞나요?

내담자 : 잘 모르겠어요.

치료사 : 식당에 있었던 것은 아시잖아요?

내담자 : 네.

치료사 : 메뉴에는 생선이 있었겠죠?

내담자 : 네, 보통 식당에는 다 생선이 있죠.

치료사 : 비가 오고 있었으니까 그건 물을 의미하죠. 생선은 물속을 헤엄치잖아요?

내담자 : 글쎄요, 네, 그렇죠.

치료사 : 답을 찾은 것 같네요. 당신은 잡혀서 요리된 생선같이 느꼈던 것 같네요. 그렇죠? 어떻게 된 건지 자세히 말씀해 주시겠어요?

물론, 이 이야기는 가공의 것으로 현실은 매우 다르지만, 우리가 얼마나 사실을 한쪽으로 치우쳐 들으며 상대를 자신의 주관적인 해석으로 유도할 수 있는지 보여준다.

자신이 직장에서 동료나 직원을 코칭하거나 멘토링하는 관리자라고 상상해보자. 코칭 상담에서 명확한 목표를 유념하고 시작하는 것은 매우 중요하다. 그렇기 때문에 '오늘 어떤 문제를 알아볼까요?'라고 묻는 것은 상당히 합리적이다.

이 질문은 간단하고 직접적이며 무언가 한다는 공통된 이해에 주목한다. 그 말은 공유하는 상호작용의 양식에 대한 이해를 피력한다. 친구들 간의 수다가 아닌 것이다. 우리는 오늘 할 일이 있다. 이 질문은 '왜 당신이 피오나 같이 빠르게 기획을 끝내지 않았는지 알아볼까요?'보다는 이 단락의 문맥상 '좋은' 출발인데, 상대에게 생각할 여유를 남겨서 토론에 대한 생생한 도전을 불러일으키기 때문이다.

코칭은 분석과 도전에 관한 것으로 듣고, 질문하며, 관찰한 것을 지적하는 것이다. 그렇게 함으로써 내담자가 책임을 지고 행동에 전념할 수 있다. 직설적인 질문은 이런 목표들의 성취를 돕는다. 여러분이 제시하는 모든 제안은 여러분의 편견에 영향을 받은 것이 아닌 대상이 스스로 생각한 말로 표현되어야 한다. 그러므로 내담자가 자신을 탐색할 수 있는 더 직설적인 질문은 '이 상담에서 얻고 싶은 것은 무엇인가요?'일 것이다.

호기심이 고양이를 죽인다는 말이 있지만, 다양한 관점은 호기심이 이해로 가는 통로일 수 있다. 자신에게 가장 적합한 말을 선택하도록 하자.

직설적 언어 질문 알아보기

상담심리학자 데이비드 그로브는 직설적 언어로 알려진 지식 체계를 만들었고 이것을 통해 모호하지 않은 분명한 질문의 예술을 완성했다. 이 작업은 계속적으로 심화되어 현재 일부 NLP 종사자들이 받는 훈련 모듈의 형식을 이룬다(데이비드 그로브의 작업과 수년간 그를 모방한 페니 톰킨스와 제임스 롤리에 대해 제19장에서 설명한다.)

그로브는 심리치료, 코칭은 물론 보건, 사업, 교육 현장에서 다양하게 적용할 수 있는 질문 목록을 만들었다. 질문은 세 가지 유형이며 서로 다른 방식으로 작용한다.

- ✔ **현재 지각 질문** : 상황에 대한 내담자의 이해 확대
- ✔ **시간 이동 질문** : 내담자의 시간 감각에 대한 파악
- ✔ **의도 질문** : 내담자가 원하는 성과에 집중

【 직설적 언어로 의사결정하기 】

한 학생이 자신의 의사결정 문제를 설명하는 데 어려움을 겪고 있었다. 페니 톰킨스는 직설적 언어 질문을 사용한 그녀와 학생 간의 대화를 공유했다.

"결정한다는 것은 어떤 것과 같나요?" 나는 물었다.

그녀는 잠시 생각하더니 대답했다. "그러니까, 치과에 가는 것 같은 거예요. 대기실에서 기다리며 몹시 두려워하는 거죠."

두 개의 직설적 질문을 받고 오랜 생각 끝에 드디어 그녀는 "저는 정말 용기가 필요해요."라고 말했다. 나는 그녀가 깊은 은유에 도달했음을 알 수 있었다.

"어떤 종류의 용기가 그 용기인가요?" 나는 질문을 이어갔다.

"더 미루지 않고 헤쳐나갈 수 있게 하는 용기요."

"그럼 어떤 용기가 헤쳐나가게 하는 용기인가요? 그 용기는 어디에 있나요?"

그녀는 자신의 가슴에 오른손을 놓으며 "제 가슴 안에요."라고 말했다.

나는 직설적 질문을 계속했고 그녀는 용기에 대한 자원 은유를 심화할 수 있었다. "제 가슴을 채우는 강한 힘이요."

대화 마지막에 그녀는 말했다. "만일 선생님이 처음에 제가 한 '치과에 가는 것' 같은 말이 제 의사결정과 직접 연결된다고 말씀하셨으면 저는 믿지 않았을 거예요. 사실, 선생님이 말씀하실 수 없는 문제죠. 제 자신이 직접 경험해야 나오는 답이니까요."

이 일화를 제공한 페니 톰킨스와 제임스 롤리에게 감사드린다.

직설적 언어의 전반적인 목표는 사람들이 갖는 세상의 모형을 스스로의 관점으로 탐색함으로써 질문자의 언어에 내재한 편견을 제거하는 것이다. 문맥상 질문이 어색할 수 있지만, 두 문장 간의 비교를 통해 미묘한 차이를 알 수 있다. 예를 들어 '더 이상 없나요?'와 '이제 무엇을 할 건가요?'를 비교할 때 후자가 대상이 뭔가 꼭 해야 한다는 질문자의 의도를 명백히 드러낸다.

직설적 언어 과정 시작하기

페니와 제임스는 직설적 언어 질문을 시작하는 한 방법으로 자원 은유(resource

metaphor)를 심화함으로써 내담자가 지략적 상태가 되는 것을 제안했다. 다음 질문들로 자원 은유 심화 과정을 시작할 수 있다.

> 최선을 다한다는 것은 어떤 것과 같나요?

질문은 위에 기재된 방식으로 일반적으로 사용하거나 다음의 대괄호 안의 말처럼 구체적 맥락을 포함함으로써 더 구체적으로 사용할 수 있다.

> 최선 [으로 일하는 것은] 어떤 것과 같나요?
> 최선 [으로 협력하는 것은] 어떤 것과 같나요?
> 최선 [으로 집중하는 것은] 어떤 것과 같나요? .

또는 개인적 속성을 덧붙인다.

> 가장 [인내하는 것은] 어떤 것과 같나요?
> 가장 [사랑하는 것은] 어떤 것과 같나요?
> 가장 [만족하는 것은] 어떤 것과 같나요?

대상이 자원 은유를 만들면, 바라는 성과(목표, 목적) 은유의 심화 과정을 시작하는 다음의 직설적 질문을 한다.

> 바라는 것이 이루어진다는 것은 어떤 것과 같나요?

대상이 말을 하거나 질문에 대한 답으로 은유를 쓰거나 그리면, 은유를 삶으로 가져오기 위해 다음 단락에 기재된 다섯 개의 심화 질문을 한다. 여러분은 대상이 은유적 풍경 안에서 살게 되기를 바랄 수 있다(여러 은유를 사용하도록!).

현재 지각 질문 심화하기

상황의 이해를 높이는 직설적 질문하기의 몇 가지 예를 소개한다.

✔ **속성** : 그 외 다른 것은…?, 어떤 종류의…?
✔ **장소** : 어디에서/소재는…?
✔ **관계** : …사이에 연관이 있나요…? 언제 무엇이 일어난 건가요?
✔ **은유** : …는 어떤 것과 같나요?

이동 시간 질문 파악

이 직설적 질문은 시간 감각과 함께 파악하면 좋다.

- ✔ **전** : 바로 전에 무슨 일이 있었나요?
- ✔ **후** : 그러고 나서/그 후에 무슨 일이 있나요?
- ✔ **출처** : 어디에서/어디로부터 …인가요?

의도 질문 작업

다음의 직설적 질문은 바라는 성과 파악에 유용하다.

- ✔ **바라는 성과** : 어떻게 되었으면 좋겠나요?
- ✔ **필요한 조건** : 바라는 결과를 얻기 위해서는 무엇이 필요한가요? 무엇을 할 수 있나요?

이 질문들의 효과를 내기 위해, 직설적 언어에 대한 공식 훈련을 받는 것도 좋다. 또 자신의 질문들을 스스로 조금씩 직설적 질문들로 조정해 가면 다른 이의 생각에 부지불식간에 영향을 주는 일 없이 공평한 진행자가 될 수 있을 것이다.

어떤 사람이 지나친 업무 같은 문제를 호소하며 도움을 요청한다고 상상해보자. 그 사람에게 '업무량은 무엇과 같나요?'라고 질문함으로써 일에 대한 그 자신의 은유를 찾게 할 수 있다. 그러고 나서 '목 뒤에 벽돌이 놓여 있다면 어떻게 하시겠어요?'와 같은 질문으로 그 자신의 해법을 떠올리도록 유도한다.

행동 방식의 중요성 인지하기

다른 사람에게 소리치며 '나한테 소리 좀 지르지 마요!'라고 해본 적이 있는가? 정반대의 행동을 하며 다른 사람에게 누군가에게 어떤 행동을 요구하는 것은 정말 말이 안 된다. 그럼에도 불구하고 많은 사람들이 이런 행동을 한다. 자신 안의 바꾸고 싶은 부정적 속성을 다른 이들에게서 쉽게 발견할 수 있을 것이다.

다른 이를 변화하도록 격려하는 비법은 스스로가 모범이 되는 것이다. 누군가 호기심을 갖게 하고 싶으면 본인이 호기심을 갖도록 하라. 다른 누군가가 긍정적이고 유용하기를 바란다면, 스스로 그러한 행동의 모범이 되자. 다른 사람이 기운을 내길 바란다면, 자신이 분위기를 좀 재미있게 바꿔보자.

다른 사람이 변화하길 기대하는 대신 스스로 앞장서라. 전해줄 수 있는 가장 훌륭한 교훈 중 하나는 '다른 사람을 대하는 자신의 행동이 그 사람들의 자신에 대한 행동을 결정한다는 것'이다. 그러므로 질문할 때 말뿐 아니라 자신의 행동도 유념하자.

일시정지 버튼 누르기

침묵은 금이다. 한 사람이 이야기를 마칠 때 잠시 멈추는 것이 유용하다. 말할 차례가 오면 먼저 생각할 시간을 갖도록 하자.

작고한 영국의 위대한 방송진행자 앨런 위커는 '위커의 세상'이라는 멋진 TV 시리즈를 만들었다. 이 시리즈에서 그는 수도자부터 갱스터까지 온갖 부류의 사람들과 인터뷰를 했다. 위커는 독특한 인터뷰 스타일로 유명했는데, 질문을 하고 대답을 들은 후 긴 침묵에 들어가는 것이었다. 인터뷰 대상은, 침묵을 채워야 할 필요를 느끼고 먼저 한 대답보다 훨씬 그들 성격에 대한 통찰을 드러내는 자세한 답변을 내놓았다. 동료 방송인 마이클 파킨슨 경에 의하면, 위커의 최고 질문은 아무 질문을 하지 않은 것이었다. 그는 상대가 대답할 때까지 그저 그곳에 서서, 눈썹을 올리며 고개를 끄덕일 뿐이었다.

잠시 멈춤은 대상에게 질문받은 것을 처리할 중요한 시간을 제공하며 답변을 유심히 고려하게 한다. 질문의 구조화된 틀 안에서 차분히 생각할 여유를 주는 것은 모든 상황에서 커다란 이익이 된다. 다른 사람에게 귀 기울이는 것은 관대한 행동으로 모든 조직에서 아직 개발되지 않은 가치 저하된 기술이다. 또, 코칭이 매우 효과적인 이유이기도 하다. 훈련받은 코치는 경청의 중요성과 내담자가 생각을 처리할 수 있도록 하는 침묵과 결합된 질문의 강력함을 이해한다. 그들은 말로 표현된 것뿐 아니라 말 이면의 메시지도 경청하며 보이는 것에 기민한 주의를 기울인다. 그들은 내담자에게 생각할 여유를 줌으로써 내담자들을 스스로의 문제 해결이 가능한 최고의 지략적 상태로 만드는 것을 안다.

훌륭한 경청자는 회의를 생산적으로 만들고 튼튼한 관계를 형성하며 복잡한 사안을 해결하는 통찰력을 발견한다.

질문 검토하기

자신의 질문이 도움이 되거나 상황을 더 좋게 하는 데 적절한지 의심이 든다면 잠시 멈추고 다음 질문을 해보자.

- ✔ '다음 질문이 대화를 더욱 가치 있게 할 것인가? 가고자 하는 목적지에 더 가깝게 데려다 주는가, 아니면 멀리 떨어지게 하는가?'
- ✔ '여기에서 얻고자 하는 성과나 결과는 무엇인가?'

만약 의심이 든다면 더 효력 있는 질문이 머리에 떠오를 때까지 침묵을 지킨다. 모든 감각적 예민함이 자신을 인도하도록 한다. 주위의 무엇을 느끼고, 보고, 듣고, 냄새 맡는가? 그런 다음 '여기에서 가장 유용한 질문을 무엇인가요?'나 '제가 질문할 수 있는 가장 유용한 질문은 무엇일까요?'와 같은 주도적인 질문으로 상대를 고무할 수 있다.

긍정문으로 말하기

전력을 다해 분홍 코끼리를 생각하지 말라고 한다면 어떻게 될까? 그렇다, 즉시 분홍 코끼리를 생각할 것이다. 어쩔 수 없는 일이다! 이와 비슷하게, 아이에게 '차 마시기 전에 사탕 먹지 마라'라고 한다면? 이러한 부주의한 명령에 의해 아이는 사탕을 먹게 될 수밖에 없다.

뇌는 부정적인 것을 분별하지 않기 때문에 '하지 말라'는 무시하고 '해라'라고 생각한다. 아이에게 긍정문으로 '곧 차 마실 시간이니까 사탕은 2분만 기다렸다가 먹자'라고 하는 것이 좋을 것이다.

원하는 것 파악하기

원하는 것을 아는 것은 가장 어려운 일일 수 있다. 원하는 것은 끊임없이 빠르게 변하기 때문이다. 원한다고 생각하는 것을 얻었으나 실제로는 전혀 원하던 것이 아니어서 실망하기도 한다. 진정으로 원하는 것을 파악하기 위해, '내가 원하는 것은 무엇인가?'와 '그것은 나에게 무엇을 해줄 것인가?'의 두 가지 질문을 자문한다.

나는 무엇을 원할까?

NLP에서 나온 한 가지 훌륭한 질문은 '나는 무엇을 원하는가?'이다.

원치 않는 것은 매우 분명한 반면 원하는 것은 모를 수 있다. 좋은 출발점은 싫어하는 것의 목록을 만든 다음 하나씩 질문해보는 것이다. '이것의 반대는 무엇인가?' 그런 다음 자신에게 물어볼 수 있을 것이다. '이제 내가 원하는 것은 무엇일까?'

대답을 명료화하면서 세부 내용을 탐색하며 약간의 몽상에 빠지는 것도 좋다. 미래의 자신을 상상하여, 셀프 영화를 빠르게 앞으로 감아서 원하던 것에 더하여 더 많이 성취한 미래로 가보자. 모든 감각을 동원해서 성취한 것의 느낌과 음성, 그림이 어떤지 자문한다. 바라던 것에 연관된 냄새나 맛은 없는가? 내면을 검토해서 원하던 것이 맞는지 확인한다. 성취로 인해 힘이 나고 신이 나는가? 불안하고 힘이 빠진다면, 뭔가 잘못되었다는 뜻이다. 아마도 다른 누군가가 계획한 '해야 하는'이나 '당위' 적인 목표에 중점을 두었을 수 있다.

그것은 나에게 무엇을 해줄 것인가?

원하는 것을 생각하고 어떤 말이나 생각이 떠오르면, 다음 질문은 '그것은 나에게 무엇을 해줄 것인가?'이다. 모두들 새로운 사업에 투자하기, 새로운 스포츠 시작하기, 혹은 일을 그만두고 네팔에 하이킹 가기 등 이루고 싶은 목표가 있을 것이다.

이러한 목표의 성취가 자신에게 무엇을 가져다줄지 자문해보자. 같은 질문을 세 번 반복해서 스스로 납득할 수 있는 핵심 가치를 발견할 때까지 철두철미하게 분석한다. 그렇지 않으면, 원하는 목적지로 데려다주는 길에 있지 못하고 샛길에서 이리저리 헤맬 수 있다.

키스는 업무에서 크게 성공한 영업사원이었다. 처음에 NLP 코치와 작업할 때, 그의 우선순위는 실시할 수 있는 구체적인 기술을 계발하는 것이었다. 그는 회사의 차기 영업 감독이 되는 길을 닦는 데 중점을 두고 있었다.

키스는 코치로부터 원하는 것이 무엇이고 그것은 그에게 무엇을 해줄 것인지를 질문받자 진정으로 원하는 것을 더욱 파고들어 삶과 일의 모든 면을 고려했다. 그는 이 경력을 성취한다면 현재 일에서 얻는 많은 자유와 유연성을 포기해야 함을 깨달았다.

혼잡 시간대에 지방으로 출퇴근해야 하고, 하루의 대부분을 협의나 예산, 회사의 연금 계획과 관련된 적법성을 가려내는 일에 보내느라 회사 본부의 책상에 갇혀 있게 될 판이었다. '회사에 목줄을 달게 될 거예요'라고 그는 말했다.

키스는 고객들과의 계약을 잘 성사시켜 왔고, 진급은 진심으로 원하는 것이 아니었다. 이것을 깨달은 그는, 경력 목표를 다시 설정하기로 선택하고 자신의 능력을 다른 부서에서 발휘하기로 했다. 그는 이것을 시작으로 새로운 국제 영업을 시작하는 동기를 만들 수 있게 되었다.

그는 원하는 것을 오랜 시간에 걸쳐 자문하는 습관을 들이며 더 의미 있는 삶의 변화를 만들었고 대기업을 떠나 자신의 소프트웨어 회사를 창업했다. 이 변화로 그는 자신의 아버지는 하지 못했던 방식으로 어린 자녀들과 함께 시간을 보낼 수 있었다. 키스가 무엇보다도 원하는 것은 아이들의 성장을 지켜보는 일이었다.

결정을 돕는 질문하기

여러분은 출근할지 그냥 집에 있을지, 점심이나 저녁에 뭘 먹을지, 영화 보자는 권유를 받아들일지 여부, 새로 나온 전자기기나 휴가에 얼마나 돈을 쓸지, 가족들을 위해 크리스마스 파티를 열지 등에 대해 항상 선택을 하고 결정한다.

어떤 여름날 책상에서 즐겁게 일하고 있는데 헤드헌터로부터 전화를 받는다고 상상해보자. 회사가 원하는 인재라며 새 일을 제시하는데 직장은 300마일 떨어진 지방에 있다고 한다. 이직은 생각지도 못한 일이지만, 그래도 들뜬 마음에 해당 회사에 찾아가 이야기를 들어본다. 계약은 상당히 그럴듯해 보이고 '이런 바다 근처의 따뜻한 곳에서 일하는 것도 괜찮지 않겠어?'라는 생각도 든다. 그러나 마음 깊은 곳에서 희미한 목소리가 들려온다. '이게 정말 옳은 일이야? 확실해?'

이직을 해야 할까, 아니면 제일 잘 아는 일을 계속해야 할까? 어떻게 결정할 것인가? 자신이나 다른 사람의 의사결정 과정을 안내하는 네 가지 핵심 질문을 소개한다.

✔ 한다면 어떤 일이 생길까?

✔ 하지 않는다면 어떤 일이 생길까?

✔ 한다면 어떤 일이 안 생길까?

✔ 하지 않는다면 일이 안 생길까?

 이 네 가지 질문은 데카르트 이론에 기반 한 것으로 데카르트 좌표로 불리기도 한다. 기억해야 할 점은 이것이 주제를 다른 시각에서 검토 가능하게 하는 강력한 언어학적 양식을 제시한다는 점이다.

우리는 새 차를 사야 하나, 진로 방향을 바꿔야 하나, 아기를 가질까, 회사를 확장 할까 등 주요한 결정과 관련하여 내담자들에게 위의 질문들을 설명한다. 질문은 관심사에 주목하며 사고에 도전한다. 마지막 질문에 이르면, 잠시 멈춰서 생각할 것이다. '이건 모르겠는데' 괜찮다. 이 반응은 사고 중 돌파구에 다다랐음을 의미한다.

삶의 다른 영역을 대가로 해서 한 영역을 바꾼다면 그 변화는 오래 지속하지 못할 수 있다. 이직 시 현재 있는 중요한 관심사나 우정은 포기해야 한다면, 이 변화는 장기적으로 여러분을 행복하게 만들지 못하며 오래 지속하지도 못할 것이다. 이 말을 있는 그대로 받아들이기보다 계획 중인 무언가와 연관하여 직접 시도해보라. 이 질문이 자신을 둘러싼 전체 환경에 미칠 영향에 기반을 둔 생태학 검토라고 하는 건강한 방식으로 그 결정을 검토할 것을 권유함을 알 수 있을 것이다(이 점과 관련해서는 제4장 참조).

제한적 믿음에 도전하기

어떤 생각이 갈망하는 목표의 성취를 방해할 때 이러한 생각을 물리치는 세 가지 간단한 질문을 해볼 수 있다. 자신이나 다른 사람들의 제한적 믿음을 극복하도록 돕기 위해 이번 단락에서 준비한 세 가지 질문을 해본다.

✔ **질문 1 : '목표 성취를 위한 능력을 제한하는 이 사안과 관련해 어떤 가정이나 믿음이 있는가?'**

이 질문을 NLP에서 제한적 믿음이라고 설명하는 문제의 핵심에 확실히 도달할 때까지 세 번 반복한다. 깊이 파고들면서, '그래, 이것 외에 또 나를 제한하는 것은 뭘까?'라는 의문이 들 수 있다.

'나는 쓸모없어.', '아무도 내게 기회를 주지 않아', '도저히 방법을 모르겠어'라고 생각하는 사람을 생각해보자. 이러한 부정적 관점을 취한다면, 원하는 목표 성취를 위해 필요한 일은 할 수 없을 것이다.

✔ **질문 2 : '자신을 저지하는 절대 반대의 믿음이 더 강한 역량강화적 믿음이 될 것인가?'**

이 질문은 제한을 긍정적인 측면으로 뒤집는다. 위에서 말한 절대 반대의 가정과 믿음은 '나는 쓸 만하다', '누군가 알려 주면 방법을 찾을 수 있다' 등이다.

두 번째 질문을 할 때 동료나 고객이 대답하기 어려워하며 혼란해하거나 기분 상할 수 있다. 하지만 다른 이의 관점을 전환하며 앞으로 나아갈 수 있도록 돕는 역량강화의 믿음을 떠올리기 위해서는 이 질문을 계속하는 것이 중요하다.

✔ **질문 3 : '만일 [자유롭게 하는 믿음]이 …라는 것을 안다면 목표를 향해 가도록 이제 어떤 생각을 할 것인가?'**

이 질문으로 과정이 완성된다. 이 시점에서, 대상은 앞으로 나아가는 스스로의 생각을 떠올린다. '제가 그런대로 괜찮다는 것을 알면 X, Y, Z를 할 거예요.'

이 질문하기 작업은 '만약에' 사고로 표현함으로써 작동한다. 할 수 있다는 믿음으로 행동하면 목표 성취를 위한 행동을 발견할 수 있을 것이다.

케이트는 사업에서 성공하길 원하지만 아이 갖기 결정 때문에 분투하는 중역을 코칭한 적이 있다. 그녀의 제한적 믿음은 '동시에 좋은 엄마와 성공한 여성 사업가가 되는 것은 불가능해'였다. 세 가지 질문을 통해 그녀는 새로운 반대 가정인 '동시에 좋은 엄마와 성공한 여성 사업가가 되는 것은 가능해'를 평가했다.

만약 둘 다 가능하다면의 '만약에' 틀에서 작업함으로써 그녀는 좋은 엄마와 성공한 사업가를 동시에 성취하는 사업을 운영하기 위한 많은 생각들에 마음을 열었다. 그녀는 두 명의 건강하고 잘 적응하는 아이들을 갖는 데 성공했을 뿐 아니라, 여성만이 아닌 남성 직원도 혜택을 받는 유연한 정책을 마련할 수 있었다.

일에 맞는 사람 찾기 : 동기부여의 문제

일의 적임자를 적시에 찾는 것은 까다로운 일이다. 맞는 질문을 함으로써 특정한 역할을 성공적으로 해낼 수 있는 속성을 지닌 사람을 발견할 수 있다.

지원자를 적임자 대열에 세우기 위해 관련된 기술적 능력(technical skills)뿐 아니라 그 일을 잘 수행하기 위한 인간적 속성(personal qualities)에 대해서도 자문하자. 이 사람은 어떻게 처신할 것인가? 채용 전에 다음 질문들을 해본다.

- ✔ 이 일을 잘 수행하기 위한 핵심 기준은 무엇인가? 팀워크를 다지는 편인지 자발적인지, 명확한 절차를 준수할 수 있는지, 창조적인지, 학습에 개방적인지, 조직적인지, 지적으로 민첩한지, 고객 중심의 마음가짐이 있는지, 도전을 좋아하는지 같은 반드시 지녀야 할 다섯 가지의 핵심 특성을 떠올린다.
- ✔ 지원자는 결과를 얻기 위한 동기부여가 필요한가, 세부 문제의 중재 역할을 하는가?
- ✔ 지원자는 기본적으로 자율적인가, 고객 및 팀의 의견일치를 찾는가?
- ✔ 일의 성격상 지원자가 절차를 준수해야 하는가, 아니면 자유롭게 처리 가능한가?

이어지는 네 개 단락에서, 염두에 둔 일을 하기 위한 기술적 능력뿐 아니라 주어진 맥락에서 어떻게 행동할지에 대한 구체적인 정보를 얻을 수 있는 면접 시 사용 가능한 질문들이 소개된다. 질문들은 제7장에서 설명한 NLP 메타 프로그램을 기초로 한다.

이 질문들은 앞으로 팀원에게 어떤 일이 일어날지 및 그들의 동기를 유지하기 위해 어떤 조정을 마련할 수 있는지 검토하는 데 사용할 수 있다.

일에서 원하는 것은 무엇인가?

이 질문은 회사에 바라는 조건이나 가능한 뜨거운 쟁점에 부합하게 한다. 어떤 지원자가 많은 자율성과 유연성을 원한다고 할 경우 창조적인 환경에서는 잘 적응하지만 새로운 체계를 이행하는 빽빽한 기획 관리가 필요할 경우는 그렇지 못할 수 있다. 변화에 잘 대처한다면 단기 계약에는 능숙하겠지만 새 역할이 주어지지 않는 이상 1년이나 2년 이상 남아 있지 않을 것이다.

왜 그것은 중요한가?

차례로 각 지원자의 조건을 들으며 '왜 그것이 중요한가?'를 묻는다. 이 질문은 그 사람의 동기 방향, 즉 문제를 회피(away from)하는지, 해결을 지향(towards)하는지 파악할 수 있게 한다. 회피적인 사람은 '대출금을 못 내게 될 걱정은 안 해도 되기 때문에 급여는 중요합니다'라고 말할 것이다. 반면 지향적인 사람은 '쉽게 내 집을 살 수 있기 때문에 급여는 중요합니다'라고 말할 것이다.

사람들을 알 수 있는 단서는 채택하는 언어 양식에 있다. 예를 들어보자.

- ✔ 지향에 동기가 맞춰져 있다면 획득하다, 벌다, 얻다, 성취하다, 포함하다 등의 말을 할 것이다.
- ✔ 회피에 동기가 맞춰져 있다면 문제를 피하다, 배제하다, 인지하다 같은 말을 할 것이다.

일을 잘했는지 어떻게 아는가?

이 질문은 동기의 원천을 파악할 수 있게 한다.

내적인 중심(internally focused)이라면 다른 사람보다는 자신의 일에 더 관심이 있을 것이다. 그들을 동기부여하기 위해서는 '당신만이 결정할 수 있습니다', '당신이 고려해 보세요', '어떻게 생각하나요?' 같은 어구를 사용할 수 있다.

외적인 중심(externally focused)이라면 다른 이들에 의한 확신과 공고한 사실과 숫자에 접근할 필요가 있다. 그들을 동기부여하기 위해서는 '다른 사람들이 알아볼 겁니다', '피드백을 듣게 될 거예요', '누가 이러이러하게 말했어요' 같은 어구를 사용한다.

조직의 가치가 매우 다양해지면서 무의식적 편견에 관한 화제가 전방에 오게 되었다. 그러나 대부분의 면접관은 '동일한' 부류를 찾는 경향이 있어서 천성적으로 자신들과 비슷한 사람을 채용하게 된다. 무의식적 편견을 제거하는 것은 매우 어렵다. 자신에게 그러한 편견이 있음을 모르기 때문이다.

많은 관현악단들이 수년 동안 여성 단원을 늘리기 위한 수단으로 블라인드 오디션을 시행해 왔다. 편견을 막기 위해, 연주자는 가림막 뒤에서 연주를 한다. 「가디언」지에 실린 커트 라이스의 기사(2014. 10. 14)에 따르면, 이 가림막 절차는 강력한 영향을 미쳤다. 연구자들에 따르면 이 단일 조치만으로 여성들은 50퍼센트 이상 최종 오디션에 진출했고 가림막으로 여성들에게 직책을 제공하는 곳들이 급등하게 되었다.

지원자들을 면접 보면서 그들의 성별을 무시하는 것은 비현실적인 일처럼 보이지만, 관현악단은 그 가능성을 입증했다. 흥미 있는 질문은, 어떻게 이 접근이 더 광범위하게 적용될 수 있는가이다. 사람들이 오로지 그들의 직무 적합성에 의해서만 채용되는 진정으로 균형 있는 직장의 형성을 위해서는 어떤 종류의 가림막이 필요할까?

고객 서비스 부서에 직원을 채용할 경우, 내적인 중심보다 외적인 인정을 가치 있게 여길 필요가 있다. 그러나 직접 수행하는 프로젝트를 맡긴다면 강한 외적 중심의 사람들은 정규적인 인정과 다른 이들과의 연관 없이는 힘들어질 수 있다.

왜 현재 그 분야의 일을 택했는가?

이 질문은 선택권이 주어지거나 지시를 받는 쪽 중 어디에 동기부여가 되는지 알고자 할 때 좋다. 선택 형식(options style)이라면 기회, 조건, 선택, 무한한 가능성, 다양성 등의 말을 할 것이다. 반면에 강한 절차 형식(procedures style)의 소유자라면, 단계적 반응을 보이며 현재 업계에 진출하게 된 이야기를 할 것이다. 이런 사람들로부터는 절차에 대한 이야기와 '맞는 방식', '유효성이 증명된' 같은 어구의 사용을 듣게 될 것이다.

양쪽 형식 모두 같은 팀 내에서 화목하게 일할 수 있다. 선택적 사람들을 동기유발하기 위해서는 제시할 수 있는 많은 선택지를 만들고 업무의 새로운 방식을 브레인스토밍하게 하자. 절차적 사람들의 경우 팀을 구조화하고 통제하는 데 필요한 체계와 절차에 집중한다.

자가 진단

성취하고자 하는 궤도를 유지하고 싶을 때 자문하는 습관은 매우 유용하다. 매일 고려해볼 질문들을 소개한다.

- ✔ 무엇을 원하는가?
- ✔ 그것은 나에게 무엇을 해줄 것인가?
- ✔ 여기에서 중요한 것은 무엇인가?
- ✔ 어떤 일이 잘 되고 있는가?
- ✔ 자신만의 방법을 어떻게 찾는가?
- ✔ 어떻게 더 좋아질 수 있는가?
- ✔ 어떤 지지자원이 있는가?

'피드백이 있을 뿐 실패는 없다'라는 NLP 가정을 인정한다면, 듣고 싶지 않은 대답을 들을까 봐 질문하기를 두려워할 필요가 없다. 옳은 질문을 할 때 돌아오는 피드백에 귀를 기울이자.

학습 통합하기

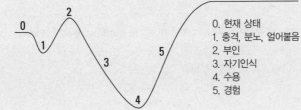

0. 현재 상태
1. 충격, 분노, 얼어붙음
2. 부인
3. 자기인식
4. 수용
5. 경험

NLP

제5부 미리보기

- 대중 연설부터 집안일, 관계 형성까지 어떤 것이던 그 분야의 뛰어난 사람을 본보기로 하는 NLP 도구 사용법의 발견

- 삶의 전환점에서 NLP의 힘을 사용하며 변화를 더욱 쉽게 만들기

- 어려운 시기에 일을 수월히 하는 법 배우기

모방학습 살펴보기

유명한 NLP 이야기가 하나 있다. 숙련된 NLP 종사자들이 예사롭지 않은 상황에서 성과를 얻는 것으로 유명한 한 주술사의 치료를 연구하러 외딴 곳을 방문했다. 그들의 과제는 환자를 돌보는 그의 행동을 연구해서 주술사 기술의 핵심인 '차이를 만드는 특별함'을 찾는 것이었다.

주술사의 치료 방식에는 확실히 알쏭달쏭한 점이 많았다. 그가 환자를 치료하는 방식의 외적인 특징은 주문과 극적으로 과장된 몸짓, 그리고 물약이었다. 관찰 기간이 끝나고 NLP 종사자들은 주술사에게 질문할 기회를 얻었다. 한 명이 '치유가 실제로 일어나는 시점은 언제인가요?'라고 물었다. 그는 '상처에 손을 올려놓았을 때입니다' 같은 답을 예상했으나 주술사의 대답은 놀랍게도 '며칠 전 산 정상에 올라가 목표를 정했을 때입니다'였다.

이 이야기에서 다양한 메시지를 찾아볼 수 있다. 즉 모든 상황에서 목표를 정하는 것의 효과와 목표 결정이 결과에 미치는 영향이다. 또 다른 하나는 겉으로 나타난 것이 언제나 전부는 아니라는 것이다. 이 장에서 우리는 여러분이 흥미를 갖고 잘 하고자 하나 아직 숙달하지 못한 어떤 분야에 뛰어난 누군가를 찾아 목표를 설정하고 명백하게 드러나는 외적 행동 이면에 주목함으로써 대상을 모방하는 방법을 알려줄 것이다. 먼저 시작하는 방법부터 알아보자.

우리는 단지 여러분이 이 장을 읽는 것만으로 전문적인 NLP 학습자가 되리라 기대하는 것이 아니다. 그러려면 다년간 인내심 있게 관찰해나가야 한다. 우리가 정말 바라는 것은 여러분이 NLP 여행을 더 탐색하면서 감각적 예민함을 끌어올려 이를 사용하는 것을 즐기게 되는 것이다. 모방학습을 하는 것만으로도 일정 수준 이상의 단계에 도달할 수 있다. 여러분은 아직 모르겠지만 이 장에서 언급된 몇 명의 학습자들은 실제로 이 사실을 오래전에 발견했다. 제1부에서 설명한 NLP의 기본 개념을 이해했다면 모방학습의 내용 대부분을 이미 아는 것이다. 제11장에서 설명한 논리 수준 모형 역시 모방학습에 익숙해지는 데 도움이 될 것이다.

모방학습을 통한 새 기술의 심화

NLP 전문가 과정이 거의 끝나갈 때가 되면 학생들은 이전에 수개월, 수년 동안 이루어진 NLP 학습의 지식을 통합하는 **모방학습**(modelling) 프로젝트에 참여하게 된다. 프로젝트의 난이도는 학생들의 단계에 따라 여러 가지고 모방 범위는 트위터에 상당한 팔로워를 만드는 데 성공한 사람부터 영업 회의에 뛰어난 사람까지 다양하다.

NLP **모방학습**(NLP modelling)은 결과를 모방하기 위해 기술 심층부에 있는 무의식적 행동을 이해하고 그 행동을 다른 사람에게 가르칠 수 있는 모형으로 부호화함으로써 다른 사람의 유능함을 완전히 모방하는 능력이다.

여러분은 수업을 듣고, 책을 읽으며, CD를 듣고, TED 강연을 다운로드하거나 DVD를 보면서 새 기술을 획득할 수 있다. 이는 교재를 가지고 직접 시도하고 채택해서 삶에 통합하는 과정으로 시간이 걸린다. 한편, 모방학습은 기술을 급속히 향상하는 방법을 제공한다. NLP는 본질적으로 사람들이 하는 일의 방식에 대한 것이다. 즉 인간이 하는 일의 의미를 이해하는 것으로 NLP 개발자는 이에 대한 이해를 심화하고 다른 이들과 공유하기 위해 처음부터 인간 행동을 모방하는 기법을 채택해 왔다.

NLP는 인간을 알고 싶어 하는 사람들의 이목을 끈다. 자신과 다른 대상 모방하기는 학습에 대한 깊은 열망과 그들이 어떻게 기능해서 결과를 얻었는지에 대한 호기심에서 비롯한다. 리처드 밴들러와 존 그린더는 치료사들과의 멋진 소통 능력 덕분에 최초로 밀턴과 메타 모형을 만들 수 있었다. NLP 공동체의 다른 지도자들은 로버트 딜츠, 주디스 들로지어, 토드 엡스타인, 데이비드 고든, 스티븐 길리건, 팀 홀범, 레슬리 캐머런-밴들러, 수지 스미스 등이 있고 그들은 리더십, 천재성, 조직발전, 창조성, 건강, 부와 인간관계 분야 같은 포괄적인 모방학습 연구 원칙을 적용했다.

모방학습은 특정 분야에서 유능함을 보이는 본보기 대상과 대상을 연구하는 학습자가 관련된다. 연구와 관찰을 통해 학습자는 모방(model), 즉 본보기 대상이 기능하는 방식을 설명하는 틀을 만든다.

모방학습으로 무엇이 실제로 가능한지 www.nlpu.com을 방문해서 로버트 딜츠의 천재 전략에 관한 글을 읽어보자. 딜츠는 현재는 살아 있는 않은 모차르트와 레오나르도 다빈치 같은 일련의 본보기 대상들을 연구했다. 딜츠는 그중에서도 월트 디즈니를 연구하여 꿈을 현실로 바꾸는 디즈니의 능력을 탐색하는 창조력 모형(NLP에서 디즈니 전략으로 알려짐)을 만들었다.

모방학습은 대상의 눈에 띄는 행동 양식을 파악하는 것으로 시작된다. 대상의 중요한 믿음과 신념을 경청하며 그 사고방식과 행동에 호기심을 갖게 된다. 최종적으로 모방에 성공했는지 여부는 모방한 기술을 독립적으로 분리해 다른 사람에게 가르칠 수 있고 본보기 대상이 성취한 성과를 똑같이 이루어낼 수 있는지에 달려 있다.

모든 질의문답 과정과 마찬가지로 모방학습 역시 문제 해결을 위해 질문에 답하고 새로운 것을 발견하며 정보를 전달하는 과정을 거친다. 수집한 정보는 면밀한 검토 후 가치 있는 가설이 된다. NLP 문헌은 이 장에서 소개하는 것 외에 더욱 많은 모방학습의 흥미로운 연구로 넘쳐난다. 모방학습은 NLP의 핵심이라고 할 수 있다.

제대로 써먹기

다른 사람에게 감탄하며 '어떻게 그 일을 했을까?', '어떻게 저렇게 인생을 잘 살았을까?', '나도 …를 할 수 있으면' 하고 자문해본 적이 있는가?

그렇다면 여러분은 누군가 다른 이에게 배울 준비가 되었다. 다만 일을 쉽게 하기 위해 대상의 기술 중 일부분만을 택해서 모방하도록 한다. 인생에서 사용한 모든 기술을 목표로 하는 대신 급여 인상 협상이나 화내지 않고 아이들과 대화하는 법 등 일부 뛰어난 부분을 파악하라는 뜻이다. 그리고 자신의 삶에서 기술을 개선하거나 경험을 전환하고자 하는 영역이 무엇인지 고려한 후 자신에게 다음과 같은 질문을 해본다.

✔ **삶과 일에서 더 하고 싶은 것은 무엇인가?** 재미와 도전, 심화된 기술적 요건이나 삶의 동반자를 원하는가? 휴가나 급여가 더 좋은 직장을 원하는가?
✔ **덜 하고 싶은 것은 무엇인가?** 십대 아이들에게 숙제나 집안일 좀 하라고 잔소리할 필요가 없게끔 사무실 정책 관련 일들은 덜 했으면 할 수 있다. 사업상 출장도 좀 줄었으면 할 것이다.
✔ **배울 수 있는 구체적인 역량을 달성한 내가 이미 아는 사람은 누구인가?** 주위를 둘러보면, 아직 자신이 얻지 못한 기술에 상당히 근접한 다른 이를 발견할 수 있을 것이다.

모방학습 활동의 주제를 고르면서 이 정보를 유념하도록 하자. 이상적으로, 탄탄한 모형을 계발할 수 있도록 세 명의 본보기 대상을 선택해야 한다.

에피소드

모방학습은 모든 활동에 대한 좋은 방법을 알려주는 본보기 대상을 보고 학습하는 것이다. 케이트는 수년간 요가 강좌를 들으면서 많은 강사들에게 배워 왔다. 하지만 자신이 유연한 강사들에 비해 유연성이 떨어져서 물구나무서기와 다른 어려운 동작들은 할 수 없음을 깨달았다. 그녀는 요가 매트를 비슷한 나이의 이본느 옆으로 옮기고서야 더 좋은 본보기를 찾을 수 있었다. 이본느가 어려운 동작으로 천천히 우아하게 움직이는 것을 보면서, 케이트는 자신의 목표를 그리고 이본느가 미세하게 자세 교정을 하는 것을 보면서 기술을 완벽히 익히는 데 수년이 걸리더라도 괜찮으며 자신도 물구나무서기를 할 수 있고 그 자세로 편안함을 느낄 수 있다는 것을 깨달았다.

이 작은 성공으로 자신의 몸이 무엇을 배울 수 있는가에 대한 믿음이 변화했다. 그녀는 다른 이들의 미세한 작은 동작들에 더욱 주의를 기울이게 되었고 심화된 연습을

통해 이완되는 경험을 하면서 강좌를 듣는 다른 수강생들과 경쟁해야 한다는 생각
도 버렸다.

춤 동작 같은 비교적 간단한 행동 기술에 능숙해지고 싶다면, 자신이 하려고 하는 것
을 최근에 배운 사람을 찾아서 본보기로 삼는다. 이런 사람은 자신의 유능함을 잘 의
식하고 있어서 좋은 출발점을 제공할 수 있다. 즉 아직 배운 과정을 잘 기억하고 있
기 때문에 실용적인 도움을 제공할 수 있다.

모방학습은 인간 본성의 능력임을 인지하기

모방학습은 복잡할 필요가 없다. 인간으로서 여러분은 천성적인 학습자다. 아기 때
는 엄마의 눈을 들여다보며 미소나 부드러운 말의 힘을 느끼고 십대 때는 친구와 비
슷한 옷을 입으면서 따라하며, 어른이 되어서는 최신의 기술 장치에 빠진 동료의 일
을 베끼기도 한다.

메타 프로그램 용어(자세한 내용은 제7장 참조)로 말하면, 여러분은 교류하는 사람들의
유사성과 차이를 끊임없이 분류하며 어떤 행동은 계속하고 어떤 것은 피한다. 또 여
러 선택과 절차를 시험하며 준수하기도 한다. 여러분은 두 발로 걷고 먹고 말하며 이
책을 읽는 놀라운 재능을 지녔다. 그리고 이 모든 일상 활동들은 세심하게 무의식적
으로 처리된다. 대상을 모방할 때 행동과 사고, 느낌 같은 과정을 세세하게 파헤쳐
인지하며 모방한다.

알파벳 배우기, 자전거 타기, 운전하기, 스포츠 게임, 회의 진행, 요리하기, 맞는 옷
고르거나 재정 관리 등의 새로운 기술을 학습했을 때를 생각해보자. 지금 여러분이
할 수 있는 것의 대부분은 그 방법을 알려준 일종의 역할 모형에서 학습한 것과 연관
이 있다. 의식적으로 배운 것은 아닐 수 있으나, 이미 방법을 습득한 형이나 형의 친
구가 두발자전거로 동네를 돌아다닐 때 보조바퀴가 달린 자전거를 타고 따라다니며
정보를 흡수했을 수 있다.

부모, 친구나 기타 시간을 같이 보내는 사람들 등 너무나 명백한 역할 모형이 처음
기대했던 것보다 덜 유능할 수 있다. 그들에게서 배우는 것이 자신의 역량을 좋은 쪽
으로 증가시키지 못한다면, 좀 더 탁월한 역할 모형을 찾을 필요가 있다. 만일 어머
니가 요리할 때마다 태워서 전자레인지에 데워 먹는 음식을 사는 습관이 있다면, 여

러분도 그 습관을 모방할 수 있다. 마찬가지로, 아버지가 돈 관리가 허술해서 돈을 물 쓰듯 하는 경향이 있다면 여러분도 무의식적으로 평생 계좌를 초과 인출하며 살 수 있다. 이렇듯 자신의 부모가 보인 양육 모형이 유익하지 못하다면, 그들의 실수를 반복하지 않기 위해 새로운 모형을 찾아야 할 것이다. 스스로 새로운 본보기를 고르면서, 실제적으로 접근 가능한 최고의 대상을 선택하도록 한다.

제4장에서 목표 성취에 필요한 체계화된 성과표와 자원들을 살펴보았다. 모방할 수 있는 적합한 본보기를 발견하는 것은 성과 달성을 위한 능력을 가속화하는 데 가치 있는 방법이 될 수 있다. 예를 들어, 행글라이딩 배우기가 목표지만 고소 공포증 때문에 주저한다면, 공포를 극복하고 행글라이딩을 할 수 있었던 역량을 가진 세 명의 사람을 찾아본다. 이 세 명의 본보기를 모방함으로써 여러분의 자신감도 형성될 것이다.

심화 구조 들어가기

NLP 모방학습은 포착 불가한 것을 수면으로 가져오는 방법을 모색한다. 다른 이를 관찰하여 생성한 모방은 대상의 핵심 사고 과정과 특정 맥락에서의 전략을 추출하지만 인간의 복합성에 비하면 이는 언제나 부분적인 서술에 불과하다. 역사적인 고적지에 있는 먼지투성이 조각들을 부서진 모자이크 더미로 알기 쉽게 표현한 미니어처 모형처럼 NLP 모형은 대상의 내부에서 일어나는 것의 핵심을 파악하기 위해 특정한 분야에서 탁월한 대상의 심층에 도달하는 법을 찾는다.

제2장에서 NLP의 핵심 가정인 '지도는 영토가 아니다'를 소개한 바 있다. 모든 인간처럼 여러분에게는 마음의 지도와 그 지도의 이해를 모색하는 모방학습 능력이 있다. NLP 모방학습은 성공한 사람의 행동에 잠재된 심층 구조를 찾음으로써 행동 과정을 분명하게 하여 대상의 성공을 복제할 기회를 얻게 해준다. 즉 모방을 시도함으로써 의식을 더 심층적으로 파악하며 무의식 단계에서 일어나는 것들을 알 수 있다.

NLP는 경험의 심층 구조와 언어의 표층 구조를 분별한다. 이 주제와 관련해서는 제15장을 참조하자.

NLP 내에서도 모방학습을 통해 심층 구조를 분석하는 최고의 방법에 대해 의견이 일치한 적이 없다. 그래서 좀 더 심층적으로 모방학습을 탐색해 가면서 본보기 대상의 선호에 기반을 둔 다양한 접근을 찾게 된다. 이런 식으로, 대부분의 모방학습은 문서화 및 논리적 접근이 아닌 직관적 근거에 의해 이루어진다.

본보기 대상의 활동을 지켜보고 들으면서 많은 정보를 습득하는 것은 당연하지만, 대상에 가까이 갈 수 있는 방법이 없다면, 문서와 녹음 자료를 통해서도 많은 정보를 발견할 수 있다. TED 강연과 유튜브 게시물은 매우 효과적인 발표와 자신 있는 의사소통에 관한 많은 사례를 제공한다.

다른 사람의 행동과 말과 관련하여 겉으로 보고 듣는 것은 단지 이야기의 일부일 뿐으로 간주한다. 인내심을 갖고 가정, 믿음, 가치와 관련하여 대상에게 실제로 일어나는 일을 관찰하자.

기업가를 모방한다면 TV 쇼 '어프렌티스'의 출연자 앨런 슈거가 보인 격한 성미가 생각날 것이다. 쉽게 이해할 수 없는 점은 어떻게 무(無)에서 동기를 유발하여 정신적 전략을 거쳐 계약의 완료까지 협상할 수 있었는지다. 두 명의 다른 성공한 본보기 기업가를 택해서 그들의 방식을 관찰하면, 기질과 같은 것이 성공의 핵심 요소인지 아니면 한 본보기 대상에 국한된 특성인지 판단할 수 있다.

모방학습 사례 연구 찾아보기

NLP 지도자가 수행한 모방학습의 일부는 복잡한 기술을 이해하고 다른 이들에게 유익이 되는 세부 행동을 지도하는 작업이 포함된다. 이것은 큰 인내가 필요한 일이다. 많은 기술이 다른 기술의 하위집합으로 이루어진다. 경험 많은 치료자는 매우 민감한 상황에 적절하게 반응할 수 있고 경영자는 주주들과 압박 속에서도 라포를 유지하며 성공적인 결정을 내린다. 훌륭한 판매자는 계약에 서명하는 것 이상의 일을 한다. 이번 단락에서 유익한 사례 연구 중 일부를 살펴보겠다.

주저하는 본보기 대상

전문가를 모방할 때 가장 어려운 점은 그들이 자신의 행동을 의식적으로 인지하지 못할 경우이다. 그들은 무의식적으로 유능함을 발휘하기 때문에 이를 파악하려면 그들 옆에서 시간을 함께 보내야 할 필요가 있다. 본보기가 모방 대상이 되는 것에 관심이 없거나 작업에 방해를 받고 싶어 하지 않으면 문제는 더 복잡해진다. 페니 톰킨스와 제임스 롤리는 직설적 언어의 창시자인 뉴질랜드 출신의 치료사 데이비드 그로브를 모방하기로 했을 때 이 딜레마에 직면했다(제18장에 자세히 설명함).

그로브의 초기 치료는 정신적 외상 영역으로, 그는 베트남전쟁 참전 용사와 심각한 아동 학대를 경험한 환자 치료에서 이례적인 성과를 보였다. 1980년대부터 2008년 세상을 떠날 때까지 그의 치료는 수많은 혁신을 경험하며 직설적 언어, 은유, 정화된 장소, 신생 지식의 네 개 주요 주제를 다루었다.

페니는 이렇게 말한다. '저희는 데이비드의 발상이 치료 영역 외에서 매우 가치 있으리라는 것을 깨달았습니다만, 이와 관련된 문서가 전혀 없었습니다. 처음에 데이비드는 본보기가 되는 것을 주저했어요.'

페니가 본보기가 되어 달라는 제안을 했을 때 데이비드는 '당신이 뭘 하든 상관 안 하지만 저에게 질문을 하지 말고, 이 방에 없는 사람처럼 있었으면 합니다'라고 대답했다. 다행히도 이런 제한으로 페니와 제임스가 기획 실행에 관한 결심을 바꾸지는 않았다. 단 한 가지 의문은 과연 '어떻게 할 것인가'였다.

NLP의 미스터리 중 하나는 창시자 밴들러와 그린더가 NLP의 탄생에서 나온 최초의 전문가들을 어떻게 모방했는가에 대한 설명이 부족하다는 것이다. 스스로 이 문제를 해결하기 위해 페니와 제임스는 벤들러, 그린더 및 다른 이들을 모방학습한 다섯 권의 관련 서적을 택하여 그들이 이 모형에 이르기 위해 했음직한 것들을 '분해하여 모방'했다. 시행착오를 거쳐, 페니와 제임스는 데이비드 그로브가 최초의 본보기가 되는 모방학습의 모형을 만들 수 있었다.

출발은 데이비브가 간헐적으로 영국에 머무르는 동안 어떻게 그를 모방할지 생각해 내느라 힘들게 시작되었다. 기획은 데이비드의 치료를 위한 휴식 작업에 함께 참여하며 초기 치료 녹음을 구하고 상담 회기의 녹취록을 몇 시간 동안 듣는 일들로 4년의 시간이 소요되었다. 페니와 제임스의 모방학습 결과 NLP 종사자들이 은유 작업을 상징적 수준으로 개선할 수 있는 접근법인 상징적 모방학습(직설적 언어 및 페니와 제임스 관련한 내용은 제18장 참조)이 계발될 수 있었다.

그들의 작업은 영향력 있는 저서인 『마음의 은유(Metaphors in Mind)』로 나타났다. 수

【 강에서 상대를 찾다 】

열성적인 아마추어 조정선수인 질리언 번의 모방학습 프로젝트는 최적의 성능으로 노를 젓기 위한 긍정적 마음 상태를 유지하는 방법에 중점을 두고 있다. 그녀는 세 명의 본보기 대상을 골랐는데 클럽의 조정 코치와 가장 실력이 좋은 여성 조정 선수, 그리고 올림픽 조정 선수 그렉 설이었다. 그녀의 프로젝트는 과정 끝에 동료 NLP 전문가에게 연구를 발표하는 것으로 끝나게 된다.

그녀의 발표는 조정 보트에 타고 있는 것처럼 다수의 사람들을 정렬하는 것으로 시작했다. 그다음으로 감각과 관련한—그들이 보고 듣고 느낀 것—통합 전략과 경합하기 최상의 상태 시 그들의 호흡, 자세, 동작에 관해 강의가 이어졌다. 그녀는 TOTE 모형—제12장에서 설명된 검토, 작용, 검토, 완료—을 학습 과정에 결합했다. 검토는 조정 선수가 계속해서 모든 근육이 활동할 태세를 갖추며 강력한 내적 미소, 즉 자신에 대한 미소를 유지하는지 여부였다. 만약 그렇다면 그들은 준비가 된 것이고 그렇지 않다면 다시 집중해서 시각, 청각, 근감각 과정을 반복해야 했다.

조정 선수들을 모방하면서 질리언은 일상에 적용할 수 있는 평범한 주제들을 파악할 수 있었다. 즉 올바른 마음 상태의 형성과 긍정적인 느낌으로 잘 준비하면 원하는 것을 성취할 수 있다는 내적인 사고와 자신감이었다.

여기에 더하여, 그녀는 특별한 예상 밖의 수확을 클럽 코치와의 심층 인터뷰로 얻을 수 있었고 그의 성격에 관해서도 훨씬 많은 정보를 파악했다. '모방학습 과정과 이어지는 대화를 통해 저희는 특별히 친해졌고 이제 삶을 공유하며 자녀들까지 갖게 되었어요.' 질리언은 말한다. '배우자를 찾겠다고 의도하지 않았는데도 편견이나 방해 없이 경청하며 다른 사람에 대해 알아보려 할 때 어떤 기회가 오는지 누가 짐작이나 할 수 있겠어요? 존과 제가 함께하게 된 것은 배우자를 찾는 과정에 따라 이루어진 결과가 아니에요. 공통의 관심사에 대한 깊은 대화의 결과였죠.'

년 뒤 데이비드의 태도는 변했고 이 책 서문에 그는 페니는 끈질긴 '거절을 용납하지 않는' 스타일이라고 썼다. 계속해서 그는 '제 삶은 당신과의 교류로 풍성해졌습니다'라고 기술했다.

레인메이커의 춤

롭 비긴은 판매 관리에서 24년의 경력을 쌓은 베테랑이다. 그는 공식적인 판매 훈련을 받지 않았음에도 능숙하게 판매 기회를 만드는 '레인메이커'로 알려진 중역 관리자들에게 깊은 관심이 있었다. 롭은 몇 명의 본보기 대상을 초대해서 판매법을 배운 후 서비스 조직에서 훈련 프로그램에 자신이 배운 것을 소개하고 있다.

롭은 첫 번째 본보기 대상의 말에 깊은 흥미를 느꼈다고 한다.

> 그는 유망한 고객과 판매 회의를 할 때, 장래에 고객과 휴일을 같이 보낼 수도 있다
> 는 생각을 한다는 거예요. [실제로 그 본보기 대상은 그 고객과 휴일을 같이 지낼
> 예정이다.] 이것이 그가 어떻게 회의를 처리하고 얼마나 고객을 잘 알고 싶어 하며
> 최대한의 관심을 갖고 고객을 대하는지 짐작케 하는 마음가짐입니다. 이것은 분명
> 히 제가 예상하지 못한 점으로 이것이 고객을 대하는 그의 태도에 큰 차이를 만든
> 다고 생각합니다.

롭은 강의 시 참석자들에게 고객에 대해 많은 관심을 갖겠다는 마음가짐으로 모든
회의에 참석할 것을 제안한다. 그리고 나중에 고객과 휴일을 같이 지낼 '것 같이' 행
동하는 성공한 관리자 이야기를 공유한다.

또한 동일함, 차이 메타 모형에 기초한 간단하고 쉬운 연습들도 소개한다. 그는 본보
기 대상들에게 동전들을 주었을 때 모두 '동일함'을 찾아 분류한다는 것을 발견했다.
그런 식으로 사업에서도 고객과 공유하는 공통점을 파악하는 것이었다(제7장의 메타
프로그램 설명 참조). 그들은 '저도 아들 둘이 있어요'나 '저도 이코노미스트 읽기를 좋아
해요' 같은 서로를 재빨리 이어주고 라포를 형성하는 방법을 찾는다.

롭은 모방학습으로 인해 훈련 프로그램과 자신이 코칭하는 판매 전문가들을 위한
창업 기술 연마 방법을 심화할 수 있었다.

모방학습의 핵심 단계

삶에서 재량껏 갖고 싶은 구체적 기술을 이미 갖고 있는 몇 명 정도는 아마 알고 있
을 것이다. 이번 단락은 간단한 모방학습과 관련된 포괄적 과정을 거쳐 본보기들의
기술을 취할 수 있도록 한다.

주요 단계는 다음과 같다.

1. 성과 인지하기
2. 본보기 파악하기

3. 작업 가능한 모방학습 방법 찾기
4. 정보 수집하기
5. 모방 형성하기
6. 원형 점검하기
7. 간소화를 위한 다듬기

이어지는 단락에서 각 단계를 설명하며 모방학습 기획을 시작하는 법에 대한 팁을 제공한다.

모방학습 성과 알기

NLP는 문제에 갇히기에서 빠져나와 성과에 도달할 수 있게 한다. 어떤 상황이라도 자신의 성과를 알고 있으면 원하는 것에 집중할 수 있다. '좋은 아빠가 되고 싶다', '미팅에서 자신감 있어 보이고 싶다'고 상상해보자. 모방하고자 하는 주제의 역량에 대해 구체적인 것이 유익하다. '직장에서 돌아오면 아이들과 놀아준다', '사람들을 만날 때 깊은 관심을 보인다'와 같은 식으로 말이다. 이러한 집중은 성과의 성취를 인지하고 언제 집중을 그만둬야 하는지 알 수 있기 때문에 유익하다. 찾는 성과와 본보기 대상을 연습한다면 더 잘 배울 수 있을 것이다. 현 단계에서는 이러한 성과에 대한 관심이 방법론에 대해 지나치게 꼼꼼한 것보다 훨씬 더 중요하다.

제4장 및 부록 C에서 요약된 모든 단계를 실행하여 체계화된 모방학습 성과를 만든다. 일을 더 잘하거나 외국어 능력, 사업 성장 기술의 계발을 위해 NLP 훈련 과정 일부를 모방하거나 자신만의 NLP 지식을 계발하는 것도 좋다.

본보기 대상 파악하기

대상을 고를 때, 비슷하거나 같은 맥락에서 잘하고자 하는 것을 정확히 하는 몇 명의 본보기를 찾도록 한다. 그 대상들은 무엇을 하던 무의식적으로 잘하는 수준에 도달했을 것이다. 그들은 자신의 일에 대단히 능숙하고 다른 이들이 간절히 조언을 요청하면 세부내용을 '모두 드러내야' 할 것처럼 느낀다. 그렇기 때문에 단지 '그냥 했어'라는 답변만 듣게 될 수 있다. 정보를 얻기 위해서는 약간의 탐정 역할이 필요할 수도 있다. 가령 다음 분야에서 성공한 대상을 골랐다고 하자.

- ✔ 적극적인 온라인 커뮤니티 만들기
- ✔ 힘든 삶의 전환을 겪은 내담자 코칭하기
- ✔ 온기 있고 환영하는 가정 분위기 만들기
- ✔ 외국어 학습의 재능 나타내기
- ✔ DIY 기획 완성하기
- ✔ 문서 서식 만들기
- ✔ 점포 확장하기
- ✔ 자선기금 모으기
- ✔ 다른 사람들을 돌보며 건강 유지하기

모방학습 시 무엇보다도 단순함을 유지하도록 한다. 모방하고자 하는 기술을 명확히 정의할수록, 대상에 쉽게 접근할수록 일이 더 쉬워진다. 일부 열성적인 NLP 학습자들이 이례적으로 유명 인사의 모방에 성공하긴 했지만 지극히 사적인 유명인을 모방하는 것은 매우 어렵다.

모방하고자 하는 본보기가 시연하는 한 가지의 특정한 행동이나 기술을 고려한다. 본보기 대상의 모든 행동을 파악할 필요는 없다.

주위에는 자신은 능숙하게 하지 못하는 것들을 잘 해내는 사람들이 있기 마련이다. 주위에 있는 어떤 사람이 유용한 귀중한 전문지식을 가지고 있을 수 있고, 가족 내에서도 찾아볼 수 있다. 레이첼은 NLP 전문가 프로그램에 참가하는 동안 동료 참가자들로부터 다섯 분야의 본보기 대상으로 뽑혔다. 참가자들은 레이첼의 다양한 사업과 건강 관리법을 모방하고자 했다. 그들은 그녀의 성공적 창업뿐 아니라 셰프에서 이벤트 매니저, 피트니스 강사를 거쳐 높은 브랜드 가치와 활기 넘치는 개성으로 작가가 되기까지 다양하게 경력을 쌓은 방법에 대해 알고 싶어 했다. 일부는 금연과 체중 감소 같은 구체적인 행동 변화에 대해 관심을 보이기도 했다.

그녀는 말한다. '동료들에게 본보기로 선택된 것은 정말 영광입니다. 모방 대상이 된다는 사실만으로 당연하게 생각했던 사업 운영 방식에 대해서 좀 더 유의하게 만들었죠.' 모방학습 활동은 학습자에게도 잠재적인 이익이 되는데, 경험과 성취한 변화를 의식적으로 인지할 수 있기 때문이다.

실행할 수 있는 모방학습 방법 찾기

모방학습은 본보기 대상들을 성공으로 이끈 세상에 대한 경험, 사고, 느낌, 행동 방식을 심층적으로 이해할 수 있도록 하는 것이다. 이것은 다른 사람의 머릿속으로 들어가는 것과 같고 이를 위해서는 최적의 도구가 필요하다. 채택하는 정보 수집 도구는 이 과정에서 필연적으로 결정적인 역할을 하게 된다.

이 양상은 닭이 먼저냐, 달걀이 먼저냐의 원론적인 질문을 제기한다. 모방의 뼈대를 먼저 만드는가 아니면 나중에 계발하는가? 우리는 어떤 틀이나 가설을 세우는 것은 초심자에게 유익한 것이며 모방이 적절하면 계속 진행할 수 있다고 본다. 이런 이유로 로버트 딜츠의 명확하고 실용적인 논리 수준 구조(제11장에서 설명함)는 대상의 정보를 수집하고 분석하기에 좋은 인기 있는 출발점이다.

각 본보기 대상을 다양한 단계에서 고려해볼 수 있는 시작점을 소개한다.

- ✔ **환경** : 어디서, 언제, 누구와 시간을 보내는가?
- ✔ **행동** : 무엇을 하는가? 습관과 전략은 무엇인가?
- ✔ **역량** : 어떤 기술을 가졌는가?
- ✔ **믿음과 가치** : 어떤 것이 진실이라고 믿는가? 무엇을 중요하다고 생각하는가?
- ✔ **정체성** : 그들의 자아의식은 어떤가? 이런 맥락에서 그들은 누구인가?
- ✔ **목적** : 목적 의식은 무엇이며 큰 그림에 적합하도록 어떻게 연결하는가?

인간으로서 모방학습 시 자기 지식과 선입견이 들어갈 수 있다. 모방하기 그 자체가 관찰하고 수집하는 정보에 대한 여과기 역할을 하기도 한다.

정보 수집

정보에 압도되지 않기 위해 두 개의 정보 수집 접근을 혼용해서 시작할 것을 제안한다.

- ✔ **무의식적 이해** : 이 접근은 대상과 가능한 많이 어울림으로써 대상의 기능 방식을 직관적으로 알게 하는 방식이다. 호흡이나 생리학적인 면의 모방 외에 정해진 과제 없이 대상의 입장에서 이해할 수 있게 한다. 이론적으로

설명하면, 모방의식 없이 시작해서 대상과 깊은 라포가 형성되는 이차적 지각 위치에 돌입한다. 보고 듣고 느끼는 것을 유의하자. 제6장에서 라포와 다른 관점들의 이해에 대해 알아본다.

✔ **분석적 정보 수집** : 이 접근은 제11장에서 설명한 논리 수준 등 도구 주위로 수집된 정보 전체를 구조화할 수 있게 한다. 이 과정은 정보 형성을 위한 효율적인 방식이다. 특히 시간적인 제한으로 매우 잠시 동안만 대상에게 접근할 수 있을 때 효과적이다.

이 책 전체에 걸쳐 소개한 NLP 도구와 기법은 정보 수집 계발에 도움이 될 것이다. 여러분의 정보와 모방학습에 대한 분석은 지식을 새롭게 하고 연마하는 기회다. 아래에 그 방법을 요약한다.

✔ **추정 혹은 가정** : 대상이 어떤 추정을 사용하는가? 자세한 내용은 제2장으로 돌아간다.

✔ **믿음과 가치** : 대상의 믿음은 무엇이라고 생각하는가? 핵심 추동은 무엇인가? 제3장이 이 부분에 도움이 될 것이다.

✔ **감정 관리** : 본보기 대상의 감정 처리 역량은 어떤가? 제9장에서 이 주제를 다룬 바 있다.

✔ **은유와 이야기** : 대상은 어떤 이야기를 하거나 어떻게 반응하는가? 제17장에서 이 부분을 안내할 것이다.

✔ **메타 프로그램** : 본보기 대상의 언어에서 메타 프로그램을 인지할 수 있는가? 대상이 세부적/거시적, 지향/회피, 선택/절차, 내적/외적 중 어떤 중심인가? 제7장에서 메타 프로그램에 대해 설명하고 있다.

✔ **지각 위치** : 대상이 제6장에서 탐색한 다양한 지각 위치를 취하는가? 학습자로서 삼차적 혹은 사차적 위치에 서보도록 하자.

✔ **전략** : 대상이 채택한 전략과 부호를 파악할 수 있는가? 제12장에서 이 부분들을 다룬 바 있다.

✔ **시간** : 대상의 시간 감각은 제13장의 시간선 작업에서 설명한 바에 따르면 무엇인가? 즉흥적으로 행동하는가, 앞서서 계획하기에 능숙한가?

✔ **시각, 청각, 근감각 술어** : 특정한 맥락에서 대상의 소통방법과 관련하여 그 언어 양식은 어떠한가? 제5장에서 이 주제를 논의했다.

자신은 이미 능숙한 어떤 기술에서 본보기 대상이 우수할 수 있다. 시간과 힘의 절약을 위해 자신에게 낯선 영역을 집중해서 탐색한다.

모방 형성

정보 수집이 끝나면 대상에게 발견한 양식을 시연할 모방 형성의 준비는 다 된 것이다. 이 구조는 핵심 양식을 논리정연하게 설명하며 본보기 대상과 같은 결과를 얻으려 하는 사람들이 모방해야 할 점들을 보여준다.

구성하는 데 논리 수준 등의 기존 틀을 택하거나 앞 단락 '모방학습 사례 연구 찾아보기'의 학습자들처럼 자신의 고유한 지식을 추가할 수 있다.

경력과 정신적 회복력에 관한 책 『살며 일을 사랑하라(Live Life, Love Work)』를 쓸 때, 케이트는 많은 전문가들이 삶에서 만족의 상태 몰입감을 달성했을 때 얻는 교훈들에 대해 알고 싶었다. 모방학습을 처음 시작할 당시 그녀는 주의집중을 위한 틀을 만들고 전문가들의 인생 방향을 설정할 때 관련되는 핵심 원칙에 질문을 던졌다. 독자들이 기억할 만하다고 생각되는 두문자도 계발했다.

그러나 연구 내용을 써내려가며 코칭 연습에 따른 자신의 접근법을 이용하자, 힘들게 성취한 모방을 계속하면 결과가 억지스러워진다는 것을 깨닫게 되었다. 그녀는 모방 결과를 인터뷰 내용을 망라해서 4장 분량으로 시각화했다. 그러자 이 시각화는 더 분명해졌으며 독자들의 이해와 기억을 위한 더 가치 있는 뼈대가 되었다.

원형 점검

모방이 이루어지면, 자발적으로 점검하고 결과에 따라 지속적으로 개선하도록 한다. NLP의 TOTE 모형은 원형의 시연을 위해 검토, 작용, 검토, 완료를 해보도록 권유한다(자세한 내용은 제12장 참조). 원형을 검토하는 최고의 방법은 다른 이에게 모방 결과를 가르치고 어떤 효과가 있는지 알아보는 것이다. 그들은 같은 결과를 얻었는가?

NLP 훈련을 받은 코치인 케이트와 동료 롭은 국제적인 IT 기업의 내부 전문 계발 관리자인 로빈을 모방하기 위해 초대받았다. 그들은 로빈이 어떻게 많은 팀원들로 하여금 직업적 주인의식을 갖도록 이끄는지 지켜보았다. 로빈은 NLP에 관심이 있었고 자신의 일이 매우 성공적임을 알고 있었다. 그는 일의 양상을 인지했지만 작업내용과 방법을 완전히 문서화하기는 힘들었다.

근무 중인 로빈을 모방한 결과, 케이트와 롭은 로빈의 방식에서 핵심을 파악할 수 있었다. 세 명은 로빈의 작업을 경력 코칭 모형으로 전환했고 그의 방식을 조직 내 다른 중역 관리자들에게 교육했다. 케이트와 롭은 사업 관계를 개선하는 라포 형성, 개인 브랜드 계발의 증진을 위한 지각 위치, 경력 관련 정보를 파악하기 위한 시간선 등NLP의 근본적 개념을 통합하여 로빈의 최초 모형을 더 탄탄하게 했다. 이런 방식으로 학습자는 본보기 대상이 더욱 유능해질 수 있게 지원할 수 있다.

훈련 프로그램이 유명해지면서, 직원들뿐 아니라 참석자들 또한 경력 관리를 위한 쉽고 평생에 걸쳐 사용 가능한 방법론이 생겼다는 것을 깨달았다. 특히 로빈의 방법은 소통 과정에서 동료 관리자들에게 창조적이고 영감을 주는 은유와 이야기를 사용하는 점이 효과적이었다. 그러나 모두가 같은 이야기를 할 필요는 없다. 자신들의 이야기를 위한 자리는 남아 있다. 훈련에 참가한 관리자들은 모방 결과의 핵심 구조를 택해서 각자의 방식으로 활용했다. 성공적 모방은 모두가 결과를 얻을 때 증명된다.

간소화를 위한 다듬기

학습자는 대상 행동의 어떤 요소가 모방의 핵심 부분인지, 어떤 것이 그저 흥미로운 단면인지 판단해야 한다. 골프 선수의 경기 전 의식은 우승에 영향을 미치는가? 바람직한 행동이 제시될 때 행동들 사이의 공통 양식을 발견하기 위해 최소 세 가지 경우를 선택할 필요가 있다. 이 접근은 최소한 세 명의 대상을 고르거나 만일 한 명의 특정한 방식을 희망한다면 적어도 세 번의 개별 사례가 있어야 한다.

'낯선' 곳에서 평상시보다 오래 머물러야 하며 수집한 세부 내용을 흡수한 뒤에는 모방에 필요한 핵심 요소를 '위로 단위 묶기' 한다(단위와 관련해서는 제16장 참조). 모방이 완료되면, 어떤 측면이 핵심적이고 어떤 것은 삭제해도 무방한지 가늠한다. 또 다른 이의 모방 결과가 자신의 가치와 맞는지 점검해서 자신의 믿음을 더 탐색할 수 있다. 이때 삶의 변화를 위한 모방을 계발하고자 한다면 NLP 코치의 협조를 구하는 것도 좋다.

존경받는 NLP 훈련가이자 학습자인 프랜 버제스는 책 쓰는 일과 모방학습 과정이 비슷함을 시사한다. 모든 정보로 준비를 갖춘 여러분 앞에 분류와 구성의 과제가 남겨진다. 학습자는 작가와 같이 최종적인 모방 결과를 명맥하고 간략하게 나타내기 위해 대량의 세세한 정보들을 심층적으로 검토해야 한다.

작가들은 고유한 방식으로 작업한다. 사실, 종이에 글로 적는 실질적인 저술 영역은 전체 출판 과정 중 작은 부분에 불과하다. 그러나 많은 사람들이 작가를 모방할 때나 모방에서 핵심적 요소를 추출할 때 이 사실을 깨닫지 못한다. 케이트는 책을 쓸 때 날짜와 마감일을 정하는 기획 짜기에 착수하기 전에 방대한 양의 정보를 수집하고 주제와 관련된 서적을 읽는다. 또 인터넷을 검색하고 행사에 참석하며 사람들을 인터뷰하거나 장 구성을 나누는 플립 차트, 컴퓨터로 하는 시각적 지도 작성 작업도 시작한다. 말끔하게 완성된 한 권의 책은 관련된 많은 책들과 종이 작업, 집과 사무실의 컴퓨터 파일 등과는 사뭇 대조적이다.

로밀라가 책을 쓸 때 나가서 사람들을 만나고 플립 차트에 브레인스토밍하는 것은 케이트와 비슷하지만 그 이외의 것들은 매우 다르다. 그녀는 CD와 테이프 듣는 것을 좋아하고 대화 녹음을 선호하며 글쓰기 전에 모든 정보를 한꺼번에 처리한다. 우리들 모두 안테나를 날짜에 맞추고 머릿속에서 책이 구상될 때는 많은 무의식적 처리가 일어난다.

책을 완성하기까지의 방법은 상당히 다르다. 케이트는 생각을 요약하며 이야기로 설명하는 반면, 로밀라는 소프트웨어를 사용하여 컴퓨터의 시각적 지도에 조금씩 생각을 저장한다. 이 기능은 제목을 함께 삽입할 수 있어 유연성을 제공하고 중심적 생각에 연결하기보다 표류하는 제목을 볼 수 있게 한다. 또, 친구 린투에게 배운 상상의 청중에 '전념하며 이야기할 수 있는' 녹음 프로그램을 사용하기도 한다. 문서를 작성하며 계속해서 편집을 하기 때문에 완료까지는 매우 오랜 시간이 걸렸다. 이제 그녀는 훨씬 빠른 '작가'로 언어도 더 자연스러워졌다.

우리의 두 본보기에서, 대상 간 차이는 있지만 책의 장을 쓰는 핵심 단계는 모방 할 수 있을 것이다. 케이트와 로밀라를 모방할 때 발견할 수 있는 핵심 모형의 설명은 다음과 같다.

1. **배경 정보를 모은다 – 인터넷 검색, 사람 만나기, 독서나 CD 듣기.**
2. **생각의 시각적 지도를 만든다.**

3. MS 워드로 초안을 작성한다.

4. 내용을 수정한다.

5. 마감 날 컴퓨터 파일을 전달한다(날짜의 90%!).

본보기 대상과 더 많은 시간을 보내면서, 과정의 한 구체적 양상을 택하여 하위 과정으로 나눈 후 세부 내용에 잠시 머문다. 겉으로 드러나지 않은 전략과 심사숙고하기, 산책과 명확한 사고를 위한 명상같이 불확실한 활동도 유의해야 할 것이다. 어떤 작가는 카페에서 장문의 글을 손으로 휘갈겨 쓰는 반면, 다른 작가는 초안으로 생각을 녹음하는 경우도 있다. 세 번째 작가는 아침 내내 한 장을 쓰는 데 투자하며 편집 단계에서 무한한 인내심을 보일 수 있다. 각 작가는 나름의 방식이 있다. 검토는 바라던 결과의 달성, 즉 그 모방 방식으로 제시간에 납득할 수 있는 원고를 넘길 수 있는지 여부다.

작가의 머릿속에 책 한 권이 있고 출간까지 수년이 걸릴 수도 있다. 최근 출판을 앞두고 다듬기 작업을 마친 모방학습 전문가 프랜은 학습자들에게 놀라운 인내심이 필요함을 시사한다. 그녀는 학습자와 10년 넘게 작업해 왔으며 근래에 와서야 모방학습 과정 이면의 많은 구조들을 파악하게 되었다고 느낀다. 여담이지만, 그녀는 만나는 모든 학습자들이 스스로를 모방하며 자신의 매우 어려운 방법론 외엔 모방하는 경우가 없다는 것을 알게 되었다고 한다. '학습자들은 자기 모방과 살며 그것에 집착합니다.' 자신의 정신적 모방은 정체성의 중심이다.

차이를 만드는 특별함이 즉각적으로 가시화되기는 힘들다. 훌륭한 학습자들에게는 놀라운 인내심과 끝없는 호기심이 있다. 언제나 호기심을 가져라!

모방학습은 학습의 모든 영역에서 기량을 올릴 수 있는 능력을 제공한다. 이것은 여러분이 전문가가 되며 모든 일의 승자가 된다고 약속하는 것은 아니다. 확실히 모두가 특정한 스포츠에서 1등을 하고 유명한 영화배우가 되는 것은 아니다. 그러나 본보기 대상의 탁월한 전략을 파악하고 모방하면 비슷한 결과를 얻을 수 있다. 가장 고무적인 것은 모방학습이 하고자 하는 것을 더 잘하게 만드는 실용적인 방법을 제공하고 인생의 선택지를 열어주며 자신이 아는 최고의 방법으로 학습하게 하는 점이다. 그저 유능한 사람 옆에서 감각을 일깨움으로써 말이다.

chapter **20**

더 쉽게 변화하기

제20장 미리보기

● 변화의 구조 이해하기
● 변화의 피로를 회피하는 마음가짐을 탐색하고 생산성 유지하기
● 변화 속에서 직원 몰입도 유지하기
● NLP 도구 종합하기

'변화 외에 불변하는 것은 없다'는 자주 인용되는 진리로, 다음 두 가지 방식으로 일어날 수 있다.

✔ 변화에 착수하며 계획을 짠다. 이 유형은 새 차 구매나 주방 새로 꾸미기 같은 사소한 것에서부터 결혼, 출산, 이직 등 인생을 바꾸는 것일 수 있다. 이 경우, 외적 요인으로 계획이 틀어져서 무능력해지고 스트레스를 받기도 하지만 비교적 통제 가능하다고 느낀다.

✔ 변화가 강요되는 경우로, 고용주가 강제하거나 원치 않는 임신, 사랑하는 사람의 죽음 같은 사건들에 의해 발생한다. 자신이 희생자라고 느껴진다면 변화를 받아들이기는 더 힘들어진다.

NLP 접근은 모든 경우에 부합하는 단일한 변화의 지도는 없다는 것이다. 생존과 번영을 위해 변화는 일어나는 법이라는 사실을 인정하고 수용하며 이에 저항하기보다 변화에 대처하기 위한 전략을 마련할 필요가 있다.

NLP는 사람들의 사고와 행동방식에 관한 것으로 이 장은 직장에서의 기획 관리 변화가 아닌 사람 측면에 중점을 둔다. 여기서는 변화에 착수하거나 변화가 주어지는 어려운 시기를 통과하며 평정을 유지하는 법에 대해 소개한다. 생각만큼 변화가 쉽지 않은 사람을 만났을 때 그 사람을 조금이나마 편하게 할 수 있는 통찰을 이 장에서 얻게 되기를 기대한다. 그저 공감적으로 경청하며 도움의 손길을 내밀거나 상대가 현재 경험하는 것을 설명함으로써 말이다.

이 모든 것의 실행을 위해 우리는 이 책 나머지 장들의 NLP 도구와 기법을 한데 모아서 모든 일상의 변화에 NLP를 적용할 수 있도록 설명했다. 변화가 사소하거나 인생을 바꾸거나, 자발적이거나 강요된 것이거나에 관계없이 말이다. '지금의 방식이 효과가 없다면 다른 방식을 찾는다'(제2장에서 NLP 가정을 상세히 다루었다)와 같이 변화는 현재 일이 잘 안 풀릴 경우 뭔가 다르게 해보는 것이다.

이 장은 어떤 변화이건 인간적으로 연민을 갖고 다룰 수 있음을 전제로 한다. 기업의 정리해고 같은 경우가 좋은 예다. 또 경험을 이해함으로써 변화를 쉽게 이룰 수 있게 된다. 심하게 자책하는 대신 다른 일에서 잘해냈던 점들을 생각한다면 스스로에게 친절하게 대하고 잘하는 것에 집중할 수 있다.

노트 한 권을 마련해서 이 책을 읽는 동안 겪은 일이나 예상하는 변화를 적어본다. 또 구체적인 NLP 기법을 적용함으로써 얼마나 쉽게 변화 가능할지 생각해본다.

명료함과 방향성 찾기

목적지를 아는 것은 아주 중요하다. 명확한 방향 없이는 원치 않는 것을 좇다가 많은 힘을 낭비하며 아무것도 얻지 못하고 끝날 수 있기 때문이다. 최대한의 결과를 위해, 선택한 변화로부터 정확히 어떤 성과를 원하는지 확인해봐야 할 것이다.

✔ 2015년 9월 30일까지 63킬로그램이 될 테다.

✔ 감소율은 현재 27퍼센트이며 15퍼센트까지 낮추고자 한다.

✔ 외주 제작을 하겠다.

✔ 결혼식이 완벽했으면 좋겠다.

제4장에서 목표에 대한 명확성을 얻으며 숨겨진 공포를 밝히는 과정에 대해 설명한 바 있다. 제4장에서 이용한 예시는 NLP의 체계화된 성과 접근을 사용하여 삶에서 목표를 만들고자 하는 사람들을 주로 목표로 했다. 이 유용한 접근은 팀이나 부서와 관련한 변화에도 좋다.

직업생활에서 변화를 겪는다고 상상해보자. 여러분은 관리자로서 변화 과정을 궤도에 올려놓는 동시에 생산성이 최소한으로 유지될 수 있도록 직원들이 전념하며 의욕적이 되게 해야 한다. 또 스스로도 긍정적이며 건강을 유지할 필요가 있다. 사람들이 무능하게 느끼는 조직에서 이런 변화가 발생한다면 큰 문제가 생긴다. 일반적으로 조직은 사람들에게 미치는 영향을 고려하지 않고 엄청난 변화를 서둘러 처리한다. 통제할 수 없음을 감지하는 직원들은 스트레스를 받으며 동기저하된다. 고위 관리자들에 의해 변화가 강요되는 대대적인 목표에는 전략을 위한 여유가 거의 없다. 그러나 변화를 이행해야 하는 사람들이 관련된 단계를 실제로 수행하는 법을 결정할 수 있다면 그들은 통제감을 획득하며 과정에 참여할 수 있게 된다. 제4장에서 설명했듯이 팀과 개인은 목표 설정 기법을 적용하면 스트레스를 적게 경험한다.

팀원들과 함께 탁자에 둘러앉아 임박한 변화에 대해 브레인스토밍을 해본다(팀원은 가족이나 친목 집단도 포함된다). 이 과정은 전체 팀원이 변화와 관련된 서로의 관심을 파악하는 점에서 좋은 방법이다. 탁자에 앉기에 인원이 너무 많다면 소집단으로 나눠서 각 집단에 요점을 할당한다. 그런 다음 각 소집단들이 모여서 토의 내용을 나누며 가치 있는 통찰들을 내놓는다.

변화의 구조에 대해 이해하기

변화를 좀 더 쉽게 이해하기 위해 여러분이 경험할 수 있는 불편함이나 자신에게 맞지 않는다고 느껴지는 점들을 설명하는 두 가지 모형을 제시한다.

퀴블러-로스의 상심 순환과정

엘리자베스 퀴블러-로스 박사는 유명한 책 『죽음과 죽어감(On Death and Dying)』에서 '상심의 다섯 단계'를 설명했다. 이 모형은 본래 죽음을 다루기 위해 고안되었으나 변화를 이해하는 데도 좋은 도움이 된다.

기본적인 NLP 과정에 이 모형은 없지만 사람들은 퀴블러-로스의 상심의 다섯 단계에 상당히 친숙하다. 특히 기업의 변화에 적용할 때 더욱 그렇다. 이것을 설명하는 이유는 NLP는 알지 못하지만 이 모형을 조직적 변화에서 사용한 적이 있는 사람들을 위한 도입부가 되기 위해서다.

사람들은 변화가 닥칠 때 안전하고 안정적이란 이유로 현상을 유지하려 한다. 체계 안에서 예상한 것이라 해도 현 상황에서 변화가 발생하면, 사람들은 그림 20-1에 있는 다양한 단계를 경험한다. 이 모형은 변화에 더 효율적으로 대처하고 조직 내 사람들이 변화를 더 잘 처리할 수 있도록 돕는 앞으로의 경고가 될 수 있다. 현재 경험하는 일에 대한 이해는 자신의 감정 상태를 관리함으로써 도울 수 있다. 표 20-1에서 각 단계를 자세하게 검토한다. 즉 변화가 사람들에게 어떻게 작용할지 인지함으로써 서로 간에 라포를 형성하고 이로 인해 더 지략적으로 행동할 수 있다.

기업적 변화와 연관된 관리자의 일은 곡선의 경사를 가능한 낮게 유지하고 점 1(변화를 경험하기 시작)과 점 5(새로운 현상이 발생)까지 시간 틀을 가능한 짧게 하는 일이다. 그렇게 함으로써 사람들을 가능한 빨리 전력적인 이행 상태로 되돌리기 때문이다.

변화에서 탈피하면 **통합**(integration)이 뒤따른다. 새로운 환경에 대처하는 법을 배웠기

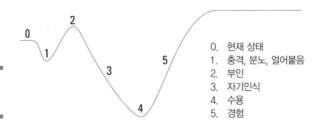

그림 20-1
변화 곡선

0. 현재 상태
1. 충격, 분노, 얼어붙음
2. 부인
3. 자기인식
4. 수용
5. 경험

표 20-1　직장에서의 변화에 대한 변화 곡선의 상심 단계

변화 곡선상의 단계	사람들의 반응	도움이 되는 행동
1. 충격과 공포	사람들은 충격을 경험할 때 일을 미룰 수 있다. 충격과 분노의 느낌은 그들이 어떻게 인지하는가에 따라 일시적이거나 장기간 지속될 수 있다. 사람들은 갇혀 있다고 느끼며 두려워하는 반응을 보인다.	사람들로 하여금 긴장을 풀고 변화가 일시적이며 일이 잘될 것이라고 안심시킨다. **변화가 모두에게 해당함을 강조한다.** 사람들은 현존하는 지도에 따라 행동하기 때문에 그들의 지도를 변경하도록 세심히 돕는다.
2. 부인	사람들은 자신들의 대처 능력에 잘못된 선입관을 가질 수 있다. 그들은 대처 가능하다고 생각하며 다른 사람들에게 잘못을 돌린다. 이 단계에 갇히게 되면 공룡같이 변화에 대처하지 못하고 실직거나 무시당한다.	코칭이 유용하다. 이 도구는 피드백을 제공하고 피드백 없이 사람들은 그들이 부인하는 것과 자신을 기만하는 것을 알아채지 못한다.
3. 자기인식	사람들은 자신들의 기술과 지식이 변화 대처에 부족함을 알고 기분이 상하며 생존 모드에 돌입한다. 기분 상함과 부적절함의 느낌은 삶의 다른 영역에도 침투한다.	이때 사람들은 지지가 필요하고 자신들이 곡선의 어디에 있으며 왜 기분이 상했는지 알 필요가 있다. 이런 기분을 배우자, 동료, 관리자에게 알리며 짜증내고 불안한 감정을 방출할 수 있게 한다. 기분이 나쁘고 비지략적으로 행동할 필요가 있다.
4. 수용	변화에 대한 저항이 끝났음을 인지하면서 변화에 대처하는 각자의 책임을 지게 된다. 쓸모없다고 느끼기 때문에 자신들의 능력에 대한 지각은 부정확하다.	이 단계에서 사례 연구, 코칭, 모방학습을 통해 다른 사람들이 어떻게 변화에 대처하는지 알게 된다.
5. 경험	이 단계는 학습과 새 도구의 통합으로 사람들이 다른 이들의 대처법을 모방하기 시작한다. 그들은 더 역량 있고 유능하다고 느낀다.	새 기술을 익히도록 사람들을 훈련하고 실수를 용납한다. 이 단계에서, 관리자는 충분한 위험 분석과 긴급 사태 대책을 행해서 실수가 회사에 해가 되지 않도록 한다. 이 단계에서는 실수를 처리하고 적절하게 대처하기 위한 위험 관리가 필요하다. 비난하는 문화는 사람들을 2단계로 후퇴시킬 뿐이다.

때문에 새로운 일 처리에 안착하고 더 유연해진다. 유능함에 대한 자각은 더 긍정적이며 더 정확한 평가가 가능해진다. 무의식적이 될 때까지 지속적으로 언급함으로써 기업적 정체성과 변화는 통합될 수 있다.

사람들은 변화에 다양하게 반응한다. 모두가 각 단계를 극복하는 데 다양한 기간이 걸리기 때문에 팀원이나 관리자들은 개인별로 맞춰 대응해야 할 것이다. 관리자의 역할은 다양한 단계에 있는 다양한 사람들에 대응함에 따라 변할 필요가 있다.

팀을 이끌 경우 팀원들의 감정을 경험하는 것은 상당히 일상적인 일이다. 이런 이유로 관리자들은 다양한 단계를 경험하면서 절망, 공포, 불안의 롤러코스터를 타는 듯한 느낌을 받을 수 있다. 그렇기 때문에 코칭, 멘토링, 나가서 맥주 한잔하거나 그 외의 것들이 여유와 균형감을 얻는 데 도움이 된다.

스트레스 상황 시 사람들의 행동은 양해받을 필요가 있다. 누군가에게 반응하기 전에 이차적 위치를 취하여 상대의 기분이 어떤지 '그 사람의 신발을 신고 걸어보자'. 이러한 방법은 하늘로 날아올라 새의 눈으로 '지면의 문제'를 보는 능력을 부여한다. 라포에 관한 제6장에서, 다른 사람들의 행동과 동기를 탐색하며 서로의 이익으로 이끄는 소통을 가능하게 하는 지각 위치와 메타 거울에 대해 설명한 바 있다. 제2장에서 실패/피드백, 소통과 행동에 관한 추정을 점검해본다.

NLP 논리 수준 적용하기

NLP 논리 수준 모형은 변화를 정보의 각 범주별로 세분화하는 또 다른 효과적인 사고방식이다(제11장에서 신경학 수준이라고도 불리는 논리 수준을 알아볼 수 있다).

경험하는 변화 종류를 고려할 경우, 논리 수준이 혼란한 시기에 길을 찾는 데 도움이 된다는 것을 알 수 있다. 이를 위해, 정체성의 모든 논리 수준, 즉 믿음과 가치, 역량과 기술, 행동을 정렬하는 것이 중요하다. 하나 이상의 수준에서 나란하지 않다면 바라는 결과를 성취하는 데 장애가 생긴다. 이 모형은 개인적 변화나 기업적 변화를 이해하는 데 모두 유용하다. 모형의 핵심 가치는 발생하는 일의 이해를 위한 구조화된 접근을 제시하는 점이다. 이것은 변화에 대해 생각하고 느끼는 방식과 생각 후 취하게 되는 행동을 주도적으로 선택할 수 있게 한다.

어떤 경우라도 도표상 낮은 단계에서의 변화(제11장 그림 11-1)는 높은 단계에서의 것보다 쉽다. 회사가 밝은색으로 벽을 칠하는 등 건물에 변화를 주는 것(환경)은 회사의 문화나 그 정체성을 바꾸는 것보다 쉽다. 이와 같은 상위 수준의 변화는 그 아래 수준에 속한 사람들에게 작용할 수 있다. 반대의 경우도 가능하나 거의 일어나지 않는다.

재스는 똑똑하고 고등교육을 받은 30대 여성이다. 그녀는 '관계의 마법' 코칭 과정을 수강했다. 계속된 연애에도 불구하고 영구적인 배우자 관계로 정착하지 못했기 때문이다. 제스는 매우 성공한 부모의 딸로, 코칭 결과 독립적이며 매우 강한 성격의 어머니를 모방해 왔음이 밝혀졌다. 불행히도, 그녀 역시 타인들로부터 선물이나 도움, 조언을 차단하는 강하고 독립적인 자아의 소유자로 이 독립성은 그녀 인생의 전반에 걸쳐 작용했다. 그녀는 관계에서 일어나는 문제의 일부는 사랑을 수용하기가 어렵고 상대가 감정적으로 지나치게 가까워지기 전에 밀어내는(행동) 자신의 태도에 있음을 인정했다. 또, 자신이 지적으로 동등하지 못한 남성들과 만나왔음을 깨달았다. 재스는 어머니가 자신의 나이에 성취한 성공을 따라잡지 못한다는 생각에서 비롯된 자존감 관련 문제(믿음)를 알게 되었다. 자신이 아버지같이 성공하고 역동적인 남자를 만날 자격이 없다고 느끼기도 했다.

로밀라는 재스가 체계화된 성과표(제4장 참조)를 이용하여 이상적인 관계를 '고안'하도록 도왔다. 재스가 통합한 첫째 단계는 사람들을 만나는 장소를 바꾸는 일이었다. 그녀는 공통의 관심사를 가진 사람들을 만날 수 있는 집단과 어울리게 되었다. 코칭 전, 재스의 어긋난 논리 수준은 장기간의 관계 유지하기라는 목표를 방해하고 있었다.

논리 수준 정렬하기

모든 사업에서 일들을 나란히 정렬하는 것은 흐름을 원활하게 하고 목표물을 신속히 손에 넣을 수 있게 한다. 모든 논리 수준에 걸쳐 정렬한다면(제11장 참조) 쉽게 성공할 수 있다.

45세의 일레인은 결혼해서 어린 자녀들이 있으며 금융 서비스 업계에서 경력을 쌓고 있었다. 그녀는 매우 똑똑한 야심가였고(정체성의 한 양상) 열정적으로 여성이 재정적 안정을 성취하는 방법에 대한 인식(가치)을 갖도록 노력했다. 또 이 목적을 위해 여성을 교육해야 한다고 믿었다. 모든 여성이 재정적 독립을 가질 권리가 있음을 '알았기' 때문이다(믿음). 그녀는 최고 교육을 받았으나(역량과 기술) 더 많은 자격을 획득하기 위해 분투했다. 이 목적은 그녀가 택한 사업 방향과 완벽히 일치했다. 여성의 재정에 관한 그녀의 말이나 행동(행동)은 깊은 신뢰를 불러일으켰다. 그녀는 아이들을 지켜보기 위해 집에 훌륭한 사무실(환경)을 갖췄으며 생각할 것이 있으면 정원에 있는 명상 장소로 향했다. 사업과 관련된 모든 영역들이 정렬되어 있었기에 그녀는 순조롭게 나아갈 수 있었다.

두 번째 일화는 짐이 부인과 사별했을 때 경험한 일들의 사례지만, 별거나 병으로 인한 실직, 해고, 은퇴 등 상실을 경험한 모두에게 적용 가능하다.

회계사인 짐과 부인 알라시아는 30년 동안 부부로 지냈다. 알라시아가 죽은 후 처음 맞는 2주 동안 짐은 장례식 준비로 분주했고 기계적으로 움직였다. 하지만 그 이후 그는 커다란 변화의 시간을 겪게 되었다.

✔ **환경** : 짐은 알리시아의 옷가지를 자선 가게에 기부한 후 침실에서 횡댕그렁하게 보냈다. 두 사람에게 안락했던 침대와 킹사이즈의 이불은 지나치게 크고 무거웠다.
새 삶의 새로운 환경에 적응하거나 환경을 새로 만들 때, 상실의 성격에 따라 다양한 양상들을 적용하는 것은 분명하다.

✔ **행동** : 짐은 언제나 장난기 많았고 남녀를 불문하고 그와 같이 있는 것을 즐거워했다. 알리시아는 짐의 지나친 장난기를 놀리기도 했다. 알리시아가 그를 떠나고 몇 달 후 삶이 안정되자, 짐은 유머감각이 되살아나는 것을 느꼈다. 그는 만나는 여성들과의 상호작용이 극적으로 변한 것을 알고 깜짝 놀랐다. 자신과 알리시아의 오래되고 신뢰할 수 있는 여성 친구들과는 여전히 장난기 있게 굴었지만, 처음 만나는 여성들에게는 훨씬 과묵해졌다. 그는 알리시아를 자신의 장난기를 오해할 수 있는 여성들에 대한 파수꾼으로 생각했다.

✔ **역량과 기술** : 알리시아는 집안일을 모두 관리했다. 주도권을 갖고 펀드 투자나 최고의 이자와 거래로 실익을 얻는 것을 좋아했기 때문이다. 짐은 집에서는 숫자와 관련된 생각을 하지 않았다. 그러나 갑자기, 그는 직장일뿐

아니라 집안일도 꾸려 나가야 했다.

짐은 일적으로 매우 조직적이었지만 알리시아와 그는 집에서는 덜 그러기로 암묵적인 합의를 했다. 짐은 조직 능력을 집안일에 활용하기로 결정했다. 즉 집에서의 자기관리를 위해 직장에서의 시간 엄수와 행동을 모방하기로 한 것이다(모방학습에 관해서는 제19장 참조).

짐은 또 여가시간과 휴가를 어떻게 보내야 할지 처음에는 막막했지만 어디를 가고 어떻게 여행 계획을 짤지에 대해 새로운 전략을 서서히 계발해 나갈 수 있었다(이 부분에 대해 제12장 참조). 그는 휴일을 새로운 기술 습득을 위한 날로 정했다. 항상 요리하기를 즐기던 짐의 첫 휴가는 토스카나에서 한 주 동안 정통 이탈리아 요리를 배우는 것으로 정했다. 그리고 휴가 계획은 알리시아와 함께 가지 못한 세상의 여러 나라들을 방문하는 것으로 이어졌다.

짐은 극장 가기 같은 활동을 스스로에게 강요해야 했다. 삶의 흥미를 유지하게 하는 취미가 있었지만, 가장 큰 즐거움은 지역 자선단체의 회계업무를 돕는 일이었다.

✔ **믿음과 가치** : 짐은 미래에 대한 믿음이 산산조각 났다고 느꼈다. 처음, 그가 바라보는 미래는 온통 어둡고 쓸쓸할 뿐이었다. 한 주가 한 달이 되고, 바쁘게 생활하고 사람들과 교류하면서 그는 어렴풋한 빛을 보기 시작했다. 재미있는 것은, 일과 인간관계에 대한 가치를 재검토했을 때 '삶'에 대한 가치는 극적으로 변화했지만 일과 인간관계의 가치들은 바뀌지 않았다는 것이다. 전에는 삶의 가치들이 부부애, 사랑, 웃음, 재미 등 알리시아와 함께하는 삶에서 중요한 것들에 집중되어 있었다. 그는 머리로는 사랑을 믿고 있지만 다른 사랑을 다시 찾은 후의 결과에 대해서는 생각하는 것만으로 두려워할 정도였다.

✔ **정체성** : 가장 두려워한 것은 정체성 일부의 상실이었다. 30년 동안 그는 알리시아의 남편이었다. 삶에서의 그의 역할은 그녀를 돌보는 것이었다. 하지만 지금은 방황하는 느낌이다. 이 단계가 삶을 재건설하는 데 가장 힘든 부분이지만, 짐은 한 번에 하나씩 해 나가야 한다는 것을 깨달았다. 2년차가 되며 여전히 구멍이 나 있고 빠져나올 수 없는 기분이 들지만 위안을 주는 구절 '이 또한 지나가리라'를 되뇌며 자신이 극복하리라는 것을 안다.

✔ **목적** : 짐은 자신의 가장 높은 가치는 사람들이 더 즐겁게 살 수 있도록 세상을 물려주며 '집단 무의식에 행복을 더하는 것'이라고 판단했다. 새로운 모험을 시작하며 옆에 알리시아가 없어도 자신의 삶에 다시 한 번 목적을 만들 수 있음을 알았다. 짐은 친한 친구 폴이 말한 것을 기억했다. '이제 진정으로 성장하고 배울 시간이야.' 당시에는 별 다른 도움이 안 되었지만, 심한 괴로움 속에서도 인간적으로 성장했고 깊은 연민을 느꼈으며 인간관계를 견뎌왔다는 것을 짐은 깨달았다.

삶의 변화를 마주할 때 그것과 싸우고 전환을 어렵게 하는 대신 쉽게 헤쳐 나갈 수 있도록 감정적 · 논리적으로 경험했음 직한 것들에 대한 이해를 돕기 위해 짐의 사례를 소개했다.

표 20-2를 복사해서(www.dummies.com/go/nlp에서 다운로드 가능) 삶에서 일어나는 변화의 결과로 인한 통찰을 기록하며 변화를 쉽게 만들기 위해 할 수 있는 색다른 방식을 적어본다.

변화를 위한 강점 파악하기

삶의 여정이나 상황에 따라 논리 수준 중 한 가지를 변경하는 것은 달성하고자 하는 것에 매우 큰 영향을 미친다.

애나는 야심이 많았지만 삶은 평범한 편이었다. 그녀는 극도로 짜증을 내며 불운에

표 20-2	논리 수준 변화의 결과	
논리 수준	통찰	변화를 용이하게 하기 위해 할 수 있는 일
목적		
정체성		
가치와 믿음		
역량과 기술		
행동		
환경		

대해 모든 사람과 환경을 탓했다. 그러나 다행히도 그녀를 상담할 코치를 만날 수 있었다. 시간선 관련한 코칭 동안 11세 때 겪은 어머니의 죽음으로 인한 감정들에 자신이 여전히 영향을 받고 있음을 알게 되었다. 그녀는 삶의 불공평함과 불운에 대해 매우 뿌리 깊은 믿음을 갖고 있었다. 애나는 믿음 수준에서 시간선 작업을 하면서(제13장 참조) 제한적 믿음을 내보내고 삶을 극적으로 변화시켰다.

삶의 불공평함과 불운의 느낌을 전환하면서, 그녀는 자신을 피해자라고 간주하던 정체성이 성공적 인물이 되는 것으로 바뀌는 것을 느꼈다. 애나는 관리 훈련 과정을 신청하는 용기를 냈고(역량과 기술) 과거에는 그토록 두렵게 느꼈던 생각을 관리자와 동료들과 공유했다(행동).

새 기술을 추가하거나 사무실의 실내 장식을 새로 함으로써 수준을 강화한다 해도, 어떤 것은 제거해야 할 필요가 있다. 회의 때 항상 늦는다면 시간 관리 기술을 개선해야겠지만 더 중요한 것은 애나의 사례처럼 부적응적 행동을 유발하는 무의식의 감정적 차단을 제거하는 것이다.

삶에서 변화를 경험하는 곳은 어디인가? 큰 변화를 만들고자 하지만 계속 미루고 있는가? 앞선 일레인의 사례를 생각해보자. 그녀는 개인 금융 자문가(IFA)가 되기 위한 다섯 번의 기회가 있었지만 기획 관리자로 남아 있기로 했다. 그것이 안전하게 느껴졌기 때문이다. 환경이 상황을 지원하지 않자 아이와 더 많은 시간을 보내기 위해 집에서 일하기를 바랐던 일레인은 오랜 고심 끝에 단행을 결심하게 된다. 다음 연습은 어떤 논리 수준을 심화하거나 변경해야 하는지에 대한 명확성에 도움이 될 것이다.

1. 현재 경험하거나 만들고자 하는 변화를 메모한다.
2. 논리 수준표(표 20-3)를 복사(www.dummies.com/go/nlp에서 다운로드 가능)한 후 완성한다.
3. 가장 영향력 있는 논리 수준을 파악한다.
4. 현재 경험하거나 만들고자 하는 변화에 대해 적는다.

이제 쉽게 변화하거나 변화에 착수하기 위해 색다르게 시도해볼 방법의 목록을 적는다. 앞선 예에서 일레인(앞 단락 '논리 수준 정렬하기'를 보라)은 역량과 기술에 IFA 자격을 추가할 필요를 깨달았다. 하지만 그녀는 재택근무를 하는 여성으로, 쉽게 고객을 만나고 사무실이 있으며 지원하는 기반시설이 있는 다른 금융 자문가들과 비교해서

표 20-3	논리 수준표	
논리 수준	이 수준이 어떻게 변화를 지원하는가	이 수준이 어떻게 변화를 지원하지 않는가
목적		
정체성		
가치와 믿음		
역량과 기술		
행동		
환경		

불리함을 깨달았다. 그녀는 가장 능력 있는 금융 자문가로서 우뚝 서기를 원했다.

일레인이 재택근무를 미룬 이유는 남성 지배적인 세상에서 성별 때문에 '다르게 되는 것'이 두려웠기 때문이다. 그녀는 재택근무 결정을 위해 이 장 뒷부분의 '공포 없애기' 단락에 나와 있는 매우 효과적인 질문을 사용했다.

가치 고수하기

가치가 중요한 이유는 정체성을 지원하기 때문이다(가치에 대해서는 제3장 참조). 정직과 친절을 가치 있게 생각한다면 자신이 '좋은 사람'이라고 깨달을 것이다. 가치는 그것에 부과한 기준과 관련하여 평가된다. 효율성을 기업 가치로 지지하는 두 관리자가 효율성에 대한 상이한 기준을 가질 수 있다. 한 관리자는 순전히 금전적인 면과 연관시키며 손익 계산만을 생각한다. 반면에 다른 관리자는 직원들의 몰입과 연관해서 효율성의 가치를 매긴다.

가치는 무의식 영역에 자리 하기 때문에, 의식적으로 이해하기 전까지는, 변할 여지가 거의 없는 광기 수준의 열정으로 집착한다. 강아지나 아이, 남편을 훈련하는 데는 이 열정이 괜찮을지도 모른다! 그러나 직장과 관련될 경우, 어느 정도 유연성을 갖는 것이 효과적이다. 가치의 효과성을 평가하는 기준은 협상의 여지를 제공할 수 있다.

효율성의 속성을 부과하는 관리자들의 예에서, 직원 몰입이 손익 계산에 어떻게 이익이 되는지 또는 건전한 손익 계산이 어떻게 일자리 보장을 제공하며 직원들을 완전히 몰입하게 하는지 중재자가 알려줄 수 있다. 사람들의 가치를 제기하는 법을 이해하는 것은 모든 변화를 쉽게 하고 팀원들을 협력으로 끌어 모으며, 부부가 공통의 목표를 위해 일할 수 있게 한다.

분명한 의사소통의 중요성 파악

> 변화는 강제할 수 없다. 변화는 끌어들여야 한다.
>
> – 제인 레디호프

모든 변화의 성공은 팀의 전원이 협력하는지에 달렸다. 팀은 전체 기업이거나 부서의 일부, 가족일 수 있다. 이 상황에서 라포는 그 진가를 발휘한다. 라포를 형성한 사람은 변화 과정을 만들거나 망칠 수 있는 사람들을 설득하며 협상에 나오게 할 수 있다. 이 개념은 자신의 소통이 모두에게 통해서 대상들이 자신이 원하는 것을 분명히 이해한다는 것이다. 이 단락은 이 책에서 소개된 라포 형성의 모든 기법 중 특히 문서화된 것들을 한데 모은다.

지각 위치를 생각해보고(제6장에서 논의함) 상대방 입장에서 소통하는 것을 기억한다면 사람들을 납득시키는 것은 훨씬 쉬워질 것이다. 이때 최소한 변화 과정에 관련된 사람들의 가치 일부라도 이해해야 할 것이다(가치에 대해서는 제8장을 보라).

자신의 가치를 아는 것은 일이나 연인 또는 사업이나 인생의 동반자를 선택하는 데 중요하다. 공통의 목적을 달성하고자 한다면 다른 사람의 가치를 이해할 필요가 있다. 신중하게 회사를 선택하고 싶다면 회사 내의 공통된 가치를 추정해봐야 할 것이다. 기업의 가치가 몇 번이고 되풀이되면, 회사에 있는 사람들은 이 가치 아래에서 번성하며 가치와 조화를 이룬다. 장기적 관계를 만들고자 하는 관리자나 개인으로서 동기부여하려는 대상의 가치를 아는 것은 매우 유용하다. '중요하다고 생각하는 x는 무엇인가?'라고 질문할 때 x는 '이 회사에서 일하는 것', '인간관계', '협력' 등임을 알게 된다. 모두가 공통의 가치를 충족하기 위해 일하는 것은 한 개인이 개인적 가치에 따라 개별 임무를 완수하는 것보다 훨씬 수월하다.

시각, 청각, 근감각(VAK) 언어를 사용하는 것은 청중들이 화자의 메시지를 더 쉽게 이해하게 한다. 제5장에서 이 점에 대해 자세히 설명한다.

가치처럼, 메타 프로그램(제7장에서 설명함)은 감각이 세상에서 얻은 정보를 거르기 위해 사용하는 가장 추상적인 여과기이다. 그 추상성 때문에, 이 모형을 선호하는 사람에게 사용하면 라포를 쉽게 형성할 수 있다. 전진/회피, 큰 그림/세부의 메타 모형은 전에 설명한 바 있다.

소통을 할 때, 요점을 적은 커닝 쪽지를 준비한다.

- ✔ 가치
- ✔ VAK
- ✔ 지향/회피
- ✔ 거시적/세부적

나중에 기억에 도움이 될 내용을 적을 수 있도록 공간을 비워둔다.

너무 많은 정보에 압도될 수 있다. 실용적인 방법은 짧은 인터뷰를 한 후 자세한 내용으로 이어가는 것이다. 지나치게 많은 세부내용에 쉽게 압도된다면 차량이나 자동 세척기 구매, 휴가 선택하기가 어려워질 수 있다. 유용한 전략은 신뢰할 수 있고 여러분의 욕구를 아는 누군가가 여러분의 '머스트 해브' 기준을 충족하는 차량, 자동 세척기, 휴가 목록을 적어 주는 것이다. 고를 수 있는 선택이 주어지는 것은 빠르고 쉽게 결정을 할 수 있게 한다.

IT 부서 재구성 시 사람 좋은 한 관리자는 변화 과정이 부서를 위한 포괄적인 경험이 되기를 원했다. 그래서 모든 인원에게 변화와 관련된 가장 사소한 내용도 통지했다. 그러나 생산성은 바닥으로 곤두박질쳤는데, 개발자들이 하루에도 몇 번씩 쏟아지는 정보에 매우 힘들어했기 때문이다. 관리자가 개발자들에게 필요한 정보만을 여과할 필요가 있음을 깨닫고 나서야 생산성은 오를 수 있었다.

변화를 위한 마음가짐 만들기

제1장에서 NLP의 기둥 중 하나로 행동적 유연성의 개념을 소개한 바 있다. 이 개념은 어떤 삶의 상황도 대처할 수 있는 매우 중요한 개념이다. 변수에 대처하는 마음가짐을 계발할 때 대부분의 시간에 평정을 유지하는 수단을 갖게 된다. 왜 전부가 아닌 대부분의 시간인지 궁금한가? 사별 같은 경험은 삶을 매우 어렵게 하고 할 수 있는 일은 생존밖에 없으리라는 것을 우리는 잘 알고 있다. 하지만 기억할 점은 꿈틀거리며 겨우 하루를 보냈다 해도 이런 어려운 현실을 직면하는 유연한 능력의 증거일 수 있다는 점이다.

메리는 화학요법을 받을 때, 훗날 걱정을 하며 가족들이 어떻게 대처할까 걱정했다. 그녀는 6년 후 의사로부터 '모두 완치'되었다는 판정을 받았다. 그녀는 말한다. '지금 돌아보면 가장 가치 있던 것은 장기적인 관점보다 매일의 일을 기준으로 제 생각을 축소하는 것이었죠. 친구들과 대화를 하고 커피를 마시거나 영화를 보러 나갔는데 그것만으로 생각할 거리는 충분했어요. 직장에 복귀하는 것이나 병이 가족에게 미치는 영향을 걱정하는 것은 감당하기에 너무 많은 정보들이었어요. 이 미세적 관점이 저의 새로운 행동이 되었죠.'

아무리 사소한 것이라도 매일 성취한 것을 자신에게 되새겨본다.

공포 없애기

공포는 사람들을 무력화한다. 사람들은 실수로 초래되는 결과만큼 실수 자체를 무서워하지는 않는다. 공포는 각자가 갖는 세계 모형이 일으키는 반응인 것이다(제2장에서 NLP 가정을 다룬다).

끊임없이 비판받거나 실수가 용납되지 않는 환경을 경험한 적이 있다면, 기대에 어긋난 행동을 할 경우 비판받을까 봐 두려워할 것이다. 이 공포는 지연이나 무기력 상태에 빠지게 한다.

어떤 기획에서 매우 큰 금액의 손실을 입힌 것으로 평판이 나 있는 IBM의 최고 영업사원과 관련된 전설을 소개한다. 영업사원은 IBM에서 가장 영향력 있는 지도자인 토머스 J. 왓슨에게 불려갔다. 영업사원은 사직 의사를 밝혔으나 이는 거부되었다. 왓슨은 IBM이 영업사원 훈련에 많은 돈을 썼고 이것을 헛되이 하고 싶지 않다고 말했다.

이직이나 결혼, 이사, 승진 등을 두려움 때문에 망설이고 있다면 다음의 연습이 숨겨진 두려움을 밝히는 데 도움이 될 것이다.

이 연습은 의사결정을 돕는데, 나중에 아무것도 안 하기로 결정한다 해도 그것 역시 하나의 의식적인 결정이 된다. 이 과정 자체로 많은 공포가 없어진다.

1. 제4장에서 설명한 체계화된 성과표에 있는 질문들을 자문해본다. x는 앞서 언급한 내용들과 관련한 행동을 하는 것과 관련이 있다.

   x를 한다면 무슨 일이 발생하는가?

   x를 한다면 무슨 일이 발생하지 않는가?

   x를 하지 않는다면 무슨 일이 발생하는가?

   x를 하지 않는다면 무슨 일이 발생하지 않는가?

2. 결정을 내리는 데 있어 관련한 장점과 단점의 목록을 작성한다.

3. 잘못될 수 있다고 생각하는 모든 점 및 발생한 문제를 어떻게 처리할지에 대해 목록을 작성한다.

4. 어떤 일이 발생하더라도 그 상황으로부터 교훈을 배우겠다고 결심한다.

5. 하위 감각양식을 이용하여 아직 사라지지 않은 공포를 제거한다(다음에 이어지는 데이비드의 일화 참조).

사업 세계에서, 회사들은 생존의 수단으로 능률성을 개선하는 변화 프로그램을 만든다. 그것은 보통 프로그램이나 근무 시간, 인력의 축소를 의미한다. 또 부서들을 통합하거나 폐쇄하고 여러 문제, 즉 경쟁적이며 소모율이 높고 의욕을 저하하거나 생산성을 감소하는 등의 문제들이 제기될 수 있다. NLP 기법은 이런 어려운 시간을 헤쳐 나가도록 돕는다.

데이비드와 동료들에게 또다시 인정사정없는 인력 감축의 칼바람이 들이닥치자, 데이비드는 매일 아침 눈 뜰 때마다 괴롭히던 익숙한 실직의 공포를 느꼈다. 그는 여러 번의 변화와 '좋지 않은' 감정 상태를 경험하며 자신의 동기와 건강, 행복이 모두 고통 받음을 깨달았다. 데이비드는 이제 충분히 고통 받았다고 생각하고 생산적으로 남아 있기 위한 다음의 전략을 택하기로 결심했다.

1. **데이비드는 '만약에'의 재구성 과정을 사용하며**(제14장에서 설명함) **'최악의 결과
   는 무엇인가?'를 자문했다.**

   그는 몇 달 동안 실직 상태일 수 있지만 이전에 감축을 당한 후 재정적 '활동 자
   금'을 비축해두었기 때문에 6개월은 버틸 수 있음을 알았다. 이 인식은 해직 시
   의 공포를 완화하는 데까지 이르러 공포를 느끼는 빈도는 줄어들었지만 강도는
   여전했다. 데이비드는 합병의 기업적 변화를 생각할 때마다 느끼는 공포를 없
   애기로 결심했다.

   그는 직업으로 인해 '나는 영업사원이다'라는 그의 정체성이 결정되는 것이 달
   갑지 않았다. 데이비드는 집 대출금을 갚지 않아도 된다면 무엇을 하고 싶은지
   자문하며 학교 다닐 때 목공업을 좋아했던 일을 기억했다. 그는 직장 일이 어떻
   게 될지와 무관하게 야간 목각 수업에 등록하기로 결심했다.

2. **그는 변화에 대처하는 선택지가 있음을 깨달았다. 변화에 굴복하는 대신, 매일
   을 학습의 날로 간주하기로 했다. 하루를 마칠 때마다 어떤 힘든 일이 있었는지
   적은 후 '여기서 배울 것은 무엇인가?', '앞으로 어떻게 사용할 수 있는가?'라고
   자문함으로써 어려움을 재구성했다.**

3. **가장 중요한 것은, 데이비드가 주변의 부정적 대화와 느끼는 공포에 대한 반응
   방식을 바꾸기로 결심한 것이다.**

   그는 동료가 그들이 겪는 문제에 대해 이야기할 때마다 '양식 파괴'(뒤페이지 'NLP
   용어 체크' 설명 참조)를 사용하기로 결심했다. 그는 단지 부정적 감정을 발산하는
   것이 좋아서 대화가 부정적이 되는 경우와 진지한 문제 해결을 위한 부정적 대
   화를 분별하는 법을 발견했다. 대화가 의미 없이 부정적으로 흘러갈 때, 데이비
   드는 손을 들고 '너무 비관하지 맙시다. 상황이 힘들고 더 나빠질 수 있지만, 그
   래도 힘을 내야죠!' 같은 말을 했다. 잠시 후, 데이비드는 단순히 손을 들어 동
   료들을 문제 해결 상태로 전환했다.

   데이비드는 두 가지 요소의 두려움을 자신 안에서 발견했다. 그는 공포를 어깨
   로부터 무겁게 미끄러져 내려오며 자신의 몸통을 둘러싼 검고 단단한 정육면체
   처럼 보고 느꼈다. 정육면체는 데이비드가 자신의 몸에 대해 느끼는 방식에 대
   한 은유였다(은유에 대해서는 제17장 참조). 공포가 엄습할 때마다 그는 그것에 은색

의 주머니를 도입함으로써 정육면체의 모양을 바꿨다. 정육면체는 회색의 벌집에서 은색으로 변했다가 드디어 사라졌다. 이미지를 파악한 후, 혼자 있을 때는 긍정문을 크게 소리 내서 말하며 호흡 훈련도 시행했다. 데이비드는 정육면체의 심층부까지 숨을 들이쉬고 내쉴 때 '나는 편안하고 강하고 자신 있으며 좋은 느낌이다'라고 말했다.

양식 파괴(pattern interrupt)는 사고나 행동 양식의 파괴를 의미한다. 코치가 내담자에게 '어떻게 도와드릴까요?'라고 물을 때, 내담자는 한숨을 크게 쉬고 문제에 대한 부정적 감정과 연결하며 울음을 터뜨릴 수 있다. 이 과정은 내담자의 문제와 관련하여 이어지는 일정한 프로그램의 순서 중 일부를 구성한다. 코치는 예상 밖의 행동이나 말을 함으로써 이 양식의 흐름을 깰 수 있다. 리처드 밴들러는 양식을 깨기 위해 내담자에게 물을 엎지른 적이 있다고 한다. 예상 밖의 돌발 행동은 내담자가 연속되도록 형성한 일련의 순서들을 깨기 위한 것이다.

데이비드는 여전히 실직의 위협을 받고 있지만 더 이상 무능하다고 느끼지 않는다. 그는 사무실을 떠나서도 존재감을 유지할 수 있고 마침내 일에서 벗어나게 될 때까지 기다리는 것보다는 '온전한 삶'을 살고자 한다는 것을 깨달았다.

변화의 수용 결과 한 가지 예상치 못한 흥미 있는 '사건'이 발생했다. 관리자가 데이비드가 다른 직원들보다 훨씬 생산적인 것을 보고 인원 감축이 끝난 후 그를 승진시키기로 결정한 것이다. 이제 데이비드는 장차 감축 통보가 있더라도 전보다 안심하며 일에 더욱 매진한다. 생산성도 증가해서 사고방식을 바꾸기 전에는 항상 그를 따라다니던 두려움도 더 이상 느끼지 않는다. 그는 일적으로 더 인정받고 더욱 일에 전념하며 승승장구하게 되었다.

경험에 대한 자발성

IT 부서가 외부에 위탁 경영될 때 실직 위기에 있는 일부 사람들은 모래에 머리를 묻고 최악의 순간이 오기만을 기다렸다. 그러나 그중 두 명은 자발적으로 새로운 작업 방식을 경험하기 원하며 그들의 취미를 잠재적 사업으로 계발해 나갔다. 마음가짐의 차이가 이 두 명에게 앞으로 나아갈 유연성을 제공한 것이다. 한편 다른 조직의 인원들은 소극적으로 대처했다. 그들은 '항상 이런 방식으로 일했어'라는 사고를 뛰어넘지 못한 채 무력감을 느끼며 점점 줄어드는 시장에서 일자리 찾기를 희망했다. 반면 좀 더 진취적인 두 명은 '우리는 이것보다 잘할 수 있어'라고 믿었다.

이 건강한 마음가짐의 일부는 영원한 것은 없다는 것과 체계 안에서 가장 유연하게 반응하는 사람(제2장의 가정 참조)이 살아남고 번영한다는 것을 인정하는 데 있다. 두려 워하는 것은 직접 실험해서 선택을 창출하는 데 방해가 된다.

변화 중에 도움 얻기

간단한 변화는 혼자서도 쉽게 할 수 있지만 대규모의 변화는 과정을 용이하게 하는 도움이 필요하다. 개인적 변화는 코치, 영양사, 금융 자문가, 부동산 중개인으로부터 관련된 도움을 받을 수 있을 것이다. 또, 일시적 변화로 여행을 생각한다면 여행사 서비스를 사용하면 된다.

직장에서의 변화를 위해 변화 챔피언십을 사용할 경우 그 효과는 탁월하다. 직원이 500명인 한 부서가 구조 조정에 들어갔다. 직원들은 20개의 집단으로 나뉘었고 각 집단에 관리자가 할당되어서 관리자를 통해 모든 정보가 전달되었다. 20명의 관리 자들은 변화를 구매한 후 팀원들에게 판매한다. 이것이 바로 '변화 챔피언십'이다. 이 재편성은 최소한의 붕괴 및 생산성 감소와 함께 가장 성공한 것이 되었다. 이 기획이 성공한 또 다른 이유는 경영팀과 500명 중 상위 200명이 모두 개별 1:1 코칭 상담을 받았기 때문이다. 경영의 투명한 소통에 높은 가치가 부여되었고 직원들에게는 시기 적절한 체계적 지원이 주어졌다.

강화 자원

우리는 이 책 전반에 걸쳐 유연한 사고의 필요성에 대해 이야기했다. 실험에 자발적 이 되는 것은 유연해지고 있는 것이다. 지략적 상태가 되면 실험에 더 개방적이 될 것이다. 지략적으로 느낄 때 문제와 관련해서 더욱 쉽게 방법을 발견할 수 있다. 결 과적으로 이 마음가짐은 불만족스러운 상태에 있을 때보다 훨씬 쉽게 변화를 이룰 수 있게 한다.

영업사원인 아만다는 기분이 좋고 활력적일 때는 기세가 넘쳤다. 그러나 그렇지 않은 날은 기대에 부응하지 못했다. 그녀는 누구보다도 기세에 넘쳤던 그 시절을 생각해내기로 결심하고 이를 위해, 정말 성공했던 날을 골라, 그토록 활력적이 되기 위해 정확하게 무엇을 보고 듣고 행동했는지 시각적으로 자세하게 적었다. 그녀는 이 메모를 자신을 활력적으로 만들 닻을 만드는 데 사용했다(제9장 닻 내리기 참조). 처음에는 각 단계를 정확히 따르도록 친구의 도움을 받으며 이 연습을 시행했다. 단계를 외우자 스스로 연습을 할 수 있었고 영업 실적은 '활력적 닻'을 사용한 후 처음 3개월 안에 전의 매출액 전망 대비 15%까지 올랐다.

미래에 발맞추기

삶에 변화를 도입하기로 했지만 그 결심이 흔들릴 때가 있다. 궤도를 유지하는 유용한 방법은 어떻게 일이 전개되고자 하는지 스스로에게 상기시키기 위해 목표를 성취하는 미래 시점을 상상해보는 것이다. 이 기법은 건강한 식습관 계획을 시작했는데 초콜릿 바의 유혹을 느낄 때 특히 좋다. 이 과정은 음식 섭취의 인지를 심화하기라는 대안을 만듦으로써 즉각적인 만족을 찾으려 하는 해로운 전략을 타파한다(제12장에서 습관 없애기에 대해 참조). 실제로 여러분은 모든 활동을 의식할 수 있다.

로드맵 작성하기

빌리 와일더가 말했다고 알려진 것처럼 '언제나 지나고 나서야 깨닫는 법'이다. 목표를 달성하는 한 가지 방법은 자신이 현재 어디에 있고 어디를 가고자 하는지 인지하고 그 성과를 달성하기 위한 논리적인 과정을 작업하는 것이다. 이것을 위한 더 좋은 방법은 '만약에' 기법으로 이미 목표를 성취한 것처럼 행동한 다음 현재로 돌아와 아래 연습 과정을 따르는 것이다(제14장의 '틀 다시 짜기-만약에' 참조). '시간 여행'에 대해서는 제13장에서 자세하게 설명했다.

이번 연습은 제13장의 '불안감 없애기' 연습을 응용한 것으로 시간선 사용의 다양한 방법을 제시한다.

1. 깊이 이완하고 목표를 생각할 수 있는 안전하고 조용한 곳을 찾는다.
2. 선을 하나 그려서 양쪽 끝에 목표에 대한 시작점과 완료점을 정한다.

3. 시작과 끝까지 관련된 단계를 생각하고 선 위에 표시한다.

4. 선 위로 떠올라 아래에 펼쳐진 과거와 미래를 한눈에 볼 수 있도록 한다.

5. 성공적으로 목표를 달성한 지점에 다다를 때까지 계속 위에서 표류한다.

6. 현재를 뒤돌아보며 로드맵에서 놓친 것을 무의식이 찾아내게 하고 떠오른 것을 종이에 적는다.

7. 목표를 지원하도록 모든 일이 시간선을 따라 정렬되게 하고 이 선 상에서 취해야 할 행동이 있는지 유의한다.

8. 준비되면 현실의 방으로 내려온다.

한 걸음 나아가기

변화하기로 한 결정은 순간이지만, 변화 자체는 몇 분에서부터 평생이 걸릴 수 있다. 인지해야 할 점은, 변화를 통합하기 위해 주도적(actively)으로 행동해야 한다는 것이다. 이 단락은 변화 기획에 있어 첫 단계와 마지막 단계의 중요함에 대해 살펴본다.

첫걸음 떼기

첫걸음은 가장 중요하다. 두 번째 걸음 및 이어지는 걸음을 위한 추진력을 제공하기 때문이다. 목표를 작고 처리 가능한 단위로 세분화하는 것은 성공의 길에서 동기를 유지하도록 돕는다.

 수잔은 만성적인 마약 중독자다. 그녀는 어느 새벽에 나이트클럽에서 집으로 향하던 중 한 지인과 마주침으로써 인생의 전환점을 맞게 되었다. 그녀가 말을 걸려 하자 그는 그저 '집에 가서 거울 좀 봐, 그리고 다른 선택을 해봐'라고 할 뿐이었다. 수잔은 멍하게 집으로 돌아와 오랫동안 거울 속의 자신을 들여다보았다. 그녀는 자신이 엉망으로 보이는 것을 깨달았다. 얼굴은 잿빛으로 눈 밑에는 긴 다크 서클이 생겼으며 후줄근하고 수척했다. 그녀는 끔찍한 모습과 현재의 느낌을 인정했다.

수잔은 바로 그 자리에서 스스로에게 말했다. '다시는 이렇게 살고 싶지 않다. 더 이상 이렇게 보이고 싶지 않아.' 이 결정은 부정문이기는 하나(제4장 체계화된 성과표 참조)

삶의 주도권을 다시 찾는 첫 시작이었다. 그녀는 강력한 '회피' 동기가 있었다. 즉 원치 않는 것이 무엇인지 인지하게 된 것이다(제7장에서 '회피' 동기유발 양식 참조).

다음에 그녀가 한 일은 환경을 바꾸는 것으로 마약 중독 친구를 끊고 일을 얻었다. 정화 단계 동안, 이웃들은 프랑스어 회화 클럽에 그녀를 초대했고 학창 시절 유창했던 프랑스어 실력을 재발견한 수잔은 프랑스로 이주하여 통역가로 일하게 되었다.

축하하며 종결하기

많은 목표 설정 과정들이 깊게 탐구하며 체계화된 성과를 말하고 로드맵을 작성하며 첫걸음을 시작한다. 마지막이나 종결(closure)에 대한 이야기는 많지 않다. 분명히 종결이 대규모적 계획에서 마지막 단계는 아니다. 그러나 기획의 마지막 국면이나 기획 그 자체를 알리기 위해 끝 단계를 통합하는 것은 매우 유용하다.

모든 변화는 중점이 필요하고 엄청난 양의 심리적, 정서적 힘이 소비된다. 변화는 사람들을 상당한 스트레스에 놓이게 한다. 이 스트레스는 고통(나쁜 스트레스, distress)이나 긍정적 스트레스(eustress)가 될 수 있다. 두 경우 모두 재충전의 기간이 필요하다. 종결하는 것은 집약적인 작업으로 인한 긴장을 방출하고, 한 국면의 마지막을 알리며 다음 도전을 위해 나아갈 수 있도록 한다.

집에서(정원 관리 같은) 또는 일적인(팀 내 생산성 높이기 같은) 기획을 검토하며 끝낸다. 아래 사항들을 검토할 수 있다.

✔ 잘된 것은 무엇인가?
✔ 아쉬운 것은 무엇인가?
✔ 어떤 교훈을 배웠는가?
✔ 다음에는 어떻게 다르게 할 수 있는가?

팀을 축하하고(자신만 있는 1인 팀이라도!) 드디어, 자신을 축하하는 것을 잊지 말자!

Part **6**

기억할 만한
열 가지 목록 소개

NLP

제6부 미리보기

- NLP를 일상에서 활용하는 열 가지 방법 알아보기

- 아이들 키우기에서 영업 성공 강좌, 자기계발까지 일상의 열 가지 영역에서 NLP의 광범위한 영향력 맛보기

- 책과 웹사이트에서 NLP 심화 학습을 위한 열 가지 자료 탐색하기

- 영화 다르게 보는 법 배우기

NLP 열 가지 활용법

제21장 미리보기

- 새롭게 습득한 기술로 세상에 나가기
- 삶의 모든 영역에서 NLP 효과 얻기

N LP는 전문 코치, 자문가, 훈련가로서의 우리 업무에 일상적으로 활용된다. 또 집에서 가족과 친구들과 함께할 때, NLP는 우리의 사고, 행동 방식에도 작용한다. 이제, 여러분의 삶에서 NLP를 어떻게 사용할 것인가? 이 장에서는 이 책의 내용을 바로 지금 어떻게 활용할 수 있는지 궁금증을 일으키는 열 가지 실용적인 제안을 한다. 이 의견들은 그저 제안일 뿐임을 기억하라. 여러분과 주위 사람들을 변화하게 하는 방법은 직접 선택하자.

자기계발

자기계발은 방대한 활동 무대로서 많은 사람들이 이 예측 불가한 세상에서 의미와 만족을 찾고 있다. 이 책을 읽을 때, 한 가지 교훈을 얻었으면 하는데 그것은 바로 NLP가 여러분에게 학습과 자기계발의 수단을 제공하고 그 개념이 맞는지 안 맞는지 선택할 수 있다는 점이다. 여기에, 코칭과 더불어 스스로를 강하고 효과 있게 만들어 진정한 역할 모델이 됨으로써 다른 이들을 돕는 데 NLP를 사용할 수 있다.

NLP 도구는 모방과 여러 연습 훈련으로 다음을 가능하게 하는 탐구적인 마음가짐을 격려한다.

✔ 가장 지략적인 정서적 상태를 선택하여 어려울 때 좋은 상태에 접근해 유지하게 하는 정신적 기법인 닻을 사용한다. 최고의 진전은 새로운 것을 시도할 수 있게끔 안전하게 느낄 때 가능하다. 닻 설정에 대한 탐색은 제9장을 보라.

✔ NLP가 기반을 두는 가정을 사용하여 사고방식을 다양하게 이끈다. NLP 가정들은 제2장에서 찾아볼 수 있다.

✔ 무엇이 자신을 최고로 기능하게 하는지 알아본다. NLP에서 **표상** 체계라고 부르는, 감각을 통해 경험을 반영하는 방법에 대한 정보를 수집한다. 제5장에서 표상 체계에 대해 자세히 알아보자.

✔ 다른 사람이 대신해주기 기다리지 말고 자신의 학습법에 책임을 진다.

✔ 삶의 모든 양상에서 진정으로 원하는 것에 대한 명확성을 계발한다. 제4장에서 소개된 체계화된 성과표가 원하는 것을 모색하는 토대이다. 또한 부록 C의 점검표도 확인하자.

✔ 능력과 자신감 향상을 위해 가장 알맞은 경험의 논리 수준에서 변화하는 법을 모색하며 자신감이 환경, 행동, 역량, 믿음, 정체성, 목적을 고려하는지 알아본다. 이 관점은 제11장에서 자세히 논의되었다.

✔ 무리해서 소진하지 않도록 활력 수준에 유의한다.

✔ 라포를 더 쉽게 만드는 법을 찾는다. 제6장 전반에 걸쳐 이 중요한 기술이 설명되었다.

사적 및 직업적 대인관계 관리

'도와주세요, 대인관계가 나빠요!' 누군가와 대인관계가 나쁜 것은 끔찍하고 갇힌 듯한 경험이 될 수 있다. 문이 눈앞에서 닫히는 것이다. NLP에서 자주 나오는 문장은 '지금 방식이 효과가 없으면 다른 방식으로 하라'이다. 다행히도, NLP는 여러분이 갇히지 않고 더 많은 가능성을 향해 문을 여는 다양한 방법을 제시한다. 두 가지 시작 방법을 소개한다.

✔ **메타 모형** : 이 모형은 '난 이것과 행복하지 않아요' 같은 모호한 일상 언어의 이면을 구체적 정보를 수집하고 행복하고 보상적인 관계를 방해하는 추정을 타파하는 유용한 질문을 사용함으로써 파헤치는 법을 제시한다. 더 정확하게 소통하는 법을 알면 자신과 다른 사람이 진정으로 말하고자 하는 본심에 다다를 수 있다. 메타 모형은 제15장에서 자세히 설명되었다.

✔ **NLP 메타 거울** : 이 기법은 다양한 지각 위치를 갖도록 권유한다. 메타 거울은 다른 사람과의 관계 맺는 법을 검토하는 행동을 통해 어려운 상황을 탐색하기에 매우 좋은 수단이다. 다양한 관점을 고려함으로써, 대인관계가 앞으로 나아가거나 정중하게 끝나는 신선한 발상을 차지할 수 있다. 메타 거울은 제6장에서 자세하게 설명되었다.

모두가 승자가 되는 해법 협상하기

인생에서 매우 중요한 협상을 하려 한다고 치자. 이를테면 꿈의 집을 발견했을 경우다. NLP는 새 집을 고가로 판매하거나 임대하는 중개업자와 직면했을 때 최상의 거래를 할 수 있도록 돕는다. NLP는 일상에서 유리하게 사용할 수 있는 원칙과 전략을 제공함으로써 목표가 성취되도록 돕는다. 다음에 열거된 기법을 보자. 새 집 사기의 예를 들었지만 일이나 차량 구매, 직장에서 계약 담당자 구인하기, 갈등 해소하기 등 어떤 협상에도 활용 가능하다.

✔ 마음에 둔 바라는 결과부터 시작해서 긍정적인 성과를 모색한다. 긍정적인 언어를 사용하여 원치 않는 것보다 원하는 것에 중점을 둔다. 성과에 대한 전말은 제4장을 참조한다.

✔ 감각을 사용한다. 성공적인 협상을 했을 때 무엇을 보고 듣고 느끼는지 유의함으로써 성과를 더 구체적으로 만든다. 제5장에서 이 기법에 대한 감을 잡을 수 있다.

✔ 일의 진전에 중요한 다섯 가지 요소에 중점을 두고 자신의 뜨거운 쟁점을 메모한다. 우선순위에 따라 적은 후 원하는 것을 얻고 있는지 검토하기 위해 자주 확인한다.

✔ 현재 집주인 관점에서 쟁점을 메모한다. 그들에게 중요한 것은 무엇인가? 그들의 입장이라면 어떤 기분일지 상상하며 연락할 때마다 그들의 요구가 무엇인지 자신에게 상기시킨다.

✔ 현재 집의 놓치고 싶지 않은 긍정적인 부산물에 유의한다. 이 긍정적인 요소는 집에 있는 욕실의 수, 햇빛 드는 남향의 정원이나 편리한 교통편일 수 있다.

✔ 원하는 핵심을 인지한다. 순간에 휩쓸려 계약이 성사된 후 스스로에게 실망하는 것보다는 그냥 계약을 안 하는 것이 낫다.

✔ 마음 상태를 관리한다. 협상 시 차분히 긴장을 풀어야 다음 행동을 최상으로 할 수 있다. 제9장의 닻 내리기를 참조한다.

✔ 거시적/세부적으로 관점을 전환하는 능력인 단위 기법을 사용한다. 단위는 모든 협상에서 핵심 기술이다. 세부사항에 반대하면, 계약의 구체적 내용을 상위 단위로 묶어 핵심상 공통된 일치를 구한다. 그런 다음, 공통된 기반을 얻고 작은 사안별로 단위를 묶는다. 제15장에서 필요한 구체적 정보를 제공하고 제16장에서는 동의하기 쉬운 일반 용어 말하는 법에 대해 소개한다.

✔ 판매 쪽의 모든 당사자와 라포를 유지한다. 그들이 말하는 것에 동의하지 않더라도, 몸짓 언어와 말투를 매칭하고 미러링한다. 모두가 경청할 때 일은 훨씬 잘 풀리는 법이다! 제6장에서 라포 형성의 주요한 기술을 모두 다루었고 제5장에서는 시각, 청각, 근감각 선호가 있는지 여부를 깨달아 그 선호에 맞춘 언어를 사용함으로써 라포 형성의 더 많은 방법을 제공한다.

직원을 동기유발하며 이끌기

직원을 고용하고 집중하게 하며, 관심을 가지고 최상의 상태에서 일하는 것은 비용이 많이 드는 일이다. 관리자와 경영자가 직원 몰입도 향상을 위해 NLP를 이해한다면 큰 유익을 얻을 것이다. 제1장에서 요약한 NLP 네 개 기둥을 다시 읽는 것은 매우 좋은 출발점이 된다.

- ✔ **라포** : 라포는 모든 좋은 동기의 기초로 공동체에서 고객, 공급자, 직원 등 다른 사람들과 함께 있을 때 발생한다. 탄탄한 대인관계의 형성을 위해서는 기법적 우수함보다 장기적인 면이 더 중요하다.
- ✔ **감각적 인식** : 작업장에서 발생하는 일에 귀 기울여 경청하는 기술을 계발한다. 좋은 관리자는 일이 잘 진행될지 여부와 관련한 육감이 있다. 관리자는 위험을 보고, 듣고, 느낄 뿐 아니라 거의 알아챌 수 있을 정도다. 탁월한 경영자는 직감에 귀를 기울이며 세상사의 최신 동향을 잘 파악할 뿐 아니라 직관에 따라 행동하고 새로운 지침을 구축함으로써 대세를 거슬러 나아간다.
- ✔ **성과적 사고** : 이러한 사고는 일상의 문제로 교착 상태에 빠지는 것이 아닌 원하는 것이 무엇인지 알 수 있게 한다.
- ✔ **행동적 유연성** : 유연성은 창조적이 되며 다른 이들로부터 최상의 결과를 얻는 데 매우 중요하다. 직원의 입장이 되어서 그들의 생각을 진심으로 이해하는 것은 매우 유익한데 이에 맞춰 대응할 수 있기 때문이다.

훌륭한 경영자는 사람들이 돈에 동기부여를 많이 하지 않는다는 점을 안다. 일정한 실용 단계를 지나면, 돈은 핵심 가치가 아니다. 대신, 서로 신뢰할 수 있는 사람들과 일하기 원한다. 직장에서 최고로 좋았던 경험을 물을 때 사람들은 감사, 인정, 정직, 공정함, 의미 있는 일 등 규준의 중요성을 강조했다. 제3장에서 각자의 가치에 따라 사람들을 배치하는 법을 다룬 바 있다.

제11장은 조직 내의 동기유발과 팀 단합을 증가시키는 논리 수준 모형 사용법에 대해 소개한다. 이 모형은 공통의 목적을 찾는 통찰을 제공하며 조직의 정체성과 일치하는 법에 대해 엿볼 수 있도록 한다. 동료들과 함께 논리 수준 모형을 파악하는 것

은 유용한 팀 활동이 된다. 제18장에서는 틀에 맞지 않는 사람들을 무시한다는 것을 인지하지 못한 채 생각이 비슷한 직원을 채용하기 쉬운 삭제와 무의식적 편견에 대해 이야기했다. 더 굳건한 관리자는 자신과 다른 사람을 채용하는 선견지명이 있다. 제 7장의 NLP 메타 프로그램에서 설명한 바와 같이, 다른 속성의 사람들을 서로 균형 맞출 필요가 있다. 일부는 진취적이며 주도적인 반면, 또 어떤 이들은 더 고려하며 반응적일 것이다. 창조적인 성향이 많은 경우 절차를 중시하는 사람들에 의해 균형 이 이루어질 수 있다. 거시적인 사람이 있는가 하면 세부 절차를 따르는 사람도 있을 것이다.

멋지게 발표하기

능숙한 소통능력은 성공의 토대이다. 실제로, 소통능력은 미래에 영향을 주는 가장 중요한 단일 기술이라고 할 수 있다. 발표를 잘하게 되면, 꿈이 정치가, 교사, TV 진 행자, 치어리더, 그 해의 경영자이건 관계없이 삶의 많은 영역에서 독보적이 된다. 일 부러 나서서 자신의 신념을 옹호할 자신이 있는가? 축하 파티 자리에서 내내 마지막 에 감사 인사를 해야 하는 것 때문에 벌벌 떨며 있고 싶은가? 발표를 잘한다면, 앞서 나갈 수 있고, 그렇지 못하더라도 긴장을 풀고 여유 있는 시간을 보낼 수 있다.

그렇다면, 멋진 발표를 막는 것은 무엇인가? 한마디로, 여러분 자신이다!

유감스럽지만, 너무나 많은 사람들이 발표를 무서워한다. 설령 겁내지 않더라도, 앞으 로 나와 멋지게 뭔가 보여주는 것보다 뒤에서 웅성거리며 배회하는 것을 선호한다.

NLP는 세 가지 방식으로 차이를 만든다.

- ✔ 발표 목적을 명명백백하게 만드는 법을 알려준다.
- ✔ 언어 사용을 통해 모든 청중을 감동하게 하는 법을 알려준다.
- ✔ 모든 집단 앞에서 자신감을 느끼는 법을 알려준다.

정원 가꾸기 클럽의 연례 모임에서 연사로 초대받았다고 상상해보자(정원 대신 온라인 게임이나 햄스터 훈련, 패러글라이딩 같은 자신의 취미로 대체해도 된다).

NLP를 사용한 첫 번째 임무는 발표 성과에 대해 판단하도록 머리를 쓰는 것이다. 사람들이 자신의 연설에 감명받을 때 어떤 결과나 행동이 일어나길 바라는가? 청중들이 얻고자 하는 것이 무엇인지 유의하며 이 성과를 생생히 그려본다.

이야기 내용을 구성하면서 시각, 청각, 근감각의 VAK를 생각한다(사람들의 지배적 감각 파악하기 정보에 대해서는 제5장 참조). 영상을 선호하거나, 말을 소리로 듣는, 또는 직감에 의존하는 사람들에게 어떻게 생각을 전달할 것인가? 대본을 작성하면서, 일부 사람들은 큰 제목만 있으면 되는 반면, 다른 사람들은 자세한 핵심을 좋아함을 기억하자.

NLP는 모든 발표를 정신적으로 준비하게 하는 도구를 제공함을 명심한다. 발표 때 어떻게 보이고 싶은지 분명히 하자. 웃으며 즐거워 보일지, 의미심장한 진지함을 보일지, 또는 그 중간인지 결정한다. 포착하고 싶은, 다른 말로 닻을 내리고 싶은 과거 좋았던 시절을 찾아 기존 경험의 느낌을 되찾는다. 무대 닻 내리기에 대한 모든 것은 제9장으로 가보자.

가장 중요한 팁은 다른 이들의 팁과 기법에 매달리지 않는 것이다. 우리는 모두 다르게 발표한다. 있는 그대로의 모습은 신선하게 보일 수 있다. 열정적으로 관심 있는 무언가에 대해 진심으로 말할 때, 사람들은 그 진정성과 목적성을 이해한다. 제11장에서 목적을 분명하게 표현하는 논리 수준 모형으로 안내한다.

시간과 중요 자원 관리

모두에게 일주일에 168시간이라는 동일한 시간이 주어진다. 그렇다면, 왜 어떤 사람들은 시계와 경주하며 인생을 보내는 반면 다른 사람들은 느긋하고 여유 있는가?

시간과 관련된 이해는 일상의 경험에 큰 차이를 만든다. NLP는 시간선 안으로 들어가 순간을 사는 시간 내적(in time) 사람과, 시간선 밖에서 과거, 현재 미래를 구경꾼처럼 관망하는 시간 외적(through time) 사람으로 구별한다. 시간 외적일 때 시간을 계획하는 것은 훨씬 쉽다. 시간 여행 팁은 제13장에서 알아보자.

케이트는 NLP 코치로서 고객들이 시간과 결부하는 법과 시간을 현명하게 쓰는 법에 유의하도록 격려한다. 그들이 원치 않는 일에 시간을 쓰는 것과 진정으로 동기 유발하는 것에 힘을 마음껏 쏟는 것의 파급력을 이해하도록 말이다. 시간은 소중한 것으로 낭비하면 다시 되돌릴 수 없는 법이다.

다른 이들을 지나치게 만족시키려 하는 사람은 사람들을 실망시켰을 때 역효과를 얻는다. NLP는 친구와 동료들과 라포를 유지하면서 '아니요'를 말하는 법을 알려준다. 제6장에서 라포 형성과 유지 방법을 밝힌다.

성공을 향한 코칭 받기

오래전부터 하고 싶다고 생각해왔지만 시작이나 달성에 이르지 못한 일이 있는가? 그렇다면, NLP 코칭이 변화를 만드는 최초의 욕구인 그 생각에서 실현으로 도약할 수 있게 한다.

NLP 원칙을 수용하는 코치와 상담할 때, 코치는 NLP 가정을 사용하며 각자의 궁극적인 잠재성을 믿는다. 코치는 명확한 가치와 믿음을 얻도록 돕고, 방해가 되는 상호작용을 변경함으로써 불가능해 보이는 목표 달성을 지원한다. 그리고 그 과정은 심각할 정도로 자유롭고 재밌다. 농담이 아니다!

NLP 코칭은 주의를 바라는 결과인 성과를 얻는 데 집중하게 하고, 도랑에 빠져 원하지 않는 모든 것들에 힘을 다 써버리는 일은 방지한다. NLP는 방해가 되는 장애물을 뛰어넘거나 제거한다. 코칭은 현재 있는 곳과 가고자 하는 목적지 사이, 즉 현재 상태(present state)와 바라는 상태(desired state) 사이의 격차를 메운다.

행동은 꿈을 현실로 바꾼다. 코칭이 결과를 내는 한 가지 중요한 이유는 행동에 전념하게 만들기 때문이다. 또 다른 이유는 목표를 아주 작은 크기의 현실적인 단위로 세분화하기 때문이다. 코치와 상담할 때, 여러분은 자신의 약속을 크게 소리 내어 말하게 된다. 마치 옆에서 어떤 사람이 초시계와 칠판을 들고 여러분이 제대로 수행 중인지 규칙적인 간격으로 점검하는 것처럼 말이다. 원하는 것을 말하는 것은 목표를 더욱 구체적으로 느끼게 한다.

NLP의 원칙은 스포츠에서 성공하는 데 활용될 수 있다. 자주 스포츠 코치가 큰 경기나 대회를 앞둔 내담자의 자신감을 회복하기 위해 닻 내리기 기법을 사용하는 것을 목격한 적이 있을 것이다.

코칭은 사람들로 하여금 균형과 조화를 되찾을 수 있게 한다. 우리는 코칭이 단순히 골프장이나 중역 회의실 싸움에서 뛰어나게 잘하게 하는 것 이상의 것이라고 생각한다. 삶의 모든 측면을 고려하는 전체론적 관점은 자신만의 미래를 만들 수 있게 한다. 우리는 일적으로 뛰어나고자 하는 중역들을 성공적으로 코칭해왔다. 일하는 양뿐 아니라 삶의 전체 양상을 검토함으로써, 중역들은 자신들의 힘을 불러일으키고 가고자 하는 그들만의 방향을 선택했다.

다른 면을 침해하면서 직장 등 삶의 한 단면만 향상시킨다면, 직장생활은 좋을지 몰라도 가정생활은 비참해질 것이다. 그렇게 되면 그 실존은 균형이 깨진 것으로 잠재적으로 건강하지 못한 것이라고 할 수 있다. 사업적으로 크게 성공한 내담자가 그 과정에서 건강이나 중요한 대인관계에 해를 입힐 수 있다. 또, 매우 안락한 가정생활을 즐기는 사람은 직업적인 잠재성을 소홀히 할 수 있다. NLP 코치는 가장 의미 있는 삶을 만들도록 돕는다.

건강 향상을 위한 NLP 사용

'stressed'를 거꾸로 읽으면 'desserts'이다. 다이어트를 하고 있을 때 눈 앞에 푸딩을 볼 때마다 왜 그렇게 스트레스를 받는지 짐작할 만하다. 푸딩은 스트레스 받을 때 매우 입에 당긴다!

농담이 아니라, NLP는 몸과 마음의 불가분한 연결을 알고 있기 때문에 건강의 유지에 많은 도움이 된다. NLP는 인간을 건강하기 위해 균형을 유지할 필요가 있는 한 체계로 인식한다.

시간은 부족한데 할 일은 지나치게 많았던, 그래서 언제, 어떻게 했는지 거의 할 말도 없는 그런 경험을 한 적이 있는가? 제자리를 맴도는 쳇바퀴 안의 햄스터처럼 느끼진 않았는가? 대부분은 힘든 시간을 경험하며 삶에서 전성기와 쇠퇴기가 있는 것은 정상이다. 무슨 일이 일어나는지 인지하지 못하고 삶이 통제불능 상태에 빠질 때 사람들은 위험 구역에 빠지게 된다. 이때, 몸이 제동을 걸며 나선다. 만성 피로, 긴장성 두통, 목과 허리의 통증, 분노와 불안의 폭발 등은 삶의 통제불능을 알리는 몸의 경고다.

NLP는 사람들이 핵심 가치와 자기인식의 중심에서 집중하며 건강과의 조화를 이룬 상태를 유지하도록 돕는다.

밀턴 모형(제16장 참조), 은유, 이야기(제17장 참조), 닻(제9장 참조) 등의 도구를 사용할 경우 질병과 관련된 스트레스와 공포를 줄이는 데 도움이 될 수 있다. 그러나 의학적인 전문 훈련을 받지 않았다면, 만성적 건강 문제가 있는 사람에게 NLP를 사용하는 일은 매우 조심해야 한다. 누군가를 '치료'하려 하거나 전문적 진단을 요구하는 중요한 메시지인 신체적 증상을 무시해서는 안 될 것이다.

로밀라의 '스트레스 극복하기' 워크숍에 참가한 캐시는 최근 승진한 직장 업무 일을 완수하며 동시에 가족의 요구를 충족하기 위해 노력하느라 매우 지쳐 있었다. 캐시는 워크숍 동안 자신이 입양된 아기로 사랑을 갈구하는 깊은 요구가 있으며 이로 인해 상사와 가족의 요구에 맞춰왔다는 것을 깨달았다. 양부모는 아이를 사랑했고 그녀는 안정적이며 행복한 아동기를 보냈다. 하지만 캐시는 생물학적 어머니가 그녀를 버린 것 때문에 한편으로는 인생에서 버림받았다고 느껴왔다.

다른 참가자가 캐시의 이야기를 듣자 '하지만 선택된 아이잖아요'라고 말하며 그녀의 관점을 재편성했다. 이 긍정적 전환을 정체성으로 심화해가며 캐시의 변화는 눈에 띄게 뚜렷해졌다. 워크숍이 끝난 후, 캐시는 주위의 많은 사람들에게 '아니요'라고 말할 수 있게 되었고 그녀의 아이들이 더 책임감 있어지는 뜻밖의 효과도 얻게 되었다.

청중에게 다다르기 : 훈련가와 교육 전문가를 위한 조언

NLP는 교사와 교육 전문가를 위한 NLP 전문가 프로그램을 통해 교육계에도 영역을 넓히고 있다. 사업 워크숍을 선도하고자 하는 사람들도 NLP 훈련의 효과를 볼 수 있다.

NLP는 개인들은 매우 다양하게 학습하며 학생들만이 최고의 학습법을 진정으로 안다는 점을 인지한다. 좋은 교사는 가르침을 책임지며 학생들이 진실로 이해하고 자극을 받도록 도움을 준다. 또한 신경과학자들은 청년기 뇌의 가소성을 이해하는 것이 얼마나 중요한지(제3장 참조) 입증한다. NLP는 가르침에서 학습으로 방점을 옮기며 최고의 학습법에 유의하게 한다. 제12장에서 설명했듯 맞춤법 전략 등의 간단한 기법과 함께 수행된 최근 실험은 아동을 대상으로 한 교육과 장기적 안목에서의 삶의 질을 바꾼다.

학습 과정은 사실만을 가르치거나 정답만을 제공하는 것 이상의 여러 심층적인 영역들과 관련된다. 이해하고 지속적인 학습을 위해서는 긍정적이고 수용적인 상태에 있을 필요가 있다. 훈련가와 집단을 수용적으로 만드는 것은 교육과정의 모든 요소를 다루는 것보다 훨씬 더 중요하다.

새 기술을 발견할 때 여러분은 그것이 자신에게 어떤 효과가 있을지 궁금해진다. 배우는 것이 좋았던 최고의 학습 경험을 생각해보자. 예를 들어 케이트는 재미있고, 사람들과 함께하며 경험했을 때 만족스러웠으며, 실수가 용납될 때 가장 잘 학습한다. 이 내용들이 모든 사람에게 똑같이 작용하지 않기 때문에, 그녀는 워크숍을 진행할 때 참가자들의 요구에 유의하며 이에 맞춰 훈련을 시행한다.

NLP는 정보를 습득하는 사람들의 선호를 발견하는 법을 알려준다. 여러분은 교사로서 어떤 사람들은 그림, 일부는 말, 또 다른 일부는 감각이나 느낌에 반응함을 알아챌 필요가 있다. 집단 상담 초기에 일반적인 언어를 사용하는 것은 다양한 수준의 전문 분야에 종사하는 사람들이 이해할 수 있도록 돕는다. 그러므로 여러분의 소개말은 다음과 같을 수 있다.

> 우리는 오늘 주제의 많은 부분들을 다룹니다. 여러분 중 몇몇은 이 분야에 벌써 많은 지식이 있고 공유할 수 있는 생각과 의견, 경험이 있을 겁니다.

> 그분들에게는 이 개념들이 이미 알고 있는 지식을 강화하고 편하게 앉아서 이미 여러분이 실행하고 있는 것들에 대한 영향을 생각해볼 수 있는 시간이 될 겁니다.

> 또, 다른 분들에게는 새로운 관점이 될 것이며, 오늘 과정 동안 현재 사용하는 방

식에 가치와 힘을 더하는 새로운 방법을 탐색하는 기회가 될 것입니다.

이 생각들을 어떻게 활용할지는 각자 결정하게 됩니다.

또, 학습의 다양한 단계를 염두에 둔다. 운전 등의 새 기술을 습득할 경우 여러 단계의 숙련도를 완수하게 된다. 축복받은 무지인 무의식적 무능에서 시작할 때는 무엇을 모르는지 모른다. 그런 다음 의식적 무능으로 이동하여 모르는 것이 무엇이었는지 깨닫는다. 역량을 생성할 때 의식적 유능에서 시작하여 무의식적 유능에 도달하게 되는데 이것은 마치 숙련된 운전사가 초보 운전자였을 때 어땠는지를 잊는 것과 같다. 이 과정은 전문가에게서 배우는 학습을 어렵게 할 수 있다. 전문가들은 초보자 시절로부터 너무 멀리 나아가서 그저 '그냥 해봐'라고 하며 기술을 쉬운 단계로 세분화하지 못하기 때문이다.

최고의 일 얻기

경제적으로 어려운 시기에는 좋은 일을 얻는 데 치열한 경쟁이 벌어진다. 이것은 이직 준비와 전략적인 취업 면접이 어느 때보다 중요해졌다는 의미이다. 벽지를 바꾸거나 쇼핑을 가서 똑같은 파란 셔츠를 다시 구매하는 것 같이 단지 싫증나서 직업을 바꾸는 것은 역효과를 불러온다. 직업을 바꾼 후 다른 직업을 구한다는 변화에 끌렸을 뿐 직업 그 자체에 끌린 것은 아님을 깨달을 수 있다.

NLP 훈련을 받은 경력 코치와의 상담은 단지 다른 직업이 아닌 삶을 최상의 방향으로 이끄는 직업을 얻도록 여러분을 안내하며 면접 시 최상의 모습을 보이도록 돕는다. 진로 계획은 주도적으로 이루어져야 하며 그렇지 않으면 이상한 나라의 앨리스 같이 될 수 있다. 즉 목적지는 크게 신경 쓰지 않고 어딘가로 가기만 하면 되는 것이다. 가치와 바라는 미래에 기반을 둔, 잘 알고 내린 결정은 완벽한 직장을 떠나 여전히 다른 좋은 직장을 구하면서 더 나쁘거나 기껏해야 전 직장만큼 불안정한 일에 정착하는 일은 발생하지 않도록 한다.

부록 C의 점검표를 이용하여 직업 탐색의 체계화된 성과를 만들자. 여러분을 꿈의 직업에 지명할 힘이 있는 사람을 연구해서 그 사람의 세계관이 어떤지 판단한다. 제6장에 여러분이 설득할 사람들을 생각하는 데 도움이 되는 점검표가 소개되어 있다.

창의적으로 자신을 돋보이게 하자. 다른 관점을 얻기 위해 이차적 관점에서 삼차적 관점으로 전환하고(제6장에서 설명함) 자신을 상품으로 간주한다. 특색은 무엇이고 어떤 이득을 얻을 수 있는가? 거울 앞에 서서 꿈의 고용주가 고용하고자 하는 사람을 연습한다. 제6장의 의사소통 정보를 확인해서 말, 몸짓, 말투가 일관적으로 보이게 한다. 어떤 옷을 입고 어떻게 말할 것인가? 자신과 자신의 역량은 어떻게 소개할 것인가?

스스로를 믿음으로써 다른 사람들이 여러분의 자신감을 느끼고 신용할 수 있게 한다.

chapter

22

책장에 추가할 열 권의 책

제22장 미리보기

● 숙련자와 초보자 모두를 위해 추천하는 책
● 활자를 통한 NLP 지식의 지평 넓히기

우 리의 탐독하는 특성은 개인 발달과 NLP 관련 지식들을 확장할 수 있게 한다. 이 장에서 소개하는 NLP와 관련된 열 권의 책은 우리의 발전에 큰 영향을 미쳤다. 여러분의 성장을 위한 지름길로 사용해보자. 이 책들이 여러분 및 주위 사람들의 삶을 풍성하게 하리라 기대한다.

NLP와 함께하는 신뢰 체계의 변화

『NLP와 함께하는 신뢰 체계의 변화(Changing Belief Systems with NLP)』(1990)의 저자인 로버트 딜츠는 NLP 세계에서 가장 창의적인 훈련가이자 작가 중 한 명이며 또한 진정으로 자신의 말대로 실천하는 사람이기도 하다. 이 책에서 그는 어떻게 믿음이 원

제22장 책장에 추가할 열 권의 책

403

하는 것의 성취를 방해하는지와 완전히 충족하는 삶을 사는 법에 대해 설명한다. 책은 믿음의 탐색을 도우며 성격의 모든 단계를 정렬하기 위해 믿음을 바꾸는 연습과 지속적인 변화의 설정에 대해 설명한다.

뇌 사용자 가이드

NLP 분야에서 가장 활발한 두 명의 작가인 봅 G. 보든해머와 L 마이클 홀은 『뇌 사용자 가이드(The User's Manual for the Brain)』(2001)로 과정의 참여 없이 NLP 종사자가 되고자 하는 사람들을 위한 책을 제작했다. 일부 초보자용 NLP 책들과는 달리, 이 책은 매우 쉽고 종사자 과정에 참여하기 전에 매우 좋은 기초를 제공한다. 덧붙여 NLP 전문가들에게도 이 멋진 책은 기존 지식을 다시 생각나게 할 것이다.

핵심 전환

『핵심 전환(Core Transformation)』(1966)은 코니레 안드레아스가 발견하고 계발한 NLP 기법들을 제공한다. 이 기법들은 사적 변화를 용이하게 하는 더 큰 전체성을 독자들에게 선사하기 위해 고안되었다. 핵심 전환 기법은 모든 사람의 무의식에는 핵심 상태, 즉 전체성에 닿기를 갈망하는 갈등 영역이 존재한다는 전제를 기반으로 한다. 이 책은 자기계발 분야의 돌파구다. 한계를 내적 평화 같은 핵심 상태에 도달하는 발판으로 사용할 수 있게 만들기 때문이다.

개구리에서 왕자로

『개구리에서 왕자로(Frogs into Princes)』(1979)는 NLP 분야의 중요한 책 중 하나이다. 이 책은 NLP 창시자인 존 그린더와 리처드 밴들러가 실시한 실제 훈련의 녹취록으로 스티브 안드레아스가 멋지게 편집했다. 최초 출간 이후 NLP는 더 깊게 발달했지만, 이 책은 NLP 학습의 길을 시작하는 데 있어 필독서이다.

진실함으로 마음 움직이기

게인 Z. 라보디는 『진실함으로 마음 움직이기(Influencing with Integrity)』(1984)에서 읽기 쉽고 이해하기 편하도록 많은 선화(線畵)와 만화를 사용했다. 그녀는 독자에게 모든 소통 영역에서 사용 가능한 일련의 예술적 상태 기술을 제공함으로써 복잡한 주제를 단순화한다. 이 책은 사업의 응용에 집중하는 단도직입적인 접근으로 특히 기업계 사람들에게 유용하다.

하위 감각양식에 대한 내부자 가이드

리처드 밴들러와 윌 맥도널드의 『하위 감각양식에 대한 내부자 가이드(An Insider's Guide to Sub-Modalities)』(1989)는 하위 감각양식이 감각을 통해 습득한 정보에 의미를 부여하는 법을 설명하는 비교적 짧은 책이다. 116페이지 분량에 속지 않도록! 이 책은 저자의 내담자 상담 녹취록을 포함해 독자를 위한 20개의 연습이 수록되어 있다. NLP의 중요한 교과서인 이 책은 그림, 소리 및 느낌의 변경을 통해 경험을 바꾸는 법을 보여준다.

은유의 마법

『은유의 마법(The Magic of Metaphor)』(2001)과 연작인 『더 많은 은유의 마법(More Magic of Metaphor)』(2004)에서 닉 오웬은 행복감과 긍정적 느낌, 자신감을 일제히 높이는 이야기 모음집을 제공한다. 또, 이야기들은 동기부여와 영감, 탁월함을 위한 전략 제공을 위한 생각의 기반, 태도 및 믿음 자체에 도전한다. 수많은 탁월한 전략과 함께 이 책은 상담, 심리, 대중 연설, 경영과 교습 등 모든 다양한 직군의 사람들에게 매우 유용하다.

마음에 새겨둘 은유

조지 레이코프와 마크 존슨은 단순한 은유 사용법 이상을 말하는 멋진 작품을 완성했다. 『마음에 새겨둘 은유(Metaphors We Live By)』(1981)는 은유의 상이한 양식 및 그 이론의 이면과 여러분이 사용하는 은유가 어떻게 자신이 만들어낸 결과에 작용하는지 설명한다. 저자들은 매우 복잡한 주제를 이해하기 쉬운 방식으로 표현하는데, 이로써 능력을 새로운 수준으로 은유를 활용하는 데 사용하도록 돕는다. 다른 사람의 것뿐 아니라 자신의 '세상의 지도'에 대한 더 많은 이해도 얻을 수 있다. 이 지식은 라포 형성, 갈등 해소, 자신이 주저하는 방식에 대해 더 많이 알아차리기 등을 위해 유용하게 쓰일 수 있다.

설득 기술 블랙리스트

린투 바수의 『설득 기술 블랙리스트(Persuasion Skills Black Book)』(2009)는 설득의 언어를 아주 작은 단위로 숙달하기 위해 쓰인 실용적인 책이다. 그 기법은 일상의 사례를 사용함으로써 더욱 명확하게 다가온다. 이 책은 교사에서 영업 사원, 반항적인 십대 자녀가 있는 부모까지 다양한 사람들과 상황에 유용하다.

멋지게 발표하기

데이비드 셰퍼드와 테드 제임스가 우아하게 저술한 이 책은 훈련가나 발표자에게 필독서이다. 『멋지게 발표하기(Presenting Magically)』(2001)의 기법들은 NLP를 사용하여 학습을 가속화하는 법과 발표 시작부터 청중을 사로잡는 법을 알려준다. '타고난' 발표자를 모방하고 숙련된 수준으로 발표 기술을 증진하기 위해 책 속의 연습들을 실습해보자.

chapter

23

NLP 과정이 소개되는
열 편의 영화

제23장 미리보기

- 영화 속에 감춰진 NLP 과정 찾기
- 영화라는 수단을 통해 NLP 기술 탐색하기

이 장에서는 여러분이 눈여겨볼 만한 열 편의 영화를 골랐다. 이 영화들은 희망을 주고 생각하게 하며 영감을 준다. 그리고 가장 중요한 것은 각 영화에 나타난 NLP적인 양상이다. 이어지는 단락에서 극장에서 편하게 감상하면서 NLP 기술 연마를 위해 탐색할 만한 각 영화 속 NLP적 특색을 파악해보자.

아바타

영화의 NLP 특색을 말하기 전에, 우리는 제임스 카메론이 매우 비합리적인 사람임을 지적하고 싶다. 조지 버나드 쇼가 말했듯이, '합리적인 사람은 세상에 그들을 맞춘다.

불합리한 사람들은 세상을 그들에 맞추려 한다. 그러므로 모든 진보는 불합리한 사람들에게 달렸다.'

'아바타(Avatar)'는 감독이 10년의 세월 동안 고심한 작품으로 삶의 회복에 주안점을 두고 있다. 제임스 카메론은 10년 동안 머릿속에 이 영화의 비전을 품고 있었다. 더 놀라운 것은, 그와 제작팀은 이행 과정을 새로운 수준으로 담아내기 위해 가상 카메라를 계발했으며 이로써 그에게 필요한 영화 세계를 만들어냈다는 점과 자신들뿐 아니라 미래 영화 제작자들을 위한 영화 제작상 과학 기술의 진보가 이루어진 일이다. 시각 선호가 있다면(제5장에서 설명했듯이) 이 영화는 정말 재미있고, 특히 3D로 보면 더 재미있다. 다음은 짚고 넘어갈 두 가지 주요 주제이다.

- ✔ 인생은 모든 논리 수준이 정렬될 때 더 충족된다(논리 수준에 대해서는 제11장 참조). 특히 전체 공동체가 이런 식으로 일치할 때 효율적이다. 이러한 상황은 모두에게 좋은 변화를 위한 강팀으로 빠르게 이끌기 때문이다. 나비족은 판도라 위성의 토착민들이다. 위성과 토착민과의 영적 연결은 그들로 하여금 신중하게, 단지 생존에 필요한 것만을 취하게 한다. 이 영적 정체성은 나비족을 판도라의 환경과 일치하도록 하고 이것은 그들의 적인 인간의 앞선 화력에도 불구하고 인간을 물리칠 수 있는 힘이 된다.
- ✔ 가치(제3장 참조)는 매우 강력한 추동이다. 제이크 설리(샘 워싱턴)가 판도라 문화의 풍부함을 이해하자, 그의 가치는 판도라의 자원 약탈만을 원하는 인간 동료들의 것과 충돌한다. 이때 제이크는 가치를 위해 기꺼이 죽을 수 있다.

출연 : 샘 워싱턴, 조 샐다나, 시고니 위버. 감독 : 제임스 카메론. 영화사 : 20세기 폭스사(2009).

페리스의 해방

십대에 관한 매우 오락적인 영화로 페리스 불러(매튜 브로데릭)는 '인생은 빨리 지나간다, 가끔씩 멈춰서 돌아보지 않으면 인생을 놓칠 수 있다'고 믿는다. 페리스는 어느 날 학교를 빼먹기로 결심하고 절친인 카메론(앨런 럭)을 설득해 같이 끌어들인다. 페리스는 이날을 이용해 카메론의 자존심을 회복하도록 돕고자 한다. 영화는 믿음과 책임감 있는 행동에 관한 모든 것을 말한다. 페리스는 자신을 신뢰하며 부모, 학교 친구에서부터 마을 사람들까지 모두에게 사랑받는다. 유일한 예외의 인물은 제프리 존스가 혼이 쏙 빠지게 연기하는 학교 교장인 에드 루니와 제니퍼 그레이가 분한 페리스의 여동생 지니 불러다.

'페리스의 해방(Ferris Bueller's Day Off)'은 제2장에서 찾을 수 있는 NLP 가정에 대한 멋진 묘사다. 페리스의 삶에 대한 자유방임은 교장과 여동생이 따르는 '세상의 지도', 즉 사람들에 대한 믿음, 그들이 요구하는 행동방식과 어긋난다. 그 결과, 그들은 페리스가 실수하기만을 바라며 새로운 경험과 짜릿한 흥분을 배울 수 있는 기회들을 놓친다. 흥미로운 점은 사람들의 중점과 이것이 그들의 삶에 작용하는 방식이다. 페리스는 삶을 즐기며 카메론을 돕고 체계를 혁신하는 것에 중점을 둔다. 그리고 매일을 향해하며 목표를 성취한다. 이와는 대조적으로, 교장과 여동생은 페리스를 싫어하는 데 시간을 보내고 교장은 한 가지 이상의 나쁜 일들을 겪으며 하루를 마친다. 그는 나쁜 하루가 자신의 행동이 초래한 결과임을 알지 못한 채 자신의 '세상의 지도'에 따라 페리스에게 반응하기를 계속한다. 좀 더 인식이 있었다면, 그는 실패와 피드백 간의 차이를 이해할 수 있었을 것이다.

지니는 찰리 쉰이 연기한 경찰서에 있는 한 소년과의 신나는 대화 동안 고민을 날려 버린다. 소년은 지니가 오빠 일보다 그녀 자신의 문제에 집중하도록 지적한다.

가장 큰 변화는 카메론에게 일어난다. 영화가 시작할 때, 그는 희생자로 삶의 주요 인물들, 즉 무서워하는 아버지와 거절하지 못하는 친구 페리스에 의해 좌지우지된다. 영화 마지막 부분에서 아버지의 사랑하는 스포츠카를 '사망'하게 했을 때, 그는 페리스에게 이끌려 다니게 한 것은 자신이고 언제라도 싫다고 말할 수 있었음을 인정하며 지금까지 쭉 선택의 자유가 있었음을 깨닫는다. 이것을 일찍 알았다면 카메론은 아버지와 내적인 공포의 희생자가 되지 않았을 것이다. 영화의 최고 부분은 카메론이 용기를 내 아버지에게 차에 대해 말하는 장면이다. 역시 '선택을 하는 것이 안 하는 것보다 낫다'.

출연 : 매튜 브로데릭, 앨런 럭, 미아 사라, 제프리 존스, 제니퍼 그레이. 감독 : 존 휴

즈. 영화사 : 파라마운트 픽쳐스(1986).

사구

'사구(Dune)'는 리토 공작(주겐 프로크노)의 아들인 폴 아트레이즈(카일 맥라클란)가 친숙한 자신의 세계에서 거의 초자연적인 세계인 아라키스로 여행을 떠나는, 한 영웅의 여정에 대한 이야기이다. 폴은 아라키스에 정착한 토착민인 '푸른 눈'의 사람들과 조우하고 벌레와 '우주의 가장 위대한 보물'인 스파이스의 비밀을 발견한다 .

이 지식을 바탕으로, 폴은 아라키스 사람들을 황제의 부패한 통치에서 해방하고 아버지의 복수를 하며 자신의 운명을 완성한다. 영화의 특수효과는 현재로서는 구식이지만, 당시에는 월등한 것이었다. 그리고 아주 오락적인 것과는 거리가 있어 매우 유용한 교훈을 배울 수 있는데 예를 들면 변화가 불가피하고, 특히 성장을 위해서는 더그렇다는 점이다.

> …하지만 사람은 경험이 필요해 …경험은 깊은 곳에 자극을 주며 성장할 수 있게하지. 변화가 없으면 무언가가 우리 안에서 잠들어 버린다 …그리고 다시 깨어나기 힘들어 …잠든 자는 반드시 일어나야 해.
>
> — 리토 공작

제20장에서 변화에 대해 자세히 설명한다. 한편, 공작의 사랑하는 첩이자 폴의 어머니(프란체스카 애니스)는 결과에 상관 없이 자신의 선택에 책임을 지며 자신의 능력을 입증한다.

> 나는 결코 내 선택을 후회하지 않는다. 내 실수의 책임을 질 거야.
>
> — 제시카

이 영화는 마음의 힘을 입증하며 공포를 극복하는 법을 보여준다. 특히 폴 아트레이즈가 거룩한 어머니 가이우스 헬렌 모히엄(시안 필립스)에게 시험 당하는 장면을 보자. 폴은 시험에서 살아남기 위해 끊임없이 자신을 움켜쥐는 공포를 통제한다. 여기서의 공포는 독 있는 뱀이나 불타는 건물의 경우처럼 목숨을 위태롭게 하는 종류의 것이 아니다. 대부분의 공포는 과거 경험의 결과로 스스로가 만든 제한적인 믿음을 의미한다. 제10장에서 제한적 믿음을 더 역량을 강화하며 더 많은 선택을 제공하는 믿음으로 바꾸도록 돕는 효과 높은 연습을 제공한다.

출연 : 카일 맥라클란, 주겐 프로노크, 프란체스카 애니스. 감독 : 데이비드 린치. 영화사 : 유니버설 스튜디오(1997).

이보다 더 좋을 순 없다

잭 니콜슨이 연기하는 괴팍하고 강박적인 은둔자 멜빈 우달은 아주 재미있는 사람이다. 이 영화는 라포를 형성하거나 형성하지 못하는 법의 교훈을 선사한다!

우달은 형편없이 행동한다. 그는 사람들을 대하는 방식을 신경 쓰지 않고, 스스로는 의식하지 못하지만 실은 라포 단절의 고수다. 그렉 키니어가 멜빈의 불쾌함을 감내하는 친절한 게이 화가 사이먼 비숍을 연기한다. 불행히도 사이먼은 마구 두들겨 맞고 병원 신세를 지게 되고, 멜빈에게 사이먼의 반려견 버델을 돌봐달라고 부탁한다. 버델이 라포 형성 과정에서 멜빈을 훈련하는 방식은 동물 애호가를 즐겁게 할 것이다. 멜빈의 행동 양식 중 한 가지는 보도블록의 틈새를 피하는 것이다. 버델이 멜빈을 따라 블록의 틈을 피할 때 개와 사람 간의 유대는 군건해진다.

제2장에서 '모든 행동에는 긍정적 의도가 있다'는 NLP 가정을 논의했다. 멜빈은 상대가 진심으로 감사하는 친절한 일들을 했지만 그 일들의 긍정적 의도는 보통 그의 강박적 행동이 원인이었다. 한 가지 예로, 멜빈이 단골 식당 여종업원(헬렌 헌트) 아들의 치료비를 대준 이유는 그녀가 아들을 간병하느라 일을 못하면 다른 종업원의 서빙을 받게 되는 것이 싫었기 때문이다.

출연 : 잭 니콜슨, 헬렌 헌트, 그렉 키니어. 감독 : 제임스 L. 브룩스. 영화사 : 콜럼비아/트라이스타 영화사(1997).

슈팅 라이크 베컴

이 즐거운 영화는 여성의 힘, 우정, 꿈의 성취, 장애를 뛰어넘는 열망에 관한 것이다. 영화는 또, 스스로가 부과한 제한에서 벗어나기 전까지 '주의'가 얼마나 불행한 감옥이 되는지 보여준다.

제스(파민더 나그라)는 인도 출신의 부모를 둔 영국인 여성으로 하고 싶은 것은 오로지 축구밖에 없다. 그러나 안타깝게도 그녀는 숙녀답지 못한 활동에는 눈살을 찌푸리는 문화적 족쇄에 갇혀 있다. 이 굉장한 경기를 하기 위해서는 몰래 빠져나와야 하고, 이것으로 재미있는 얕은 속임수가 발생한다. 제스는 자신의 축구에 대한 열정을 당당히 밝히기 전까지 괴롭게 살아간다. 그녀는 백인 영국 소녀 줄리엣 '줄스' 팩스턴(키이라 나이틀리)과 절친이 되고 이 일은 재미있는 오해로 이어진다. 한 동양인 가족이 줄스와 제스가 버스 정거장에서 서로 포옹하며 헤어지는 것을 목격한다. 그 가족은 이 순진한 포옹을 편견에 차서 바라보며 짧은 머리의 백인을 소년이라고 짐작하는데 이것이 문제의 발단이 된다.

동성애를 혐오하는 줄스의 엄마 폴라 팩스턴 역은 줄리엣 스티븐슨이 맡았다. 줄스는 제스와 줄스 사이를 동성애로 오해할 만큼 선머슴같이 행동한다. 이것을 받아들이려 애쓰는 폴라의 모습은 정말이지 큰 웃음을 선사한다. 제스를 편하게 해주려고 공정한 척, 동양 방식을 이해하는 척하는 시도는 매우 공감가고 재미있다.

제14장에서 논리 수준의 단계(제11장 참조)가 일치하지 않을 경우 발생하는 갈등에 대해 설명했다. '슈팅 라이크 베컴(Bend it like beckham)'의 갈등은 제스의 가족과 공동체가 여성의 역할에 대한 특정한 믿음을 보유하기 때문에 나타난다. 요리를 잘하고 자손을 생산하는 규범에 순응하는 여성은 가정과 공동체에서 진심으로 수용된다. 반면 제스의 순응적이지 않은 태도는 공동체의 정체성에 위협이 된다. 줄스의 행동은 폴라 팩스턴의 감정에도 마찬가지로 작용한다.

출연 : 파민더 나그라, 키이라 나이틀리. 감독 : 거린더 차다. 영화사 : 20세기 폭스 홈 비디오(2002).

꿈의 구장

이 명작 영화는 자신의 꿈을 깨달을 때 이루어지는 충족감과 꿈이 충족되지 않을 때 생기는 갈망에 대한 것이다. '해야만 하는 것'에 집중하는 것이 아닌 사랑하는 것에 집중할 때 야망은 훨씬 쉽게 실현된다.

케빈 코스트너가 어느 동떨어진 곳에 야구장을 짓기로 결심하는 농부 레이 킨셀라를 연기한다. 레이는 '야구장을 지으면 그가 올 것이다'라는 목소리를 듣고 야구장 건설을 결심한다. 이 영화는 분위기를 강조하기 위해 많은 소리, 냄새, 느낌의 감각적인 참조를 사용한다. 제5장에서 감각의 사용과 은유에 대해 논의한 바 있다.

킨셀라와 그의 가족은 여러분 자신이 각자 삶에서 경험했을 법한 사람들, 즉 의사, 인내해야 하는 친척들과 삶에서 벌어지는 그들과의 갈등 및 이에 대한 대처 등에 대한 은유다. 레이가 아버지에 대해 말하는 것을 유의해서 들어보자. 그는 아버지가 삶에 지쳐 노쇠하게 되었다고 생각한다. 목소리에 대한 그의 반응은 아버지 삶의 범상함에 대한 반발이며 이 기회가 뭔가를 성취할 수 있는 마지막 기회일지 모른다는 공포이다. 흥미롭게도 킨셀라는 자신의 꿈을 좇기 위해 회피 메타 프로그램을 사용하고 있다(제7장에서 메타 프로그램에 대해 자세히 설명한다).

출연 : 케빈 코스트너, 레이 리오타. 감독 : 필 알덴 로빈슨. 영화사 : 유니버셜 스튜디오(1989).

가타카

이 고무적인 SF 영화는 유전적 '결점'을 극복하는 상황에 대한 것으로 모든 것이 다 주어지는 금수저라도 성공이 꼭 보장되지는 않음을 증명한다. 이 영화는 목표에 집중함으로써 아무리 극복 불가능한 장애라도 뛰어넘을 수 있음을 보여준다. 에단 호크가 연기한 빈센트 프리먼은 유전자가 조작되지 않은 아이임을 의미하는 '병약자', 즉 신의 아이다. 그는 단점으로 여겨지는 왼손잡이이며 심부전의 위험을 안고 태어나 모두에게 그의 병약함이 알려진 채 살아가야 했다. 빈센트가 우주 프로그램에 가까이 갈 수 있는 유일한 방법은 유전적으로 건강한 사람이 되는 것이었다. 빈센트는 자신의 꿈을 이루기 위해 제롬 유진 모로(주드 로)의 신분을 '빌리게' 된다.

이 영화는 믿음의 힘을 입증한다. 모두가 빈센트를 볼 때 제롬이라고 생각하는데, 그렇게 믿도록 프로그램되었기 때문이다. 자신의 능력에 대한 흔들리지 않는 빈센트의 믿음은 온 세상이 불가능하다고 간주하는 것들을 인정하기 거부하고 꿈을 이루도록 도와준다. 제롬이 신분증을 빌려주는 것과 관련한 쓰라린 장면이 있다. 제롬은 모든 것을 가졌음에도 여전히 2인자로, 짧게나마 진정한 삶의 목적을 발견한 순간은 빈센트에게 '그의 꿈을 빌려줬을 때'인 것이다. 빈센트에게는 주어지지 않은 모든 것들이 있었지만 제롬에게 삶의 목적을 부여한 것은 빈센트의 집중과 결심이었다. 모든 유리함에도 불구하고 제롬은 빈센트를 만나기 전까지 자기파괴의 길에 있었다.

출연 : 에단 호크, 우마 서먼, 주드 로. 감독 : 앤드류 니콜. 영화사 : 콜럼비아/트라이스타 스튜디오(1997).

매트릭스

현실에 대한 짜릿한 SF 탐험이자 자신을 믿을 때 무엇을 보고 얻을 수 있는지 알려주는 이 영화는 언어 사용부터 행동 이면의 믿음까지 많은 NLP적 교훈을 제공한다.

한 장면에서 스미스 요원(휴고 위빙)은 '우리는 모든 것을 잊고 새 출발할 겁니다.'라고 말한다. 이때 네오(키아누 리브스)의 파일을 책상 한쪽으로 치우며 이 말의 은유를 강조하는데, 이것은 청각적 말과 근감각적 행동이다. 정말 재미있는 장면은 모피어스(로렌스 피시번)가 현실은 감각이 만들어낸 전기적 자극에 대한 뇌의 해석일 뿐이라고 말하는 부분이다. 모피어스와 네오가 권투 스파링을 하는 장면에서 모피어스는 네오에게 치는 '시늉' 그만하고 진짜로 해보라고 말한다. 뭔가 시도해보는 것은 의심의 실마리를 제공한다. 의심이 없다면 그저 해보려 할 뿐이 아닌 즉각적인 행동의 이행으로 이어지기 때문이다.

또 다른 주목할 만한 점은 네오가 가상현실에서 점프에 실패하지만 현실에서 실제로 피를 흘리는 장면이다. 모피어스는 현실의 부상을 만드는 것이 마음임을 지적한다. 처음에 네오는 매트릭스에서 검색된 또 다른 사람일 뿐이지만 점차 자신감이 자라면서 자기 신뢰를 성장시키고 스스로도 놀라는 실력을 얻게 된다.

출연 : 키아누 리브스, 로렌스 피시번, 휴고 위빙. 감독 : 래리 워쇼스키, 앤디 워쇼스키. 영화사 : 워너 스튜디오(1997).

스탠드 업

LA 동쪽의 스페인계 청소년들로 하여금 스스로를 믿고 고정관념을 극복하도록 동기부여하는 고교 선생님에 대한 실화를 바탕으로 한 영화다.

정말 재미있고 유머러스한 것은 에드워드 제임스 올모스가 연기한 제이미 에스칼란테가 학생들이 미적분학을 배우도록 그들과 보조를 맞추는 일이다(사람들과 보조 맞추기는 제6장 참조). 그는 학생들과 비슷한 몸짓과 몸짓 언어를 사용하며 간단한 수학은 랩을 사용하여 가르친다. 머릿속에 체계화된 성과표를 떠올리며, 에스칼란테는 행동에 있어 큰 유연성을 보인다.

에스칼란테는 컴퓨터가 부족해서 수업을 할 수 없을 때, 대신 수학을 가르치기로 한다. 학생들이 너무 잘해서 시험의 부정행위를 의심받을 때는 유연하게 행동하며 학생들을 재시험보도록 설득한다. 이상하게 어떤 교사들은 학생들에게 수학을 가르치거나 더 잘하도록 격려하는 것을 반대한다. 그들은 공포에 의해 움직인다. 다른 선생들은 학생들이 실패하면 그나마 남아 있는 그들의 자존감도 없어질까 봐 두려워한다.

한 가지 중요한 교훈은 조심스럽게 상대의 단점으로 보이는 것들을 보호하는 것이다. 상황에 대한 선입견이 사람들을 안락한 장소에 갇혀 있도록 방치하며 그들의 성장을 막을 수도 있다(의사소통에 대해서는 제8장 참조).

출연 : 에드워드 제임스 올모스. 감독 : 라몬 메넨데즈. 영화사 : 워너 스튜디오(1988).

필로미나의 기적

소설 『필로미나의 기적 – 잃어버린 아들(The Lost Child of Philomena Lee)』을 원작으로 하는 이 영화는 아들 안토니를 강제로 포기하고 입양 보낸 후 일생 동안 아들을 찾는 필로미나(주디 덴치)의 이야기를 그린다. 50년 후 그녀는 자신의 이야기를 정치부 기자 마틴 식스미스(스티브 쿠건)에게 털어놓는다. 그는 아들에게 무슨 일이 실제로 일어났는지에 몹시 흥미를 갖고 조사한다. 식스미스는 안토니가 미국인 부부에게 입양되어 마이클로 개명하고 법률가이자 레이건과 조지 부시 행정부에서 고관으로 일해 왔음을 알게 된다. 식스미스는 실은 같은 정치 모임에서 마이클을 만난 적이 있음을 깨닫는다.

이야기는 필로미나와 식스미스가 우연찮게 아일랜드와 미국을 동반 여행하는 것으로 전개된다. 둘은 마이클에게 일어난 일을 알고자 하는 공통의 목적으로 유대감을 형성한다. 그들은 서로 매우 다른 '세상의 지도'를 갖고 있는데 NLP의 두 측면이 두드러진다.

한 매우 재미있는 장면에서, 필로미나는 방금 다 읽은 소설에 비상한 관심을 보인다. 소설은 명백히 식스미스의 취향이 아니다. 그녀는 계속해서 제7장에서 설명한 NLP의 거시적, 세부적 메타 모형을 보여준다. 필로미나는 별 반응이 없는 식스미스에게 세부내용에 공을 들이며 상세히 이야기를 들려준다. 그녀가 책을 빌려주겠다고 하자 그는 전체 줄거리를 다 안다며 거절한다.

필로미나는 또, NLP의 가정(제2장) '모든 행동에는 긍정적 의도가 있다'를 입증하며 불량하게 행동하는 사람들에게서 천성적인 선함을 발견한다. 식스미스는 이 관점을 공유할 수 없다. 그의 핵심 가치인 진실, 정의, 자유가 침해당하는 것으로 보이기 때문이다.

영화는 가치에 대한 두 가지 매우 강력한 핵심을 묘사한다(제3장). 첫째, 가치가 침해될 때 발생하는 갈등과 고통이다. 혼외 자식을 갖는 사람들에 의해 기독교 가치가 무너지고 이것은 관련된 여성들과 아이들에게 깊은 정서적 외상을 남긴다. 둘째, 사회적 관습과 문화적 규범이 변하면서 가치는 시간에 따라 진화한다.

주인공들의 서로 다른 용서하는 모습은 흥미로운 볼거리다. 사람들이 감정에 사로 잡힐 때, 그 감정들은 특정한 경험과 밀접하게 연관되고 그들은 사건에 갇히게 된다. 자신의 감정적 반응이 비건설적이라면 제10장으로 가서 감정으로부터 자신을 분리하는 법을 찾아보자.

여러분을 위해 이 영화의 결말을 다 밝히지는 않겠다. 단지 이 영화는 1950년대 사회적 역사에 대한 통찰뿐 아니라 상실, 집요함, 용서에 대한 매우 정서적인 이야기라고 말해 두겠다. 티슈를 준비하도록.

출연 : 주디 덴치, 스티브 쿠건. 감독 : 스티븐 프리어스. 배급사 : 파테(2013).

영화 속 NLP

이어지는 단락은 영화에서 찾아볼 NLP주의에 대한 맛보기를 제공한다. NLP 기술의 연마를 위해 직접 시도해보는 것도 좋을 것이다. 영화를 볼 때마다 다음의 목록에 있는 항목을 찾아본다.

✔ 영화에 나타난 NLP 가정은 무엇인가?
✔ 영화에서 느낀 라포는 무엇인가?
✔ 어떤 세상의 지도가 묘사되었는가? 그 지도는 자신의 현실과 얼마나 일치하는가?
✔ 인물들의 말, 언어 사용, 메타 모형에 대해 무엇을 알 수 있는가?
   영화의 여러 각도에서 나오는 사운드트랙이 자신의 심리상태에 어떻게 작용하는가?
✔ 꿈, 목표, 성과에 대한 영화의 메시지는 무엇인가?
✔ 인물들이 상황의 희생자라면 삶의 주도권을 회복하기 위한 어떤 과정이 필요한가?
✔ 영화에서 나타난 믿음과 가치는 무엇인가?
✔ 인물들은 어떻게 서로 보조를 맞추는가?
✔ 행동의 유연성을 보인 인물이 있는가? 있다면 어떻게 행동했는가?

✔ 영화의 시각적 영향은 무엇인가? 느낌, 촉각, 미각, 후각의 근감각적 영역
을 어떻게 경험했는가?

Part 7

부록

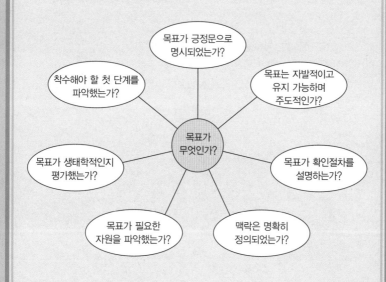

목표가 긍정문으로
명시되었는가?

착수해야 할 첫 단계를
파악했는가?

목표는 자발적이고
유지 가능하며
주도적인가?

목표가 생태학적인지
평가했는가?

목표가
무엇인가?

목표가 확인절차를
설명하는가?

목표가 필요한
자원을 파악했는가?

맥락은 명확히
정의되었는가?

제7부 미리보기

- NLP에 대한 지식 형성을 돕는 자원 활용하기

- 대인관계 형성을 돕는 견본을 연습하고 모든 일에 체계화된 성과 설정하기

appendix
A

참조 목록

여기에서는 이 책을 읽으며 도움 될 수 있는 모든 가능한 NLP 자료들을 모아보았다. 자료들은 누락이 있을 수 있으며 좀 더 관심이 있을 경우에는 인터넷에서 도움이 되는 사람 및 기관들을 검색할 수 있을 것이다.

저자 연락처

우리는 항상 독자들의 의견을 환영하며 언제라도 부담 없이 NLP 성공 사례를 공유하길 바란다.

로밀라 레디

Ready Solutions Ltd

(+44)0118-9547744

(+44)0118-9547722

이메일 : info@readysolutiononsgroup.com

웹사이트 : www.readysolutiongroup.com

케이트 버튼

Creativity in Communication

(+44)0118-9734590

이메일 : info@kateburton.co.uk

웹사이트 : www.kateburton.co.uk

온라인 자료

다음은 영국에서 가장 오래되었으며 활발하게 활동하는 기관들이다.

- ✔ NLP 협회(ANLP) : www.anlp.org
- ✔ 국제 NLP 훈련가협회 : www. inlpta.co.uk
- ✔ NLP 런던 학회 : www.nlpconference.co.uk

국제 NLP 전문가로부터 심화학습을 받고 싶을 경우 도움 받을 수 있는 기관들은 다음과 같다.

- ✔ NLP 대학 - 로버트 딜츠, 주디스 들로지어 : www.nlpu.com
- ✔ 스티브 안드레아스 : www.steveandreas.com

라포 형성하기

이 양식은 제6장의 것을 복사한 것으로 집이나 직장에서 좀 더 깊은 라포 형성을 원하는 중요한 사람들과 함께 있을 때 사용할 수 있다. 당사자들에 대해 생각해볼 수 있도록 문서로 가지고 있으면 좋다. 이 과정은 상호작용 시 모두에게 유리한 성과를 위해 무엇에 집중해야 할지 생각해볼 기회를 제공할 것이다. 자유롭게 복사해서 필요할 때 활용해보자.

라포 형성을 하고자 하는 대상에 대한 양식을 작성하라.

이름 : _____

회사/집단 : _____

이 사람과는 어떤 관계인가?　　　_____

구체적으로, 이 사람과의 대인관계를 어떻게 바꾸고 싶은가?_____
_____
_____

이 변화가 자신에게 불러올 영향은 무엇인가?_____
_____

이 변화가 대상에게 불러올 영향은 무엇인가?_____

_____

_____

이 변화는 시간과 힘을 투자할 가치가 있는 것인가?_____

_____

_____

이 사람이 직면한 압박은 무엇인가?_____

_____

_____

이 사람에게 지금 가장 중요한 것은 무엇인가?_____

_____

_____

이야기를 해볼 수 있는 이 사람과 성공적으로 라포를 형성한 사람을 아는가?

_____

_____

라포 형성을 위한 어떤 다른 도움이 있는가?_____

_____

_____

이 관계를 진전시키기 위한 어떤 생각이 있는가?_____

_____

_____

첫 단계는 무엇인가?_____

_____

_____

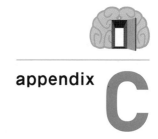

체계화된 성과 점검표

이 점검표는 제4장에서 설명한 체계화된 성과 만들기 과정을 요약한 것이다. 자유롭게 복사해서 명확한 목표를 설정해야 할 때 아래 문항의 답을 검토해본다.

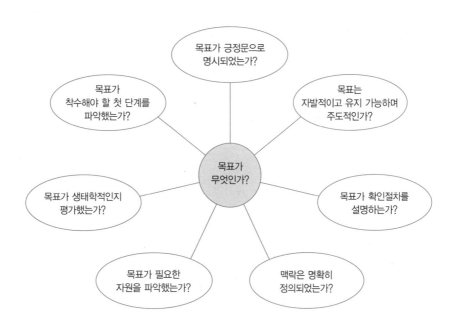

하위 감각양식 작업표

여기에서는 제10장 마지막 부분에서 발견할 수 있는 다양한 하위 감각양식 목록을 제공한다. 이 표는 한눈에 볼 수 있는 다양한 하위 감각양식을 제공하며 삶의 모든 영역에서 편하고 우아하게 활용할 수 있도록 무의식적으로 강화하여 사용하자.

하위 감각양식 작업표

시각적 하위 감각양식	장소
	컬러/흑백
	연합/해리
	크기
	2차원/3차원
	밝기
	사진/영화

	모양	
	틀 있는/파노라마	
	초점이 맞는/희미한	
청각적 하위 감각양식	장소	
	말/소리	
	크기	
	말투	
	높낮이	
	모노/스테레오	
	계속적인/끊기는	
	리듬	
	빠르기	
	선율	
근감각적 하위 감각양식	장소	
	모양	
	누르기	
	크기	
	성질	
	강도	
	고정된/움직이는	
	온도	
	계속적인 /끊기는	
	감촉	

지은이

로밀라 레디(Romilla Ready)

로밀라 레디는 집이나 직장에서 개인의 회복성과 영향력을 돕는 연설가, 훈련가, 진행자다. 그녀는 '일-삶의 균형'이라는 이분법을 믿지 않고 일과 삶이 훌륭한 온전한 인간을 구성하는 단면일 뿐이라고 여긴다. 불행하게도, 진정으로 원하는 것을 묻기 두려워하는 무의식적인 공포가 우리를 가두고 영혼을 풍성하게 하는 것을 입 밖으로 말하거나 이해하는 것을 막고 있다. 그녀는 내담자들이 자신의 가치에 맞춰 살고 일하게 하며 그들의 메시지가 전달되어 강력하게 소통할 수 있도록 돕는다.

로밀라는 '관계 마법사' 코칭 워크숍의 개발자로 마음의 과학과 감정을 혼합하여 사용한다. 또한 내담자의 요구 충족을 심화하는 데 고대 하와이의 지혜를 자신의 과정에 응용하기도 한다. 이 과정의 핵심 정신은 개인적 힘의 증진을 위해 심리적 요소들이나 창조적 명상, 여러 기법들을 사용하여 고유함, 신선함, 명상적 상태를 유지하는 것이다.

그녀는 다국적 기업에서 스트레스 및 고객 관리 일을 담당했고 현재 자신의 회사인 레이솔루션스의 이사로 일하고 있다.

케이트 버튼(Kate Burton)

케이트 버튼은 국제적으로 공인된 NLP 숙련 코치이자 작가, 워크숍 진행자로서 사람들이 지속 가능하며 재미있는 삶의 목표를 설정하도록 돕고 있다. 그녀는 기업 광고업에서 시작하여 휴렛 팩커드에서 마케팅을 담당한 바 있으며, 그 이후 다양한 기업에서 직원들의 성공과 성장을 위해 일해 왔다. 그녀는 고객 중심적인 코칭 프로그램의 전달에 매우 관심이 높으며 자기인식, 자신감, 웰빙을 격려하는 데 능숙하다. 그녀는 모든 사람은 고유한 재능과 능력, 핵심 가치가 있다고 믿는다.

옮긴이

이지애

메릴랜드대학교 심리학과를 졸업하였으며, 현재 번역에이전시 엔터스코리아에서 전문 번역가로 활동하고 있다. 주요 역서로는 『임상심리사 2급』, 『고결한 여인』, 『대한민국 행복지도』, 『반려동물을 잃은 반려인을 위한 안내서』가 있다.